Martina Meuth

Die große
Kochschule

100 Kochkurse mit
800 Farbfotos
400 Standardrezepte

Mosaik Verlag

Die Fotos zu 66 Kursen entstammen dem Werk ,,Les cours de la cuisine de A à Z".
© Femmes d'aujourd'hui, Bruxelles.
Alle übrigen Fotos: Jo van den Berg, Hamburg und Fotostudio Teubner, Füssen (1)
Food styling: Eike Linnich, Hamburg
Layout: Jürgen Reichert, Stuttgart

© 1980 Mosaik Verlag GmbH, München, für die Buchhandelsausgabe
© 1980 Europäische Bildungsgemeinschaft, Verlags-GmbH, Stuttgart 1980
Satz: Fertigsatz GmbH, München
Reproduktion: Berg Repro GmbH, Korntal
Druck und Bindung: Mohndruck Graphische Betriebe GmbH, Gütersloh
Alle Rechte vorbehalten
Printed in Germany
ISBN: 3-570-00648-4

Inhaltsverzeichnis

Vorwort

„Ein neues Kochbuch wird bei der Flut der schon vorhandenen bei den meisten Interessenten wohl nicht nur ein mitleidiges Lächeln hervorrufen, sondern auch durch die häufig angewendete fabrikmäßige Zusammenstellung der Kochrezepte aus den verschiedenen Kochbüchern mit einem nicht ungerechtfertigten Mißtrauen aufgenommen werden."

Obwohl diese Worte bereits um die Jahrhundertwende geschrieben wurden – und zwar von der ehrwürdigen Herrschaftsköchin zu Straubing, Marie Buchmeier, als Einleitung zum Vorwort für ihr „Großes Praktisches Kochbuch" – treffen sie heute noch genau ins Schwarze:

An Kochbüchern herrscht wahrhaftig kein Mangel. Trotzdem bin ich sicher, daß dieses Buch etwas Neues bietet.

Es handelt sich nämlich nicht um eine Rezeptsammlung üblichen Stils, in der Zutaten und Zubereitungshinweise von Aal grün bis Zander gebacken nachzulesen sind.

Es ist vielmehr ein Grundkochbuch für alle, die nicht perfekt kochen können, es aber lernen möchten. Ein Buch, das das Prinzip dessen, was beim Kochen geschieht, erklären will, jedoch nicht unbedingt ein riesiges Repertoire an Rezepten vermittelt. Es ist nämlich längst nicht so wichtig möglichst viele, ausgefallene Rezepte zu kennen, als zu verstehen, warum beispielsweise ein Steak nicht immer so saftig und zart wird, wie man sich das erhofft, oder die selbst gekochte Rindfleischbrühe statt klar und golden manchmal so trüb aussieht.

Man muß sich vor Augen führen, was während eines Kochprozesses geschieht, dann braucht man gar keine Rezeptregister mehr, dann kann man kochen – auch ohne Anleitung. Und dann sind Kochbücher allenfalls noch Anregung und Ideenmaterial.

Um dies so deutlich wie nur möglich zu machen, werden an Hand von Photos Schritt für Schritt die Zubereitungen von Grundrezepten genau gezeigt. Dazu beschreibe ich ausführlich, warum man so und nicht anders arbeiten soll, und was passieren würde, hielte man sich nicht daran.

Wenn Sie sich die Vortexte zu den einzelnen Kapiteln und die Beschreibungen der Grundrezepte gründlich durchlesen, dann werden Sie plötzlich verstehen, warum Ihr Schmorbraten bislang etwas zäh und faserig war oder wieso der Fisch häufig so trocken wurde.

Kochen ist nämlich beileibe keine Hexerei, in deren Geheimnisse einzudringen nur wenigen vorbehalten bleibt. Es ist vielmehr ganz einfach, sobald man sich mit der Theorie ein wenig vertraut gemacht hat.

Lassen Sie sich von dem Wort Theorie und Kochschule bitte nicht abschrecken: Hier werden keine schlechten Zensuren verteilt, und die Theorie ist garantiert nicht grau. Sie werden bald feststellen, daß Ihnen Zusammenhänge bewußt werden und Sie die Ursachen für manche bislang mißlungenen Gerichte erkennen.

Und dann macht Ihnen Kochen ganz bestimmt noch einmal so viel Spaß!

Martina Meuth

Blick zurück

Die deutsche Geschichte auf kulinarischem Gebiet ist jung. Wir können es uns sparen, das Zeitrad um mehr als hundert Jahre zurückzudrehen. Noch früher gab es in feinschmeckerischer Hinsicht Bemerkenswertes allenfalls beim reichen Adel. Aber auch Ende des vergangenen Jahrhunderts finden wir nicht viel Erwähnenswertes:

Damals kannte man eine sogenannte feine, gerade eben noch bürgerliche Küche – für eine verschwindend kleine Minderheit wohlhabender Bürger beziehungsweise Adliger. Diese war nahezu ausschließlich von der klassischen französischen Küche inspiriert.

Für die Masse des Volkes jedoch war nicht die Frage bedeutend, *was* sie zu essen bekam, sondern *daß* sie überhaupt etwas zum Beißen hatte. Wahrlich keine gute Ausgangsbasis für kulinarische Höhenflüge.

Während sich in Frankreich, dem reichen Agrarland, selbst der schlichteste Bauer sein sonntägliches Huhn im Topf leisten konnte, war sein deutscher Vetter auf das angewiesen, was ihm nach Abzug des Pflichtteils, den er seinem Fürsten abliefern mußte, übrig blieb. Das war weiß Gott herzlich wenig. Für die Arbeiter des beginnenden industriellen Zeitalters in den Städten gab es nicht einmal das. In den Büchern aus dieser Zeit, die das alltägliche Leben schildern, kann man von einer Armut lesen, die uns heute unvorstellbar ist.

Kriege taten ein übriges. Die Not wurde nach der Jahrhundertwende eher schlimmer als besser. Die Zeit nach dem Ersten Weltkrieg und während des Zweiten haben viele Ältere unter uns noch deutlich in Erinnerung. Wenn man ihren Erzählungen lauscht, kann man wirklich verstehen, wie es dann, nach dem zweiten großen Krieg, nachdem sich Deutschland wieder langsam aus den Trümmern erhob, zu einer Art Freßwelle kommen konnte, die aus ausgemergelten, ausgehungerten Männern und Frauen allmählich wohlstandssatte Dickbäuche machte. Satt werden, endlich einmal mehr zu essen haben als man Hunger hatte – das war damals der einzige Gedanke vieler.

Später, als die Notzeiten längst vergessen waren (Schlimmes vergißt man glücklicherweise ja so schnell), die meisten Haushalte mit den Errungenschaften der neuesten Technik ausgestattet waren, ging es nicht mehr darum, satt zu werden. Dann mußten es die Luxusgüter sein, ausgefallene Delikatessen, möglichst aus fernen Ländern, am liebsten mit exotischen Namen, ganz gleich, wie's schmeckte. Die Edelfreßwelle hatte uns gepackt.

Aber gleichzeitig besann man sich darauf, daß schlank viel schöner ist als fett. Man tat nun freiwillig, was man früher mußte: hungern. Diät halten, um das angefressene Polster wieder loszuwerden. Die abenteuerlichsten Diäten wurden unter der Hand weitergereicht. Es kamen Roll- und andere Kuren in Mode.

Dabei hatten all diese Wundermittel eines gemeinsam: Nachdem man sich durch mühsame Kasteiung und widerspruchsloses Zusichnehmen der absonderlichsten Zusammenstellungen endlich einige der überflüssigen Pfunde heruntergehungert hatte, saßen sie in Windeseile wieder auf den Hüften, sobald man sich einige Tage „normal" ernährt hatte. Steaks und Salat galten als Schlankmacher und wurden „in".

Genau dieser Zeit haben wir es zu verdanken, daß es bei uns kein saftiges, von Fettadern durchwachsenes Rindfleisch mehr gibt, daß selbst ein Schweinebraten heutzutage nicht mehr das ist, was er früher einmal war.

Vor lauter Angst, wir könnten ein Volk von Dicken werden, beziehungsweise bleiben, hat man den Tieren eine Menge Fett weggezüchtet. Denn man hat mittlerweile vergessen, welch wichtige Rolle dieses Fett spielt.

Aber dann...

Es begann etwa anfangs der sechziger Jahre in Frankreich. Dort, wo man sich von jeher traditionellerweise mehr als anderswo für die Qualität des Essens interessiert hatte, dort fingen plötzlich die Köche an, an den überbrachten Traditionen zu rütteln.

Sie stellten fest, daß die Lebensweise unserer Tage sich doch erheblich von der früherer Zeiten unterscheidet; daß man beispielsweise, dank der kürzeren und leichter zu überwindenden Transportwege, die Lebensmittel weitaus frischer in die Küche bekommen kann, als das früher möglich war. Deshalb hielten sie es für überflüssig, einmal pro Woche einen Großeinkauf zu starten, wie bisher üblich, da man sich ja täglich auf dem Markt umschauen und immer wieder etwas Neues, Verlockendes, vor allem Frisches mit nach Hause bringen konnte. So wurde die „Küche des Marktes" erfunden, eine Küche, die das bietet, was der Markt jeweils gerade als Schönstes und Bestes aufweisen kann, und die nicht stur nach einem Plan serviert wird, der einmal im Monat erstellt wurde.

Wie revolutionär dieser Gedanke war, begreift man erst, wenn man weiß, daß zu dieser Zeit die Speisekarten in allen französischen Restaurants noch nahezu auswechselbar waren. Man bekam überall das gleiche: prächtige Gerichte aus der großen, klassischen französischen Küche; mal mehr, mal weniger talentiert gekocht, je nach Qualität des Restaurants.

Gleichzeitig mit dieser Veränderung des Speisezettels geschah dann folgendes:

Die taufrischen, makellosen Zutaten, die täglich vom Markt in allerbester Qualität in die Küchen wanderten, schmeckten – so stellte man fest – am allerbesten, wenn man sie so schlicht wie möglich zubereitete, wenn man ihnen ihr eigenes, reines Aroma beließ, statt sie durch überreiche Garnituren, mächtige Saucen und komplizierte Garmethoden zu verändern.

Neue Küche

Damit war eine Idee geboren, die natürlich bald ihren Namen bekam. Man nannte diese Art zu kochen im Gegensatz zu der Klassischen die Neue Küche (Nouvelle Cuisine).

Man entdeckte, daß ein Fisch, der noch nicht tagelang im Kühlhaus gelegen hat, sondern am Morgen noch im Bach, Fluß oder Meer hat schwimmen dürfen, gar nicht mehr so lange gesotten oder gebraten werden muß, damit sein Fleisch fest (und damit unweigerlich trocken) wird. Man stellte verblüfft fest, daß er auch überhaupt nicht „fischig" schmeckte, daß man ihn sogar roh genießen kann – und man sich die großen Mengen Zitronensaft sparen konnte, die man darüber zu träufeln pflegte.

Man merkte, daß beispielsweise grüne Bohnen bereits nach wenigen Minuten in sprudelnd kochendem Wasser wunderbar zart werden und einen angenehmen knackigen Biß haben, wenn sie nur sehr bald nach dem Pflücken verarbeitet werden.

Man sah, daß Saucen weitaus aromatischer werden, von viel leichterer Konsistenz, wenn man sie nicht mit Mehlschwitze oder Mehlbutter andickt, sondern sie auf einem konzentrierten, aus Knochen und Gemüse ausgekochten Sud aufbaut.

Man fand heraus, daß Wild ohne den bislang unvermeidlichen „Hautgout" weitaus besser schmeckt, als mit dem „typischen Wildgeschmack", den es unweigerlich bekam, weil man früher keine ordentlichen Aufbewahrungsmöglichkeiten hatte, und den man auch später, als Kühlschrank und Tiefkühltruhe erfunden waren, für zum Wild zugehörig hielt. Deshalb gab man dem zarten Fleisch auch stets große Mengen geräucherten Specks während des Garens bei: Dessen starkes Aroma übertönte den nicht immer angenehmen „Wild"-Geschmack.

Übrigens hatte dieser Speck noch eine zweite Funktion zu erfüllen: Das durch das überlange Abhängen oft schon an die Grenze des Genießbaren angelangte Fleisch mußte natürlich lange geschmort oder gebraten werden, bis es vollkommen durch war. Dadurch trocknete das empfindliche Wildfleisch unweigerlich aus. Um das zu verhindern, umwickelte man die Stücke mit Speckscheiben oder spickte sie mit Streifen, wobei das Spicken die größere Sünde ist. Dabei durchsticht man auch bei vorsichtigster Handhabung die Fleischfasern, was nun erst recht den kostbaren Fleischsaft auslaufen läßt.

Man stellte auch fest, daß nicht nur Rindfleisch zarter bleibt, wenn man es zwar auf starkem Feuer kräftig von allen Seiten anbrät, dann aber nur noch auf schwacher Hitze langsam nachziehen läßt – kurz, wenn man es innen rosa beläßt. Nicht nur dem Rindfleisch tut also eine solche Behandlung gut – auch Kalb-, Schweine-, Lamm- und Geflügelfleisch ist ein größerer Genuß, wenn es auf diese Weise sanft gegart statt so lange kräftig durchgebraten wird, bis der ganze Saft herausgezogen ist. Man lernte, daß es keineswegs am Fleisch liegt, wenn es zäh und trocken wird, sondern dies vielmehr der Garmethode zuzuschreiben ist, und daß man mitnichten als unvermeidlich hinnehmen muß, wenn beispielsweise Hühnerbrüstchen trocken bleiben.

Modern kochen im Haushalt

Nun werden Sie möglicherweise fragen, was gehen mich die Restaurantköche in Frankreich an? Ich bin Hausfrau oder -mann und will für mich, meine Familie und meine Gäste kochen – und denen soll es schmecken.

Gemach! Genau darum geht es ja. Es soll Ihnen und Ihren Freunden schmecken. Aber ich wünsche Ihnen Genüsse ohne Reue.

Die neueste Freßwelle, wie die Neue Küche auch oft gehässigerweise genannt wird, hat natürlich längst auch auf uns übergegriffen. In den guten Restaurants bemühen sich interessierte Köche ebenfalls längst, leichter, bekömmlicher, eben moderner zu kochen. Wenn Sie die Illustrierten und Magazine aufschlagen, so wird Ihnen auffallen, daß die Gerichte auf den Photos heute nur noch wenig Ähnlichkeit mit denen von vor 20 Jahren haben und daß sich auch die Rezepte anders lesen. Denn die Neue Küche ist keine Mode, die in ein paar Jahren vergessen sein wird. Sie gilt auch für die Zukunft, weil sie die Forderungen der um unsere Gesundheit besorgten Ernährungswissenschaftler aufgreift und dies mit Genuß verbindet.

Früher war Schlemmen gleichbedeutend mit ungesunder Lebensweise. Ein Feinschmecker war stets gleichzeitig ein Vielfraß, der seine Leber und Galle mit allzu reichlich Butter und Sahne belastete, seinen Blutdruck durch zuviel Essen in die Höhe trieb und schließlich durch sein ungesundes Körpergewicht dem Herzinfarkt entgegenlebte.

Sich gesund zu ernähren dagegen hieß, vor kargen, freudlosen Mahlzeiten zu sitzen, die vorwiegend aus Ersatzmitteln bestanden: statt Schweinebraten Haferplinsen.

Aber gottlob gilt ja heutzutage genüßliches Schlemmen nicht als schändlich und verderbt.

Modern kochen = gesund essen

Unsere Lebensumstände haben sich verändert. Niemand von uns – es sei denn, er ist Schwerarbeiter oder Hochleistungssportler – muß sich normalerweise körperlich so anstrengen, daß er alle Kalorien, die er tagsüber zu sich nimmt, auch wirklich verbraucht. Jeder überzählige Bissen erscheint über kurz oder lang als ganz leise wachsendes und schließlich störendes Polster auf den Rippen oder anderswo.

Seit wir so bequem geworden sind, nicht mehr unsere Besorgungen zu Fuß zu erledigen, statt Treppen zu steigen Aufzüge zu benützen, und seit die Arbeit der Meisten im Sitzen stattfindet, ist der tägliche Kalorienbedarf deutlich gesunken. Das Ergebnis können wir (fast alle jedenfalls) jeden Morgen im Spiegel betrachten. Wir haben (fast) alle Gewichtsprobleme.

Da nun, wie bereits zuvor erklärt, all die mühseligen Diäten und Kasteiungen doch nichts nützen, müssen wir uns etwas anderes einfallen lassen. Denn Übergewicht ist nicht nur unschön, sondern auch höchst ungesund.

So wie sich unsere Lebensumstände verändert haben, müssen wir unsere Ernährungsweise verändern. Das bedeutet auch, daß wir heute anders kochen sollten. Zum Beispiel Gemüse nicht zu formlosem Brei übergaren, sondern knackig lassen und frisch; Saucen nicht mit Mehl zu zähem Kleister andicken, sondern lieber dünn genießen, sie mit fein püriertem Gemüse, Eigelb oder etwas Butter binden; Fisch, Fleisch und Geflügel nicht so lange kochen oder braten, bis alles grau und trocken geworden ist, sondern Garmethoden wählen, die es saftig und zart belassen.

Allerdings, das alles klappt nur unter einer Voraussetzung: Man braucht tadellose, makellose, taufrische Zutaten der besten Qualität.

Ich weiß, daß das bei uns gar nicht so einfach zu finden ist, und welche Hausfrau hat schon die Zeit, tagelang in der Stadt herumzulaufen und zu suchen, wo sie den frischesten Salat bekommt, den besten Fisch oder das zarteste

Fleisch. Und was in den in bequemer Nähe liegenden Supermärkten oft angeboten wird, ist meistens nicht einmal sein billiges Geld wert.

Genau das ist aber der Punkt: Wenn Sie sich einmal kritisch beispielsweise den Gemüsestand bei Ihrem Lebensmittelhändler um die Ecke anschauen (es wird sich ja sicher um einen wenn vielleicht auch kleinen, aber doch sogenannten Supermarkt handeln), dann müssen Sie doch zugeben, daß vieles, was dort ausgestellt liegt, wenig gut gepflegt, von minderer Qualität und oft sogar schon so unansehnlich ist, daß es eine Unverschämtheit ist, dafür noch Geld zu verlangen.

Warum sprechen Sie dann Ihren (oder auch den Ihnen fremden) Händler nicht an? Solange er keinen Widerspruch hört, gibt es doch für ihn keinen Grund, sich mehr zu bemühen.

Stellen Sie sich vor, sämtliche Käufer in bundesdeutschen Supermärkten weigerten sich, unschönes Gemüseangebot zu kaufen – glauben Sie nicht, die Händler würden Konsequenzen ziehen?

Aber solange wir nicht alle geschlossen an diesem Strang ziehen, bedarf es eben des Muts und der Ausdauer einzelner, die die Auseinandersetzung mit den Händlern nicht scheuen, sondern ihnen sagen, warum sie sein Angebot schlecht finden und wie sie es sich wünschen. Ich bin ganz sicher, daß das Erfolg hat! Am besten Sie fangen damit gleich morgen an.

Woran erkennt man gute Qualität?

Die Hersteller industrieller Produkte, die durchaus besser sein könnten, als sie sind, schieben den Schwarzen Peter stets den Hausfrauen zu: sie wollten es so und nicht anders. Wenn ich auf dem Markt vor einem reichhaltigen Stand mit vielerlei Apfelsorten stehe und beobachte, welche Sorten am besten verkauft werden, dann sind es bestimmt diejenigen, die am schönsten aussehen. Die kleinen, weniger glänzend polierten, möglicherweise sogar mit schwarzen Pünktchen auf der Haut, bleiben liegen. Dabei schmecken die bestimmt besser und apfeliger, als die durch Kunstdünger aufgeblasenen Ausstellungsstücke.

Nur so ist auch der gigantische Erfolg der berühmten Tomaten aus Holland zu erklären, jenen makellos gleichförmig gewachsenen, knallroten Kugeln, die, „garantiert schnittfest", eine ledrige Haut haben, unter der sich wäßriges, fades Fleisch verbirgt, das mit der

köstlichen Süße sonnengereifter Tomaten aus südlicheren Gegenden nichts mehr gemein hat. Allerdings sind die emsigen Holländer, die mit ihrer Gemüseproduktion unser Land überschwemmen, auch wieder ein Beweis dafür, daß es durchaus nützt, wenn man unermüdlich nach anderem verlangt: Noch bis vor einem Jahr gab's die fleischigen Tomaten aus Italien allenfalls im süddeutschen Raum und auch dann nur auf wohlsortierten Märkten. Im Supermarkt jedenfalls beherrschte die fade Hollandtomate das Terrain.

Nachdem jedoch in allen einschlägigen Journalen, den Rezeptteilen der Frauenblätter und in jedem besseren Kochbuch gegen diese Kunsttomate zu Felde gezogen und in den Rezepten immer wieder ausschließlich und ausdrücklich Fleischtomaten verlangt wurden – stellten sich die Holländer um. In diesem Sommer kamen in großen Steigen holländische Fleischtomaten auf den Markt.

Na bitte – die Forderungen wurden zwar von der falschen Seite erhört, denn trotz alledem kann sich eine im Treibhaus gezogene Tomate nicht mit der unter südlicher Sonne gewachsenen vergleichen, aber immerhin: Diese Neuimporte sind allemal besser als die herkömmlichen Wasserkugeln.

Die Hausfrauen wollen es so, sagen die Produzenten. Die Hausfrauen werden für dumm verkauft, weil man ihre Unkenntnis ausnützt, behaupte ich.

Woher sollten sie auch wissen, wie ein sorgfältig aufgezogenes, mit Körnern ernährtes Hähnchen schmeckt, wenn ihnen lediglich mit Fischmehl gefüttertes Industriegeflügel verkauft wird, dessen schwammiges, nach Fisch riechendes Fleisch wahrlich keine Delikatesse ist? Aber ordentliches Geflügel aufzuziehen und zu verkaufen, brächte eben weniger Gewinn und kostete mehr Mühe. Und die braucht man sich nicht zu geben, solange niemand danach fragt.

Auf einer Reise durch Amerika wurde ich von einer Kochbuchautorin gefragt, warum – dies sei ihr bei einem Deutschlandbesuch aufgefallen – man bei uns so wenig Hähnchen ißt. Natürlich hatte sie ihre Beobachtungen ausschließlich in Restaurants gemacht, wo man ja wirklich hierzulande kaum mal ein Hähnchengericht auf der Speisekarte findet. Wäre diese Dame durch bundesdeutsche Haushalte gereist, so hätte sie über den Konsum gestaunt.

Ich sagte ihr, bei uns gelte dieses Geflügel keineswegs als Delikatesse. Das konnte sie nun überhaupt nicht verstehen.

In Amerika gibt es durchaus der hiesigen Geflügelbraterei-Kette verwandte Etablissements. Und trotzdem findet man in den riesigen Supermärkten, in denen sich die Tiefkühlschränke zwanzigmeterweise aneinanderreihen, keine tiefgekühlten, sondern fast ausschließlich frische Hähnchen. Meist ausgewachsene Poularden von zwei und mehr Kilogramm(!), die den lächerlichen Preis von umgerechnet 3 Mark kosten und vorzüglich sind! Wir haben den Amerikanern schon so viel abgeguckt. Warum nicht auch mal so was?

Gute Qualität findet man also dort, wo sich einzelne noch darum bemühen. Die Geflügelfrau auf dem Bauernmarkt hat bestimmt kein Interesse, treue Kunden zu verprellen. Sie wird ihnen also das verkaufen, was sie selbst am liebsten ißt. Sie können sicher sein: Wenn jemand gutes Geflügel kennt, dann eine solche Bäuerin.

Gehen Sie auf den Markt, wo verschiedene Anbieter wetteifern, sich ihre Kunden sichern wollen und deshalb versuchen, das Beste zu bieten.

Gehen Sie in Spezialgeschäfte, wo sich der Besitzer um gute Qualität bemüht.

All das ist bestimmt nicht teurer als in lieblos geführten Geschäften, wenn Sie bedenken, wie viel Sie von dem dort Gekauften haben wegwerfen müssen, weil der Salat zu welk war, der Fisch bereits übel roch, noch bevor Sie ihn aus dem Papier genommen haben oder weil die Eier schon so lange im Laden lagen, daß Sie ein faules darunter fanden.

Qualität erkennen kann man lernen; aber nur durch Übung. Probieren Sie die verschiedensten Einkaufsmöglichkeiten aus. Notieren Sie sich, wenn Sie mit Produkten unzufrieden waren – und natürlich, wenn Sie Glück gehabt haben. Sprechen Sie mit den Händlern, fragen Sie sie nach ihren Spezialitäten. Versuchen Sie Gemüsesorten, Obstarten, Fische, Wild oder Geflügel, die Sie noch nie gegessen haben. Vergleichen Sie dann die unterschiedlichen Bezugsquellen. Sie werden merken, je mehr Sie sich auskennen, um so größeren Spaß wird Ihnen nicht nur das Einkaufen, sondern auch später das Zubereiten machen.

Und: Immer seltener wird es vorkommen, daß ein Händler Sie übervorteilt hat. Wer sicher auftritt und Sachkenntnis beweist, wird auch ganz anders bedient.

„Woher soll ich für derartige Erkundungszüge die Zeit nehmen?", werden Sie möglicherweise jetzt fragen. Sie sind vielbeschäftigt, müssen Haushalt und Familie versorgen, einen Beruf haben Sie auch noch . . .

Zu Beginn Ihrer Laufbahn als Qualitätsforscherin wird es sicher noch ziemlich mühsam sein. Aber haben Sie wirklich nicht an einem Samstag die Zeit, auf den Markt zu gehen? Die Fachgeschäfte zu suchen, die es sicher auch in Ihrer Nähe gibt? Wenn Sie einmal alle abgeklappert und ausprobiert haben, kristallisieren sich ohnehin die paar Geschäfte heraus, in denen Sie stets zufrieden waren, weil Sie für Ihr Geld den entsprechenden Gegenwert bekamen.

Und noch eines wird dann geschehen: Sie werden, was Ihre Fähigkeiten als Koch oder Köchin angeht, selbstbewußter! Wenn Sie sich auf Ihre Händler verlassen können, auf Ihr eigenes Qualitätsbewußtsein und darauf, daß Sie dieses Material auf die richtige Weise behandeln, dann kann nichts mehr passieren.

Gut kochen können bedeutet nämlich keineswegs, über ein umfangreiches Repertoire von ausgefallenen Rezepten zu verfügen, sondern einzig und allein die Fähigkeit, Qualität zu erkennen und die erstklassigen Zutaten so zuzubereiten, daß ihre Vorzüge betont und nicht verdeckt werden.

Immer wieder passiert es mir, daß Freunde sich weigern, mich zum Essen einzuladen, weil sie befürchten, vor meiner gestrengen Zunge nicht bestehen zu können, weil sie glauben, sie müßten mir raffinierte Saucen und exotische Gerichte vorsetzen.

Ein Beispiel: Eine Freundin hatte bei mir einen Kartoffelsalat gegessen, der ihr schmeckte. Frisch gekochte schöne Salatkartoffeln in Scheiben waren mit rohen Champignons, feingehackten Schalotten, kaltgepreßtem Olivenöl und Sherry-Essig angemacht. Dazu gab's rosa gebratenes Lammfleisch, in hauchdünne Scheiben geschnitten. Irgendwann gestand sie mir verschämt, sie habe diesen Salat mit größtem Vergnügen für sich und ihren Freund zubereitet, ihn aber zusammen mit gebratenen Wollwürstchen verzehrt. Und sie war höchst verblüfft, daß ich diese Wollwürstchen als eine durchaus passende Begleitung dafür ansah.

Grundausstattung der Küche

In der Küche ist es wie in jeder anderen Werkstatt; man braucht das richtige Handwerkszeug: Messer, die gut in der Hand liegen und eine scharfe Schneide haben, Töpfe, die die vom Herd produzierte Wärme wirkungsvoll ausnutzen, und Elektrogeräte, die einem die Arbeit erheblich erleichtern.

Natürlich geht alles zunächst einmal mit der Einrichtung der Küche selbst los. Aber nur die wenigsten sind in der glücklichen Lage, sich diesen Raum so zu gestalten, daß er den eigenen Wünschen und Bedürfnissen entspricht. Die meisten müssen sich mit dem begnügen, was sie als Kücheneinrichtung vorfinden oder was ihnen der Küchenplaner aufschwatzt.

Das ist beklagenswert genug. Kücheneinrichter sind nämlich leider fast immer Menschen, die noch nie in ihrem Leben einen Kochtopf in der Hand gehabt haben. Sie planen Küchen, die für alles geeignet sind, nur nicht zum darin arbeiten. Da wird beispielsweise Wert darauf gelegt, daß die Küche wohnlich sei, damit sich die „arme Hausfrau" nicht abgeschoben fühlt. Kostbarste Hölzer sind für die wohnzimmerähnlichen Schrankfronten gerade gut genug. Aber niemand achtet darauf, daß der Hausfrau überflüssige Wege erspart werden; daß die Schränke so angeordnet sind, damit man alles in sinnvoller Weise unterbringen kann; daß es Stauraum für Bier-, Sprudel- und Limonadenkästen gibt und eine Möglichkeit, den Wein sachgemäß zu lagern (die hat der Architekt beim Hausbau garantiert vergessen: In normalen Neubaukellern, jenen jammervollen Lattenrostverschlägen, in denen allenfalls noch ein Regälchen fürs Eingemachte Platz findet, fehlt nicht nur üblicherweise der Platz für die kostbaren Flaschen, sondern herrscht auch eine trockene, viel zu warme Atmosphäre, als daß Wein sich dort wohl fühlen könnte).

Kurz – es handelt sich bei Küchen meist um Räume, die zu dem, wofür sie gedacht sind, nur wenig taugen. So entwerfen Architekten auf dem Reißbrett beispielsweise Kabäuschen, die sie Küche nennen, in denen nicht einmal eine Teeküche zweckmäßig untergebracht werden kann. Sie vergessen – und dies Ende des 20. Jahrhunderts! –, daß in einer Küche auch eine Spülmaschine Platz finden muß. Häufig genug gestatten sie diesem wichtigen Raum nicht einmal ein Fenster.

Die Küchenbauer, die für sündhaftes Geld diesen Raum möblieren, produzieren, als gälte es, Tanzsäle küchenmäßig auszurüsten. Niemand kommt auf die Idee, Schränke herzustellen, die statt der nach vorn aufzuschlagenden Türen Schiebetüren haben, die es auch in der schmalsten Küche ermöglichen würden, daß man bei geöffnetem Schrank noch daran vorbeilaufen kann. Sie setzen diese Schränke auf sinnlos hohe Sockel, die nicht nur viel Geld kosten, sondern auch in sträflicher Weise Platz verschwenden. Sie denken meist nicht daran, daß die übliche Arbeitsflächenhöhe geradezu absurd ist: Jede normal große Frau steht daher gebückt und mit Kreuzschmerzen an der Spüle, weil sie nicht aufrecht hantieren kann.

Ähnlich ist es mit der Elektrogeräte-Industrie. Da werden jährlich die neuesten, tollsten, modernsten und dekorativsten Geräte zuhauf auf den Markt geworfen. Herde, die sich selber aus- und einschalten, mit tausend Knöpfen, Selbstreinigungsvorrichtung, planem Kochfeld, allen möglichen Automatismen. Aber kaum einer dieser Luxus-Super-Herde ist in der Lage, die Backröhre ordentlich heiß zu halten. Es ist kaum möglich, eine Herdmulde zu finden, ohne die überflüssigen Automatik-Kochplatten, die sich regelmäßig von allein ausschalten, bevor sie richtig heiß geworden sind. Das alles muß nicht nur teuer bezahlt werden, sondern wird auch noch als besonders zukunftsweisend gerühmt.

Deswegen gilt für alle, die sich gerade eine Küche einrichten: Überlegen Sie sich ganz genau, was Sie brauchen, vor allem wenn Sie gerne kochen; denn nichts ärgert mehr, als wenn man in einer unzureichend ausgerüsteten Küche arbeiten soll.

Kaufen Sie nur den Mixer, der Ihnen nützt. Achten Sie beim Töpfekauf nicht darauf, ob das Muster zur Tapete paßt, sondern ob der Topf zum Kochen gut geeignet und stabil genug ist. Suchen Sie nach Messern, die man nachschleifen lassen kann und die deshalb immer scharf sind.

Töpfe

Auf alle Fälle sollten Sie beim Töpfekauf nicht knausern. Das hieße Sparen am falschen Platz, denn Töpfe sind wirklich eine Anschaffung fürs Leben – vorausgesetzt, man hat ein Material gewählt, das allen Strapazen standhält.
Sie können sich zwischen den verschiedenen Sorten entscheiden:

Gußeiserne Töpfe. Sie gelten als die besten, weil das Material die Hitze besonders gleichmäßig verteilt und schonend an das Gargut weitergibt. Heutzutage werden sie meist mit einem mattschwarzen oder bunten Emailleüberzug angeboten. Deswegen braucht man sie nicht mehr mühsam auszuschrubben, und sie können auch nicht mehr rosten. Natürlich haben diese Töpfe ihr Gewicht. Aber das hat auch den Vorteil, daß die Deckel fest aufliegen und gut schließen.

Emaillierte Töpfe. Sie sind aus Stahl gearbeitet und haben meist den für das Kochen auf dem Elektroherd notwendigen verstärkten und plan ge-

schliffenen Boden. Das Dekor können Sie passend zur Küche oder zum Geschirr aussuchen. Achten Sie jedoch in jedem Fall darauf, daß die Emailleschicht stark genug ist. Sonst springt sie schon bei leichten Stößen ab. Einen Emailletopf, der innen nicht mehr intakt ist, dürfen Sie nicht mehr verwenden: An der Schadstelle setzen sich Bakterien fest, die jedes Essen verderben können. Außerdem ist es wichtig, daß diese Töpfe einen gut sitzenden Deckel haben. Denn nichts ist nervtötender als ein ewig klappernder Deckel. Ein weiterer Punkt, auf den Sie achten sollen, sind die Griffe: Wenn sie wärmeisoliert sind, können Sie den Topf auch in den Backofen stellen (zum Beispiel für Schmorgerichte).

Edelstahltöpfe sind unbestritten die edelsten. Sie sehen ein Leben lang elegant aus. Sie sind unverwüstlich und bringen ein hervorragendes Kochergebnis. Leider sind sie in der Anschaffung keineswegs billig (oft sogar noch teurer als die gußeisernen Töpfe), aber es lohnt sich.

Übrigens: Edelstahltöpfe sind immer mit dem verstärkten planen Boden ausgerüstet, den man für elektrisches Kochen braucht.

Aluminiumtöpfe: Es gibt sie auch für Elektroherde. Sie zeichnen sich durch besonders leichtes Gewicht aus. Deshalb sollte man aus diesem Material vor allem große Töpfe wählen. Dann kann man sie auch noch mit Inhalt bequem heben.

Beschichtete Töpfe und Pfannen: Sie sind innen mit einem speziellen Kunststoff ausgekleidet, der jegliches Ansetzen und Anbrennen verhindert. Ihr Nachteil: Die Kunststoffbeschichtung ist nicht unverwüstlich. Bei unsachgemäßer Behandlung bekommen sie Kratzer. Die Beschichtung kann sich ablösen. Sie verfärbt sich fast immer bei längerem Gebrauch und wird dann ziemlich unansehnlich. Ihr Vorteil: Sie lassen sich spielend reinigen.
Fast alle beschichteten Töpfe und Pfannen sind für Elektroherde geeignet.

Folgende Töpfe sollten in Ihrer Grundausstattung nicht fehlen:

Mittelgroßer Kochtopf. Am besten, Sie haben davon zwei derselben Größe. Sie können darin alles, von Kartoffeln bis zum Gemüse, kleinen Ragouts oder Saucen kochen.

Suppentopf. Er muß wirklich ausreichend groß sein – für eine vierköpfige Familie sollte er mindestens fünf Liter fassen, damit genügend Suppe oder ein Eintopf hineinpaßt. In diesem Topf können Sie auch Nudeln kochen oder Marmelade.
Besser noch ist ein acht Liter fassender Topf, der in den Programmen der Topfhersteller als Wäschetopf angeboten wird.

Eine Pfanne allein tut's nicht. Zwei davon sollten Sie schon haben. Eine große, möglichst schwere (gußeiserne oder aus Edelstahl) mit einem Durchmesser von etwa 26 bis 28 Zentimetern: für Steaks, Schnitzel oder Koteletts oder für eine große Portion Bratkartoffeln. Die kleinere mit einem Durchmesser von 20 Zentimetern ist für Spiegeleier, Omeletts oder Pfannkuchen oder wenn Sie sich mal rasch ein kleines Essen brutzeln wollen.

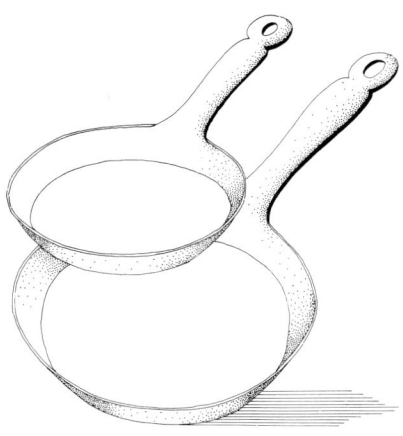

Ein Wasserkessel für Tee- oder Kaffeewasser oder wenn Sie rasch heißes Wasser brauchen, um Tomaten zu überbrühen, getrocknete Pilze einzuweichen usw.

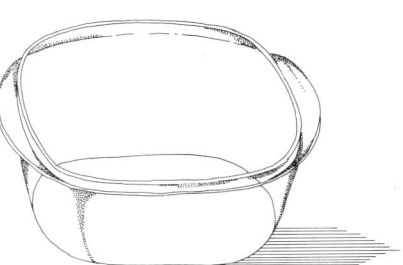

Auflaufform. Sie ist unerläßlich, weil Aufläufe nicht nur gut schmecken, sondern auch so erfreulich wenig Arbeit machen. Meist werden diese Formen aus feuerfestem Glas angeboten oder auch aus Keramik. Gut ist es, wenn Sie eine wählen, die gleich einen passenden Deckel hat. Beispielsweise einen, der sich umgedreht ebenfalls als – diesmal flache – Auflaufform verwenden läßt, zum Beispiel für überbackenes Gemüse.

Ein Milchtopf ist dann wichtig, wenn Sie für Ihre Kinder öfter Milch heiß machen wollen. Nehmen Sie dafür immer denselben Topf.

Eine Stielkasserolle ist zwar nicht unerläßlich, aber sehr praktisch für Saucen oder um rasch einmal den Inhalt einer Dose aufzuwärmen. Sie wird meist ohne Deckel angeboten.

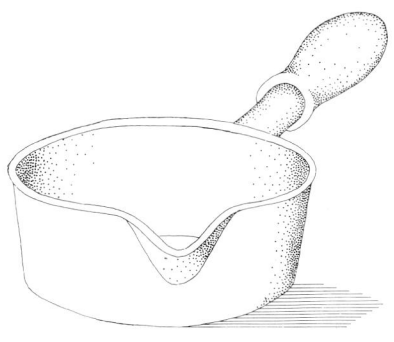

Ein Bräter ist eine kostspielige Anschaffung, aber Sie werden sehen, eine sehr nützliche. Nehmen Sie keinen zu großen, denn meist werden Sie ihn für Schmorgerichte verwenden, die im geräumigen Gänsebräter völlig verschmurgeln würden. (Der Gänsebraten gelingt ohnehin besser auf dem Rost.)

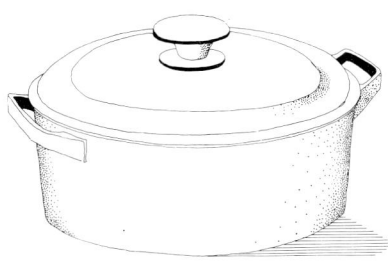

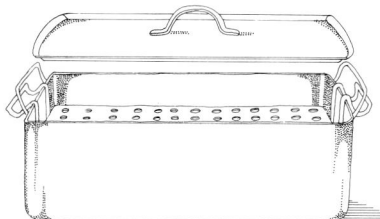

Ein Fischtopf lohnt sich nur dann, wenn Sie gerne und häufig Fische im ganzen pochieren wollen. Der langgestreckte Topf entspricht genau der Fischform, läßt sich deshalb aber schwer auf der Herdplatte plazieren. Sie müssen ihn meist auf zwei Flammen stellen.

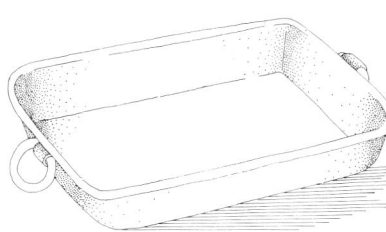

Eine Bratenpfanne oder Reine ist ein unersetzbares Allzweckgerät. Darin werden alle großen Braten und Geflügel zubereitet. Fische können darin sanft in einem Sud pochiert werden. Sie dient auch als Wasserbad, wenn Sie eine Pastetenterrine oder kleine Puddingförmchen in den Ofen schieben wollen.

Ein Dampfdrucktopf ist zwar nicht ganz billig, lohnt sich aber – auch im kleinen Haushalt. Darin sind Kartoffeln, Gemüse, besonders aber Hülsenfrüchte viel schneller gar: Man spart nicht nur Zeit, sondern auch Energie.

Wenn Sie das Glück haben, sich komplett neu ausrüsten zu können, so greifen Sie lieber zu etwas Teurerem, dafür aber Unverwüstlichem: Töpfe aus Gußeisen (innen und außen emailliert oder beschichtet, dann macht das Sauberhalten keine Mühe) oder/und Edelstahl. Das muß übrigens keineswegs ein so tiefes Loch in den Geldbeutel reißen: Mit ein bißchen Glück kann man auf Flohmärkten die guten alten Eisentöpfe unserer Großmütter finden. Sie sehen noch aus wie neu und kosten trotzdem nur ein paar Mark. Achten Sie jedoch unbedingt darauf, daß die Emailleschicht tadellos intakt ist. Abgeplatzte Stellen können gesundheitsschädlich wirken, wenn man in diesen Töpfen kocht oder gar Speisen darin aufbewahrt. Das gilt wie bereits weiter vorne erwähnt, auch für neue Töpfe: Wenn die Emailleschicht nicht mehr in Ordnung ist, sollten Sie den Topf ausrangieren!

Messer

Sie sind das wichtigste Handwerkszeug, und an ihnen sollte man niemals sparen. Denn hierfür gilt besonders: je teurer, desto besser.

Denn ein gutes Messer hat eine Klinge aus bestem Stahl, der zudem gehärtet sein muß. Nur dann nämlich kann man es immer wieder nachschleifen lassen.

Am besten kaufen Sie Messer im Fachgeschäft – zum Beispiel im Zubehörladen für Metzger und Köche. Dort können Sie sicher sein, daß Sie für Ihr Geld auch gute Ware bekommen.

Zusammen mit den Messern sollten Sie sich außerdem einen Wetzstahl zulegen. Mit ihm können Sie sie immer wieder rasch nachschärfen. Allerdings: Mindestens einmal im Jahr tragen Sie bitte alle Ihre Messer zum professionellen Schleifer (ebenfalls im Fachgeschäft). Denn dann genügt das Wetzen mit dem Stahl nicht mehr.

Ein gutes Messer hält ein Leben lang, vorausgesetzt, Sie gehen sorgsam mit ihm um. So sollten Sie Messer möglichst nicht in eine Schublade werfen, sondern lieber an einer Magnetleiste griffbereit über die Arbeitsfläche hängen. Dann ist gewährleistet, daß die Schneiden einander nicht berühren und sich so Scharten zufügen können.

Falls Sie an der Küchenwand keinen Platz dafür haben, kleben Sie sich in die Messerschublade jene mit Filz überzogenen Messerhalter, die man normalerweise für Besteckmesser benutzt.

Als Grundausrüstung sollten Sie sich anschaffen: ein, besser zwei kleine *a) Gemüse-* oder sogenannte *b) Officemesser.* Sie haben eine gerade, relativ kurze Klinge. Außerdem ein *c) Zubereitungsmesser.* Es liegt in der Größe zwischen dem langen Fleisch- und dem kurzen Gemüsemesser und dient als das Messer fürs Grobe. Mit ihm können Sie alles erledigen, wofür das Gemüsemesser zu klein ist. Ein *d) Fleischmesser* sollte eine lange, breite Klinge haben: etwa 20 Zentimeter plus Griff ist ideal. Es muß gut, das heißt schwer in der Hand liegen. Die passende *e) Fleischgabel* vervollständigt es zum Tranchierset. Ein *f) Brotmesser* mit langer, gezackter Klinge darf natürlich in keinem Haushalt fehlen, und eine *g) Allzweck-Küchenschere* gehört ebenso dringend dazu.

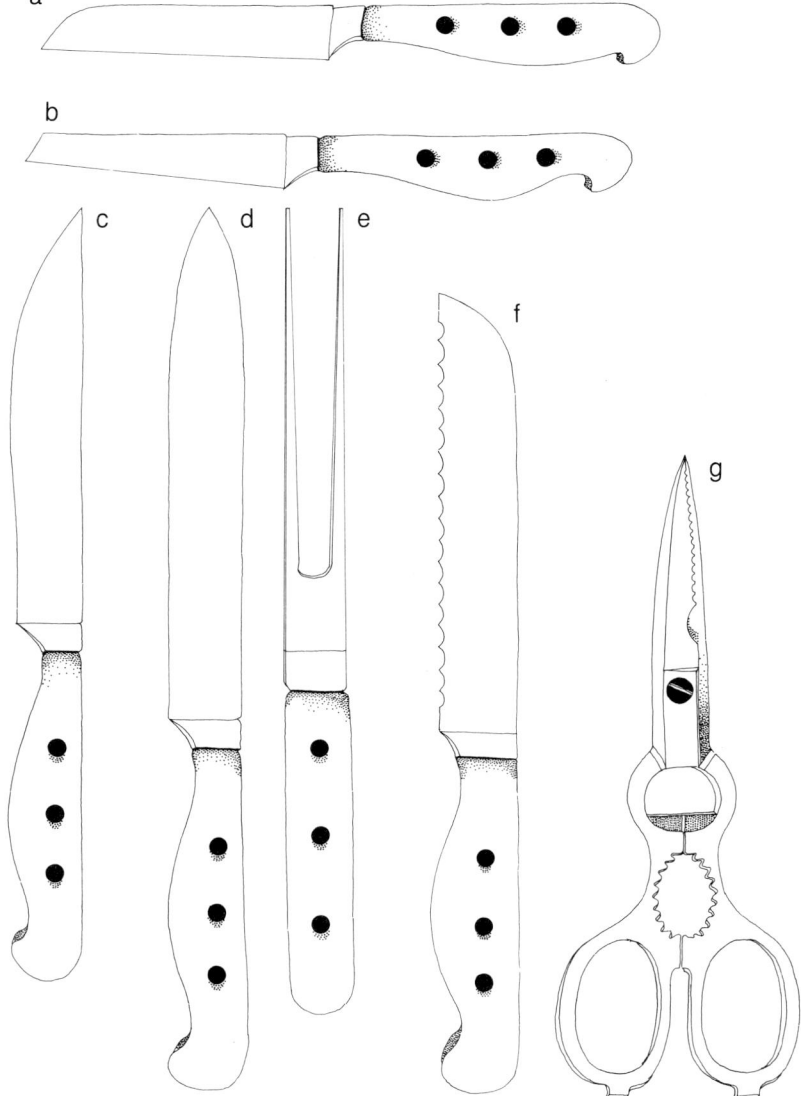

Elektrogeräte

Heutzutage wird die Qualität einer Küchenausstattung immer an der Anzahl der darin vorhandenen Elektrogeräte gemessen. Je mehr, desto besser. Vom elektrischen Eierkocher zum Joghurtbereiter, von der Eismaschine bis zur Küchenallzweckmaschine gibt es eigentlich nichts, was die Geräteindustrie nicht zur Erleichterung vielbeschäftigter Hausfrauen anbietet. Aber, Hand aufs Herz: Wie viele der in Ihrem Haushalt vorhandenen Maschinen benutzen Sie wirklich regelmäßig? Und wie viele stehen ungebraucht herum, verstauben und nehmen Platz weg?

Deshalb sollten Sie sich bei der Anschaffung Ihres elektrischen Geräteparks im Haushalt überlegen: Wofür brauche ich was? Man kommt nämlich im Grunde mit ganz wenigen aus.

Der *Kühlschrank* ist in deutschen Küchen längst eine Selbstverständlichkeit geworden. Auch ein *Tiefkühlschrank* ist kein Luxus mehr.

Für die Kühlschrankgröße gilt als Faustregel dies: pro Haushaltsmitglied etwa 50 Liter Inhalt. Was den Rauminhalt des Tiefkühlers angeht, so müssen Sie sein Fassungsvermögen auf Ihre speziellen Bedürfnisse berechnen. Wenn Sie einen eigenen Garten haben, in dem Sie häufig größere Mengen von Obst und Gemüse ernten, brauchen Sie einen größeren, als wenn Sie nur gelegentlich Gerichte einfrieren wollen oder tiefgekühlte Lebensmittel für kurze Zeit aufbewahren.

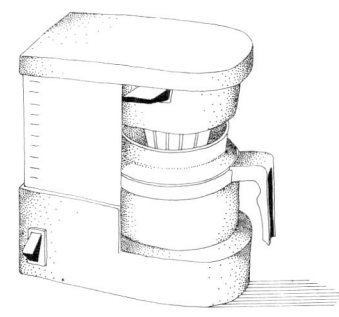

Eine *Kaffeemaschine* anzuschaffen empfiehlt sich für alle, die gerne und häufig Kaffee trinken. Jeder Teetrinker hingegen wird einen *elektrischen Teebereiter* ablehnen, weil das Teekochen eine Kunst ist, die man keiner Maschine überlassen sollte.

Die *Kaffeemühle* empfiehlt sich, weil frisch gemahlener Kaffee eben viel aromatischer schmeckt.

Ein *Eierkocher* gehört zu den eher überflüssigen Geräten. Mit ihm werden die Eier auch nicht schneller fertig.

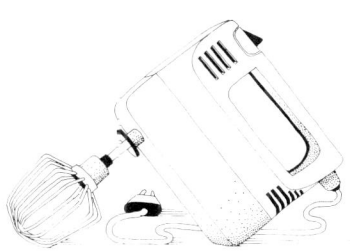

Der *Handmixer* erfüllt meist mehrere Funktionen auf einmal: Die aufsteckbaren Quirlstäbe sind zum Schlagen von Sahne und Eischnee. Meistens gehört mit zum Gerät ein Knethaken zum Teigrühren, ein Aufsteckstab zum Zerkleinern und Mixen, ein Passierstab und nicht zuletzt ein elektrisches Messer.

Der *Toaster* vervollständigt das Frühstückszubehör. Je nach Wunsch kann man einen mit oder ohne Brötchenaufsatz wählen.

Geschirrspüler gibt es erst in knapp 20 Prozent aller Haushalte, allerdings mit steigender Tendenz. Denn vor allem, wenn man eine große Familie oder häufig viele Gäste hat, ist er eine wohltuende Hilfe.

Eine *Universalküchenmaschine* verdient heutzutage ihren Namen zu Recht. Sie kann inzwischen wirklich fast alles, vom Teigkneten übers Mixen bis zum Schnitzeln von Gemüse oder Zerkleinern von Fleisch und Entsaften von Zitrusobst.

Die kleineren Küchengeräte, die meist nur einen oder zwei Zwecke erfüllen, haben den Vorteil, daß man sie nicht erst lange zusammensetzen und anschließend wieder auseinanderbauen muß. Aber: Viele verschiedene Geräte nehmen natürlich mehr Platz weg als ein einziges, das alles kann

Ein Gerät möchte ich Ihnen jedoch unbedingt ans Herz legen: den *elektrischen Zerhakker* oder ein Zerkleinerungsgerät. Diese Wundermaschine, die im Handumdrehen alles winzig fein zerhackt, sogar zu glattem Mus püriert, wird mittlerweile von einer Reihe verschiedener Firmen angeboten und ist im Haushalt wirklich durch nichts zu ersetzen.

Rind

Rindfleisch hat eine besonders feste Zellstruktur. Beim Schlachten ziehen sich die Muskeln krampfartig zusammen. Diese Starre löst sich erst nach einigen Tagen. Genießbar wird das Fleisch deshalb frühestens nach knapp einer Woche. Trotzdem sollte man es – auch wenn man es „nur" kochen will – mindestens sieben Tage lang abhängen lassen. Für alle Braten oder sogar Steaks muß es zwei, besser noch drei bis vier Wochen lang reifen.

Versuchen Sie bitte nicht, ein Stück Rindfleisch selbst „abhängen" zu lassen. Dazu muß nämlich das Fleisch tatsächlich *hängen*. Bei einer gleichmäßigen Temperatur von zwei Grad. Und das kann kein normaler Haushaltskühlschrank gewährleisten. Selbstverständlich können Sie jedoch Steaks oder ein Bratenstück rundum gut mit Öl eingerieben oder besser noch total mit Öl bedeckt (dadurch kann keine Luft an das Fleisch gelangen) ein bis drei Tage im Kühlschrank aufbewahren. Wenn Sie einige Gewürze (Thymian, Lorbeer, Pfeffer – kein Salz!) zufügen, wird das Fleisch gleichmäßig davon durchzogen und aromatischer.

Und noch eins: Bitte verlangen Sie niemals ganz mageres Fleisch. Fett ist ein wichtiger Aromaträger und erhält das Fleisch beim Braten oder Kochen saftig. Deshalb sollten Sie glücklich sein, wenn Ihnen der Metzger ein gleichmäßig von hellen Fettadern durchzogenes Stück anbietet. Und Sie werden in seiner Achtung steigen, wenn Sie ausdrücklich durchwachsenes Fleisch verlangen. Erweisen Sie sich als sachverständige Kundin! Dazu gehört vor allem, daß Sie sich in der Anatomie des Tieres etwas auskennen und nicht nur die Namen der einzelnen Stücke wissen, sondern auch, wo sie sitzen und wofür sie sich am besten eignen. Denn ein Gulasch aus zartem Filet ist beileibe nicht automatisch ein gutes Gulasch.

1) Hals, Nacken. Ein preiswertes Stück, das sich besonders gut zum Schmoren und für Eintöpfe eignet. Weil es gut mit Fett durchwachsen ist, bleibt es zart und saftig. Kann man auch als Suppenfleisch verwenden. Ergibt so auch eine kräftige Brühe.

2) Halsgrat, Kamm, Zungenstück, Siegelstück. Ebenfalls gut durchwachsen, deshalb sehr saftig. Empfehlenswert für Gulasch und andere Ragouts, aber auch für ganze Braten geeignet. In Scheiben geschnitten gut zum Grillen.

3) Hochrippe, Hohe Rippe, Schmorrippe. Sie gehört zu den besten Stücken vom Rind. Ist erfreulich preiswert, weil man ihre Qualität bei uns nicht so recht zu schätzen weiß. Sie ist gleichmäßig von hauchfeinen Fettadern durchzogen, bleibt deshalb beim Kochen und Braten besonders zart. Kann mit Knochen (Côte de Boeuf) als großer Festbraten (Seite 176 ff.) zubereitet werden oder ausgelöst in Scheiben geschnitten zu Steaks.

4) Dicker Bug, dickes Bugstück. Sehr zart, sollte unbedingt gut abgehangen verwendet werden. Im Ganzen zu schmoren oder zu braten. Auch für Gulasch und Geschnetzeltes.

5) Schulternaht, Bugschaufelstück. Ist zum Kochen geradezu ideal. Denn die gallertartige Sehne in der Mitte gibt der Brühe Kraft und Stand und erhält außerdem das Fleisch saftig. Dieser Sehne wegen nennt man die Schulternaht auch oft „Reißverschlußstück". Ißt der Fleischer am liebsten selbst – und das ist immer ein Qualitätsbeweis!

5a) Mittelbug. In der Muskelstruktur der Schulternaht zu vergleichen. Gut für Eintöpfe, Ragout und Schmorgerichte zu verwenden.

5b) Schulterspitz, falsches Filet. Sieht tatsächlich dem echten Filet ähnlich, weil es schlank ist und sich zum Ende hin verjüngt. Ist jedoch grober in der Struktur. Wird wie Schulternaht und Mittelbug verarbeitet. Besonders mürbe wird es, wenn es mit viel Speck bei sehr milder Hitze im Backofen langsam gar schmort. Deshalb für Ragouts gut zu verwenden.

6) Beinfleisch, Hesse. Hat Ihr Metzger bereits stets quer zum Knochen in dicke Scheiben geschnitten, der markgefüllte Knochen bildet das Herz. Die gallertigen Sehnen erhalten das Fleisch saftig. Am besten für Fleischbrühe. Das Fleisch dann vom Knochen gelöst kalt zu Salat verarbeiten (mit heißen Kartoffeln!).

7) Brustspitze. Ein billiges Stück Fleisch. Gut für Fleischbrühe. Das ausgekochte Fleisch durch den Wolf drehen und zu einer Füllung für Teigtaschen verarbeiten.

8) Brustkern. Ergibt herrliches Kochfleisch. Das die Fleischschicht umhüllende Fett bitte immer dran lassen, dadurch bleibt sie saftig

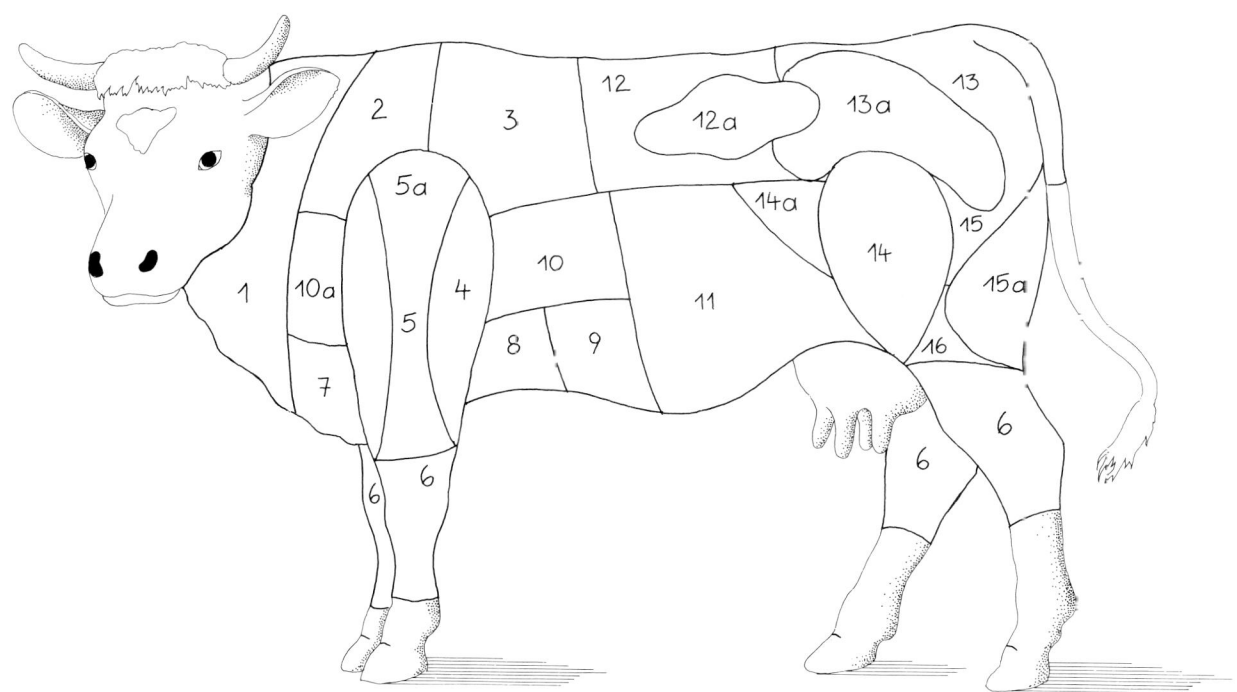

und zart. Die Brühe vor dem Essen gut entfetten. Das Fleisch hauchdünn in Scheiben geschnitten als Salat anmachen. Oder kalt mit verschiedenen Saucen reichen.

9) Nachbrust. Genau wie Brustkern verarbeiten. Ein besonders preiswertes Stück.

10) Querrippe. Wiederum bestens für alle Arten von Suppen und Eintöpfe geeignet. Zum Beispiel für Gulaschsuppe oder Bohneneintöpfe. Kann man aber auch grillen oder im stark aufgeheizten Ofen braten. Am besten dafür vorher in einer Marinade beizen.

10a) Abgedecktes Leiterstück. Wie Querrippe.

11) Bauchlappen, Spannrippe. Besonders empfehlenswert, weil so billig wie vielseitig. Läßt sich zu einem Rollbraten zusammenwickeln und ergibt sanft gargezogen ein saftiges Kochfleisch. Gut auch in Eintöpfen und Suppen. Als Rolle auch bestens zum Braten geeignet. Oder – quer in Scheiben geschnitten – zum Kurzbraten oder Grillen.

12) Roastbeef, Rinderlende. Fast genauso teuer wie das Filet. Vielseitig verwendbar als Steaks, Fonduefleisch, Geschnetzeltes oder – im ganzen – als herrlicher Braten. Gut auch roh, hauchdünn aufgeschnitten und mariniert.

12a) Filet. Das teuerste und edelste Stück vom Rind. Meist in Scheiben als Steaks rasch gebraten oder gegrillt. Oder im Ganzen als festlicher Braten. (Filet Wellington Seite 179 ff.)

13) Hüfte. Hier sitzt erstklassiges Fleisch. Man schneidet hieraus beispielsweise den berühmten Wiener Tafelspitz (Seite 158 ff.). Muß stets gut abgehangen verarbeitet werden, dann bleibt sie – auch dank der zarten Fettadern – garantiert saftig und mürbe. Natürlich auch gut zum Schmoren oder Braten zu verwenden.

13a) Runde Nuß, Hüftdeckel. Gleiche Qualität wie die Hüfte. Zum Schmoren oder Braten.

14) Rose, Blume, Kugel. Hieraus schneidet der Metzger das klassische Rumpsteak oder sogenannte Beefsteaks. Auch sehr gut für Fleischfondue geeignet, für Geschnetzeltes oder Spieße und ideal für Rouladen.

14a) Bürgermeisterstück, Pastorenstück. Bereits der Name zeigt, daß es sich um ein besonderes Stück Fleisch handelt. Früher blieb es tatsächlich als besonderer Leckerbissen diesen Honoratioren vorbehalten. Heute ißt's der Metzger am liebsten selbst. Wenn Sie eines ergattern können: wie Rose verwenden.

15) Unterschale, Schwanzstück. Gut für Rouladen, als Schmorbraten oder für Eintöpfe.

15a) Schwanzrolle. Wirklich wie eine Rolle geformt. Mager und grob strukturiert. Als Schmorbraten oder für Gulasch.

16) Oberschale, Kluft. Das Paradestück für Rouladen. Gut auch als Steak oder in hauchdünne Scheiben geschnitten für Fondue Chinoise.

17) Ochsenschwanz. Ein Leckerbissen, ob als Ragout oder für eine kräftige Suppe.

Kalb

„Das Kalb ist eines der Tiere, welches sich in der Kochkunst fast unentbehrlich gemacht hat, denn es ist an ihm vom Kopfe bis zu den Füßen kein Stückchen, was nicht in unserer umfangreichen Kochkunst zu den verschiedensten und geschmackvollsten Gerichten durch das erfinderische Talent eines geübten Koches gestaltet werden kann . . ." Diese wohlgesetzten Worte stammen von Johann Rottenhöfer, dem berühmten Königlichen Haushofmeister und ehemaligen Mundkoch Seiner Majestät des Königs Maximilian II. von Bayern. Er schrieb sie in seinem unvergessenen Buch „Anweisung in der feinen Kochkunst" bereits im Jahre 1866. Seiner Lobeshymne auf das Kalb ist heute nichts hinzuzufügen.

Was Kalb ist und was nicht, ist eindeutig festgelegt:

In jedem Fall ist es das Kind vom Rind, gleich ob männlichen oder weiblichen Geschlechts. Man unterscheidet sie nach ihrer Art der Aufzucht und des Alters: *Milchmastkälber* sind vier bis sechs Wochen alt. Laut Rottenhöfer kulinarisch kaum empfehlenswert, weil sie sich nur von Milch ernährt haben (daher der Name) und ihr Fleisch ebenso blaß wie ihre Nahrung ist. Die heutigen Mastmethoden jedoch erlauben dem armen Kalb keine echte Mutter-(Kuh-)milch, sondern lediglich sogenannte Milchaustauschstoffe, oft sogar noch (obwohl verboten) mit Hormon- und chemischen Beigaben, damit das Tier möglichst viel Fleisch in möglichst kurzer Zeit ansetzt. Dieses ohnehin wäßrige und wenig kernige Fleisch schnurrt meistens in der Pfanne um etwa die Hälfte seines Gewichts zusammen. Und schmeckt im übrigen fad. Weitaus kräftiger und zarter im Fleisch sind die *jungen, ungemästeten Kälber:* Bis zu drei Monate alt haben sie sich auf Wiesen ernähren dürfen und so ein deutlich rosafarbenes, aromatisches Fleisch ansetzen können, das längst die Wäßrigkeit des Milchkalbs verloren hat. Allerdings wird solches Fleisch nur höchst selten angeboten – weil es nur wenige Züchter gibt, die sich den Luxus leisten, die Natur arbeiten zu lassen und keine Chemie und sogenanntes Kraftfutter zur Hilfe zu nehmen.

Mastkälber stellen den größten Anteil des Kalbfleischs in unseren Metzgereien. Es handelt sich dabei um das blaßrosa Fleisch von gemästeten, also mit Futter versorgten Tieren, die am Schlachttag etwa drei Monate alt sind und trotzdem bereits 150 Kilo wiegen.

Die *Fresser* sind Kälber, die, etwa vier Monate alt, auf der Grenze zwischen Kalb und Rind stehen. Ihr kräftig-rosa Fleisch ist besonders wohlschmeckend und bei aller Zartheit kernig. Leider entspricht es nicht der landläufigen Vorstellung „Kalbfleisch muß schön blaß sein" und wird deshalb zum größten Teil nach Italien und Frankreich exportiert. Wenn Sie also Kalbfleisch von einer starkrosa, bereits ins Rote spielenden Farbe sehen, dann greifen Sie zu! Aber verwechseln Sie es nicht mit dem älteren Jungrind, dessen Zellstruktur bereits fest und straff geworden ist, und das man an der hellroten Farbe erkennt.

Kalbfleisch muß nicht abhängen, weil es von Natur aus zart ist. Lediglich die drei bis vier Tage, die es braucht, um die Muskelstarre zu verlieren, die beim Schlachten einsetzt, sollte man ihm gönnen.

1) Haxe, Bein. Kalbshaxen sind vor allem in Süddeutschland beliebt. Man brät oder grillt sie, reicht sie mit Krautsalat oder Kartoffelklößen als Beilage. Aus Italien kommt die Methode, sie quer in dicke Scheiben zu sägen (mit dem Markknochen als Mitte) und mit Tomaten langsam gar zu schmoren.

1a) Kalbsfuß. Unerläßlich, wenn man Sülzen und Aspik ohne Gelatine zubereiten will. Die in den Knochen sitzenden gelierenden Stoffe geben außerdem jeder Brühe, jeder Sauce und jedem Saucenfond Stand und Würze. Leider nicht bei jedem Metzger immer zu bekommen. Deshalb rechtzeitig vorbestellen.

2) Brustspitze. Vorzüglich geeignet für Eintöpfe, die weniger deftig sein sollen. Wird immer mit Knochen verkauft, die Sie für Schmorgerichte auf keinen Fall auslösen sollten. Übrigens können Sie das Fleisch auch von den Knochen lösen und zu Geschnetzeltem verarbeiten. Die Knochen unbedingt aufheben und zur Fondbereitung verwenden!

3) Brust. Der schlagende Beweis, daß Kalbfleisch durchaus nicht teuer sein muß. Aus diesem unscheinbaren, flachen Stück lassen sich

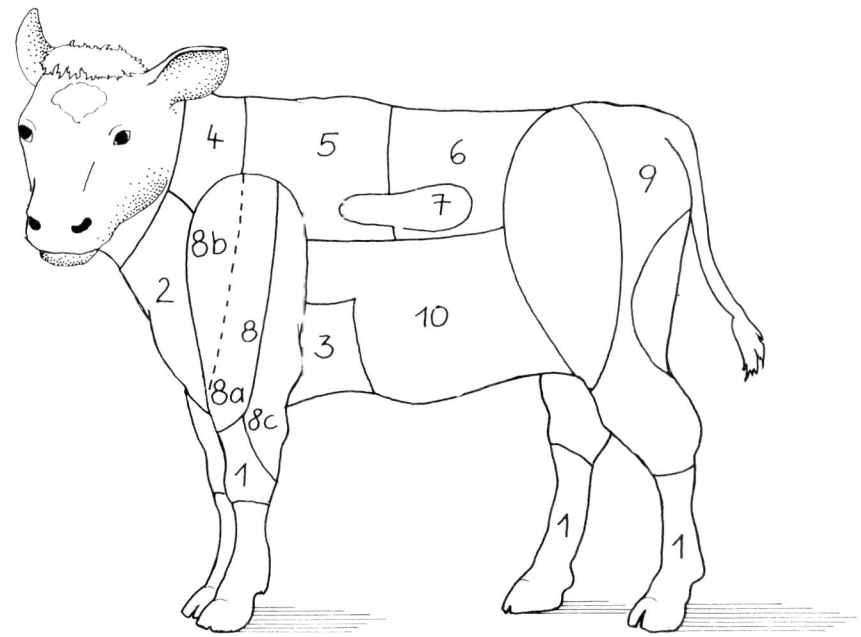

herrliche gefüllte Braten herstellen: vom Metzger eine Tasche einschneiden lassen, mit einer kräftigen Farce füllen und braten.

4) Hals, Nacken, Stich. Sehr fein mit Fettadern durchzogen und deshalb herrlich saftig beim Braten. Kann man in Scheiben schneiden und als Steak kurz in der Pfanne braten oder grillen. Auch gewürfelt als Gulasch oder Frikassee (dann aber bitte am Stück sanft pochieren und erst später in Würfel schneiden).

5) Kotelett, Mittelstück, Kamm. Ein Stück der Spitzenklasse! Zum Beispiel als Ganzes gebraten, mit einem Zwiebelpüree überbacken. Oder vom Knochen gelöst als Lendenbraten. (Die Knochen dann natürlich wieder zum Fondkochen verwenden.) Meist jedoch werden die Koteletts in Scheiben (mit je einem Knochen) zum Kurzbraten in der Pfanne oder zum Grillen verkauft.

6) Nierenbraten. Damit bezeichnet man das hintere Ende des Kotelettstücks mitsamt der angewachsenen Niere. Ein wahrer Festtagsbraten, wie man ihn vor allem in Süddeutschland schätzt. (Übrigens: Häufig wird unter der Bezeichnung Kalbsnierenbraten etwas anderes verkauft: die zum Braten gerollte Brustdünnung mit der vom Fettmantel befreiten Niere als Zentrum; schmeckt auch gut, ist aber mit dem echten Nierenbraten nicht zu vergleichen.)

7) Filet. Weil's nur eines pro Kalb gibt, natürlich das teuerste Stück. Es sitzt unterhalb des Kotelettstrangs. Wird meist in dünnen Schei-

ben, Medaillons, verkauft. Man kann es auch schnetzeln oder als Fonduefleisch verwenden.

8) Schäuferl, Blatt, Bug, Schulter. Sozusagen der vordere Oberschenkel, wird in folgende Stücke zerlegt:

8a) Dicke Schulter. Man kann sie als Ganzes zum Sonntagsbraten machen. Dabei mit zusätzlichem Fett nicht sparen, damit das schiere Fleisch saftig bleibt.

8b) Dicker Bug, flacher Bug. Wird am besten zu Frikassee verarbeitet oder als Ragout. Hervorragend für alle geschmorten Zubereitungen. Denn die gallertartigen Sehnen geben der Sauce Stand und Würze.

8c) Schulterfilet. Erinnert in der Form tatsächlich an das schlanke Filet. Ergibt einen schönen Schmorbraten. Schmeckt gut als Gulasch.

9) Keule, Schlegel. Hieraus werden die begehrtesten Stücke geschnitten: die *Oberschale* oder das *Frikandeau*, das sich bestens für Schnitzel aller Art eignet. Oder für Kalbsrouladen und Geschnetzeltes. Die *Kalbsnuß* ist ein gleichmäßig, fast rund geformtes Stück. Am besten wird sie im ganzen gebraten, sanft geschmort oder pochiert. Die *Unterschale* dagegen wird üblicherweise für Schnitzel verwendet.

10) Kalbsbauch mit Lappen, Dünnung. Am besten zu einem Rollbraten gewickelt.

11) Kalbskopf. Köstlich für Sülzen und Aspiks aller Art. Oder in Wurzelbrühe weich gekocht und mit einer Vinaigrette serviert. Warm oder kalt ein Genuß.

Schwein

Moderne Zuchtmethoden haben aus dem guten alten Hausschwein ein geradezu stromlinienförmiges Tier gezaubert. Der Ruf nach magerem Fleisch und einer fettärmeren Ernährung hat die Züchter zu einer wirklich verblüffenden Leistung angespornt. Das träge dicke Schwein von früher, das mit zwölf Rippen (Koteletts) ausgestattet war, weist heute sechzehn makellose Koteletts auf. Und dafür rund die Hälfte weniger Fett. Allerdings heißt es, daß die armen Schweine diesen Schlankheitsprozeß nicht unbeschadet an ihrer Seele überstanden haben. Nervös seien sie nunmehr geworden, geradezu hysterisch. Und wie Wissenschaftler der Forschungsanstalt für Fleisch in Kulmbach bestätigen, sterben sie häufig bereits vor dem eigentlichen Schlachten: Auf dem Transport dorthin erliegen manche vor Aufregung einem Herzinfarkt. Erfahrene Zungen können diesen Umstand schmecken: Das Fleisch solcher Tiere bleibt zäh und hart und ist durch nichts mehr weich zu kriegen.

Schweinefleisch wird stets frisch, etwa zwei Tage nach dem Schlachttag, angeboten. Dann hat sich die Muskelstarre bereits gelöst und der Geschmack voll entfaltet. Bewahren Sie es auch nicht viel länger im Kühlschrank auf. Das sich in den Muskeln bildende (geschmacksfördernde und -beeinflussende) Milcheiweiß zersetzt sich rascher als im Fleisch anderer Schlachttiere.

Schweinefleisch ist fett, auch das magerste Stück hat immer noch mehr Kalorien (Joule) als das fetteste Kalbfleisch. Aber gerade dieses Fett garantiert, daß ein Schweinebraten angenehm saftig bleibt. Das Schweinefleisch, das man normalerweise kauft, stammt von einem etwa einjährigen Tier. Es sollte kräftig rosa bis leicht rot aussehen, das Fett hingegen strahlend weiß. Je dunkler das Fleisch, desto älter war das Tier. Blaßrosa ist das Fleisch des Spanferkels, des jungen Schweinchens, das eigentlich nur vier bis sechs Wochen alt sein dürfte. Denn das Tier sollte sich bis dahin nur von Milch ernährt, am „Span" gesäugt haben. Aber wie so häufig hat sich auch hier die Grenze stark verwischt. Heute heißen auch vier Monate alte Tiere, die rund 30 Kilogramm wiegen, noch Spanferkel.

Das Schwein liefert uns obendrein die herrlichsten Schinken. Gepökelt, gekocht, geräuchert oder getrocknet. Ein besonders köstlicher Braten ist beispielsweise die (vom Metzger) gepökelte Spanferkelkeule im Ofen gebraten oder im Wurzelsud vorsichtig gargezogen (siehe auch Seite 168/69). Bitte widerstehen Sie dem Gedanken, einen Schinken mal selber einzulegen und zu pökeln. Die Wahrscheinlichkeit, daß Sie das teure Stück verderben, ist größer als die Möglichkeit, wirklich damit Erfolg zu haben. Denn dazu gehören nicht nur die Kenntnis, mit den Pökelsalzen richtig umzugehen, sondern auch die passenden Gerätschaften und obendrein das richtige Klima.

1) Schweinebacke. Ein gut durchwachsenes Stück, vor allem in Norddeutschland beliebt. Unentbehrlich beispielsweise im Grünkohleintopf. Wird frisch und geräuchert angeboten. Läßt sich übrigens auch sehr gut in Sülzen verarbeiten. Für alle Arten von Aspiks ist der gesamte Kopf bestens geeignet.

2) Nacken, Hals, Halsgrat, Kamm. Herrlich zartes und saftiges Fleisch, weil es gleichmäßig von weißem Fett durchzogen ist. Was in der Pfanne oder im Ofen an Fett ausbrät, wegkippen – die Sauce zusätzlich entfetten, dann spart man eine Menge Kalorien. Hals in Eintöpfen verwenden. Als Ganzes braten. Oder als Scheiben in der Pfanne kurzbraten oder grillen.

3) Brust, Brustspitze. Ergibt gefüllt einen köstlichen und preiswerten Braten. Kann man jedoch auch ohne Füllung braten oder grillen. Dazu stets die anhaftende Schwarte kreuzweise einschneiden, damit sie aufgehen und knusprig werden kann. Ebenso gut für Gulasch oder für Eintöpfe und Ragouts.

4) Kotelett, Karbonade, Rippenspeer. Ein ordentliches Schwein liefert heute sechzehn Rippenpaare, das sind 32 Koteletts. Der Kotelettstrang, der Schweinerücken also, wird meistens – in Scheiben geschnitten – als einzelne Koteletts angeboten. Das ganze Stück, mit oder ohne Knochen, heißt Schweinskarree, gepökelt oder geräuchert Kassler, nach dem gleichnamigen Erfinder, dem Metzgermeister Cassel aus Berlin.

5) Filetkotelett. Eine Scheibe aus dem Kotelettstrang mitsamt dem darunter liegenden

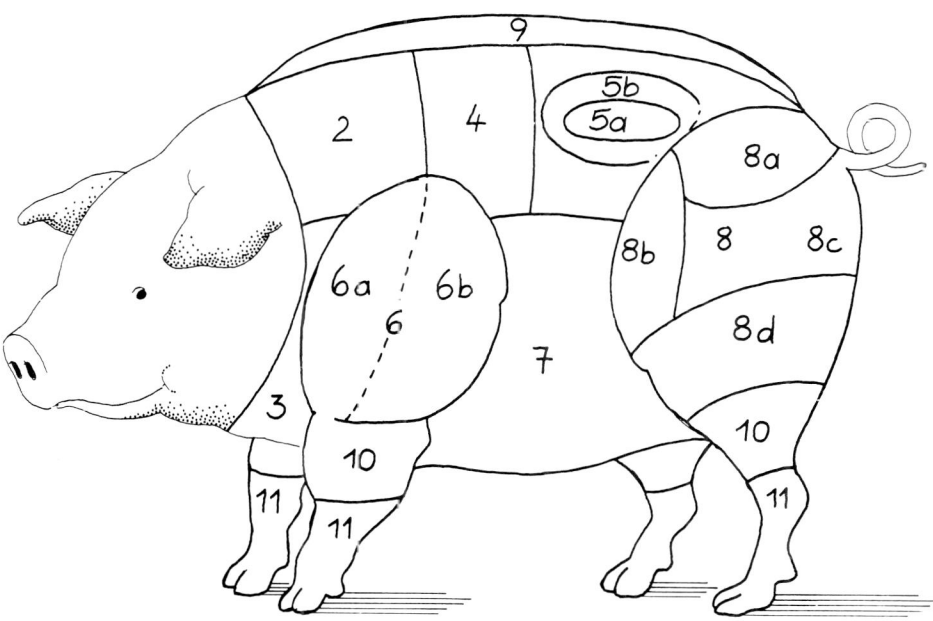

Filet. Natürlich etwas teurer als das übliche Kotelett.

5a) Filet. Wie üblich das teuerste Stück des Tieres, weil es nur eines davon liefern kann. Wird quer in Scheiben, sogenannte Medaillons, geschnitten. Oder als Ganzes gebraten oder geschmort. Erstaunlicherweise heißt das Filet in manchen Gegenden Deutschlands auch Lende, obwohl man üblicher- und richtigerweise das ausgelöste Karbonadenstück so bezeichnet.

5b) Flomen, Schweinefett. Schieres Fett. Man stellt daraus das Schweineschmalz oder auch das Griebenschmalz her: in Stücke schneiden und mit feingehackter Zwiebel, in hauchfeine Scheiben geschnittenem Apfel und etwas Pfeffer, Salz und Majoran so lange köcheln, bis die Zwiebeln geröstet und die Äpfel weich sind. Durch ein Sieb filtern und in Steinguttöpfen kalt stellen. Die Zwiebeln und Äpfel schmekken frisch besonders köstlich auf geröstetem, mit Knoblauch eingeriebenem Graubrot.

6) Schulter, Bug, Blatt. Ist unzerteilt ein enormer Braten. Wird meist zerlegt angeboten:

6a) Dicke Schulter, Schulterstück, Schulterfilet. Bestens für Bratenstücke oder auch für Schmorbraten geeignet. Auch gut für Gulasch, Ragout oder für Geschnetzeltes. Weil es leicht durchwachsen ist, bleibt es saftig und zart.

6b) Flache Schulter. Ein geradezu sonntäglicher Braten. Genau die richtige Portion für eine hungrige Familie. Schmeckt auch kalt.

7) Bauch, Wammerl. Läßt sich bestens füllen und ergibt so einen preiswerten Braten für eine große Runde. Auch gut – in Scheiben geschnitten – zum Kurzbraten oder Grillen. In Eintöpfen geradezu unentbehrlich. Gibt's übrigens geräuchert und frisch. Geräuchert ist es nichts anderes als durchwachsener Speck.

8) Keule, Hinterschinken, Schlegel. Wird nie im ganzen angeboten, sondern unterteilt:

8a) Schinkenspeckstück. Daraus entsteht der klassische Pökel- oder Räucherschinken. Frisch ergibt es einen saftigen Braten. Läßt sich auch in Schnitzel zerteilen.

8b) Nuß, Nußschinken. Ein gleichmäßig geformtes Stück. Gut für einen zarten Braten, für erstklassige Schnitzel. Oder für den teuren Nußschinken, der zuerst gepökelt und dann zart geräuchert wird.

8c) Unterschale, Schinkenstück. Schieres, sehr zartes Fleisch. Deshalb gut für Schnitzel, Steaks oder Geschnetzeltes.

8d) Oberschale. Hieraus werden die größten Schnitzel geschnitten, die man deshalb auch zu Rouladen wickeln kann. Damit sie nicht austrocknen, stets mit reichlich Fett zubereiten.

9) Rückenspeck. Frisch nennt man ihn „grün". Geräuchert ist er unentbehrlich zum Kochen und Braten. Ist durch und durch Fett, nicht durchwachsen. Wird auch zum Spicken und Bardieren benutzt.

10) Haxe, Eisbein. Gebraten oder gegrillt besonders im Süden beliebt. In Norddeutschland wird es häufiger gepökelt und gekocht.

11) Pfoten, Spitzbein. Hauptsächlich für Sülzen und Aspiks verwendet, aber auch gut in Eintöpfen.

Lamm

In alten Kochbüchern steht das Lamm immer an prominenter Stelle, vor dem Schwein. Es hatte damals vornehmlich in der „feinen" Küche eine wichtige Position. Das hat sich insofern geändert, als das Lammfleisch hierzulande eine eher untergeordnete Rolle spielt. Pro Kopf, so hat die Statistik errechnet, werden bei uns allenfalls 500 g im Jahr verspeist, während der Schweinefleischverbrauch mit steigender Tendenz bei 44 Kilogramm (der Rindfleischverzehr bei 28 Kilogramm) liegt. Übrigens haben unsere Vorfahren dem zarten Lamm das kräftigere, intensivere Hammelfleisch immer vorgezogen. Heute jedoch scheint der typische Lamm- oder gar Hammelgeschmack nicht mehr jedermanns Sache zu sein. Und auch in der großen Küche findet nur das zarte, sehr junge Lamm Verwendung.

Mehr über das Lamm finden Sie übrigens ab Seite 170.

Eines sei hier nur noch gesagt: Die deutschen Lämmer, wie sie vor allem in der Lüneburger Heide gezüchtet werden, sind von makelloser Qualität. Aber leider kann man ihr köstliches Fleisch hierzulande fast nirgendwo kaufen. Es geht zu fast 90 Prozent nach Frankreich, wo man die vorzügliche Ware besser zu schätzen weiß – und wo deshalb ein höherer Preis erzielt werden kann. Um den geringen deutschen Bedarf zu decken, wird das Lammfleisch aus Australien und Neuseeland zu uns eingeflogen. Trotz des weiten Wegs und der stattlichen Transportkosten ist es offenbar immer noch billiger als die heimische Ware.

Junges Lammfleisch ist von fahlem Rot, und es hat schneeweißes, kerniges Fett. Ältere Tiere weisen ein mit steigendem Alter kräftiger werdendes Ziegelrot auf, ihr Fett wird elfenbeinfarben und später sogar deutlich gelb. Dann aber bekommt das Fleisch den durchdringenden Geschmack, der wohl der Hauptgrund dafür ist, daß sich Lamm keiner allzu großen Beliebtheit hierzulande erfreut.

Ganz wichtig beim Servieren von Lammgerichten aller Art: Sie müssen heiß aufgetragen und auf gründlich vorgewärmten Tellern angerichtet werden. Lamm- und Hammelfett beginnt nämlich schon sehr bald zu erkalten und dann den penetranten Geruch und Geschmack zu entwickeln, der vielen den Genuß verleidet. Lammfleisch sollte übrigens einige Tage abhängen. Erst nach sechs bis sieben Tagen ist es zart und mürbe. Trennen Sie bei allen Fleischteilen das Fett niemals vor dem Braten oder Grillen ab. Es erhält das Fleisch saftig und bewahrt es vor dem Hart- und Zähwerden. Es läßt sich ja immer noch vor dem Essen auf dem Teller mühelos entfernen.

Ein Wort noch zum Würzen: Lammfleisch ist kräftig und darf deshalb auch kräftig gewürzt werden. Sparen Sie nicht mit Knoblauch, Thymian und Rosmarin – Mittelmeerkräuter, die sich besonders gut damit vertragen. Bereiten Sie es zudem am besten ausschließlich mit Olivenöl zu, einem besonders aromatischen aus der ersten Pressung, es dient als zusätzliches Gewürz, das dem Braten gut tut. Überhaupt sollte man den Italienern und Südfranzosen, gerade was die Lammbereitung angeht, ruhig ein wenig auf die Finger schauen; denn sie schätzen dieses Tier besonders und haben die größte Erfahrung damit. Wenn Sie mit Knoblauch spicken, sollten Sie jedoch eines gut beachten: Stechen Sie niemals einfach mit einem spitzen Messer in das Fleisch. Denn jede dieser brutalen Öffnungen beginnt beim Braten zu „weinen" – der kostbare und wertvolle Saft läuft aus. Er befindet sich dann in der Sauce, dafür ist das Fleisch trocken und zäh geworden. Tasten Sie vielmehr mit Fingerspitzengefühl an dem zu spickenden Fleischstück entlang. Wo Sie eine teilende Sehne spüren, dürfen Sie einschneiden: zwischen den einzelnen Muskelsträngen, so, daß das Fleisch nicht verletzt wird. Und: Stecken Sie die Knoblauchzehen nicht zu tief hinein. Denn die zarte Keule oder die Schulter darf ja auf keinen Fall durchgebraten werden. Sie soll im Innern noch deutlich rosa sein. Und zu tief eingeführte Knoblauchzehen bleiben dann roh und hart, statt wie Butter auf der Zunge zu zergehen.

1) Brust. Eine dünne, durchwachsene Fleischschicht über den Rippenknochen. Ausgelöst läßt sich damit ein wunderbar saftiger Braten rollen. Man kann die Rolle auch in Scheiben schneiden und in der Pfanne wie ein Steak braten oder grillen. Die Brust läßt sich ebenso wie Schweine- oder Kalbsbrust füllen (vom Metz-

ger eine Tasche einschneiden lassen) und zu einem stattlichen Braten verarbeiten. Gut auch für Ragout (Navarins) oder Eintöpfe.

2) Hals, Nacken. Wie auch bei den anderen Schlachttieren ein empfehlenswertes Stück, weil es gleichmäßig von Fett durchzogen ist und deshalb den Braten saftig erhält. Im ganzen zu braten oder quer in Scheiben geschnitten als Schnitzel oder Steak. Natürlich ebenso köstlich in allen Arten von Ragouts.

3) Schulter, Bug, Blatt. Ist deutlich billiger als die beliebtere Keule, wird aber von Kennern dieser vorgezogen. Weil sie nicht nur gleichmäßig mit Fett durchwachsen ist, sondern auch von gallertartigen Sehnen, die der Sauce Stand und Würze geben und dem Fleisch Saft und Kraft. Wird mit oder ohne Knochen verkauft. Die Schulter läßt sich hervorragend braten. Oder bei milder Hitze im dicht verschlossenen Ofen sehr langsam und sehr lange gar schmoren. Schmeckt auch besonders köstlich in einem würzigen Gemüsesud vorsichtig pochiert. (Versuchen Sie dann dazu eine Sauce aus sehr fein gehackter frischer Minze, mit Olivenöl, frisch gemahlenem Pfeffer und Zitronensaft cremig aufgeschlagen.)

4) Rücken. Entschieden das beliebteste Stück vom Lamm. Entweder als Ganzes zu braten (Carré d'Agneau) oder in einzelne Koteletts geschnitten.

Den Lammrücken bitte stets mit seinem Fett braten, damit das sehr magere Fleisch nicht austrocknet. Und niemals zu lange! Das Fleisch soll innen noch rosa sein.

5) Keule, Schlegel. Eine Lammkeule bringt etwa zwei Kilo auf die Waage, ist also ein ordentlicher Festbraten für eine Runde von vier bis sechs Personen – je nachdem, ob und wie viele Vorspeisen geplant sind. Sie hat besonders zartes Fleisch. Die sie umhüllende dünne Fettschicht bewahrt es vor dem Austrocknen. Braucht nur kurze Bratzeit. Schieben Sie die Keule – gut gewürzt und mit Olivenöl einmassiert – in den sehr heißen Ofen. Nach 30 Minuten können Sie bereits den Herd ausschalten. Gönnen Sie dem Braten jedoch noch eine Ruhezeit von 15 bis 20 Minuten im langsam abkühlenden Backrohr, dann können sich die Säfte wieder gleichmäßig verteilen und laufen nicht beim Anschneiden aus.

6) Bauch. Ein der Brust ähnliches Stück. Dünn, jedoch regelmäßig durchwachsen. Kann man gut zu Rollbraten zusammenwickeln. Beispielsweise mit frischen Kräutern gefüllt.

Kleines Lexikon der Kräuter und Gewürze

Allgewürz: auch Allspice, Neugewürz, Nelkenpfeffer oder Piment. Die getrockneten, unreifen Beeren des Pimentbaums, der in tropischen Gegenden gedeiht. Die rötlich-dunkelbraunen Beeren sehen Pfefferbeeren sehr ähnlich. Man zerdrückt sie am besten mit der Messerschneide oder im Mörser oder mahlt sie. In jedem Fall ungemahlen kaufen, weil sonst ihr Aroma bald verfliegt. Ihr Geschmack erinnert an Zimt, Nelken und Muskat. Man verwendet Allgewürz in Fleischfarcen, kräftigen Suppen oder gibt sie an Marinaden und Würzfonds.

Anis: Die Samenkörner der Anispflanze. Verwandt mit dem Fenchel, aber deutlich aromatischer und intensiver im Geschmack. Die hellbraunen Samenkörner werden zum Würzen im Mörser zerstoßen oder im ganzen in Kuchen und Broten mitgebacken. Anis gehört auch in die indische Gewürzmischung für Curries.

Basilikum: auch Königskraut genannt. Hat einen typischen, zart pfeffrigen, dabei leicht an Zitrone erinnernden, ausgeprägten Duft. Die lanzenartigen, leuchtend grünen Blätter enthalten ätherische Öle, die rasch verfliegen, wenn man sie zerkleinert zu lange stehen läßt. Sie verlieren auch beim Trocknen derart an Aroma, daß man Basilikum nur frisch verwenden sollte. Paßt am besten zu Tomaten, Auberginen und Zucchini – vor allem, wenn sie mit Olivenöl zubereitet wurden.

Beifuß: auch als Gänsekraut bezeichnet, weil es neben Majoran das unabdingbare Gewürz für einen guten Gänsebraten ist. Den Namen verdankt die Pflanze dem Glauben, daß das Kraut, in den Schuh gesteckt, die Kraft besitzen soll, beim Laufen alle Müdigkeit zu vertreiben. Beifuß wächst wie Unkraut an Wegrändern und auf Schutthalden. Wird auf den Märkten ausschließlich getrocknet angeboten, oft nicht gerebbelt, sondern als ganzer Zweig. Die Knospen kann man abstreifen und in die Füllung vom Gänse-, Enten- und Schweinebraten verarbeiten.

Bohnenkraut: auch Pfefferkraut genannt. Sehr intensiv im Geschmack. Gibt Bohnen – als ganze Stengel mitgekocht – erst das bei uns beliebte typische Aroma. Leicht pfeffrig, paßt auch gut in Kartoffelsalate, zu weißen Bohnen und deftigen Eintöpfen. Verliert auch beim Trocknen sein Aroma kaum.

Borretsch: das Gurkenkraut – macht Gurken erst richtig „gurkig". Die langen, dicken Blätter sind dunkelgrün und mit tausend hauchfeinen Härchen besetzt. Sollte immer frisch zugefügt werden, weil es beim Kochen stark an Aroma verliert. Die blauen Blüten im Herbst sehen nicht nur hübsch aus: Man kann sie ebenfalls essen.

Brunnenkresse: oder Wasserkresse. Eigentlich eher ein Salatgemüse als ein Würzkraut. Wächst in fließenden Gewässern. Wird hauptsächlich von Oktober bis Mai geerntet. Später wachsen die Pflanzen über die Wasseroberfläche hinaus, werden gelb und bekommen ein unangenehm strenges Aroma. Der zart bittere, leicht scharfe Geschmack ist nicht jedermanns Sache. Er wird beim Kochen jedoch milder. Meist aber verwendet man Brunnenkresse als Salat oder als Beilage und Garnitur.

Chillies: gehören zu der großen und weitverzweigten Familie der Paprika- und Pfefferschoten. Chillies gibt es in unendlich vielen Variationen. Von winzig klein und höllisch scharf bis zu zwanzig Zentimetern lang und süßlich mild. Je nach Reifegrad sind sie grün (unreif) bis feuerrot (reif) – was jedoch nichts über die Schärfe aussagt. Man bekommt Chillies frisch oder getrocknet. Die frischen Schoten nennt man bei uns auch fälschlicherweise Peperoni. Mit Chillies vorsichtig umgehen. (Siehe auch Seite 295.)

Curry: Ein Begriff aus dem Indischen für ein Schmorgericht mit viel Sauce. (Siehe auch Seite 292.) Das unter dieser

Bezeichnung bei uns verkaufte Gewürz besteht vorwiegend aus Kurkuma, daher die charakteristische Gelbfärbung. Für Saucen, Eintöpfe und Suppen verwenden.

Dill: auch Gurkenkraut. Ist aus Gurkensalaten nicht wegzudenken und wird für Saucen verwendet. Die zart gefiederten Blätter darf man ruhig großzügig verwenden. Ihr Aroma ist zart und gar nicht aufdringlich. Gehört zur Familie der Doldengewächse, ist mit Fenchel und Anis eng verwandt.

Dost: deutsche Bezeichnung für Oregano, den wilden Majoran. Wächst aber längst nicht mehr nur wild, bekommt jedoch in unseren Breiten nicht jenen typischen Oreganogeschmack, den die Pflanze in südlichen Gegenden entwickelt.

Essig: das A und O jeder guten Küche. Es ist ein Jammer, daß hierzulande keinerlei Essigkultur herrscht. Das liegt vor allem daran, daß nur wenige bereit sind, für Essig ein bißchen mehr Geld auszugeben. Aber um einen guten Essig herzustellen, bedarf es bester Grundprodukte, und diese kosten ihren Preis. Der beste Essig ist der aus Wein hergestellte – ausschließlich aus Wein und nicht aus Sprit beziehungsweise Branntwein, der soviel Essigsäure entwickelt, daß er (meist mit Wasser) auf ein für den menschlichen Genuß erträgliches Maß verdünnt werden muß. Selbstverständlich läßt sich Essig auch aus Apfelwein, aus Kartoffelschnaps und aus allen Weinsorten herstellen: Sher-

ry-Essig, Champagner-Essig, Rotwein-Essig usw. Je makelloser das Ausgangsprodukt, desto feiner und aromatischer der Essig.
Besonders gut sind auch aromatisierte Essige, zum Beispiel mit Kräutern wie Estragon, Thymian, Knoblauch, Schalotten, oder mit Früchten wie Himbeeren, Kirschen, Johannisbeeren. Es wird auch mit Zitronenschale, Orangenschale, mit Veilchen oder Rosen aromatisiert. Man verwendet auch hier ausschließlich Weinessig bester Qualität, gießt ihn über die Kräuter oder aromatisierenden Zutaten und läßt alles einige Zeit im Hellen stehen. Dann filtert man den Essig durch ein feines Tuch und bewahrt ihn fortan – aber nicht zu lange, weil er seine schöne Farbe verliert und trübe wird – im Dunkeln auf.

Estragon: auch Dragon oder Bertram genannt. Aus der feinen Küche nicht wegzudenken. Die schmalen Blättchen haben einen leicht scharfen, stark aromatischen Geschmack. Man kennt zwei Sorten: den russischen und den französischen Estragon; der letztere ist ungleich wuchtiger im Geschmack und deshalb zum Beispiel zum Aromatisieren von Essig besser geeignet. Am besten frisch verwenden. Verliert sonst an Aroma.

Fenchel: Man verwendet das aromatische Grün seltener als die getrockneten Samenkörner. (Als Big Cumin ein Bestandteil der indischen Gewürzmischung für Curries.) Bei uns vertrauter als Backgewürz für dunkles Brot.

Gartenkresse: eine einjährige Kräuterpflanze. Besonders gut als Salat. Scharf im Geschmack und leicht bitter. Sehr erfrischend.

Gelbwurz: siehe Kurkuma.

Gewürznelke: auch Nelken, Näglein genannt. Die getrockneten Stempel aus den Blüten des Nelkenbaums. Kommen vorwiegend von den Gewürzinseln in den Antillen. Sehr stark im Aroma. Man sollte mit Nelken sparsam umgehen. Niemals gemahlen kaufen, sondern entweder im Ganzen mitkochen (und vor dem Servieren entfernen) oder im Mörser zerstoßen.

Glutamat: aus Pflanzeneiweiß gewonnenes, kristallähnliches Pulver, das keinen eigenen Geschmack hat, sondern das Aroma anderer Speisen verstärkt und hebt. Wird vor allem in der chinesischen und japanischen Küche verwendet. Es ermöglicht, daß man etwas sparsamer mit Salz umgehen kann.

Ingwer: Dies ist der Wurzelstock der gleichnamigen Pflanze. Stammt aus dem asiatischen Raum. Man sollte Ingwer nur frisch verwenden. Getrocknet und zu Pulver gemahlen hat er jegliches typische Aroma verloren. Findet vor allem in der asiatischen Küche Verwendung. Hierzulande auch als Süßigkeit kandiert. Dann allerdings kann man damit nicht mehr kochen!

Kapern: die Knospen des Kapernstrauchs, den man vor allem im Mittelmeerraum antrifft. Werden fast ausschließlich in Salzlake eingelegt ange-

29

boten. Die kleinsten, etwa stecknadelkopfgroßen, sind die besten. Man verwendet sie in Ragouts mit weißen Saucen, um ihnen einen erfrischend säuerlichen Geschmack zu geben.

Kardamom: die kapselartige, dreieckige Frucht des Kardamombaums findet in der indischen Küche ihre Verwendung. Sie wird hierzulande fast ausschließlich gemahlen verkauft. Verwendung in Saucen, Ragouts, Süßspeisen, aber bei uns verwendet man es eigentlich nur zum Backen. (Sehr köstlich: eine Prise von frisch zerstoßenem Kardamom als Kaffeegewürz.)

Kerbel: auch als Kräutel oder Suppenkraut bezeichnet. Hat ein frisches, leicht an Anis erinnerndes Aroma. Man sollte ihn nur frisch verwenden, weil er getrocknet jeglichen Geschmack verliert. Man kann ihn gehackt an Salate aller Art geben oder in Suppen und Saucen verwenden. Gut auch zu Eiergerichten.

Koriander: bei uns nur als das getrocknete Samenkorn bekannt, das meist beim Brotbacken Verwendung findet. Das frische Kraut dagegen ist in Asien etwa ebenso verbreitet wie bei uns die Petersilie. Dort heißt es deswegen auch Chinese Parsley (chinesische Petersilie). Die gefiederten Blätter strömen einen starken, ungemein aromatischen Duft aus. Grünen Koriander nennt man auch Wanzenkraut – weil die daumennagelgroßen braunen Blattwanzen ganz genauso riechen. Darf nur frisch, unmittelbar vor dem Servieren an das Essen gegeben wer-

den, weil das Aroma beim Erwärmen rasch verfliegt.

Knoblauch: gehört zur weitverzweigten Zwiebel- und Lauchfamilie. Sein starker, beißender Geruch ist nicht jedermanns Sache, jedoch gibt Knoblauch vielen Gerichten erst die typische Würze.

Kreuzkümmel: Cumin. Spielt bei uns kaum eine Rolle. Die Samen sind etwas kleiner als die Fenchelsamen, sehen aber ganz ähnlich aus. Ihr Aroma ist jedoch deutlich anders: Sie schmecken nach Kampfer und Pfeffer zugleich. Wichtiges Gewürz in der asiatischen Küche.

Kümmel: Von dieser Doldenpflanze verwendet man bei uns ausschließlich die Samenkörner. Sie sind sichelartig gebogen und haben ein sehr starkes Aroma, das man vorwiegend als Brotgewürz schätzt. Aber auch sehr fette Braten oder Eintöpfe und Neue Kartoffeln werden häufig mit Kümmel gewürzt, weil er ihre Bekömmlichkeit fördern soll.

Kurkuma: auch Gelbwurz, Turmeric genannt. Die Wurzelstöcke eines der Ingwerpflanze sehr ähnlichen Gewächses. Gibt's bei uns fast ausschließlich gemahlen. Nur selten findet man die getrockneten, ganzen Wurzeln. Färbt wie Safran alles aufdringlich gelb. Das Aroma ist leicht bitter, aber sehr würzig. Kurkuma gehört unbedingt in die Curry-Würzmischung und gibt ihr erst die charakteristische Farbe.

Liebstöckel: auch Maggikraut genannt. Schmeckt tatsächlich

deutlich nach der bekannten Würzflüssigkeit. Die Blätter sehen dem Grün von Sellerie sehr ähnlich. Sind aber im Geschmack viel milder und aromatischer. Wird frisch verwendet, in Salaten, Suppen und Saucen.

Lorbeer: Blätter des Lorbeerbaums, die starke ätherische Öle enthalten, die sie sogar noch im getrockneten Zustand zu einem kräftigen Gewürz machen. Man läßt Lorbeerblätter in kleinen Mengen mitkochen, entfernt sie jedoch vor dem Servieren. Ein Lorbeerblatt ist unerläßlicher Bestandteil für das „Bouquet Garni", das Kräutersträußchen, zu dem außerdem noch Thymian, Petersilienstengel und Lauch gehören.

Macis: Muskatblüte. Der getrocknete Samenmantel, der die Muskatnuß umhüllt. Ist blaß-orange und kommt entweder im ganzen in den Handel oder – meist – in pulverisierter Form. Schmeckt milder als Muskatnuß und würzt vor allem Fleischfarcen und Gebäck.

Majoran: eines der wenigen Kräuter, die auch im getrockneten Zustand ihre Würzkraft behalten. Gehört unbedingt zu Schweinefleisch, in Leberwürste, paßt zu Hülsenfrüchten und allen Kartoffelgerichten. Wächst übrigens auch sehr gut im Blumentopf auf dem sonnigen Fensterbrett.

Minze: Es gibt eine Fülle verschiedener Minzesorten. Diejenige, aus der wir den bekannten Pfefferminztee brauen, ist die am wenigsten aromatische. In allen arabischen

Ländern gehört Minze zu den wichtigsten Würzkräutern. Sie schmeckt frisch unvergleichlich und verliert beim Trocknen viel von ihrem Aroma.

Öl: In jedem Fall gehört in die Küche ein aromatisches erstklassiges *Olivenöl,* und zwar eines aus der ersten Pressung, Jungfernöl, auch *olio vergine* oder *huile vierge* genannt. Es handelt sich dabei um das goldgelbe, fast schon ins Grünliche spielende dicke Öl, das die Oliven abgeben, wenn sie durch eigenes Gewicht zusammengedrückt werden. Ein solches Öl können Sie (dunkel aufbewahrt) jahrelang verwenden. Es wird nie ranzig und behält sein starkes Aroma bei. Niemals jedoch in den Kühlschrank stellen: Dort flockt es aus und bekommt einen weißlichen Bodensatz. Ferner sollten Sie ein geschmacksneutrales *Erdnuß-* oder *Maiskeimöl* im Vorrat haben, das zum Braten besonders geeignet ist, weil es sich sehr stark erhitzen läßt. Auch das neutrale *Traubenkernöl* verträgt gut hohe Temperaturen, allerdings nur das französische. Traubenkernöl aus deutscher Produktion ist meist in einer Weise behandelt, daß es – voller ungesättigter Fettsäuren – möglicherweise der Gesundheit zuträglich und förderlich ist, aber nur roh, also als Salatöl, verwendet werden darf.
Einige weitere Spielarten sind *Walnußöl:* deutlich nussig, sehr aromatisch; nur in kleinen Mengen kaufen. Wird rasch ranzig. *Haselnußöl:* sehr würzig; herrlich zum Beispiel im Feldsalat. Rasch verbrauchen. *Sesamöl:* kräftig im Geschmack, ebenfalls nur im Sa-

lat verwenden. Nicht verwechseln mit dem chinesischen Sesamöl, das aus Erdnußöl hergestellt wird, in dem reichlich frische Sesamkerne stark angeröstet wurden. Hält sich lange frisch. Ist nur als Würzöl zu verwenden, nicht zum Braten oder als alleiniges Salatöl. Außerordentlich stark im Aroma, deshalb nur tropfenweise verwenden.

Orangenschale: die fein abgeriebene Schale von Orangen gibt vor allem Süßspeisen und Gebäck ein besonders würziges Aroma.

Oregano: auch Pizzagewürz genannt. Hier nur als die gerebbelten, getrockneten Blätter des in Italien wachsenden Dosts bekannt. Behält auch im getrockneten Zustand seine volle Würzkraft.

Paprikagewürz: kommt aus Ungarn zu uns. Wird aus den gemahlenen Schoten einer bestimmten Paprikasorte gewonnen. Man unterscheidet bei uns nur drei Sorten (während die Ungarn fünf kennen): Delikateßpaprika ist sehr mild und gibt Suppen und Saucen die charakteristisch rote Farbe. *Edelsüßer Paprika* ist etwas schärfer, aber kann durchaus noch in größeren Mengen dosiert werden, macht die Saucen im übrigen sämig. *Rosenpaprika* ist höllisch scharf, sollte deshalb nur sparsam verwendet werden.

Petersilie: Sie ist das ganze Jahr hindurch überall zu bekommen. Man streut sie, fein gehackt, in Salate, über Suppen, Ragouts, Eintöpfe und Saucen aller Art. Die glattblättrige Petersilie ist im Ge-

gensatz zur krausen sehr viel aromatischer.

Pimpinelle: Die zarten, pfenniggroßen Blätter, die zu mehreren an einem Zweig sitzen und rundum eingekerbt sind, haben ein deutliches Gurkenaroma. Sie schmecken frisch, verlieren ihr Aroma jedoch rasch. Deshalb erst unmittelbar vor dem Servieren hacken und an Salate, Suppen oder Saucen geben.

Pfeffer: neben Salz das Standardgewürz in unserer Küche. Wir kennen *weißen, schwarzen* und *grünen Pfeffer.* In jedem Fall handelt es sich um die Beeren ein und desselben Pfefferstrauchs. Die grünen werden unreif geerntet, dann meist in einer Lake oder Alkohol eingelegt, aber auch getrocknet angeboten. Der weiße Pfeffer stammt aus den reifen, normalerweise roten Pfefferbeeren, die getrocknet und vom Fruchtfleisch befreit wurden, während der schwarze Pfeffer aus den unreifen grünen Pfefferbeeren gewonnen wird, die an der Sonne getrocknet werden und deren Fruchtfleisch sich dabei schwarz färbt. Weißer Pfeffer gilt als milder, schwarzer als schärfer.

Rosa Pfeffer: stammt von einem der Pfefferpflanze entfernt verwandten Strauch. Die reifen roten Beeren wachsen in Rispen, sie werden meist in Lake eingelegt angeboten und haben einen würzigen, gar nicht pfeffrigen Geschmack. Auch rosa Pfeffer wird mittlerweile wie grüner Pfeffer behandelt, und zwar mit einem Trocknungsverfahren, bei dem Form, Farbe und das Aroma der roten Beeren erhalten bleiben.

Portulak: ein altmodisches Kraut, das nur noch selten angebaut wird. Die an den sogenannten Pfennigbaum erinnernden kleinen Blätter sind sehr fleischig und saftig und geben einen leicht klebrigen Saft ab. Portulak schmeckt erfrischend säuerlich. Gut als Salat oder auch als Gemüse.

Rosmarin: typisch mediterranes Gewürz, dessen Duft in der Tat alle Mittelmeerländer erfüllt. Die tannennadelartigen „Blätter" des Rosmarinstrauchs kann man getrocknet und frisch verwenden. Sie würzen kräftig und eigenartig. Passen besonders gut zu allen südlichen Gerichten. Die Pflanze ist mehrjährig und kann in ihrer südlichen Heimat zu riesigen Büschen heranwachsen. Bei uns allerdings darf sie nur in schwach geheizten Räumen überwintern. Gut für alle Gerichte, die mit Olivenöl, Wein und Knoblauch zubereitet werden.

Safran: Blütenfäden einer bestimmten Krokusart. Die Gewinnung ist sehr arbeitsaufwendig und mühsam, da die Stempel mit der Hand abgepflückt werden müssen. Deshalb ist Safran das teuerste Gewürz der Welt. Man verwendet es entsprechend in geringen Dosen, hauptsächlich zum Gelbfärben von Gerichten. Wichtig vor allem für Risotto Milanese und für die berühmte Bouillabaisse.

Salbei: mehrjährige Kräuterpflanze mit schmalen, lanzenartigen Blättern, die von einem dichten Flaum bedeckt sind. Würzt sehr kräftig, hat einen leicht bitteren Beigeschmack. Man kocht entweder ganze Blätter mit oder streut sie erst zum Schluß, in feine Streifen geschnitten, über das Gericht. Vorsichtig dosieren, weil der starke Geschmack alles überdecken kann.

Sauerampfer: Salatkraut, das auch wild wachsend zu finden ist. Die großen lanzenförmigen Blätter sind saftig und haben ein starkes, säuerliches, sehr erfrischendes Aroma. Man kann sie roh, in feine Streifen geschnitten, in Salate (Kartoffelsalate) oder aber in Suppen oder Saucen geben. Aber bitte nicht lange kochen; erst ganz zum Schluß zufügen, weil sonst alles Aroma verfliegt.

Schnittlauch: ein Mitglied der Lauch- und Zwiebelfamilie. Paßt zu allen Gerichten, die zwiebelscharfes Aroma vertragen. Nur frisch verwenden, stets in feine Röllchen schneiden. Sonst verflüchtigen sich die wichtigen ätherischen Öle, die die Würzkraft ausmachen.

Senf: Würzpaste, die aus den fein zermahlenen Senfkörnern hergestellt wird. Gibt es in mannigfacher Geschmacksrichtung. Bei uns unterscheidet man lediglich milden *Delikateßsenf*, den *süßen Weißwurstsenf*, der vor allem in Süddeutschland geschätzt wird und der aus brauner Senfsaat und braunem Zucker hergestellt wird, und *scharfen Senf*, auch Löwensenf, der vielfach mit Meerrettich geschärft ist und den man eher im Norden Deutschlands ißt. In Frankreich hingegen kennt man eine ganze Palette der unterschied-

lichsten Senfe, zum Beispiel mit einem besonders edlen Wein oder Champagner angerührt und mit Gewürzen aromatisiert. Senf hält – kühl und dunkel gelagert – Jahre. Essen Sie Senf nicht nur zu Würstchen oder zu Bouletten, sondern rühren Sie damit auch eine Salatmarinade an, bestreichen Sie zu grillende Fleischstücke und schmecken Sie damit würzige Saucen ab.

Senfsaat: auch Senfkörner genannt. Die Samenkörner der Senfpflanze. Man unterscheidet die gelben Senfkörner und die braunen beziehungsweise schwarzen. *Gelbe Senfsaat* gibt man als scharf-aromatisches Gewürz im ganzen an saure Marinaden, auch in Fleischfarcen oder in Würste. Die *dunklen Senfkörner* werden hauptsächlich zur Senfbereitung verwendet. Beide Sorten gehören in die indische Würzmischung für Curries.

Sojasauce: asiatische Würzsauce, die die Chinesen bereits vor tausend Jahren kannten. Sie wird aus den fermentierten und vergorenen Sojabohnen hergestellt und dient vor allem als Salzersatz. Je nach Herkunftsland hat die Sojasauce einen anderen charakteristischen Geschmack: Die japanische ist salziger und weniger aromatisch als die chinesische. Die indonesische hingegen ist dickflüssiger und wird entweder gesüßt oder stark gesalzen angeboten. Die Chinesen kennen eine ganze Palette von Sojasaucen: von hell, mild bis stark, dunkel und würzig. Verwenden Sie auf alle Fälle nur originale Sojasauce, die im Ursprungsland hergestellt ist. Was von deutschen Firmen unter diesem Namen angeboten wird, hat nämlich im Geschmack mit der richtigen Sojasauce nichts zu tun.

Sternanis: Früchte des gleichnamigen Baumes. Der Stern ist aus fünf bis sechs kleinen Kapseln zusammengesetzt, in denen jeweils ein glänzendes Samenkorn steckt. Sternanis spielt in der asiatischen Küche eine große Rolle. Man verwendet die ganzen Früchte, indem man sie entweder mitkocht und vor dem Servieren herausfischt, oder man zerstößt sie zusammen mit anderen Gewürzen im Mörser oder Mixer zu feinem Pulver. Sternanis hat ein deutlich würziges Aroma, das leicht herauszuschmecken ist.

Thymian: ein geradezu universales Kraut, das man sehr gut auch getrocknet verwenden kann. Gefriergetrocknet behält er ebenfalls sein volles Aroma. Ist aus der großen, feinen Küche nicht wegzudenken. Unerläßlicher Bestandteil auch für das wichtige Kräutersträußchen „Bouquet Garni". Gibt allen Suppen und Saucenfonds kräftigen Geschmack. Paßt zu allen kräftigen Gerichten: zu Eintöpfen, Braten, Kartoffelgerichten, Fisch. In Salate sollte man ihn jedoch nur frisch geben.

Vanille: Fruchtschote der Vanillepflanze. Ein Mitglied der großen Orchideenfamilie. Die getrocknete schwarze Schote wird meist mitgekocht oder überbrüht, man schlitzt die Schote auf und kratzt das weiche und süßlich aromatische Mark heraus.

Pulverfein geriebene Vanille, mit Zucker vermischt, ergibt den köstlichen Vanillezucker, der mit dem synthetischen Vanillinzucker nichts gemein hat. Probieren Sie auch mit Vanille aromatisierten Zucker: Geben Sie eine Schote mit Zucker zusammen in ein gut verschließbares Glas. Der Zucker ist sehr viel besser als das im Handel erhältliche Pulver.

Wacholderbeeren: die alle zwei Jahre reifenden Beeren des Wacholderstrauchs, der auch bei uns heimisch ist. Die blauschwarzen Beeren haben ein stark würziges, leicht süßliches, jedoch auch zartbitteres und angenehmes Aroma. Man verwendet Wacholderbeeren entweder als ganze Beeren oder zerdrückt sie mit der Messerschneide oder im Mörser, zum Beispiel für Sauerkraut, für viele Wildgerichte und auch für den Würzsud bei Fisch. Die ganzen Beeren gibt man auch sauer eingelegtem Gemüse bei.

Worcestersauce: flüssige, fast schwarze Würzsauce, die die Engländer erfunden haben: ein Gebräu aus allen möglichen Gewürzen, die den Speisen ein schärferes, sehr kräftiges Aroma geben. Wird tropfen- oder löffelweise an alle Saucen und Suppen gegeben, die etwas Schärfe und Säure vertragen.

Zimt: getrocknete Innenrinde des Zimtbaums, der in tropischen Gegenden wächst. Die an Holz erinnernde Rinde rollt sich nach dem Auslösen an beiden Seiten zusammen. Stangenzimt, auch als Kaneel bekannt, ist erster Qualität, wenn die Rinde so dünn wie

nur möglich ist. Der sogenannte Cassiazimt hingegen, der vom Cassiabaum gewonnen wird, stammt aus einer wesentlich dickeren Rinde, die immer gemahlen wird. Was wir also als gemahlenen Zimt kaufen, stammt von einer anderen Pflanze, die mit der Kaneelpflanze nur entfernt verwandt ist.

Zitronenmelisse: Gartenkraut, das stark nach Zitrone riecht und überall dort paßt, wo einige Spritzer Zitronensaft auch gut täten. Sollte unbedingt frisch verwendet werden, weil es getrocknet nur noch an Heu erinnert. Am besten frisch, in schmale Streifen geschnitten in Salaten, Suppen, Ragouts und Saucen verwenden. Schmeckt auch köstlich als Tee aufgebrüht.

Zwiebel: Nicht nur Gewürz, sondern auch Gemüse. Paßt überall und immer in herzhaften Gerichten. Fein gehackt und angedünstet, mitgekocht oder auch roh in den Salat gerieben.

Im übrigen gilt bei allen Gewürzen und Kräutern: weniger ist oft mehr. Es gibt Hausfrauen, die zehnerlei verschiedene Kräuter und Gewürze in die Töpfe werfen und sich anschließend wundern, daß das Essen nicht schmeckt.

Schließlich duftet eine Frau, die sich mit zehn Parfums besprüht hat, nicht nach allen Wohlgerüchen dieser Erde, sondern ist keineswegs ein Labsal für empfindsame Nasen.

Also: hier ist Sparsamkeit am Platz – was die Menge angeht, versteht sich, weniger, was den Preis betrifft.

Kniffe und Tricks

Das A und O jeder guten Küche ist die sorgfältige und gründliche Vorbereitung. Das bedeutet: Alles, was man voraussichtlich benötigen wird, an Lebensmitteln oder Gerät, sollte griffbereit zur Hand sein. Dazu gehört, daß die verschiedenen Küchenmesser, der dazugehörige Wetzstahl, die Fleischgabel, die Kellen, die nötigen Töpfe und Pfannen, Sieb, Küchentücher, Wischtücher und Topflappen an ihrem richtigen Ort stehen und so jederzeit benutzt werden können.

1. Grundsatz: Man kann nur in einer makellos aufgeräumten Küche ordentlich arbeiten. Wenn alle möglichen gebrauchten Geschirre in der Gegend herumstehen, Reste vergangener Mahlzeiten nicht weggeräumt sind und so die Arbeitsfläche nicht in ihrer vollen Breite zur Verfügung steht, sollte man gar nicht erst mit Kochen anfangen.

2. Grundsatz: Als nächstes sind die Vorbereitungen an der Reihe. Gemüse putzen, Fleisch parieren (das heißt: von allen überflüssigen Sehnen, Adern und Fettpartien säubern), Fonds (Würzbrühen) kochen, Fische filieren oder schuppen und auswaschen, usw. Natürlich wandert das Fleisch, Geflügel oder der Fisch bis zur weiteren Verwendung wieder in den Kühlschrank – nicht ohne sorgfältig in Folie gehüllt oder auf einem Teller sorgfältig abgedeckt zu sein. Salat darf jetzt geputzt, gewaschen und zum Abtropfen beiseite gestellt werden, das Gemüse – sofern nötig – kleingeschnitten.

Allerdings: Alles stets sauber auf Tellern anrichten und mit Klarsichtfolie abdecken, damit es nicht austrocknet oder welk wird.

Ganz wichtig: Zwiebeln und Kräuter sollten erst unmittelbar vor ihrer Verwendung zerkleinert werden. Die dabei frei werdenden ätherischen Öle verfliegen rasch, und damit ist ihre Würzkraft dahin. Bei Zwiebeln kommt noch hinzu, daß durch den Kontakt mit der Luft ein unangenehm metallischer Geschmack entsteht, der jedes Essen beeinträchtigt.

Gerade in der modernen Küche, wo man darauf achtet, daß alle Vitamine und Nährstoffe erhalten werden, gilt das Hauptaugenmerk den präzisen Vorbereitungen. Man erspart sich dadurch auch beim Kochen Arbeit.

Gewöhnen Sie sich an, jedes gebrauchte Schneidebrettchen, jedes Messer, jedes Schälchen, in dem etwas angerührt wurde, unverzüglich auszuspülen und wieder wegzuräumen. Wie man Fisch säubert, mit Fleisch umgeht oder Geflügel ordnungsgemäß vorbereitet, werde ich in den einzelnen Kapiteln jeweils zu den Rezepten ausführlich schildern oder zeigen.

Deshalb hier noch ein paar Worte zum Gemüse und zu Salaten. Daß Sie frisches, makelloses Gemüse kaufen, versteht sich hoffentlich von selbst. Damit es jedoch makellos bleibt, sollten Sie es unverzüglich nach dem Einkaufen zu Hause richtig verstauen: Nehmen Sie es sofort aus seiner Verpackung – vor allem, wenn es in Kunststoffbeutel gehüllt war. Darin beginnt das Gemüse trotz der vorhandenen Luftlöcher zu schwitzen, nimmt einen muffigen Geschmack an, bevor es dann zu faulen und zu schimmeln beginnt. Grundsätzlich sollten Sie auch gut verpacktes Gemüse bald verbrauchen.

Übrigens: Nicht jeder Gemüsesorte bekommt die Kühlschranktemperatur. Tomaten und Zitronen zum Beispiel sind Sonnenfrüchte, sie verlieren jedes Aroma, wenn man sie der Kälte aussetzt. Bewahren Sie sie in einer Schale oder einem Korb auf – beziehungsweise verbrauchen Sie sie bald. Sie werden durch Lagern nicht besser. Kartoffeln haben im Kühlschrank ebensowenig zu suchen wie Zwiebeln oder Knoblauch. Sie wollen es zwar durchaus kühl haben und dunkel, aber auf alle Fälle trocken! Und das ist es im Kühlschrank nie.

Kräuter welken nicht so rasch, wenn man sie rundum mit Wasser besprüht und lose (!) in eine Plastiktüte steckt, die man dann im Gemüsefach des Kühlschranks verstaut. Vorsicht allerdings, denn zuviel Feuchtigkeit und gleichzeitiger Luftabschluß bewirken genau das Gegenteil: Die Kräuter faulen. Deshalb die Tüte auf keinen Fall verschließen.

Im übrigen empfiehlt es sich bei den meisten Kräutern, falls man sie in größeren Mengen bekommen kann (aus dem eigenen Garten), sie einzufrieren. Und zwar sollten sie, falls das möglich ist, am besten ungewaschen, andernfalls sorgfältig abgetrocknet und unzerkleinert ins Schnellgefrierfach gegeben werden. Will man sie verwenden, braucht man nur die jeweilige Anzahl an Stengeln herauszunehmen und die gefrorenen Blätter zu zerbröseln. Dabei rasch arbeiten, denn sie tauen schnell. Nur wenige Kräuter eignen sich zum Trocknen, weil die ätherischen Öle dabei verfliegen und vom Aroma nichts mehr übrig bleibt. (Siehe auch die Kräutertabelle auf den Seiten 28 bis 33.)

Salatköpfe bleiben frisch, wenn man sie in eine Lage Zeitungspapier wickelt und im Gemüsefach des Kühlschranks aufbewahrt. Achten Sie jedoch darauf, daß die Papierhülle trocken ist, weil sonst der Salat zu faulen beginnt. Wenn Sie also bei Regen auf dem Markt eingekauft haben, der Salat in feuchtes Papier gehüllt wurde und es obendrein in Ihren Einkaufskorb geregnet hat, dann packen Sie ihn zu Hause um.

Radieschen, Rettiche, Möhren, Sellerie – all diese Wurzelgemüse wandern ungeputzt in den Kühlschrank, sofern Sie sie nicht sofort verspeisen wollen. Das Grün können Sie entfernen, zwar nicht mit einem Messer, sondern mit einer drehenden Bewegung der Hand – an der Schnittfläche würde das Gemüse welken und austrocknen. Spargel sollten Sie wirklich im wahrsten Sinne des Wortes unverzüglich zubereiten. Er besteht zu 90 Prozent aus Wasser, das er rasch verliert, je länger er liegt. Wickeln Sie ihn auf jeden Fall in ein gut angefeuchtetes Tuch, und zwar ungeschält (!), falls Sie ihn einen Tag aufbewahren müssen, und lassen Sie ihn nach dem Schälen nicht unnötig lange herumliegen.

In jedem Fall ist es allemal besser, frisches Gemüse einzufrieren, als es tagelang herumliegen zu lassen, bis man Gelegenheit hat, es zuzubereiten. Denken Sie jedoch beim Einfrieren daran, daß das Gemüse nicht nur geputzt und topffertig zugeschnitten sein sollte, sondern auch eine bis zwei Minuten in sprudelnd kochendem Wasser abgekocht und anschließend in eiskaltem Wasser vollkommen abgekühlt (blanchiert). Durch das Abkochen werden die Keime abgetötet, die dem Gemüse zwar während des Kälteschlafs nichts anhaben können, denn auch sie werden in einen solchen versetzt, aber sie wachen beim Auftauen sehr schnell auf und beginnen ihr zerstörerisches Werk bereits zu einer Zeit, zu der das Gemüse noch gefroren scheint. Das Abkühlen bewirkt,

daß die natürlichen Farbstoffe erhalten werden – die Bohnen und Erbsen bleiben leuchtend grün, Möhren strahlend orange und Blumenkohl schneeweiß. Wichtiger Nebeneffekt ist, daß Sie das abgetropfte Gemüse sofort verpacken und einfrieren können und damit vermeiden, daß sich neue Keime und Bakterien bilden.

Frieren Sie nur makelloses, wirklich taufrisches Gemüse ein, denn es wird in der Kälte ja nicht besser, sondern nur in seinem augenblicklichen Zustand erhalten – und das auch nur dann, wenn Sie Ihr Tiefkühlgerät pflegen, das heißt regelmäßig abtauen.

Fisch bewahren Sie am kältesten Ort im Kühlschrank auf, also ganz in der Nähe des Verdampferfachs. Legen Sie ganze Fische, die noch von ihrer Haut umgeben sind, auf einen mit zerstoßenem Eis gefüllten Teller und decken Sie sie wiederum mit zerstoßenem Eis ab. Fischfilets bekommt diese Methode nicht, sie saugen sich mit Wasser voll, deshalb wickeln Sie sie zuvor in Alufolie und packen Sie sie dann ins zerkleinerte Eis.

Senf, Gewürzgurken und Würzsaucen gehören ebenfalls in den Kühlschrank, wenn das Glas einmal geöffnet war. Sie werden bei Zimmertemperatur rasch muffig und es setzt sich häufig (vor allem beim Senf) oben Wasser ab.

Brot bleibt in speziellen Brotboxen länger frisch, als wenn Sie es offen herumliegen lassen. Achten Sie jedoch darauf, daß sie peinlich sauber gehalten werden. Sonst schmeckt das Brot bald nicht mehr und setzt Schimmel an. Semmeln (Brötchen) und Weißbrot schmecken am besten frisch. Damit Sie jedoch auch am Sonntagmorgen nicht auf knusprige Semmeln verzichten müssen, packen Sie die gerade frisch gekauften in gut schließende Plastiktüten. Darin können sie nicht austrocknen. Am nächsten Morgen backen Sie die weich gewordenen Brötchen im 200° C heißen Backofen rasch auf. Sie sind dann so knackig frisch wie vom Bäcker! Genauso behandeln Sie Weißbrot oder Baguette, das französische Stangenweißbrot. Übrigens können Sie Brot auch wunderbar einfrieren. Wenn Sie es zuvor in Scheiben schneiden, dann können Sie sie im Toaster rasch auftauen. Ganze Brote indes sollten Sie bei Zimmertemperatur auftauen lassen, bevor Sie sie im Ofen noch einmal rasch aufbacken. Sie werden sonst außen hart, bevor sie innen richtig warm geworden sind.

Suppengemüse vorbereiten

Wenn Sie ein Stück Fleisch und ein paar Knochen mit Wasser bedecken und auskochen, erhalten Sie noch lange keine gute Brühe. Zum Abrunden des Geschmacks bedarf es noch einiger würzender Zutaten, wie Lorbeerblatt, Pfefferkörner und – vor allem – Wurzelwerk. Darunter versteht man Möhren, Zwiebeln, Sellerie, weiße Rübchen und Lauch.

Natürlich können Sie dieses Gemüse putzen, in beliebige Stücke hacken und dem Suppentopf beifügen. Nach dem Auskochen wird die Brühe durch ein Sieb gefiltert, das Wurzelwerk fortgeworfen. Aber häufig wollen Sie doch die Brühe mit einer Einlage als Vorspeise servieren, zum Beispiel mit kleinen Gemüsewürfelchen, mit Gemüsestiften oder mit sogenannter Gemüsejulienne. Sie werden kurz vor dem Servieren in sprudelnd kochendem Wasser knackig gar gekocht, anschließend unter fließendem kalten Wasser abgekühlt, damit sie ihre leuchtende Farbe behalten, und dann in der entfetteten Brühe aufgetragen.

Wie man nun in Stifte, Würfel und Julienne schneidet, zeigen wir Ihnen auf den nebenstehenden Photos. Wichtig ist auch hier, daß das verwendete Messer gut geschärft ist. Mit einem stumpfen Messer werden die Zellstrukturen zerquetscht. Es wird Ihnen bestimmt nicht beim ersten Versuch so regelmäßig gelingen, wie Sie sich das wünschen. Und auch die Julienne wird nicht so fein geraten, wie auf diesen Photos gezeigt. Aber das soll Sie nicht entmutigen. Übung macht den Meister.

Übrigens, wenn Sie tief in die Tasche greifen wollen und können: Im Fachhandel für Profiköche gibt es ein entsprechendes Gerät; einen sehr stabilen Gemüsehobel, der auf alle Feinheitsgrade einzustellen ist, mit so präzise arbeitenden Schneideflächen, daß man mit seiner Hilfe auch die feinste Julienne schneiden kann, eine sogenannte Mandoline. Leider hat dieses Gerät seinen Preis. Unter 120 Mark werden Sie es nirgendwo bekommen. Dafür hält es jedoch ein Leben lang. Die Schneiden lassen sich nachschleifen, im Gegensatz zu den normalen Haushaltsreiben, die niemals scharf genug sind und deshalb das Gemüse zerreißen, statt es zu schneiden.

1 Zunächst das Suppengemüse gründlich waschen, putzen und schälen. Möhren in 3 cm lange Stücke teilen.

4 Um Wurzelwerk in möglichst gleichmäßig kleine Würfel zu teilen, schneidet man es zuerst längs in etwa 3 mm breite Scheiben.

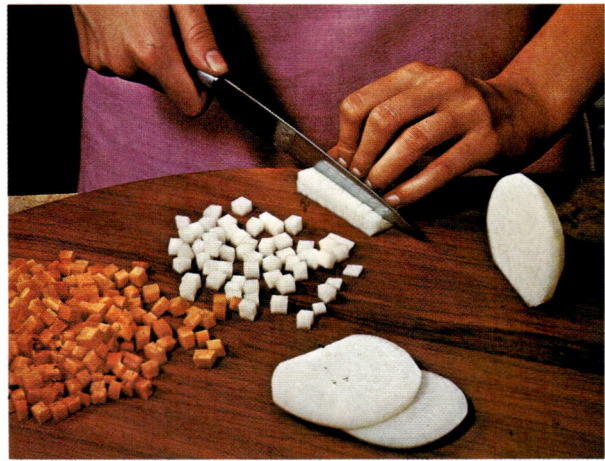

7 Auf die gleiche Weise mit den anderen Gemüsesorten verfahren: mit weißen Rübchen, Sellerie oder auch mit Petersilienwurzeln.

2 Weiße Rüben oder Sellerie vierteln oder achteln. Quer in 3 mm schmale Scheiben schneiden. Diese aufeinanderstapeln.

3 Nun mit einem großen, gut geschärften Küchenmesser in ebenso dünne, möglichst gleichmäßige Stifte schneiden.

5 Diese wiederum in ebenso dünne Stifte schneiden. Das geht rascher, wenn man dafür die Scheiben aufeinander stapelt.

6 Diese dünnen Stifte nun nebeneinander auf die Arbeitsfläche legen und quer in feine Würfelchen schneiden.

8 Wer keine Reibe hat, schneidet die Julienne mit der Hand. Im Prinzip genauso, wie auf Seite 36 gezeigt, jedoch dünner und feiner.

9 Nicht nur Wurzelwerk wie Möhren, Sellerie, weiße Rüben wird zu Julienne geschnitten, sondern auch Lauchstangen.

Zwiebeln schneiden

Stellen Sie sich vor, Sie hätten noch nie eine Zwiebel gesehen, und nun wird sie Ihnen zusammen mit einem Messer in die Hand gedrückt mit dem Auftrag, sie fein zu hacken. Woher sollten Sie wissen, daß Sie sie schälen müssen und Zwiebeln niemals gehackt werden, sondern vielmehr fein *geschnitten*. Beim Hakken nämlich werden die Zellfasern zerquetscht, mit dem Ergebnis, daß aller Saft (und damit die Würzkraft) ausläuft. Falls dies zudem noch auf einem Holzbrett geschieht, das diesen Saft aufsaugt wie ein Schwamm, bleibt von der Zwiebel nicht mehr viel übrig. Also, Zwiebeln werden geschnitten – auch wenn sich bei uns der Begriff „Hacken" dafür eingebürgert hat – und zwar mit dem schärfsten Messer, das Sie in Ihrer Küche finden. Ein stumpfes Messer zerdrückt beim Schneiden ebenfalls die Zellstrukturen.

Vielleicht erinnern Sie sich daran, wie es war, als Sie zum erstenmal in Ihrem Leben eine Zwiebel geschnitten haben. So einfach war das gar nicht. Da lösten sich die einzelnen Häute und flutschten aus den Fingern, so daß keine ordentlich kleinen Würfel entstanden, sondern ein ziemliches Durcheinander von groben und kleineren Stückchen. Wie Sie das vermeiden, zeigen Ihnen die nebenstehenden Photos. Keine Angst, nach ein bißchen Üben klappt es ganz bestimmt!

Am besten schneidet man Zwiebeln auf einem Plastik-, Glas- oder Porzellanbrettchen. Dort können die Säfte nicht eindringen. Falls Sie ein Holzbrettchen verwenden, sollten Sie dieses nur zum Zwiebelschneiden benutzen. Denn auch beim vorsichtigsten Schneiden läuft ein wenig Zwiebelsaft aus, der niemals ganz herauszuschrubben ist und sich auf alles andere, was Sie danach darauf zerkleinern, überträgt. Die ätherischen Öle, die in der Zwiebel sitzen, treiben Ihnen die Tränen in die Augen. Es gibt da hunderterlei Tricks, wie man dem entgehen soll, die allesamt eines gemeinsam haben: Sie taugen nichts, denn entweder sind sie unpraktikabel, oder sie sind lächerlich, wie die Idee, mit aufgesetzter Taucherbrille zu arbeiten. Die einzige Möglichkeit: öffnen Sie das Fenster, dann nimmt vielleicht ein gnädiger Wind den beißenden Geruch mit sich fort.

1 Zunächst die Zwiebeln schälen. Dann mit einem scharfen Küchenmesser längs – auf keinen Fall quer – in gleich große Hälften teilen.

4 Nun jedes Viertel quer in sehr feine Streifen schneiden, dann fallen sie ganz von allein einzeln auseinander. Sofort verwenden.

7 Wenn man nunmehr die Zwiebelhälfte quer in sehr dünne Scheiben aufschneidet, fallen die Schichten als Würfel auseinander.

2 Wofür man später die Zwiebeln auch braucht, in jedem Fall das Wurzelende abschneiden. Es ist meist sehr hart und holzig.

3 Um nun sehr feine Viertelstreifen zu erhalten – wenn Würfelchen zu klein wären –, schneidet man die Hälften längs durch.

5 Um Zwiebeln zu würfeln bzw. zu „hakken", schneidet man die Hälften längs in Scheiben, durchtrennt sie aber nicht.

6 Die so aufgeschnittenen Zwiebelhälften einmal parallel zur Schnittfläche ein-, aber wieder nicht vollkommen durchschneiden.

Schneiden Sie Zwiebeln niemals auf Vorrat! Bereits nach fünfzehn Minuten Kontakt mit der Luft weisen sie einen unangenehmen Oxidationsgeschmack auf, mit dem Sie alles verderben können. Bewahren Sie auch Salate oder andere Gerichte, die mit rohen Zwiebeln angemacht wurden (zum Beispiel Tatar!) nicht bis zum nächsten Tag auf. Auch hier verändern sich die Zwiebeln und teilen sich den übrigen Zutaten in wenig vorteilhafter Weise mit.

Die einzige Möglichkeit, geschnittene Zwiebeln aufzubewahren, besteht darin, sie mit Öl oder mit Essig vollständig zu bedecken. Dann sind sie von der Luft abgeschlossen und aromatisieren das Öl oder den Essig. Voraussetzung ist natürlich, daß die Zwiebeln nicht schon einige Zeit zerkleinert herumgelegen haben.

8 Für Zwiebelringe läßt man die Zwiebel ganz, das heißt, sie wird nicht in zwei Hälften geteilt, und schneidet sie quer dünn auf.

1 Gurken müssen nicht immer geschält werden. Es empfiehlt sich bei solchen mit harter Schale. Nehmen Sie ein Spezialmesser.

2 Auf jeden Fall sollten Gurken entkernt werden. Sie sind sonst zu wäßrig. Dazu müssen sie längs halbiert werden.

3 Nun kann man mit einem Löffel alle Kerne herausstreifen. Sie werden mit der Schale und dem übrigen Abfall weggeworfen.

4 Für Salate schneidet man nun die ausgehöhlten Hälften quer in Scheibchen. Man kann sie natürlich auch würfeln oder hacken.

1 Eigentlich sollte man Tomaten immer von ihrer Haut befreien. Sie ist unverdaulich. Dafür die Früchte mit Wasser überbrühen.

2 Anschließend nur kurz unter fließendem, kaltem Wasser abschrecken. Jetzt läßt sich die Haut ganz leicht abziehen.

3 Die Tomaten nun längs oder quer zum Stielansatz durchschneiden. Mit einem Löffel alle Kerne und Innenwände herausheben.

4 Die Tomatenhälften nunmehr nach Rezept weiterverwenden. Zuvor jedoch den Stielansatz total herausschneiden.

Vorspeisen

Vorspeisen – schon das Wort zeigt an, daß es sie nur geben kann, wenn anschließend ein Hauptgericht folgt. Vorspeisen sind der Auftakt zu einer Speisenfolge, der Beginn eines Menüs. Das bedeutet aber nicht, daß man sich Vorspeisen nur zu großen Festtagen leisten kann, wenn man ein großartiges Festessen plant. Vorspeisen können – müssen aber beileibe nicht – viel Arbeit machen.

Was man als Vorspeise serviert, was Vorspeisen sind, darüber gibt es viele Meinungen: in jedem Fall ist zum Beispiel ein Salat eine Vorspeise, aber auch kleine kalte Gerichte – wie Pasteten oder Sülzen. Eine Vorspeise kann aber auch warm aufgetragen werden: so kann eine Specktorte oder ein Käse-Soufflé durchaus vor einem leichten Hauptgericht gegessen werden. In kleinerer Portion, versteht sich, damit man auch anschließend Lust und genügend Hunger hat, weiter zu essen. In jedem Fall ist das wichtigste: Eine Vorspeise muß selbstverständlich auf das folgende Hauptgericht abgestimmt sein. Also bitte nicht eine Fleisch-Pastete reichen, wenn es anschließend einen Hackbraten im Teig gibt. Oder ein Pilz-Omelett, wenn als Hauptgericht ein Pilzragout geplant ist. Und: niemals zu üppige Portionen!

Vorspeisen sollen den Magen anregen, ihn gespannt machen auf die Genüsse, die noch folgen werden. Aber sie dürfen niemals sättigen!

Die einfachsten Vorspeisen der Welt machen wirklich kaum Arbeit: stellen Sie auf den hübsch gedeckten Tisch Schälchen mit grünen und schwarzen Oliven, frischen Radieschen oder in lange Streifen geschnittenen Möhren. Dazu in einem Töpfchen kühle Butter, vielleicht sogar noch einige hauchdünn aufgeschnittene Scheiben einer würzigen Salami oder von rohem Schinken. Außerdem frisch aufgebackenes Weißbrot oder kräftiges Bauernbrot. Davon nehmen sich die Gäste nach Laune – dazu trinken sie entweder den bereits als Aperitif gereichten Sherry oder ein Glas trockenen Weißwein oder Rosé. Natürlich paßt auch ein bitteres Pils dazu. –

Wenn Sie aber nach einer Idee für eine kleine Zwischenmahlzeit suchen oder zum Mittag- und Abendessen nur eine Kleinigkeit servieren, dann sind Vorspeisen ebenfalls das Richtige.

Ein Blätterteig-Pastetchen zum Beispiel genügt ohne weiteres als Hauptmahlzeit. Allerdings rechnen Sie dann besser die doppelte Menge pro Portion. Und vielleicht reichen Sie dazu noch einen knackig grünen Salat.

Und wenn Sie ein Frühstücks-Fan sind, der gerne sonntags ausgiebig „brunch" (Mischung zwischen Breakfast und Lunch), dann genießen Sie schon zur ersten Mahlzeit einige pikante Vorspeisen!

Omeletts

Machen Sie sich bitte darauf gefaßt: jedes erste Omelett mißlingt! Es ergeht jedem so, wenn Sie das tröstet. Omeletts erfordern nämlich Geschicklichkeit, die man nur durch Üben lernen kann. Einige Tips jedoch sollen Ihnen diese Lehrzeit ein wenig verkürzen:

Verwenden Sie frische Eier! Leider ist nicht auf allen Packungen der genaue Legetag angegeben, sondern nur die Woche. Und auch die stimmt nicht mit der Kalenderwoche überein: Sie ist dem Kalender etwa um zwei Wochen voraus, weil die Eierproduzenten bereits am Donnerstag der Vorwoche die Packungen mit dem Datum der nachfolgenden Woche bestempeln dürfen. Es gibt jedoch auch Eierpackungen, die den Aufdruck tragen: Packtag = Legetag. Greifen Sie lieber bei diesen Packungen zu, wenn Sie sich sonst nicht über das Datum im klaren sind. Bewahren Sie die Eier dann im Kühlschrank auf. Dort bleiben sie etwa eine Woche lang frisch.

Pro Person sind zwei Eier genau die richtige Menge für ein normales Omelett.

Verquirlen Sie die Eier. Schlagen Sie sie dabei aber nicht wirklich schaumig. Eigelb und Eiweiß sollen zwar miteinander vermischt sein, aber sich keinesfalls zu einer homogenen Masse verbinden. Sonst wird das Omelett nicht luftig, sondern hart.

Die Eiermasse soll in der Pfanne gerade gut Platz finden, darf aber nicht zu sehr auseinanderlaufen. Wählen Sie deshalb keine zu große Pfanne. Eine mit Teflonbeschichtung ist übrigens für diesen Zweck ideal. Omeletts brauchen Hitze! Geben Sie die Eiermasse nur in die wirklich sehr heiße Butter – sie soll ruhig schon haselnußbraun geworden sein. Aber arbeiten Sie jetzt rasch. Denn die Eier beginnen sofort – vor allem am Pfannenrand – zu stocken. Rühren Sie deshalb unermüdlich alles eben Festgewordene in die Pfannenmitte. Rütteln Sie währenddessen die Pfanne, damit auch wirklich nichts ansetzt. Die Eiermasse darf auf keinen Fall richtig trocken werden, sie muß stets leicht feucht wirken. Sobald dieser Punkt erreicht ist, die Pfanne kippen und das Omelett zusammenrollen lassen. Servieren Sie sofort! Ein Omelett verträgt – ähnlich wie ein Soufflé – keinerlei Wartezeit!

1   Reichlich frische Kräuter, von allem, was Sie auf dem Markt finden, unter fließendem Wasser abspülen. Dann sehr fein hacken.

4   In einer kleinen Pfanne, die Sie möglichst stets nur für diesen Zweck verwenden, 1 EL Butter erhitzen. Die Eiermasse hineinkippen.

7   Durch das Kippen der Pfanne rollt sich das Omelett ganz von alleine zusammen. Sie können aber auch mit der Gabel nachhelfen.

2 Die Kräuter in ein Schüsselchen geben. Pro Person zwei Eier hineinschlagen. Mit einer Gabel leicht schlagend vermischen.

3 Die Eier-Kräuter-Mischung salzen und mit Pfeffer aus der Mühle würzen. Nach Belieben Muskat zufügen. Noch einmal aufschlagen.

5 Die Masse stocken lassen. Damit nichts ansetzt, sofort vom Rand, wo sie zuerst fest zu werden beginnt, in die Mitte schieben.

6 Das Omelett darf nicht zu fest werden. Sobald es die gewünschte Konsistenz erreicht hat, die Pfanne mit Schwung schräg kippen.

8 Befördern Sie nun das fertige Omelett mit Schwung auf einen vorgewärmten Teller. Damit es nicht hart wird, sofort auftragen!

Anmerkung: Sparen Sie beim Omelettbacken bitte nicht mit Butter! Das Eiweiß braucht ein dickes Fettpolster, auf dem es regelrecht schwimmen kann. Nur dann bleibt es saftig und zart und wird nicht – wie man dies leider nur zu häufig findet – hart und ledrig. Kippen Sie jedoch das Bratfett unbedingt weg und gießen Sie es auf keinen Fall über das fertige Omelett. Es haben sich darin Röststoffe gebildet, die gesundheitsschädlich wirken können. Außerdem schmeckt die Butter wirklich nicht mehr gut!

Manche Omeletts werden wie Pfannkuchen gewendet. Dann nämlich, wenn sie vorwiegend aus anderen Zutaten bestehen, die von der Eiermasse nur umhüllt werden. Am leichtesten geht es, wenn man das Omelett, nachdem es auf der einen Seite gar ist, auf einen Teller gleiten läßt, die Pfanne darüberstülpt und beides dann mit Schwung umdreht. Natürlich können Sie das Omelett auch durch einen kräftigen Ruck mit der Pfanne in die Luft befördern: wenn Sie Glück haben, dreht es sich dort um die eigene Achse und landet auf der anderen Seite wieder in der Pfanne.

Tomaten- Omelett

Zutaten für 1 Person:
1 Fleischtomate · 1 EL Butter
2 Eier · Salz · Pfeffer · einige frische Basilikumblätter.

Die Fleischtomate häuten, entkernen (siehe Seite 41), in ½ cm große Stücke schneiden. In der heißen Butter unter Rühren kurz dünsten. Die verquirlten Eier darübergießen, salzen und pfeffern. Wie angegeben stocken lassen. Zum Schluß das feingeschnittene Basilikum darüberstreuen.

Käse- Omelett

Zutaten für 1 Person:
2 Eier · 2 EL frischgeriebener Emmentaler oder Gouda Salz · Pfeffer · 1 EL Butter.

Eier miteinander verkleppern. Käse untermischen. Salzen, pfeffern. Wie angegeben in der sehr heißen Butter stocken lassen.

Pilz-Omelett

Zutaten für 1 Person:
75 g Pilze (Champignons Pfifferlinge, Steinpilze, je nach Geschmack)
1 EL Butter · Salz · Pfeffer
2 Eier · 1 TL gehackte Petersilie.

Pilze putzen, nur, wenn unbedingt nötig, rasch waschen, in dünne Scheiben schneiden. In der heißen Butter anbraten. Salzen und pfeffern. Die verquirlten Eier darübergießen. Wie angegeben stocken lassen. Zum Schluß die gehackte Petersilie darüberstreuen.

Bauern- Omelett

Zutaten für 4 Personen:
1 geräucherte Blutwurst
3 gekochte Kartoffeln
2 EL Butter · Salz · Pfeffer etwas Majoran · 6 Eier.

Die Blutwurst mit der (eßbaren) Pelle in 1 cm dicke Scheiben schneiden. Die Kartoffeln pellen und blättrig schneiden. Butter in einer großen Pfanne erhitzen. Wurst- und Kartoffelscheiben darin unter Wenden braten. Salzen und pfeffern. Mit Majoran würzen. Die Eier verquirlen. In die Pfanne geben. Fest werden lassen, dabei jedoch die Pfanne rütteln. Das Omelett auf beiden Seiten golden, dabei aber nicht zu trocken werden lassen.

Eine weitere Möglichkeit ist, Omeletts zu füllen. Dafür bereitet man, wie bereits beschrieben, pro Person ein Omelett zu. Doch gibt man, bevor man die Omeletts zusammenrollt, die rechtzeitig vorbereitete Füllung in die Mitte. Mit einem Teil der Füllung wird das Omelett garniert.
Hier nun ein Beispiel, das aber nur als Anregung dienen soll und vielfach variierbar ist.

Omelett mit Hühnerlebern

Zutaten für 2 Personen:
Für die Füllung: 200 g Hühnerleber · 1 EL Butter · Salz Pfeffer · 2 cl Portwein
6 EL Hühnerbrühe · etwas Thymian · 1 EL Butter.
Für Omeletts:
1 Ei · Salz · Pfeffer
2 EL Butter.

Die Leber säubern. In 2 cm große Würfel schneiden. In heißer Butter höchstens eine Minute braten. Herausnehmen, warm stellen. Salzen und pfeffern. Den Bratensatz mit Portwein und Hühnerbrühe loskochen. Mit Thymian würzen. So lange köcheln, bis sich die Flüssigkeit um die Hälfte reduziert hat. Vom Herd nehmen. Mit dem Schneebesen die Butter hineinschlagen. Die Hühnerleberwürfel mit dem ausgetretenen Saft wieder in die Sauce geben. Zwei Omeletts wie angegeben zubereiten. Vor dem Zusammenrollen je zwei Eßlöffel Füllung in die Mitte geben. Den Rest der Füllung um die Omeletts herum anrichten.

Pochierte Eier

Man nennt sie bei uns auch „Verlorene Eier". Merkwürdigerweise gelten sie immer als besonders schwierig. Dabei sind pochierte Eier ganz einfach zuzubereiten – vorausgesetzt, man kennt den Trick, der alles so leicht macht. Selbstverständlich dürfen Sie stets nur frische Eier verwenden (siehe auch dazu Seite 44).

Das Wort „pochieren" kommt, wie so viele Küchenausdrücke, aus dem Französischen. Poche heißt die Tasche, und ursprünglich bezog sich dieser Ausdruck nur auf die sogenannten verlorenen Eier, bei denen das Eigelb im Eiweiß wie in einer Tasche eingebettet liegt. Später hat man den Begriff auf alle Arten von „sanftem Garziehen" (in einer Flüssigkeit, die nur knapp unter dem Siedepunkt gehalten wird) erweitert. Damit ist auch schon das Haupt-Geheimnis pochierter Eier enthüllt: Meist läßt man die Eier in sprudelnd kochendem Wasser garen. Und bei der darin entstehenden heftigen Bewegung flockt das Eiweiß aus, so daß sich keine schützende Tasche bilden kann.

Geheimnis Nummer zwei: Die Eier nicht aus der Schale in das leise siedende Wasser gleiten lassen, sondern zunächst in eine Schöpfkelle, besser noch in eine ganz normale Kaffeetasse – sie bleibt problemlos stehen, während die Schöpfkelle leicht zum Umkippen neigt – aufschlagen. Diese Tasse oder Schöpfkelle taucht man nun in das Pochierwasser und befördert dabei das Ei ohne Schwierigkeit hinein.

Geheimnis Nummer drei: Das Ei nur nicht zu lange pochieren. Seiner normalen, schützenden Schale beraubt, gart es viel schneller als ein normal gekochtes Ei. Nach etwa drei Minuten ist es genau richtig: außen fest und innen cremig-feucht. Wenn Sie es härter mögen, lassen Sie das Ei noch eine weitere Minute ziehen. Aber bitte niemals länger, denn dann wird das Eigelb hart und das Eiweiß zäh.

Geheimnis Nummer vier: Wenn Sie das fertige Ei mit der Schöpfkelle aus dem Wasser heben, hat sich nur ein Teil des Eiweiß als schützender Mantel um das Eigelb gelegt. Deshalb muß man den Rest entfernen und das Ei hübsch zuschneiden. Das heißt, alle Ränder am besten mit einer Küchenschere rund abtrennen. Dann hat es die gewünschte makellose Form, und

Ihre Gäste werden Sie als perfekte Eierköchin bewundern.

Verlorene Eier ohne jede weitere Zutat werden Sie kaum servieren – sie brauchen unbedingt noch ein wohlschmeckendes Drumrum. Man setzt sie deshalb zum Beispiel auf ein Brett von frischem Spinat, auf in Knoblauchbutter geröstete Croutons, man übergießt sie mit einer würzigen Sauce oder serviert sie mit einem frischen Salat. Deshalb zeigen wir Ihnen zuerst das Grund-Rezept, damit beim Zubereiten der Eier nichts mehr schief gehen kann, und geben Ihnen in weiteren Rezepten Ideen, wie man daraus eine kleine Vorspeise, eine Zwischenmahlzeit oder auch ein Abendessen für den kleinen Hunger zaubern kann.

¾ l Wasser · ½ TL Salz · 2–3 EL Essig (am besten eine milde Sorte, zum Beispiel ein Apfel- oder Obstessig) · 4 Eier frisch gemahlener Pfeffer · frisch geriebene Muskatnuß nach Belieben.

Das Wasser in einer flachen Kasserolle aufkochen, salzen und einen Schuß Essig zufügen. Die Hitze herunterschalten. Das Wasser soll gerade eben den Siedepunkt erreicht haben. Die Eier einzeln nacheinander in eine Tasse schlagen. Diese vorsichtig in das gerade kochende Wasser halten und das Ei so hineinbefördern. Das Wasser kühlt sich dadurch etwas ab, nun soll es auf keinen Fall mehr kochen, weil sonst zu heftige Bewegungen darin entstehen. Nach 3, spätestens nach 4 Minuten die Eier mit einem Schaumlöffel vorsichtig herausheben und abtropfen lassen. In einem zweiten Topf, der mit kaltem Wasser gefüllt ist, abschrecken – oder kurz unter das fließende Wasser halten. In diesem Fall jedoch vorsichtig sein, denn durch den zu scharfen Wasserstrahl kann die Eiweißschicht aufgerissen werden und das wachsweiche Eigelb läuft aus. Nunmehr die pochierten Eier mit einer Küchenschere rundum hübsch zuschneiden, dabei alles Eiweiß, das sich nicht fest um das Eigelb geschlossen hat, entfernen.

Die fertigen Eier auf einem vorgewärmten Teller warm halten. Mit Pfeffer bestreuen und einem Hauch Muskat bestäuben. Dann nach Rezept weiter verarbeiten.

1 Das Wasser in einer Kasserolle, die groß genug ist, die entsprechende Anzahl Eier aufzunehmen, salzen und mit Essig versetzen.

2 Aufkochen. Die Hitze herunterschalten, damit es gerade eben siedet. Die Eier in eine Tasse aufschlagen. Ins Wasser befördern.

3 Die Eier 3 bis 4 Minuten ziehen lassen, dabei darf das Wasser kaum kochen. Dann mit einer Schaumkelle vorsichtig herausheben.

4 Die gegarten Eier in kaltem Wasser abschrecken, das in einem Topf bereit steht, oder kurz unter fließendes Wasser halten.

5 Mit einer Küchenschere alles überflüssige Eiweiß, das sich nicht schützend als Mantel um das Eigelb gelegt hat, sorgfältig wegschneiden.

6 Falls Sie die pochierten Eier als Eier in Gelee (Seite 50) weiterverarbeiten wollen, in den Kochsud Gelatine einrühren und auflösen.

Pochierte Eier
auf Knoblauch-Croûtons

Zutaten für 4 Personen:
4 nach dem Grundrezept
pochierte Eier · 4 Scheiben
Toast-Brot · 2 EL Butter
2 Knoblauchzehen · 4 Sa-
latblätter · 2 EL feinge-
hackter Schnittlauch.

Die vier Toast-Brot-Scheiben sorgfältig entrinden. In einer Pfanne die Butter erhitzen. Die Knoblauchzehen schälen und in der Presse zerdrücken. In der Butter andünsten, aber keine Farbe annehmen lassen. Die Brotscheiben darin auf beiden Seiten golden braten. Auf vier vorgewärmte Teller verteilen, dabei jedoch die Butter abtropfen lassen, besser noch mit Küchenkrepp abtupfen. Auf jede Brotscheibe ein Salatblatt legen und darauf je ein pochiertes Ei setzen. Zum Schluß den Schnittlauch darüber streuen.

Pochierte Eier
auf Spinatbett

Zutaten für 4 Personen:
500 g frischer Blattspinat
Salz · Pfeffer aus der Mühle
eine Spur frisch geriebene
Muskatnuß · 2 EL Butter
4 nach Grundrezept
pochierte Eier · ein Hauch
Cayennepfeffer · 2 gehäufte
EL frisch geriebener
Parmesan-Käse.

Den Spinat verlesen und gründlich, am besten mehrmals, unter fließendem, kaltem Wasser waschen. Nicht allzu gründlich abtropfen lassen. In einen geräumigen Topf geben. Salzen, mit Pfeffer bestreuen und Muskat darüberreiben. Die Butter in Flöck-

chen obenauf setzen. Den Topf mit einem Deckel verschließen. Den Spinat darin 5 Minuten dünsten. Dabei den Topf mehrmals schütteln, damit Butter und Gewürze überall hin gelangen können. Den Spinat mit einer Schaumkelle herausheben und auf vier vorgewärmte Teller verteilen und dabei so anrichten, daß eine Art Nest entsteht. Den Sud auf starkem Feuer kräftig bis auf einige Eßlöffel Flüssigkeit einkochen lassen. Die Eier in das Spinatnest setzen. Mit Cayennepfeffer bestäuben. Den geriebenen Käse darüberstreuen. Den eingekochten Sud über den Spinat träufeln. Dazu frisches Knoblauchbrot reichen.

Pochierte Eier
in Dillsauce

Zutaten für 4 Personen:
2 EL Butter · 1 TL Mehl
¼ l Milch · ¼ l süße Sahne
1 TL Streuwürze · Salz
Pfeffer aus der Mühle
1 Bund frischer Dill · ein
Schuß Worcestersauce
Zitronensaft · 4 nach dem
Grundrezept pochierte Eier.

Die Butter in einer Kasserolle aufschäumen lassen, das Mehl darin unter Rühren andünsten. Milch und Sahne auf einmal hinzufügen und unter Rühren aufkochen lassen. Etwa 10 Minuten sanft köcheln. Mit Streuwürze, Salz und Pfeffer abschmecken. Dill waschen, sehr fein hacken und in die Sauce rühren, die nun noch mit Worcestersauce und Zitronensaft abgeschmeckt wird. Die pochierten Eier in die Sauce gleiten lassen. In einer Schüssel anrichten. Dazu Pellkartoffeln reichen.

Pochierte Eier
im Pilz-Nest

Zutaten für 4 Personen:
4 sehr große Champignon-
köpfe oder die Hüte von an-
deren Pilzen, zum Beispiel
Steinpilzen, Maronen- oder
Perlpilzen · 2 EL Butter
Salz · Pfeffer aus der Mühle
2 Schalotten · 2 EL feinge-
hackte Petersilie · 4 EL
trockener Sherry · 1 TL So-
jasauce · 2 EL süße Sahne
4 nach dem Grundrezept
pochierte Eier.

Die Pilze putzen. Die Stiele herausschneiden. Die Innenseiten der Hüte mit der Hälfte der Butter bepinseln. Auf mit wenig Butter bestrichene Alufolie setzen, salzen und pfeffern. Im vorgeheizten Ofen bei 250° C oder unter dem Grill 10 Minuten garen. Währenddessen die Schalotten schälen und ebenso wie die Pilzstiele sehr fein hacken.
Die gehackten Schalotten in der restlichen Butter weich dünsten, aber keine Farbe annehmen lassen. Die Pilzstiele und die Petersilie zufügen. Mit dem Sherry ablöschen, dann aufkochen und mit Sojasauce würzen. Die Sahne hinzufügen. Kurz einkochen, bis die Sauce leicht dicklich wird. Die Pilzhüte auf vier vorgewärmte Teller verteilen. Die pochierten Eier darauf setzen. Mit der Sauce übergießen.

Sülzen, Aspiks und Gelees

Das sind Vorspeisen, die besonders im Sommer sehr geschätzt werden, weil sie so leicht und erfrischend sind. Und – das ist das Angenehme daran – man kann sie prima schon eine Weile im voraus zubereiten. Im entsprechenden Moment werden sie nur aus dem Kühlschrank geholt. Nicht zu früh, denn Sülzen und Aspiks sind nicht hitzebeständig. Wenn man sie beispielsweise der Sonne (beim Picknick oder beim Frühstück im Grünen) aussetzt, beginnen sie bald zu schmelzen.

Sülzen, Aspiks und Gelees bekommen ihren Stand und ihre Festigkeit durch Gelatine oder durch die natürliche, gelierende Wirkung von Brühen aus Kalbs- und Geflügelknochen. Benutzt man solche Brühen, so müssen sie auf jeden Fall zuvor geklärt werden; denn das Hübsche an Sülzen ist, daß man alles, was in ihnen versteckt ist, durch das glasklare Gelee ganz genau sehen kann. Aber eine Brühe aus Knochen und Wurzelwerk wird durch das beim Kochen frei werdende Eiweiß oft trüb und undurchsichtig. Sie kann ganz einfach geklärt werden: In die Brühe ein verquirltes Eiweiß rühren, den Topf auf den Herd stellen und die Brühe auf kleinem Feuer sehr langsam zum Kochen bringen. Den Punkt kurz vor dem Aufkochen abpassen und den Topf sofort vom Feuer ziehen. Jetzt werden alle Trübstoffe gebunden; deshalb sollte die Brühe durch ein sehr feines Sieb – möglichst ein Haarsieb – gegossen werden.

Die klare Brühe kalt stellen, damit sich das noch verbliebene Fett oben als harte Schicht absetzen kann. Dann läßt sie sich spielend vollständig abheben.

Wie man mit Gelatine arbeitet, ist auf der Packung stets detailliert angegeben. Es ist egal, ob Sie sie pulverisiert oder in Blattform verwenden. In jedem Fall schmeckt sie nach nichts. Deshalb muß die Flüssigkeit, in die Sie sie hineinrühren, sehr kräftig abgeschmeckt sein. Sie sollte eher überwürzt als zu sanft schmecken, denn abgekühlt verliert sie an Aroma.

Was kann man nun alles mit Gelee umhüllen, als Aspik oder Sülze servieren? Da gibt es eine Fülle von Ideen. Das Einfachste und Schnellste sind zum Beispiel Stücke von gekochtem Schinken mit Möhrenscheiben, Tomatenwürfeln und Lauchringen. Die Möhrenscheiben können Sie – weil's noch hübscher aussieht – sternchenförmig einkerben und die Tomatenwürfel rhombenartig zuschneiden. In jedem Fall: Alles, was in die Sülze hineinkommt, muß entweder gegart sein oder auch roh gut schmecken. Möhrenscheiben und Lauchringe werden deshalb vorher kurz in kochendem Wasser blanchiert (siehe Seite 234) und, damit sie ihre leuchtende Farbe behalten, anschließend in eiskaltem Wasser abgeschreckt.

Das Grund-Prinzip der Aspik-Herstellung ist ganz einfach und immer dasselbe: Man benötigt eine Form, die gerade oder nach oben auseinanderstrebende Wände hat. Auf keinen Fall darf sich die Form nach oben verjüngen, weil sich dann das erstarrte Aspik nicht mehr stürzen läßt. Sie können das Aspik in Portionsförmchen füllen oder in eine große Form, zum Beispiel Puddingform, geben. Es geht auch eine Kastenform, wie man sie zum Kuchenbakken verwendet. Den Boden dieser Form nun gießt man etwa ½ Zentimeter dick mit der Geleeflüssigkeit aus und läßt sie im Kühlschrank fest werden. Das ist nötig, damit die Zutaten später nicht sofort auf den Grund der Form sinken und nach dem Stürzen gar nicht von Gelee überzogen sind. Dieses Gelee-Bett nennt man Spiegel. Darauf nun werden die in das Gelee einzubettenden Zutaten dekorativ angerichtet. Dabei immer daran denken, daß die „schöne" Seite zum Schluß die andere sein wird, wenn das Gelee gestürzt ist. Deshalb muß zum Beispiel die Dekoration, die später die Oberseite des Aspiks zieren soll, zu allererst auf den Spiegel gesetzt werden. Zum Schluß füllt man die Form mit dem restlichen Gelee so auf, daß nichts mehr herausschaut. Man läßt das Aspik im Kühlschrank erstarren und fest werden. Das dauert je nach Größe der Form zwischen einer Stunde (Portionsförmchen) und einem Tag. Die fertigen Aspiks werden auf vorgekühlten(!) Tellern angerichtet, mit Petersilie, Kerbel oder einem Zitronenschnitz dekoriert und mit frischem Weißbrot und kühler Butter serviert. Falls sich das Aspik schlecht aus der Form löst, diese blitzschnell in heißes Wasser tauchen und anschließend sofort stürzen.

1 Die Gelatine, wie auf der Packung angegeben, in der gut gewürzten Flüssigkeit auflösen. Die Brühe durch ein feines Sieb filtern.

2 Vier Portionsförmchen (zum Beispiel Souffléförmchen) ½ Zentimeter hoch mit der gerade gelierenden Flüssigkeit ausgießen.

3 Während dieser Spiegel in den Förmchen fest wird, alles weitere vorbereiten: 4 Eier pochieren, Tomaten würfeln, Trüffel schneiden.

4 Auf den Spiegel Herzchen aus Eiweiß und Trüffeln setzen. Mit Schinken abdecken. Das Ei obenauf geben.

5 Die pochierten Eier mit feingehackten Schinkenwürfeln bestreuen. Die sehr kräftig abgeschmeckte Gelierbrühe darüberlöffeln.

6 Die Förmchen in den Kühlschrank stellen und die Aspiks fest werden lassen. Auf einen mit Salatblättern ausgelegten Teller stürzen.

Eier in Gelee

(zum Kurs auf Seite 51)

Zutaten für 4 Personen:
¼ l kräftige Fleischbrühe
(geklärt, siehe Seite 50)
2 cl Madeira · 6 Blatt weiße
Gelatine (oder die entspre-
chende Menge pulverisiert)
Streuwürze · 1 große Schei-
be gekochter Schinken
1 kleines Döschen schwarze
Trüffel (15 g) · 1 Tomate
1 hartgekochtes Ei · 4 nach
dem Grundrezept auf Seite
48 pochierte Eier · Salat-
blätter.

Die Fleischbrühe aufkochen. Den Madeira zufügen. Die Gelatine nach Vorschrift darin auflösen. Mit Streuwürze kräftig abschmecken. Abkühlen lassen. Aus dem Schinken 4 Kreise schneiden, die dem Durchmesser der Förmchen entsprechen. Die Trüffeln in dünne Scheibchen schneiden. Diese in Rhomben teilen oder mit einem Pralinenförmchen Herzchen ausstechen. Die Tomate häuten und entkernen (siehe Seite 41), das Fleisch in Rhomben schneiden. Ebenso aus dem Weiß des hartgekochten Eies Herzchen oder Rhomben stechen. Wie gezeigt die Zutaten in die Förmchen schichten und darin erstarren lassen.

Poularde

in Aspik

Zutaten für 6 Personen:
1 fette, mit Körnern gefüt-
terte Poularde (ca. 1500 g)
1 Möhre · 1 Petersilienwur-
zel · 1 Zwiebel · 1 Lauch-
stange · einige Petersilien-
stengel · 1 Knoblauchzehe
1 Chillischote · 3 EL

Sherry · 1 EL grüne Pfeffer-
körner · Salz und Pfeffer
6 Blatt weiße Gelatine.

Poularde innen und außen gründlich waschen. Unzerteilt in einen hohen Topf geben. Die Möhre, Petersilienwurzel und Zwiebel schälen beziehungsweise putzen. Von jedem ein etwa 4 Zentimeter langes Stück beiseite legen. Den Rest klein schneiden und in den Topf füllen. Die Lauchstange putzen, längs aufschlitzen und gründlich waschen. Ebenfalls ein Stück beiseite legen. Den Rest in Ringe teilen und zum Huhn geben. Einen Petersilienzweig aufbewahren. Die restlichen Stengel in den Topf geben. Die Knoblauchzehe schälen, zerdrücken, die Chillischote putzen und zum Gemüse tun. Alles mit Wasser bedecken. Zugedeckt bei milder Hitze 20 Minuten köcheln.

Das Huhn herausnehmen. Brüste auslösen. In Alufolie verpacken und warm stellen. Das restliche Huhn für weitere 20 Minuten köcheln. Nunmehr die Schenkel abtrennen. Die Karkasse in die Brühe zurückgeben und noch etwa eine Stunde lang auskochen. Währenddessen die Brust in mundgerechte Würfel schneiden. Das Fleisch von den Schenkeln lösen und ebenfalls würfeln. Das Fleisch mit dem Sherry beträufeln, die Pfefferkörner untermischen und mit Salz und frisch gemahlenem Pfeffer würzen. Zugedeckt ziehen lassen, bis die Brühe fertig ist. Durch ein feines Sieb filtern. Auf einen halben Liter einkochen. Dann erst sehr kräftig abschmecken und die Gelatine darin auflösen. Die aufbewahrten Gemüsestücke in dünne Scheibchen,

schmale Stifte oder feine Ringe schneiden. In sprudelnd kochendem, leicht gesalzenem Wasser 2 Minuten blanchieren, anschließend in eiskaltem Wasser abschrecken, dann abtropfen lassen. Auf den Boden einer Puddingform oder einer bauchigen Glasschüssel einen Spiegel gießen und erstarren lassen. Hühnerfleisch abtropfen, mit den Pfefferkörnern, den abgezupften, unzerteilten Petersilienblättern und dem Gemüse dekorativ auf dem Spiegel verteilen. Mit der gerade zu gelieren beginnenden Brühe auffüllen. Zwölf, besser 24 Stunden fest werden lassen.

Krabbensülze

Zutaten für 4 Personen:
¼ l Fischfond (siehe Seite
85) · ¼ l trockener Weiß-
wein · Salz · Pfeffer aus der
Mühle · 1 Msp. Delikateß-
paprika · 6 Blatt weiße Ge-
latine · 3 Dillzweige
2 Dosen Nordsee-Krabben
à 170 g · etwas Zitronen-
saft.

Fischfond und Wein in einem Topf aufkochen. Mit Salz, Pfeffer und Paprika kräftig abschmecken. Die Gelatine einweichen und in der heißen Flüssigkeit auflösen. Zum Abkühlen beiseite stellen. In einer Glasschüssel einen Spiegel fest werden lassen. Die Dillblättchen abzupfen, fein hakken und mit den abgetropften Krabben mischen. Mit Zitronensaft beträufeln und auf dem Spiegel verteilen. Mit der restlichen Flüssigkeit bedekken und anschließend im Kühlschrank erstarren lassen. Auf einem gut vorgekühlten Teller servieren, damit die Sülze nicht schmilzt.

Soufflés

Sie gelten als der Inbegriff komplizierter Kochkunst. Man sagt von ihnen, sie seien außerordentlich heikel, und um ein luftiges, hoch aufgegangenes Soufflé zustande zu bringen, müsse man mit dem Teufel im Bunde sein. Andernfalls bleibe es als trauriger Fladen im Ofen sitzen. Falls es wider allen Erwartens doch hochgegangen sein sollte, dann falle es garantiert auf dem Weg zum Tisch unverzüglich in sich zusammen.

Aber ein perfektes Soufflé ist keine Hexerei. Allerdings: Ein perfektes Soufflé muß mehrfach, das heißt meist häufig, geübt sein, und es hat dann eine durchaus beträchtliche Anzahl weniger ansehnliche Vorläufer gehabt. Denn das Wichtigste an der ganzen komplizierten Angelegenheit ist Ihr Ofen, beziehungsweise die Kenntnis, die Sie von ihm haben. Wenn Sie Soufflés in ihm backen wollen, dann muß er Ihnen durch und durch vertraut sein. Sie müssen wissen, ob die eingestellte Temperatur auch mit der tatsächlich in ihm dann herrschenden übereinstimmt (was bei Haushaltsherden nur selten der Fall ist), und wenn nicht (was wir getrost annehmen dürfen), welche Temperatur Sie einstellen müssen, um die gewünschte zu erhalten. (Am besten kaufen Sie sich ein Ofenthermometer.)

Zu Beginn eines jeden Soufflés steht die dicke, sahnige Béchamelsauce. Sie gibt dem Soufflé den nötigen Stand. Dahinein werden einige Eigelb gerührt. Sie geben ihm die gewünschte Fülle. In diese Masse rührt man die Geschmackszutat, die dem Soufflé auch seinen Namen gibt: in ein Käsesoufflé kommt Käse, in ein Schinkensoufflé natürlich Schinken und so weiter. Und zu guter Letzt wird sehr steif geschlagenes Eiweiß unter die Soufflémasse gehoben, was das Ganze locker und schaumig macht. (In Österreich nennt man übrigens ein Soufflé aus diesem guten Grund „Schaumkoch".)

Wenn man einmal dieses Grundprinzip beherrscht, kann man auch auf eigene Faust herumexperimentieren und ganz neue Zusammenstellungen erfinden; beispielsweise ein Tomatensoufflé mit Käse: einfach die Béchamel statt mit Milch und Sahne mit Tomatensaft zubereiten. Lassen Sie Ihre Phantasie spielen!

Aber zuvor sollten Sie sich einmal klar machen, warum eigentlich ein Soufflé in die Höhe steigt, wenn man es bäckt, und warum es ebenso leicht wieder zusammenfällt, wenn es über den ungeheizten, langen Flur zur Tafel getragen wird.

Der Teig besteht aus Fett (Butter, Milch und Sahne in der Sauce) und luftigem Eiweiß. Sobald das Fett der Hitze ausgesetzt wird, beginnt es zu schmelzen, dabei tritt Wasser aus, das zu Dampf verkocht – dieser Dampf versucht zu entweichen und treibt den Teig hoch. Die tausend Luftbläschen des Eiweiß wirken ganz ähnlich: sie dehnen sich in der Hitze aus und lassen den Teig hochsteigen. Damit nun diese Pracht nicht allzu vergänglich ist, muß man folgendes beachten: Das Soufflé muß in einen wohltemperierten, gut vorgeheizten Backofen gestellt werden. Ist der Ofen nicht heiß genug, dann kann sich die Luft in den Bläschen nicht richtig ausdehnen und das Soufflé bleibt „sitzen", steigt also nicht hoch. Ist aber der Ofen zu heiß, bekommt das Soufflé eine Kruste, bevor das Eiweiß seine treibende Arbeit hat leisten können. Ergebnis: Das Soufflé ist außen hart und innen teigig. Deshalb halten Sie sich am besten an folgende Temperaturen und Zeiten: kleine Portionsförmchen (8 cm $\varnothing$) brauchen bei 190° C etwa 18 Minuten. In einer Form von 16 cm $\varnothing$ (als Vorspeise für vier Personen) 15 Minuten bei 190° C und weitere 15 Minuten bei 200° C. Für große Souffléformen von 22 cm $\varnothing$ (zum Beispiel für ein Hauptgericht, das für vier Personen ausreicht) rechnen Sie bitte 15 Minuten bei 190° C und weitere 30 Minuten bei 200° C Ofentemperatur.

Eines noch: Füllen Sie die Formen nie bis zum Rand. Lassen Sie dem Soufflé Platz zum Aufgehen. Oder – falls Sie keine größere Form besitzen – binden Sie eine etwa 6 Zentimeter hohe Manschette aus eingebuttertem Pergamentpapier oder Alufolie herum. Sie bietet dem Soufflé dann Halt.

Und lassen Sie immer die Gäste auf das Soufflé, niemals das Soufflé auf die Gäste warten. Dieses wird es Ihnen garantiert übelnehmen und trotzig in sich zusammensinken, was bei den Gästen wohl kaum zu erwarten ist.

1 Stellen Sie sich alle Zutaten bereit: Butter, Mehl, Milch, frisch geriebener Käse, Eier, Salz, Pfeffer, Muskat und Cayennepfeffer.

2 Zunächst wird die Béchamelsauce hergestellt: Man läßt die Butter in einer Kasserolle aufschäumen, aber keinesfalls braun werden.

5 Mit Salz, Pfeffer aus der Mühle, frisch geriebener Muskatnuß und, wenn Sie mögen, Streuwürze die Sauce kräftig abschmecken.

6 Die Hitze herunterschalten. Die Sauce soll nur sanft köcheln. Den Käse (Parmesan, Emmentaler, Gruyère) darin auflösen.

9 Die Eigelb gründlich mit der Sauce vermischen. Die Eiweiß – stets ein bis zwei mehr als Eigelb nehmen! – sehr steif schlagen.

10 Zunächst nur einige Eßlöffel des Eiweiß unter die Soufflémasse heben. Dann läßt sich der Rest gleichmäßiger untermischen.

3 Unter ständigem Rühren mit dem Kochlöffel wird das Mehl in die heiße Butter gerührt und angedünstet, aber nicht gebräunt.

4 Langsam die Milch zugießen. Dabei unermüdlich rühren, damit keine Klümpchen entstehen. Köcheln, bis die Sauce glatt ist.

7 Unterdessen die Eier aufschlagen und trennen. Das Eiweiß in einer Rührschüssel sammeln. Die Eigelb in ein Schälchen füllen.

8 Den Topf vom Feuer nehmen und die Masse etwas abkühlen lassen. Die Eigelb erst dann in die Sauce rühren.

11 Die Form mit Butter auspinseln und mit Semmelbröseln ausstreuen, damit sich die Masse an den Wänden halten kann. Einfüllen.

12 Das Soufflé wie auf Seite 53 beschrieben im vorgeheizten Ofen backen und unverzüglich auftragen. Auf heißen Tellern servieren.

Käse-Soufflé

(Zum Kurs auf den
Seiten 54/55)

*Zutaten für 4 Personen:
60 g Butter · 60 g Mehl
½ l Milch (oder ¼ l Milch
und ¼ l süße Sahne) · Salz
weißer Pfeffer aus der Mühle · Muskatnuß · 200 g frisch
geriebener Käse (Emmenta-
ler, Parmesan, Gruyère)
4 Eigelb · 6 Eiweiß · Butter
und Semmelbrösel.*

Die Butter in einer Kasserolle
erhitzen. Das Mehl hineinrühren. Mit Milch aufgießen, zu
einer dicken Béchamelsauce
einkochen. Mit Salz – sparsam, denn der Käse ist oft sehr
salzig –, Pfeffer und Muskat
abschmecken. Den Käse darin
auflösen. Abkühlen lassen
und die Eigelb unterrühren.
Die Eiweiß sehr steif schlagen
und, wie auf den Photos (Seite
54/55) gezeigt, partienweise
hineingeben. Eine feuerfeste
Form von 22 cm ∅ mit Butter
auspinseln. Semmelbrösel hineingeben. Die Form so lange
hin und her schwenken, bis
die Innenseiten völlig damit
überzogen sind. Die über-
schüssigen Semmelbrösel aus-
kippen. Die Soufflémasse hineinfüllen und, wie auf Seite 53
beschrieben, backen.

Brokkoli-Soufflé

*Zutaten für 4 Personen:
60 g Butter · 60 g Mehl
½ l Milch · Salz · Pfeffer
aus der Mühle · frisch geriebene Muskatnuß · 1 Prise
Cayennepfeffer · 400 g
Brokkoli (geputzt gewogen)
4 Eigelb · 6 Eiweiß
Butter und Semmelbrösel.*

Aus Butter, Mehl und Milch,
wie gezeigt, eine dicke Béchamelsauce kochen. Mit Salz,
Pfeffer, Muskat und Cayenne
kräftig würzen. Die Brokkoliröschen von den Stielen
schneiden. Die Stiele zuerst in
wenig kochendes, leicht gesalzenes Wasser geben und zugedeckt 8 Minuten garen. Dann
erst die Röschen zufügen. Alles zusammen weitere 5 Minuten kochen. Abgießen und gut
abtropfen lassen. Im Mixer
fein pürieren. Zurück in den
Topf geben und alle austretende Flüssigkeit eindampfen und
verkochen lassen. In die Béchamelsauce rühren. Zum
Abkühlen beiseite stellen. Die
Eigelb in die Soufflémasse
rühren. Die Eiweiß sehr steif
schlagen und partienweise unterheben. In die mit Butter
ausgepinselte und mit Semmelbröseln ausgestreute Form
(22 cm ∅) füllen und nach
Vorschrift backen.

Krabben-Soufflé

*Zutaten für 4 Personen:
60 g Mehl · 60 g Butter
¼ l Milch · ¼ l süße Sahne
300 g geschälte (gekochte)
Krabben · 1 EL feingehackter Dill · einige Tropfen Zitronensaft · Salz · Pfeffer
aus der Mühle · 1 Prise
Cayennepfeffer · 1 Spritzer
Worcestersauce · 4 Eigelb
6 Eiweiß · Butter und Semmelbrösel für die Form.*

Aus dem Mehl, der Butter,
Milch und Sahne, wie be-
schrieben und gezeigt, eine
dicke Sauce kochen. Von den
Krabben eine Handvoll beiseite legen. Den Rest im Mixer
fein pürieren. Die ganzen
Krabben mit dem Dill mi-
schen und mit wenig Zitronensaft beträufeln, sparsam salzen und pfeffern. Die Béchamelsauce mit Salz, Pfeffer,
Cayennepfeffer und Worce-
stersauce kräftig abschmekken. Die pürierten Krabben in
die abgekühlte Sauce rühren.
Die Eigelb und die ganzen
Krabben unterziehen. Die Eiweiß sehr steif schlagen und
partienweise vorsichtig, aber
gründlich unterheben. Diese
Masse in die ausgebutterte,
mit Semmelbröseln ausge-
streute Form von 22 cm ∅ füllen. Wie beschrieben backen.

Schinken-Soufflé

*Zutaten für 4 Personen:
250 g gekochter Schinken
(ohne Fett) · 1 EL Butter
1 Messerspitze Delikateßpaprika · weißer Pfeffer aus
der Mühle · 60 g Mehl
60 g Butter · ½ l Milch
4 Eigelb · 6 Eiweiß · 2 cl
Madeira · Butter und Sem-
melbrösel für die Form.*

Den Schinken in Stücke
schneiden. Im Mixer gründlich vermischen. Die Butter
sowie Salz, Pfeffer und Paprika zufügen. Und noch einmal
mixen. Aus Mehl, Butter und
Milch eine dicke Béchamelsauce kochen und kräftig abschmecken. Dabei wieder mit
Salz sparsam umgehen, denn
der Schinken ist salzig genug.
In die abgekühlte Sauce die
Schinkenmasse rühren und die
Eigelb untermischen. Die Eiweiß sehr steif schlagen. Partienweise unterziehen. Eine
feuerfeste Form von 22 cm ∅
ausbuttern und mit Semmelbröseln ausstreuen. Die Soufflémasse einfüllen und, wie
beschrieben, backen.

Salzige Kuchen und Törtchen

Wer sagt denn, daß Kuchen immer süß sein sollen. In einen Mürbeteig gehört nicht unbedingt Zucker. Ein würziges Törtchen, mit Speck, Zwiebeln oder Lauch – mit einer Eiermilch übergossen, die beim Backen stockt und trotzdem saftig bleibt – ist etwas Köstliches! Denken Sie an Zwiebelkuchen, wie er zum Beispiel in Baden oder in Württemberg im Herbst zum Neuen Wein gegessen wird. Oder an die mittlerweile ja schon international gewordene italienische Pizza, mit einer saftigen Tomatensauce, mit Schinken oder Salami und mit zart zerlaufendem Mozzarella-Käse. (Rezept und Kurs siehe Seite 283 bis 287). Solch ein herzhafter Kuchen kann eine ganze Mahlzeit sein – mit einem knackigen, grünen Salat ein Mittag- oder Abendessen. Wenn Sie, was ganz einfach ist, gleich mehrere Backbleche damit vollpacken, ist es eine problemlose Bewirtung für viele Gäste bei der Party. Oder sie sind, dann natürlich in kleinerer Portion, eine appetitanregende Vorspeise. In diesem Fall ist es besonders hübsch, wenn Sie statt eines großen Kuchens vom Blech oder aus der Springform kleine Törtchen backen. Passende Förmchen für diesen Zweck gibt es in Haushaltsgeschäften für wenig Geld zu kaufen. Besonders praktisch ist es, gleich die doppelte Menge solcher Törtchen zuzubereiten. Man kann Sie nämlich für die nächste Gelegenheit wunderbar einfrieren. Sie müssen nur noch rasch aufgebacken werden.

Die Grundlage für einen solchen Kuchen ist stets die gleiche: ein salziger Mürbeteig. Was Sie dann als Belag darauf verteilen – dafür gibt es tausend Möglichkeiten. Allen Arten von knapp gedünstetem Gemüse, Schinkenwürfel mit Tomaten, kleingeschnittene Reste vom Sonntagsbraten, die so wieder zu unverhofften Ehren gelangen. Und stets mit einer Eiermilch oder -sahne, die natürlich kräftig abgeschmeckt sein muß, übergießen. Im auf 220° C vorgeheizten Backofen backen; Portionstörtchen etwa 15 bis 20 Minuten, große Kuchen in der Springform (26 cm ∅) etwa 30 Minuten. Bei reichlicher Füllung kann es bis zu 45 Minuten dauern. Falls sich dabei der Belag zu dunkel färben sollte, mit Alufolie abdecken. Der Teig muß hellbraun sein. Dann ist er gar.

Grundrezept für den Teig

Zutaten für eine Springform von 26 cm ∅: 250 g Mehl · 1 gestrichener TL Salz · 125 g weiche Butter · 1 Ei · 4 EL Wasser.

Das Mehl in eine Rührschüssel füllen oder auf die Arbeitsfläche schütten. In die Mitte eine Vertiefung drücken. Das Salz darüberstreuen. Die Butter in Flöckchen zufügen und das Wasser darüberträufeln. Alles rasch mit kühlen Händen (damit die Butter nicht gleich zu schmelzen beginnt) zu einem festen, homogenen Teig kneten. Wenn sich alles gut miteinander vermischt hat, den Teig zu einer Kugel formen. In Alufolie packen und mindestens eine Stunde im Kühlschrank ruhen lassen. So kann die Butter wieder fest werden und dem Teig Stand geben.

Inzwischen eine Springform gründlich mit Butter einstreichen. Den Rand dabei nicht vergessen. Den Teig auf einer mit Mehl bestäubten Arbeitsfläche messerrückendünn ausrollen. Damit die Form so ausschlagen, daß auch der Rand bis obenhin davon abgedeckt ist. Bei sehr feuchten Füllungen, zum Beispiel bei Tomaten, die ja viel Saft ziehen, empfiehlt es sich, diesen Boden vorzubacken. Dann kann der Teig nicht aufweichen. Man füllt für diesen Zweck getrocknete Bohnen oder Linsen auf den Teig und schiebt die Form für 10 Minuten in den auf 220° C vorgeheizten Ofen. Man nennt diesen Vorgang „blindbacken". Falls Sie übrigens keine getrockneten Bohnen, Linsen oder Erbsen zur Hand haben, können Sie den Boden auch mit zusammengeknüllter Alufolie ausstopfen. Aber bitte vorsichtig, damit die Folie mit ihren harten Ecken und Kniffstellen nicht den empfindlichen, noch ungebackenen Teig aufreißt. Dieses Ausstopfen zum Blindbacken ist nötig, damit der Teig keine Blasen wirft und keine unregelmäßige Fläche bildet.

1 Das Mehl auf die Arbeitsfläche schütten. In die Mitte eine Vertiefung drücken. Butter und Ei da hineingeben. Wasser zufügen.

2 Rasch einen Teig kneten. Im Kühlschrank eine Stunde ruhen lassen. Auf der bemehlten Arbeitsfläche dünn ausrollen.

5 Mit den Teigkreisen die Förmchen so ausschlagen, daß ein ausreichend hoher Rand stehen bleibt und die Füllung so Platz hat.

6 Mit einer Gabel Löcher in den Boden stechen, damit der Teig nicht aufbricht. Portionsförmchen muß man nicht blindbacken.

9 Sahne mit einem ganzen Ei verquirlen. Mit Salz, frisch geriebener Muskatnuß, Pfeffer aus der Mühle und Cayennepfeffer würzen.

10 Die Speckstreifen auf die Förmchen verteilen. Geriebenen Käse (Emmentaler, Parmesan, Gruyère) darüberstreuen.

3 Kreise ausstechen, die etwas größer als die Förmchen sein sollen. Hübsch ist es, wenn ein dekorativ gezackter Rand entsteht.

4 Die Portionsförmchen sorgfältig mit Butter auspinseln, damit der Teig nach dem Backen nicht kleben bleibt und sich gut ablöst.

7 Für die Füllung geräucherten Speck zunächst quer in dünne Scheiben schneiden und dann in 2 Zentimeter breite Streifen.

8 In einer Pfanne etwas Butter schmelzen lassen, die Speckstreifen zufügen und auf mittlerer Hitze glasig braten. Gut abtropfen.

11 Mit der Eiermilch auffüllen, so, daß die Flüssigkeit nur noch einen ganz schmalen Rand läßt. Die Förmchen auf ein Blech setzen.

12 Im auf 220° C vorgeheizten Backofen etwa 15 bis 20 Minuten backen, bis die Oberfläche sich goldbraun gefärbt hat.

Quiche Lorraine

Lothringer Specktörtchen
(zum Kurs auf den
Seiten 58/59)

*Zutaten für ca. 8 Törtchen
oder eine Springform:
1 Grundrezept für den Teig
(siehe Seite 57) · 200 g
durchwachsener Speck
2 TL Butter · 150 g frisch
geriebener Käse · ⅛ l süße
Sahne · 1 Ei · Salz · Pfeffer
Muskat · Cayennepfeffer.*

Genau wie im Kurs gezeigt zubereiten. Falls Sie eine große Torte von 26 cm ∅ machen, etwa 40 Minuten backen.

Zwiebelkuchen

*Zutaten für eine
Springform:
1 Grundrezept Teig (Seite
57) · 500 g Zwiebeln · 50 g
Butter · Salz · Pfeffer aus
der Mühle · ½ TL Delikateßpaprika · ½ TL zerriebener Thymian · 2 Eier · ¼ l
Crème fraîche (oder süße
Sahne).*

Den Teig wie angegeben zubereiten. Eine Springform damit auslegen. Die Zwiebeln schälen und fein hacken. Die Butter in einer großen Pfanne erhitzen, die Zwiebeln zufügen und mit Salz, Pfeffer, Paprika und Thymian würzen. Bei milder Hitze unter gelegentlichem Rühren 30 Minuten dünsten. Die Zwiebeln dürfen jedoch keine Farbe annehmen. Abgekühlt in die Springform füllen. Die Eier mit der Crème fraîche verquirlen und würzen. Über die Zwiebeln gießen, dabei gleichmäßig verstreichen. Die Form in den auf 220° C vorge-heizten Ofen schieben. Den Zwiebelkuchen 40 Minuten backen, bis die Oberfläche golden und der Teigrand braun geworden ist. Am besten noch warm reichen. Dazu paßt ein frischer Salat.

Lauchtorte

*Zutaten für eine
Springform:
1 Grundrezept Teig (Seite
57) · Butter für die Form
3 Stangen Lauch · Salz
200 g gekochter Schinken in
Scheiben · 2 reife Fleischtomaten · Pfeffer aus der
Mühle · 100 g frisch geriebener Parmesan · 2 Eier · ¼ l
Sahne · 2 EL Kerbelblättchen.*

Den Teig wie angegeben zubereiten. Eine eingefettete Springform damit auslegen. Den Lauch putzen, die stark dunklen Blätter abschneiden. Nur die hellgrünen Teile verwenden. Die Lauchstangen längs aufschlitzen und unter fließendem Wasser abspülen. Quer in ein Zentimeter schmale Ringe schneiden. In kochendes, leicht gesalzenes Wasser werfen und auf großer Hitze 3 Minuten blanchieren. Unter eiskaltem Wasser abschrecken, damit der Lauch seine leuchtende Farbe behält. Den Schinken in briefmarkengroße Flecken schneiden. Die Tomaten häuten, entkernen und würfeln (Seite 41). Das Fleisch in ein Zentimeter große Würfel teilen. Lauchringe, Schinkenflecken und Tomatenwürfel auf dem Teigboden verteilen. Dabei salzen und pfeffern. Den Käse mit den Eiern und der Sahne verquirlen. Die Kerbelblättchen unterrühren. In die Springform gießen. Im auf 250° C vorgeheizten Ofen 45 Minuten backen. Mit einem Glas herbem Rotwein und einem grünen Salat als Mittagsmahlzeit servieren.

Möhrentorte

mit Kerbel

*Zutaten für 8 Portionstörtchen oder eine Springform:
1 Grundrezept Teig (Seite
57) · 500 g Möhren · ¼ l
kräftige Fleischbrühe · Salz
Pfeffer aus der Mühle
frisch geriebene Muskatnuß
1 Prise Zucker · eine Spur
Cayennepfeffer · ¼ l süße
Sahne · 4 Eier · Worcestersauce · 2 EL Kerbelblättchen.*

Den Teig dünn auswellen, die eingefetteten Förmchen (oder die Springform) damit auslegen und, wie auf Seite 57 beschrieben, blind backen. Die Möhren waschen, schälen oder schaben. Quer in dünne Scheibchen schneiden. Mit der Fleischbrühe bedeckt in einen flachen Topf füllen. Ohne Deckel auf mittlerer Hitze köcheln, bis die Flüssigkeit verdampft ist. Dabei mit Salz, Pfeffer, Muskatnuß und zum Schluß mit Zucker und Cayennepfeffer würzen. Abkühlen lassen. Dann erst in den Förmchen oder auf den Boden der Springform verteilen. Sahne und Eier gut miteinander verquirlen. Mit Salz, Pfeffer, Cayennepfeffer und Worcestersauce würzen. Die Kerbelblättchen unterrühren. Über den Belag gießen. Im auf 220° C vorgeheizten Backofen 15 Minuten (die Portionstörtchen) oder 45 Minuten (Springform) backen.

Blätterteig-Pastetchen

Das berühmteste unter den Blätterteig-Pastetchen ist wohl das Königin-Pastetchen: ein zartes Ragout aus Kalbfleisch, Kalbsbries, gekochtem Schinken, Hahnnieren und Spargelspitzen in einem duftigen Häuschen aus Blätterteig. In der Küchensprache nennt man sie Bouchées (vom französischen „bouchée", einen Mund voll oder mundgerechter Happen), denn früher waren sie so klein, daß man sie tatsächlich in einem Bissen verzehren konnte. Heute kann man die „Häuschen" für Blätterteig-Pastetchen überall fertig kaufen und sie sind dann – gefüllt mit einem würzigen Ragout, gerade die richtige Portion für eine Vorspeise, oder, wenn man zwei pro Person rechnet, eine kleine Mahlzeit. Diese fertigen Blätterteig-Hüllen werden stets etwa 10 Minuten im auf 180° C vorgeheizten Ofen durchgewärmt. Dann erst füllt man großzügig das mittlerweile zubereitete Ragout hinein und serviert mit Zitronenachteln und Worcestersauce, der klassischen Würze für alle hellen Ragouts.
Natürlich können Sie die Hüllen auch selber machen. Nehmen Sie dafür den tiefgekühlten Blätterteig und lassen Sie ihn zunächst nach Vorschrift auf der Packung auftauen. Schneiden Sie mit einem Ausstecher von 8 cm Ø oder einer Tasse Kreise aus. Aus dem restlichen Teig werden Halbmonde ausgestochen, sogenannte Fleurons. Legen Sie sie auf ein mit Wasser abgespültes Blech und bestreichen Sie sie mit verkleppertem Eigelb, so, daß nichts am Rand herunterläuft; sonst kann nämlich das Pastetchen nicht aufgehen. Mit einem runden Ausstecher von 3 cm Ø die spätere Öffnung in die Mitte der Kreise stechen. Im auf 220° C vorgeheizten Ofen etwa 15 Minuten backen. Den winzigen Deckel abnehmen. Die Pastetchen vorsichtig aushöhlen und füllen. Sofort servieren.
Übrigens eignen sich solche Pastetchen ganz besonders gut zur Resteverwertung. Wenn Sie rasch eine Béchamelsauce herstellen, etwas übriggebliebenen Braten und/oder Gemüse hineinschneiden und dieses Ragout würzig abschmecken, wird niemand auf die Idee kommen, daß diese Vorspeise nur zur Resteverwertung zubereitet wurde.
Und damit werden die Hüllen gefüllt:

Kalbfleischragout

(Zum Kurs Seite 62)

Zutaten für 4 Pastetchen:
250 g Kalbfleisch (Hals oder Schulter)
1 Bund Suppengrün · 1 Lorbeerblatt
einige Pfefferkörner · ½ TL Thymian
¼ l Wasser · 2 EL Butter · 1 gestrichener
EL Mehl · ⅛ l Sahne · 150 g frische
Champignons · 1 Zwiebel · 2 cl trockener
Weißwein · Zitronensaft · Worcestersauce
Salz · Pfeffer aus der Mühle.

Das Fleisch mit dem geputzten Suppengrün, Lorbeerblatt, Pfefferkörnern und Thymian mit dem Wasser bedeckt in einen Topf geben und zugedeckt bei milder Hitze 40 Minuten gar köcheln. Einen Eßlöffel Butter in einem zweiten Topf erhitzen, das Mehl darin andünsten. Die Fleischbrühe durch ein Sieb filtern und über das Mehl gießen. Unter Rühren dicklich einkochen. Die Sahne zufügen. In 10 Minuten zu einer cremigen Sauce kochen. Währenddessen die Pilze putzen und in dünne Blättchen schneiden. Die Zwiebel schälen und fein hakken. In einer tiefen Pfanne der zweiten Eßlöffel Butter aufschäumen lassen. Zwiebel und Champignons darin weich dünsten. Mit der Sauce auffüllen. Mit Wein, Zitronensaft, Worcestersauce, Salz und Pfeffer abschmecken. Das Fleisch in kleine Würfel schneiden. In dieser Sauce erwärmen.

Gemüseragout

Zutaten für 4 Pastetchen:
3 EL Butter · 1 gestrichener EL Mehl
¼ l Milch · Salz · Pfeffer aus der Mühle
1 Zwiebel · 1 kleine Möhre · 1 Petersilienwurzel · ½ Kohlrabi · 100 g grüne Erbsen
(ausgeschält) · Zitronensaft · Worcestersauce · Petersilie.

Einen Eßlöffel Butter in der Kasserolle aufschäumen lassen, das Mehl darin anrösten; keine Farbe annehmen lassen. Mit der Milch aufgießen. Unter Rühren zu einer dicklichen weißen Sauce kochen. Mit Salz und Pfeffer würzen. Die Zwiebel schälen und fein hacken.

1 Die Blätterteighüllen, wie nebenan beschrieben, backen oder die fertig gekauften im Ofen erwärmen. Das Ragout zubereiten.

2 Aus den selbstgemachten Hüllen den Teig herausholen. Die Deckelchen jedoch als Halbmonde aufbewahren.

3 Das fertige, kräftig gewürzte Ragout in die heißen Blätterteig-Häuschen füllen. Was nicht hinein paßt, in einer Schüssel servieren.

4 Die Deckelchen obenauf setzen. Sofort servieren. Dazu Zitronenachtel und Worcestersauce zum Nachwürzen reichen.

Die Möhre, Petersilienwurzel und Kohlrabi putzen und in feine Würfel schneiden. In einem zweiten Topf die restliche Butter erhitzen. Das Gemüse darin weich dünsten. Die Erbsen zufügen. Mit der Sauce auffüllen. Noch etwa 5 Minuten köcheln. Mit Zitronensaft und Worcestersauce abschmecken.

Eierragout

Zutaten für 4 Pastetchen:
4 Eier · 1 EL Butter · 1 TL Mehl · ⅛ l
Milch · ⅛ l Sahne · 1 TL Senf · Salz
Pfeffer aus der Mühle · 2 cl Sherry · Zitro-
nensaft · Worcestersauce · 4 EL feinge-
hackte, gemischte Kräuter: Petersilie, Dill,
Estragon, Kresse, Kerbel, Liebstöckel,
Sauerampfer.

Die Eier in 8 bis 10 Minuten hart kochen, dann abschrecken. Die Butter in einer kleinen Kasserolle schmelzen. Das Mehl darin andünsten. Mit Milch und Sahne aufgießen. Unter Rühren zur dicklichen Sauce kochen. Den Senf hineinrühren, salzen und pfeffern. Mit dem Sherry aromatisieren. Mit Zitronensaft und etwas Worcestersauce abschmecken. Die Eier schälen, mit dem Eierschneider würfeln. Mit den Kräutern in die Sauce rühren. Nur noch erwärmen.

Krabbenragout

mit Champignons
Zutaten für 4 Pastetchen:
2 Schalotten · 250 g frische Champignons
etwas Zitronensaft · 2 EL Butter · ⅛ l trok-
kener Weißwein · ⅛ l süße Sahne · Salz
Pfeffer aus der Mühle · etwas Cayenne-
pfeffer · 1 Dose Nordseekrabben · 1 Eigelb
3 EL Sahne · 2 EL feingehackter Dill.

Die Schalotten schälen und fein hacken. Champignons putzen und blättrig schneiden und mit Zitronensaft beträufeln. Zuerst die Schalotten in der heißen Butter andünsten, dann die Pilze zufügen und fünf Minuten unter Rühren braten. Mit Wein und Sahne auffüllen. 5 Minuten köcheln lassen. Mit Salz, Pfeffer und Cayennepfeffer abschmecken. Die Krabben abtropfen und in die Sauce geben. Das Eigelb mit der Sahne verquirlen und die Sauce damit binden. Dicklich werden, aber nicht mehr kochen lassen. Den Dill unterrühren.

Kalbsnierenragout

Zutaten für 4 Pastetchen:
1 Kalbsniere (ca. 400 g)
2 kleine Zwiebeln oder 2 Schalotten
2 Knoblauchzehen · 250 g frische
Champignons · 2 EL Zitronensaft
3 EL Butter · 1 EL Olivenöl · Salz
Pfeffer · 2 EL Madeira · 200 g Crème
fraîche · 2 EL gehackte Petersilie.

Die Niere putzen, dabei die äußere durchscheinend dünne Haut abziehen. Längs halbieren, mit einem scharfen Messer die weißen Innenstränge herausschneiden. Die Nierenhälften in dünne Scheibchen schneiden. Diese nochmals durchschneiden, so daß sie drei mal drei Zentimeter groß sind. Die Zwiebeln, Schalotten und Knoblauchzehen schälen und fein hacken. Die Pilze putzen, nur wenn nötig waschen. In hauchdünne Blättchen schneiden, sofort mit Zitronensaft beträufeln, damit sie sich nicht braun färben.
In einer tiefen Pfanne einen Eßlöffel Butter und das Öl stark erhitzen. Die Nierenscheiben darin rasch auf beiden Seiten anbraten. Notfalls portionsweise arbeiten. Mit einer Schaumkelle herausheben und abtropfen lassen. Das Bratfett wegkippen und die restliche Butter in der Pfanne aufschäumen lassen. Zwiebel und Knoblauch darin unter Rühren weich dünsten. Die Pilze zufügen und auf milder Hitze etwa fünf bis sieben Minuten dünsten. Mit Madeira ablöschen. Kurz aufkochen. Die Crème fraîche in die Pfanne rühren. So lange köcheln, bis sie sich zu einer cremigen Sauce aufgelöst hat. Mit Salz und Pfeffer abschmecken. Die Petersilie in das Ragout rühren.

Anmerkung: Variieren Sie das Rezept, indem Sie statt der Nieren Hühnerlebern verwenden. Säubern Sie diese jedoch sehr sorgfältig zuvor von allen Häutchen und Sehnen und teilen Sie sie entlang der natürlich gewachsenen Mitte in zwei Hälften.

63

Pasteten im Teigmantel

Das Wort Pastete gibt immer wieder Anlaß zur totalen Begriffsverwirrung: man hat sich nämlich daran gewöhnt, eine ganze Menge durchaus unterschiedlicher Zubereitungen immer wieder mit diesem Wort zu bezeichnen. Dabei ist man in der Küchensprache sehr genau und nennt ausschließlich eine kräftig gewürzte Masse aus durchgedrehtem Fleisch, die in Teig eingebacken ist, ,,Pastete". Wenn diese Masse nur mit einem Speckmantel umgeben ist, heißt sie Terrine (darüber mehr ab Seite 69).

Der Pastetenteig ist immer derselbe. Man sollte ihn zuerst zubereiten, damit er Zeit hat, im Kühlschrank zu ruhen, bis alle weiteren Vorbereitungen erledigt sind.

Pastetenteig

Zutaten: 250 g Mehl · 2 Eier · 120 g Schweineschmalz · etwas Salz · 4–5 EL Wasser.

Das Mehl auf die Arbeitsfläche schütten. In die Mitte eine Vertiefung drücken. Dort hinein zwei Eier schlagen. Das Schmalz in Flöckchen obenauf setzen. Vom Rand her die Zutaten mischen, dabei soviel Wasser zufügen, wie nötig ist, und salzen. Einen festen Teig daraus kneten und zu einer Kugel formen. Zugedeckt mindestens 2 Stunden, besser noch über Nacht, im Kühlschrank ruhen lassen. Um eine Pastete zu backen, brauchen Sie eine spezielle Backform, die es in Küchenläden und in gut sortierten Haushaltsgeschäften zu kaufen gibt. Sie können sich aber auch mit einer normalen Kastenform (für Kuchen) behelfen. Sie hat jedoch den großen Nachteil, daß man die fertige Pastete nur schwer herauslösen kann. Einfach stürzen wie einen Sandkuchen kann man sie nicht, ohne ihre Oberfläche zu beschädigen. Man muß sie dann rundum mit einem Messer vom Rand lösen und vorsichtig rütteln, um sie so behutsam herauszukippen. Aber falls Sie öfter Pasteten backen, lohnt sich die Ausgabe für eine Form unbedingt.

Kalbfleischpastete

Zutaten: 1 Grundrezept Pastetenteig
400 g Kalbfleisch (aus der Schulter) · 250 g Schweinefleisch (Schulter) · 300 g Kalbsleber · 200 g grüner Speck · 1 Schweinefilet
2 cl Madeira · 2 cl Cognac · 1 TL Thymian
Salz · Pfeffer aus der Mühle · 1 Ei
1 gehäufter TL Pastetengewürz · Cayennepfeffer · 5 große Scheiben fetter (grüner) Speck (aus dem Wildgeschäft), etwa 15×25 cm groß · Butter · 1 Eigelb.

Das Kalbfleisch, das Schweinefleisch, die Leber und den grünen Speck durch die feinste Scheibe des Fleischwolfs drehen (oder bereits vom Metzger durchdrehen lassen). Das Schweinefilet zurechtschneiden, daß das dickere Ende bequem längs in die Pastetenform paßt, jedoch an beiden Enden noch etwa 3 cm Platz läßt. Den Rest längs in 2 Zentimeter breite Streifen schneiden. Madeira und Cognac mischen, Thymian zufügen, salzen und pfeffern. Alle Schweinefiletstücke nun darin wenden und eine Stunde ziehen lassen. Währenddessen das durchgedrehte Fleisch in einer Schüssel so kräftig mit den Händen durchwalken, daß keine kleinen Stückchen mehr spürbar sind, sondern eine geschmeidige Masse entstanden ist. Dabei das Ei unterziehen. Die Pastetenmasse mit Salz, Pfeffer, Pastetengewürz und Cayennepfeffer sehr kräftig würzen. Den Teig ½ Zentimeter dick ausrollen. Eine mit Butter ausgepinselte Form damit auskleiden, wie auf den Photos gezeigt. Mit den großen Speckscheiben auslegen. Die Hälfte der Farce in der Form verteilen. Das Schweinefilet in heißem Öl rundum kräftig anbraten. Kurz auskühlen, mit einer Speckscheibe umwickeln und als Herzstück auf das Farcebett setzen. Die Schweinefiletstreifen daneben schichten. Mit der restlichen Farce abdecken. Wie auf den Photos gezeigt, mit Speck und Teig abdecken. Mit Teigresten verzieren und im auf 180° C vorgeheizten Backofen etwa 90 Minuten backen. Falls sich dabei der Teig zu dunkel färben sollte, mit Alufolie abdecken. Die Pastete gleich aus der Form lösen. Warm oder kalt servieren.

1 Für den Teig das Mehl auf die Arbeitsfläche schütten. In die Mitte eine Vertiefung drücken. Eier, Schmalz und Salz hineingeben.

2 Vom Rand her die Zutaten miteinander mischen. Dann rasch zu einem festen Teig kneten, dabei soviel Wasser zufügen, wie nötig ist.

3 Alle Teile einer speziellen Pastetenform innen gründlich mit Butter einpinseln. Dann die Form wie vorgeschrieben zusammensetzen.

4 Auf der mit Mehl bestäubten Arbeitsfläche den Teig ½ Zentimeter dick ausrollen. Die Teigplatte muß die Form ausfüllen.

5 Die Pastetenbackform mit dem Teig auskleiden. Er darf nicht reißen oder Löcher bekommen. Boden am besten verstärken.

6 Vorsichtig mit den Händen den Teig an den Seitenwänden der Backform festdrücken, damit er sich auch in die Rillen schmiegt.

7   Die mit Teig ausgeschlagene Form nunmehr mit den Speckscheiben ausschlagen. Sie muß völlig bedeckt sein.

8   Für die Farce das Fleisch durch die feinste Scheibe des Fleischwolfs drehen. Die Schweinefiletstreifen marinieren.

11   Die restliche Farce darüber geben und glatt streichen. Zuerst die Speckscheiben, dann den überstehenden Teig darüber falten.

12   Den Teig über der Pastete verschließen und mit verquirltem Eigelb bepinseln, damit die Teigplatte darauf Halt finden kann.

15   Ein Stück Papier zusammenrollen und als Kamin in dieses Loch stecken, damit der beim Backen entstehende Dampf entweichen kann.

16   Im auf 180° C vorgeheizten Backofen etwa eineinhalb Stunden langsam backen. Falls nötig, dabei mit Alufolie abdecken.

9 Die Hälfte der Farce in der vorbereiteten, mit Teig und Speck ausgeschlagenen Form verteilen. Das Schweinefilet in Speck wickeln.

10 Das Schweinefilet in die Mitte setzen. Die Filetstreifen aus der Marinade nehmen und rechts und links daneben verteilen.

13 Den restlichen Teig ebenfalls dünn ausrollen und über die Pastete breiten. Mit einem Messer auf die Formgröße zurechtschneiden.

14 Mit Eigelb bepinseln. Aus den Teigresten z. B. Blätter zum Dekorieren ausstechen. In die Mitte der Decke ein Loch schneiden.

17 Die Pastete gleich aus der Form lösen. Am allerbesten schmeckt sie natürlich frisch aus dem Ofen, wenn der Teig knusprig ist.

18 Man kann sie jedoch auch abkühlen lassen und am nächsten Tag kalt, als Vorspeise, oder als kleines Abendessen reichen.

Jagdpastete

Zutaten: 1 Grundrezept Pastetenteig (siehe Seite 64) 5 große Speckscheiben Butter zum Einpinseln der Form Für die Farce: 400 g Rehfleisch (Keule) · 300 g Schweinefleisch (Schulter) 300 g Kalbfleisch (ebenfalls aus der Schulter) · 300 g grüner, fetter Speck · 250 g Hühnerlebern · 2 EL Butter Salz · Pfeffer aus der Mühle · 1 EL Madeira 2 EL Pastetengewürz ½ TL pulverisierte Orangenschale · ½ TL Delikateßpaprika · 1 TL fein zerriebener Thymian 2 Eier · 1 Eigelb zum Bestreichen.

Den Pastetenteig wie auf der Seite 65 ausrollen. Eine Pastetenbackform damit auskleiden. Mit dem Speck auslegen. Für die Farce das Rehfleisch, das Schweinefleisch, das Kalbfleisch und den Speck durch den Wolf drehen. Die Hühnerlebern säubern, dabei Häutchen und Sehnen sorgfältig entfernen. Die Lebern entlang der natürlichen Mitte halbieren. Nur wenn sie sehr groß sind, noch einmal auseinander schneiden. In der heißen Butter rundum kurz anbraten. Mit Salz und Pfeffer bestreuen. Mit dem Madeira beträufeln und zum Abkühlen beiseite stellen. Währenddessen das durchgedrehte Fleisch mit Salz, Pfeffer, Pastetengewürz, Orangenschale, Paprika und Thymian kräftig abschmecken und die Eier gründlich damit vermischen. Dabei so lange kneten, bis ein glatter Fleischteig entstanden

ist. Zum Schluß den mittlerweile aus den Lebern ausgetretenen Saft unterrühren. Die Hälfte der Farce in die mit Teig und Speck ausgeschlagene Pastetenbackform füllen und glattstreichen. Die Lebern in die Mitte setzen. Mit dem Rest der Farce abdecken. Wie im Kurs auf den Seiten 66 und 67 gezeigt, weiter verfahren. Auch diese Pastete kann man sowohl heiß wie kalt essen.

Schinken-pastete

Zutaten: 1 Grundrezept Pastetenteig (Seite 64) · Butter zum Einpinseln der Form. Für die Farce: 300 g gekochter Schinken · 300 g Kalbfleisch (Schulter) · 300 g Schweinefleisch (Schulter) 300 g Schweineleber · 150 g grüner (fetter) Speck · Salz Pfeffer · ½ TL Delikateßpaprika · 1 TL Pastetengewürz · die abgeriebene Schale ½ Zitrone · ½ TL fein zerriebener Thymian · frisch geriebene Muskatnuß · 2 TL Worcestersauce · 1 Ei 1 Eigelb zum Bepinseln.

Die Form, wie im Kurs auf der Seite 65 gezeigt, mit dem Teig ausschlagen. Für die Farce vom gekochten Schinken jedes Stückchen Fett sauber abtrennen. Den schieren Schinken in Würfel von knapp einem Zentimeter Kantenlänge schneiden. Das Fett mit dem übrigen Fleisch durch die feinste Scheibe des Fleischwolfs drehen. Alles mit den Händen kräftig kneten und mischen, dabei mit Salz, Pfeffer, Paprika, Pastengewürz, Zitronenschale, Thymian, Muskatnuß und Worcestersauce sehr kräftig

abschmecken. Das Ei gründlich damit vermischen. Ein Drittel der Masse in der vorbereiteten, mit Teig ausgeschlagenen Backform verteilen. Das zweite Drittel mit den Schinkenwürfeln mischen und darüber geben. Mit dem letzten Drittel abdecken. Die Farce sorgfältig glatt streichen. Den Teig über der Füllung zusammenfalten und verschließen. Mit ein wenig Eigelb einstreichen. Mit einer zweiten Teigplatte abdecken. An den Rändern festdrücken und diese beschneiden. Mit Eigelb bepinseln. In die Mitte der Decke ein Loch schneiden und ein Papierröllchen als Schornstein hineinstecken. Aus den Teigresten Dekorationen formen und auf die Oberfläche setzen. Ebenfalls mit Eigelb bestreichen. Wie beschrieben backen. Heiß oder kalt servieren.

TIP

Die Farce für Pasteten muß besonders würzig sein. Denn beim Abkühlen verliert sie leicht an Aroma. Um ganz sicher zu gehen, kann man ein Klößchen Farce im Sud pochieren oder rasch in der Pfanne braten. Wenn es sowohl warm wie kalt gut schmeckt, hat man richtig abgeschmeckt.

Terrinen

In diesem Fall hat die Bezeichnung „Terrine" nichts mit jenem bauchigen Gefäß zu tun, in das man normalerweise Suppe füllt. Hier bedeutet Terrine eine Pastete, die nicht mit Teig, sondern nur mit einer dünnen Speckschicht umhüllt ist. Man nennt sie so, weil sie in einer sogenannten Terrinenform gegart wird. Darunter wiederum versteht man ein meist ovales Gefäß aus Steingut, Keramik, Gußeisen oder einem anderen geeigneten, feuerfesten Material, das so hübsch sein sollte, daß man die Terrine auch gleich darin servieren kann, denn sie wird selten aus der Form gestürzt, sondern in diesem Behälter in Scheiben aufgeschnitten und so auf den Tisch gebracht.

Allerdings – wenn Sie ein solches Gefäß nicht besitzen, können Sie es getrost durch eine simple Kastenform (für Kuchen) ersetzen. Terrinen schmecken am besten kalt. Dann lassen sie sich auch leichter aufschneiden und die Aromen haben sich gegenseitig mitgeteilt.

Kaninchenterrine

(Zum nachfolgenden Kurs)

Zutaten: 1 mittelschweres Kaninchen à 1500 g · 300 g Kalbfleisch (Schulter) · 300 g grüner (fetter) Speck · 4 cl Portwein 1 EL Thymian · Salz · weißer Pfeffer aus der Mühle · 2 TL Worcestersauce · 4–5 große Scheiben grüner (fetter) Speck (aus dem Wildgeschäft) · 2 TL Pastetengewürz etwas abgeriebene Zitronenschale · 1 gestrichener TL Delikateßpaprika · 2 cl Cognac 3 Eigelb · 1 Dose schwarze Trüffel (25 g) 2 kleine Lorbeerblätter · ein kleiner Thymianzweig.
Für das Gelee: 1 Möhre · 1 Petersilienwurzel · 1 Zwiebel · 1 Lauchstange 250 g Kalbsrückenknochen · 3 Blatt weiße Gelatine.

Vom Kaninchen die beiden Hinterkeulen im Gelenk abtrennen. Ebenso die Vorderläufe vom Körper schneiden. Mit einem Messer am Rückgrat entlang fahren und so vorsichtig die Rückenfilets ablösen. Den Rücken herumdrehen und die beiden kleinen, sogenannten echten Filets herausschneiden. Von beiden Rückenfilets ein Stück abtrennen, das etwas kürzer als die Terrinenform lang ist. Diese beiden Teile längs in 1 Zentimeter breite Streifen schneiden. Das Fleisch der Keulen restlos von den Knochen lösen, dabei die Sehnen entfernen. Alles Kaninchenfleisch (bis auf die zugeschnittenen Streifen) mit dem Kalbfleisch durch die feinste Scheibe des Fleischwolfs drehen. Vom Speck vier Streifen abschneiden, die ebenso lang sind wie die Kaninchenstreifen und genauso schmal. Kaninchen- und Speckstreifen in eine flache Schale legen. Mit dem Portwein beträufeln. Den Thymian darüberstreuen, salzen, pfeffern und gut mit einem Teelöffel Worcestersauce würzen. Gut vermischen und ziehen lassen, bis die weiteren Vorbereitungen erledigt sind. Den Speck ebenfalls durch den Fleischwolf drehen. Eine Terrinenform, wie in den Photos gezeigt, mit 3 oder 4 der Speckscheiben auslegen. Für die Farce die zerkleinerten Fleischsorten in einer Rührschüssel mischen. Mit Salz, Pfeffer, dem zweiten Teelöffel Worcestersauce, Pastetengewürz, Zitronenschale, Paprika und Cognac kräftig abschmecken. Die Eigelb untermischen, dabei kräftig rühren, damit ein homogener Fleischteig entsteht. Die Hälfte davon in die mit Speck ausgelegte Terrinenform füllen und glatt streichen. Fleisch- und Speckstreifen aus der Marinade nehmen, nur kurz abtropfen lassen und, wie im Photo gezeigt, nebeneinander als Herzstück in die Mitte legen. Die Trüffel aus der Dose nehmen. Mit einem scharfen Messer in ½ Zentimeter schmale Streifen schneiden. Als Linie zwischen die Fleisch- und Speckstreifen legen. Den Saft zur Hälfte darüber träufeln. Die andere Hälfte mit der restlichen Farce vermischen. In die Form füllen und glatt streichen. Mit der letzten Speckscheibe sorgfältig abdecken. Die Oberfläche mit den Lorbeerblättern und dem Thymianzweig dekorieren. Die Form mit ihrem Deckel verschließen (falls sie keinen hat, mit Alufolie abdecken). Im Wasserbad im vorgeheizten Backofen bei 180° C 75 Minuten garen. Dann den Ofen ausschalten und die Terrine bei leicht geöffneter Ofentür noch weitere 20 Minuten ziehen las-

1 Speck- und Kaninchenstreifen mit Portwein beträufeln, salzen, pfeffern und mit Thymian und Worcestersauce würzen.

2 Die Eigelb zu dem zerkleinerten Fleisch geben und sehr kräftig rührend untermischen. Die Farce sehr würzig abschmecken.

5 Die letzte Speckscheibe obenauf legen. Mit Lorbeer und Thymian dekorieren. Die Form verschließen. In ein Wasserbad setzen.

6 Mit einem genau passenden Brettchen abdecken und mit einem Gewicht beschweren. So langsam auskühlen lassen.

3 So groß sollten die Speckscheiben sein und hauchdünn geschnitten. Dann läßt sich damit die Form leicht auskleiden.

4 Die Hälfte der Farce hineinfüllen. Fleisch-, Speck- und Trüffelstreifen längs daraufbetten. Mit der übrigen Farce bedecken.

7 Die beim Garen entstandenen Zwischenräume mit einem gut gewürzten Gelee ausgießen. Im Kühlschrank erstarren lassen.

sen. Die Form aus dem Ofen holen und etwas abkühlen lassen. Dann ein möglichst genau passendes Brettchen statt des Deckels auf die Terrine legen und mit einem Gewicht (z. B. einer gefüllten Konservendose) beschweren. Die Terrine so gepreßt bis zum nächsten Tag völlig auskühlen lassen.

Während der Garzeit aus den in grobe Stücke gehackten Kaninchenknochen, dem kleingeschnittenen Gemüse und dem Kalbsknochen mit Wasser eine Brühe kochen. Dabei die Flüssigkeit wiederholt vollständig einkochen lassen und erneut mit Wasser bedecken. Zum Schluß sollte nicht ganz ein viertel Liter Brühe übrig bleiben. Durch ein feines Sieb filtern. Die Gelatine in kaltem Wasser einweichen, ausdrücken und in der noch heißen Brühe auflösen. Den Topf in eine mit Eiswasser gefüllte Schüssel stellen, um die Brühe rasch abzukühlen und zum Gelieren zu bringen. Mit Salz und Pfeffer abschmecken. Dann erst in die Terrinenform gießen, um die Zwischenräume auszufüllen, die beim Garen entstanden sind. Vollkommen fest werden lassen. Die Terrine in Scheiben schneiden und so auf einer Platte anrichten.

Suppen

Am Anfang eines Menüs steht die Suppe. Jedenfalls ist das in den meisten Ländern Europas so. Im Gegensatz zu beispielsweise China, wo die Suppe stets zum Abschluß einer langen Speisenfolge gereicht wird, um auch noch das allerletzte freie Plätzchen im Magen auszufüllen. Bei uns wird die Suppe nach den kalten Vorspeisen aufgetragen. Manchmal kann eine Suppe sogar eine komplette Mahlzeit sein.

Natürlich werden auch Suppen nur mit Wasser gekocht. Trotzdem kann man eine ganze Menge daran falsch machen. Der schlimmste Fehler hat sich merkwürdigerweise schon seit Generationen als sogenannter Geheimtip für das absolute Gelingen klarer, kräftiger Brühen von Hausfrau zu Hausfrau überliefert: sobald beim ersten Aufkochen Schaum entsteht und sich an der Oberfläche absetzt, wird er sorgfältig abgeschöpft. Damit ist die Voraussetzung geschaffen, daß die Brühe eines bestimmt nicht wird, nämlich klar. Denn gerade dieser Schaum bewirkt, daß die Trübstoffe gebunden werden. Es handelt sich dabei um ausflockendes Eiweiß, jenes Eiweiß, das man sonst später extra zufügen muß, um die Brühe zu klären (siehe Seite 50). Wichtig ist außerdem, daß Sie für eine Fleischbrühe (siehe Seite 74) kein mageres, sondern lieber ein durchwachsenes Stück Fleisch nehmen. Dadurch bekommt sie einen kräftigeren Geschmack, denn Fett ist der allerbeste Aromaträger. Keine Angst, Sie essen es nicht mit: denn vorher wird die Brühe sorgfältig davon befreit. Die einfachste Methode hierfür ist, die Suppe abkühlen zu lassen. Dann erstarrt das Fett an der Oberfläche und läßt sich als Scheibe abheben. Falls Sie nicht genügend Zeit haben, entfetten Sie mit einem speziellen Fettpinsel (es gibt ihn für wenig Geld in Haushaltsgeschäften), oder Sie schöpfen die oben schwimmende, goldgelbe Schicht mit einem Löffel ab. Fleischbrühen kann man gut im Kühlschrank aufbewahren. Sie halten sich dort etwa eine Woche. Sie sollten sie jedoch vorher durch ein Sieb filtern und die Gemüse wegwerfen. Sie bringen die Suppe allzu leicht zum Gären. Das Fleisch darf natürlich drin bleiben. Kochen Sie die Brühe vorsichtshalber alle zwei Tage auf, dann werden möglicherweise entstehende Bakterien immer wieder abgetötet, und es kann nichts passieren. Im Tiefgefrierfach hält sie sich natürlich länger, mindestens sechs Monate. Übrigens: Eine schöne goldene Farbe bekommt die Brühe, wenn man eine halbierte, ungeschälte Zwiebel auf der heißen Herdplatte (Schnittfläche nach unten) anröstet und mitkocht.

Fleischbrühe

Eine Klare Fleischbrühe kann man mit gehackten Kräutern bestreuen. Man kann ein frisches Eigelb in einen Teller gleiten lassen und mit heißer Brühe auffüllen. Zu Julienne (Seite 37) geschnittene Gemüse, kurz blanchiert, sind eine hübsche Einlage. Gehaltvoller wird eine klare Brühe, wenn man sie mit kleinen Klößchen oder einer anderen Einlage reicht. Hier einige Ideen:

Leberknödel

Zutaten für 4 Portionen:
200 g Schweineleber
1 Semmel · 1 kleine Zwiebel · 1 TL Butter · 1 EL gehackte Petersilie · 1 Eigelb
Salz · Pfeffer aus der Mühle
½ TL Majoran · etwas abgeriebene Zitronenschale
Semmelbrösel.

Die Leber durch den Fleischwolf (feinste Scheibe) drehen oder im Mixer fein pürieren. Die Semmel mit Wasser bedeckt einweichen. Die Zwiebel schälen, sehr fein hacken. In der heißen Butter weich dünsten, ohne Farbe annehmen zu lassen. Auskühlen lassen und zur Leber geben. Die Semmel ausdrücken. Leber, Semmel, Zwiebel, Petersilie und Eigelb zu einem Fleischteig mischen. Mit Salz, Pfeffer und Zitronenschale kräftig abschmecken. Falls der Teig zu weich ist, Semmelbrösel zufügen. Mit einem Eßlöffel Klößchen abstechen und zwischen den nassen Handflächen zu Kugeln formen. In leise siedendem Salzwasser 10 Minuten ziehen lassen.

Eierstich

Zutaten für 4 Personen:
2 Eier · Salz · Pfeffer aus der Mühle · frisch geriebene Muskatnuß · 1 EL fein gehackte Kräuter · ⅛ l heiße Fleischbrühe · 1 TL Butter.

Die Eier in einer Schüssel verkleppern, dabei salzen, pfeffern und mit Muskat würzen. Die Kräuter unterrühren. Unter ständigem Schlagen mit dem Schneebesen die Fleischbrühe zufügen. In ein mit Butter ausgepinseltes feuerfestes Förmchen gießen. Im Wasserbad langsam etwa 15 Minuten stocken lassen, bis die Masse schnittfest geworden ist. Auf ein Brett stürzen. Mit einem scharfen Messer in Streifen, Würfel oder Rhomben schneiden.

Pfannkuchenstreifen

Flädle

Zutaten für 4 Portionen:
2 Eier · 3 EL Mehl · ⅛ l Wasser · Salz · Butter zum Ausbacken.

Die Eier in einer Schüssel mit Mehl, Wasser und Salz zu einem nicht zu flüssigen Pfannkuchenteig verrühren. ½ Stunde ruhen lassen. Dann in wenig heißer Butter zu 4 dünnen Pfannkuchen ausbacken. Abkühlen lassen und zusammenrollen. Quer in schmale Streifen schneiden.

Anmerkung: Variieren Sie das Rezept, indem Sie in den Teig fein gehackte Kräuter rühren.

Markklößchen

Zutaten für 4 Portionen:
2 große Markknochen (ca. 150 g ausgelöstes Mark)
3 Toastbrotscheiben (oder Weißbrot) · 2 Eier · Salz Pfeffer · frisch geriebene Muskatnuß · 1 EL gehackte Petersilie.

Die Markknochen für eine Stunde in kaltes Wasser legen, damit das Mark weiß wird und sich leichter auslösen läßt. Dann mit dem Daumen das Mark aus dem Knochen drücken. (Die Knochen kann man gut in der Brühe mit auskochen.) Die Toast- oder Weißbrotscheiben sorgfältig entrinden und zerkrümeln. Mark, Weißbrotkrümel und Eier in einer Schüssel mit dem Rührstab des Mixers oder mit einer Gabel kräftig vermischen. (Man kann alles auch lose vermengen und im Zerkleinerungsgerät durchmixen.) Dabei Salz, Pfeffer, Muskat und Petersilie zufügen und die Masse damit abschmecken. Mit einem Tee- oder Eßlöffel (je nach dem, wie groß man sie mag) Klößchen abstechen und zwischen den nassen Handflächen zu Kugeln formen. In leise siedendem Salzwasser oder in der Brühe 8 Minuten lang gar ziehen lassen.

1 Für einen Liter Brühe: 500 g durchwachsenes Rindfleisch, 2 Markknochen, 1 Möhre, ¼ Sellerie, 1 Lauchstange, 1 dicke Zwiebel.

2 Zunächst das Fleisch mit den Knochen auf starkem Feuer in einem großen Topf (ohne Fett) kurz anrösten. Mit Wasser auffüllen.

3 Während das Wasser langsam den Siedepunkt erreicht, das Wurzelwerk putzen und klein schneiden. Die Zwiebel bräunen.

4 Das Gemüse und die Zwiebelhälften, 1 EL Pfefferkörner, 1 Lorbeerblatt, 1 TL Thymian und Salz hinzufügen.

5 Den Schaum nicht abschöpfen. Ohne Deckel so lange köcheln, bis er verschwunden ist. 3 Stunden ziehen lassen.

6 Die fertige Brühe durch ein sehr feines Haarsieb gießen. Oder durch ein mit Mull oder Filterpapier ausgelegtes Sieb schütten.

Gemüsesuppen

Als Vorspeise sind sie meist bereits zu nahrhaft. Aber sie zählen auch nicht zu den deftigen Eintöpfen. Gemüsesuppen sind ein ideales Sommergericht, denn das ist die Zeit, wo die zarten, jungen Gemüse in Hülle und Fülle vorhanden sind und wo man keine Lust hat, sich mit gehaltvollen Mahlzeiten zu belasten. Das Wichtigste, damit Gemüsesuppen gelingen: Man darf sie auf keinen Fall zu lange kochen lassen. Es wäre schade um den zarten Kohl, um die ersten Erbsen – sie alle brauchen nur kurze Zeit und müssen noch knackig bleiben.

Gemüsesuppe

mit Speck (zum nebenstehenden Kurs)

*Zutaten für 4 Personen:
2 einen halben Zentimeter dicke Scheiben durchwachsener Speck · 2 Zwiebeln
2 Knoblauchzehen · 3 Stangen Bleichsellerie · ½ kleiner Weißkohlkopf · 1 kleine weiße Rübe · ¼ Sellerieknolle · 1 dicke Möhre
1 Lauchstange · 2 EL Butter oder Olivenöl · Salz
Pfeffer aus der Mühle · Thymian · 1 l Wasser · 200 g frische oder tiefgekühlte Erbsen · 2 Kartoffeln.*

Die Speckscheiben mit etwas Wasser bedeckt in einen kleinen Topf geben. Zugedeckt 20 Minuten vorkochen. Währenddessen die Gemüse putzen und klein schneiden (siehe nebenstehenden Kurs). Die Butter oder das Öl in einem ausreichend großen Topf aufschäumen lassen. Zwiebeln, Knoblauch, Bleichsellerie, Kohl, weiße Rübe, Sellerie, Möhre und Lauch darin unter Rühren andünsten. Salzen, pfeffern und mit Thymian bestreuen. Die Speckscheiben obenauf legen und den Kochsud zufügen. Mit dem Wasser auffüllen. Auf mildem Feuer ohne Deckel etwa 20 Minuten köcheln. Dann die Erbsen und die winzig klein geschnittenen Kartoffeln zufügen. Weitere 10 Minuten sieden lassen. Die Speckscheiben herausnehmen, klein würfeln und wieder in die Suppe geben. Sehr heiß auftragen.

Gemüsesuppe

italienische Art

*Zutaten für 4 Personen:
2 Zwiebeln · 3 Knoblauchzehen · 2 EL Olivenöl
1 dicke Möhre · 3 Stengel Bleichsellerie · 1 große Lauchstange · 400 g frische Bohnenkerne (oder 200 g getrocknete) · 1 Lorbeerblatt · 2 Thymianzweige
½ Spitzkohl · 1 l Wasser
Salz · Pfeffer aus der Mühle
2 EL in grobe Streifen geschnittenes frisches Basilikum · Parmesan.*

Die Zwiebeln und Knoblauchzehen schälen und fein hacken. Im heißen Olivenöl andünsten. Die Möhre, den Sellerie und die Lauchstange putzen und klein schneiden. Unter Rühren glasig dünsten. Die Bohnenkerne in den Topf geben. Lorbeerblatt und Thymian zufügen. Mit Wasser auffüllen. Auf milder Hitze 15 Minuten köcheln. Den Spitzkohl in feine Streifen schneiden und in die Suppe rühren. Salzen, pfeffern. Zugedeckt weitere 15 Minuten köcheln. Das Lorbeerblatt und die Thymianstiele entfernen. Das Basilikum in die Suppe streuen. Noch einmal abschmecken. Mit frischem Parmesan bestreuen.

Anmerkung: Getrocknete Bohnenkerne müssen vorher mit reichlich Wasser bedeckt über Nacht einweichen und vor dem Zubereiten mit einem Lorbeerblatt und Gewürzen eine Stunde lang vorkochen.

Zwiebelsuppe

*Zutaten für 4 Personen:
750 g Zwiebeln · 2 Knoblauchzehen · 3 EL Butter
1 TL Zucker · eine Spur Cayennepfeffer · ½ TL Thymian · 1 Lorbeerblatt
1 l Wasser oder Fleischbrühe · Salz · Pfeffer · 2 cl Cognac.*

Die Zwiebeln und die Knoblauchzehen schälen. Die Zwiebeln in hauchfeine Ringe schneiden (Seite 38). Die Knoblauchzehen hacken und beides in der Butter langsam weich dünsten, aber keinesfalls Farbe annehmen lassen. Mit dem Zucker und Cayennepfeffer bestäuben. So lange dünsten, bis der Zucker eine goldene Farbe bekommt. Thymian und Lorbeerblatt zufügen und sofort mit Wasser oder Fleischbrühe aufgießen. Salzen und pfeffern. Zugedeckt etwa 40 Minuten köcheln. Mit Salz, Pfeffer und Cognac abschmecken.

1 Weißkohl, Lauch, Möhren, Sellerie, Zwiebeln und natürlich Speck – das sind die Grundzutaten für eine kräftige Gemüsesuppe.

2 Die sehr klein geschnittenen Gemüse in der heißen Butter andünsten, dabei keine Farbe annehmen lassen. Speck vorkochen.

3 Den Speck mitsamt dem Kochsud in den Suppentopf geben. Zutaten mit Wasser bedekken. Ohne Deckel köcheln lassen.

4 Erst später die in winzig feine Würfelchen geschnittenen Kartoffeln und die Erbsen zufügen. (Tiefgekühlte nicht vorher auftauen.)

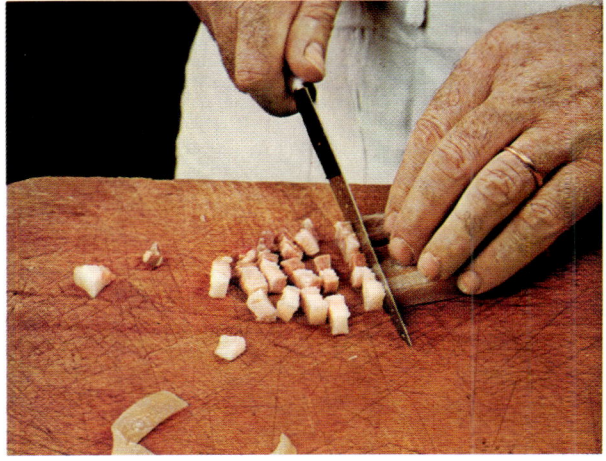

5 Den Speck aus der Suppe nehmen. Mit einem großen Küchenmesser klein würfeln. Schwarte sorgfältig entfernen und wegwerfen.

6 Die Speckwürfel zurück in den Topf geben. Erwärmen und die Suppe abschmecken. In eine Terrine füllen und auftragen.

Gebundene Suppen

Sie galten früher als Kalorienbomben, die sich nur Schlanke leisten können. Aber diese Zeiten sind vorbei. Heute haben Cremesuppen gewaltig an Kalorien verloren. Man dickt sie nämlich nicht mehr mit einer Mehlschwitze an. Sie bekommen Stand durch weich gekochtes, fein püriertes Gemüse. Dadurch sind sie nicht nur leichter bekömmlich, sie schmecken auch viel würziger und aromatischer. Das Prinzip ist unglaublich einfach. Man braucht lediglich frisches, makelloses Gemüse (weil das besser schmeckt und eine weitaus kürzere Garzeit hat als das bereits ältere) und einen Mixer oder Pürierstab. Das Gemüse wird in Brühe, Sahne oder auch nur in Wasser weich gekocht, anschließend püriert und abgeschmeckt. Und schon ist die sanfte Cremesuppe, zum Beispiel aus Blumenkohl, Spargel, Brokkoli oder aus Maiskörnern fertig.

Champignon-cremesuppe

(Zum nebenstehenden Kurs)

Zutaten für 4 Personen:
400 g frische Champignons
1 Schalotte · 2 EL Butter
¾ l Fleischbrühe · ¼ l Sahne · Salz · Pfeffer aus der Mühle · Zitronensaft
1 Spritzer Worcestersauce
2 EL Kerbelblättchen (oder feingehackte Petersilie)

Die Champignons putzen. Nur wenn nötig, rasch waschen, damit sie sich nicht mit Wasser vollsaugen. In feine Blättchen schneiden. Die Schalotte schälen, sehr fein hacken. Die Butter in einem Topf aufschäumen lassen. Die Schalotte darin unter Rühren andünsten. Die Pilze zufügen und 5 Minuten ziehen lassen. Mit der Fleischbrühe und der Sahne auffüllen. Ohne Deckel bei milder Hitze 15 Minuten köcheln. Mit Salz und Pfeffer würzen. Die Suppe in den Mixer füllen. Bei hoher Geschwindigkeit durchmixen oder alles mit dem Pürierstab fein zerkleinern. Mit Zitronensaft und Worcestersauce abschmecken. Die Kerbelblättchen unterrühren.

Erbsencreme-suppe

Zutaten für 4 Personen:
400 g frische ausgepahlte Erbsen (oder tiefgekühlte)
1 kleine Zwiebel · 1 EL Butter · ¾ l Fleischbrühe
1 kleine Handvoll frische Minzeblätter · 3 EL Crème fraîche (oder ⅛ l Sahne)
Salz · Pfeffer aus der Mühle
1 Messerspitze Cayennepfeffer.

Die Erbsen waschen (die tiefgekühlten aus der Packung nehmen). Die Zwiebel schälen und sehr fein hacken. In der heißen Butter weich dünsten. Die Erbsen zufügen. Mit der Brühe auffüllen. Die Hälfte der Minzeblätter in Streifen schneiden und in den Topf geben. Ohne Deckel 15 Minuten köcheln. Mit dem Pürierstab (oder im Mixer) alles zerkleinern. Wenn nötig, anschließend durch ein Sieb streichen. Zurück in den Topf geben. Die Crème fraîche hineinrühren. Aufkochen und mit Salz, Pfeffer und Cayennepfeffer abschmecken. Zum Schluß die restlichen fein geschnittenen Minzeblätter darüber streuen.

Anmerkung: Falls Sie flüssige Sahne verwenden, die Suppe noch etwa 5 Minuten lang einkochen.

Möhrencreme

indische Art

Zutaten für 4 Personen:
300 g Möhren · 200 g mehlig kochende Kartoffeln
1 große Zwiebel · 1 Knoblauchzehe · 2 EL Butter
1 TL Curry · ¾ l Fleischbrühe · 1 Lorbeerblatt
3 Petersilienstengel
½ TL Thymian · Salz
Pfeffer · ¼ l Sahne · eine Spur Cayennepfeffer.

Möhren, Kartoffeln, Zwiebel und Knoblauchzehe schälen und in kleine Stücke hacken. In der heißen Butter andünsten. Mit dem Currypulver bestäuben und unter stetem Rühren 3 Minuten dünsten. Dabei darf nichts bräunen, da sonst der Curry bitter schmeckt. Mit Brühe ablöschen, Lorbeerblatt, Petersilienstengel und Thymian zufügen. Salzen und pfeffern. Zugedeckt etwa 30 Minuten lang köcheln lassen. Im Mixer oder mit dem Pürierstab fein zerkleinern. Zusätzlich durch ein Sieb streichen. Zurück in den Topf geben. Mit Sahne aufgießen. Fünf Minuten köcheln lassen. Salzen und pfeffern.

1 Zu Beginn die Zutaten bereit stellen. Die Pilze blättrig schneiden, die Schalotte fein hakken. In einem Topf die Butter erhitzen.

2 Zuerst die Schalotte andünsten. Dann die Champignons zufügen und unter Rühren mit dem Holzlöffel ziehen lassen, nicht braten.

3 Mit der Brühe und der Sahne auffüllen. Auf mildem Feuer ohne Deckel köcheln, keinesfalls heftig kochen. Salzen und pfeffern.

4 Die Suppe mit dem Pürierstab des Handmixers fein zerkleinern. (Man kann sie auch im Mixer pürieren.) Würzig abschmecken.

Dicke Suppen

aus Erbsen, Bohnen und Linsen. Sie haben im Herbst und Winter Saison, wenn die Abende lang sind und es draußen kalt und unfreundlich ist. Dann setzt man am Nachmittag die Suppe auf den Herd. Wenn man dann beispielsweise vom Spaziergang durchfroren nach Hause kommt, dauert es nicht mehr lange, bis die deftige, wärmende und köstlich duftende Bohnensuppe auf dem Tisch steht. Hülsenfrüchte sind außerordentlich nahrhaft – und deshalb eine ziemliche Belastung fürs Kalorienkonto –, aber ein herzhafter Genuß. In jedem Fall müssen sie vor dem Zubereiten etwa 12 Stunden eingeweicht oder sehr, sehr lange gekocht werden. Wer einen Dampfdrucktopf besitzt, kann sich das Einweichen sparen. Er erledigt Einweichen und Kochen praktisch in einem. Selbst nicht vorgeweichte Hülsenfrüchte sind darin bereits nach einer Stunde gar.

Erbsensuppe

mit Speck (zum nebenstehenden Kurs)

Zutaten für 4 Personen:
200 g getrocknete Erbsen
1 l Wasser · 1 Zwiebel
1 Möhre · 1 Lauchstange
etwas Selleriegrün · 2 EL
Butter · 250 g durchwachsener Speck · 1 Lorbeerblatt
einige Petersilienstengel
Salz · Pfeffer aus der Mühle
½ TL Majoran.

Die Erbsen mit Wasser bedeckt über Nacht einweichen. Am andern Tag die Zwiebel und die Möhre schälen. Die Lauchstange putzen, stark dunkle Blätter entfernen. Das Gemüse in kleine Stücke schneiden, Selleriegrün fein hacken. Die Butter in einem großen Topf erhitzen. Das vorbereitete Gemüse darin andünsten. Die Erbsen mit ihrem Einweichwasser zufügen. Speck obenauf legen. Das Lorbeerblatt und die Petersilienstengel in den Topf geben. Mit Salz, Pfeffer und Majoran würzen. Zugedeckt auf milder Hitze etwa 2 bis 2½ Stunden köcheln. Dann den Speck, das Lorbeerblatt und die Petersilienstengel herausnehmen. Die Suppe mit dem Mixer pürieren. Den Speck würfeln, dabei die Schwarte entfernen und wieder in die Suppe geben. Diese, wenn nötig, mit Fleischbrühe verdünnen. Erwärmen.

Anmerkung: Servieren Sie dazu geröstete Weißbrotwürfel.

Bohnensuppe

mit Schweinebauch

Zutaten für 4 Personen:
200 g weiße getrocknete Bohnen · 2 l Wasser · 1 große Zwiebel · 2 Knoblauchzehen · 1 dicke Möhre
1 Lauchstange · 2 EL Butter · 300 g gut durchwachsener Schweinebauch · 1 Lorbeerblatt · 1 TL Thymian
Salz · Pfeffer · 1 gute Messerspitze Cayennepfeffer
abgeriebene Schale einer halben Zitrone · 300 g frische, grüne Bohnen (oder tiefgekühlte) · 3 EL feingehackte Petersilie · 2 EL Rotweinessig.

Die Bohnen über Nacht mit dem Wasser bedeckt einweichen. Die Zwiebel, die Knoblauchzehe und die Möhre schälen (oder schaben) und sehr fein hacken. Die Lauchstange gründlich putzen und in schmale Ringe schneiden. In einem ausreichend großen Suppentopf die Butter erhitzen. Das Gemüse darin andünsten. Mit den Bohnen mitsamt ihrem Einweichwasser auffüllen. Den Schweinebauch obenauf legen. Lorbeerblatt, Thymian, Salz und Pfeffer zufügen. Mit Cayennepfeffer nach Geschmack würzen. Die Zitronenschale hineinreiben. Zugedeckt auf mildem Feuer 2 Stunden lang köcheln. Währenddessen die grünen Bohnen putzen und in reichlich sprudelnd kochendem Salzwasser 8 bis 10 Minuten knackig gar kochen. Sie sollen noch deutlichen Biß haben. Abgießen und in eiskaltem Wasser abschrecken, damit sie ihre Farbe behalten. Die Hälfte der weißen Bohnen mit einem Schaumlöffel aus der Suppe herausheben und in einer vorgewärmten Schüssel beiseitestellen. Das Lorbeerblatt entfernen. Den Schweinebauch auf einem Brettchen etwas abkühlen lassen. Mit dem Pürierstab des Handmixers die im Topf noch verbliebene Suppe fein zerkleinern. Den Schweinebauch in mundgerechte Würfel schneiden. Grüne Bohnen, Schweinebauch, beiseite gestellte weiße Bohnen, Petersilie und Essig in die Gemüsebrühe geben und das Ganze kräftig abschmecken.

1 Die Erbsen in eine Schüssel füllen und mit Wasser großzügig bedecken. Über Nacht einweichen und 12 Stunden quellen lassen.

2 Klein geschnittenes Wurzelwerk in heißer Butter andünsten. Keine Farbe annehmen lassen. Der Topf muß ausreichend groß sein.

3 Die eingeweichten Hülsenfrüchte mitsamt dem Einweichwasser zufügen. Den Speck obenauf legen. Gewürze nicht vergessen!

4 Die Suppe mit dem Pürierstab des Handmixers fein zerkleinern. Falls sie zu dünn oder zu dick ist, einkochen oder verdünnen.

Saucen

An seinen Saucen mißt man die Begabung eines Kochs. Eine Sauce soll den Geschmack eines Gerichts ergänzen und abrunden, keinesfalls übertönen oder verfälschen. Brillat-Savarin wußte bereits: ,,Eine gute Sauce in höchster Vollkommenheit zu bereiten, ist das Schwierigste, was es auf dem Gebiet der Kochkunst gibt.''
Nun hat sich seit den Zeiten des ehrwürdigen Brillat-Savarin die Küche einigermaßen verändert. Und auch die Saucen sehen heute anders aus. Aber immer noch gilt: Sie müssen mit Liebe und Sorgfalt zubereitet werden! Saucen unterscheidet man in drei Gruppen: solche, die mit Stärke (Mehl, Speisestärke oder Pfeilwurzmehl) gebunden werden; jene, die durch Aufschlagen von Eigelb mit Butter, Öl oder Sahne entstanden sind, die sogenannten Emulsionen; und schließlich die Gruppe, die aus Fonds gekocht werden.
In der modernen Saucen-Küche geht man mit dem Mehl (und der Stärke) ausgesprochen sparsam um. Ganz kann man jedoch nicht darauf verzichten. Für die klassische Béchamelsauce zum Beispiel ist es unersetzlich. Zwei Gründe, warum man das Mehl mehr und mehr aus dem Saucentopf verbannt: beim Anrösten in Butter entstehen Röstreizstoffe, die für die Gesundheit nicht zuträglich sind – Ernährungsforscher haben sie sogar als krebsfördernd ausgewiesen – und, zweitens: das Mehl bindet Aromastoffe – eine Sauce, die aus eingekochtem Fond entstanden ist, schmeckt viel würziger und voller.
Ausgangspunkt ist stets ein stark eingekochter Fond aus Kalbsknochen (für die meisten Fleischgerichte), aus Wildknochen (für alle Wildgerichte), aus Geflügelkarkassen oder aus Fischgräten und -köpfen. Das Herstellungsprinzip ist einfach: Knochen und Fleischreste werden grob gehackt und in einem flachen Topf rundum angeröstet; dazu kommt klein geschnittenes Wurzelwerk. Alles wird mit Wein und Wasser (oder nur mit Wasser) abgelöscht und mehrmals eingekocht. Zum Schluß bleibt ein konzentrierter Sud übrig, der beim Erkalten erstarrt.
Ein solcher Fond kocht sozusagen nebenher, macht kaum zusätzliche Mühe und kann stets im Tiefgefrierfach für die nächste Gelegenheit frisch gehalten werden. Eine Sauce ist damit rasch hergestellt: Wenn Sie beispielsweise Rehmedaillons in Butter gebraten haben, so stellen Sie sie auf einem vorgewärmten Teller beiseite, schütten dann das Bratfett vollständig weg (wegen der ungesunden Röstreizstoffe) und löschen mit Wildfond ab. Einkochen lassen, mit Madeira, Salz, Pfeffer, vielleicht mit einer Prise Thymian abschmecken. Sofort als klare Sauce servieren oder zusätzlich mit etwas Sahne oder Crème fraîche binden. Fertig. Schneller können Sie keine Sauce zubereiten.

Mehlschwitze

Damit aus einer Flüssigkeit eine sämige Sauce entsteht, kann sie mit einer Mehlschwitze gebunden werden. Man rechnet dafür etwa gleiche Teile Mehl und Butter. Um eine helle Sauce zu bekommen, stellt man eine sogenannte *weiße Mehlschwitze* her: Man läßt die Butter in einem Topf aufschäumen, fügt das Mehl hinzu und läßt sich beides unter ständigem Rühren auf milder Hitze innig verbinden. Dann erst füllt man langsam die Flüssigkeit auf und läßt sie unter weiterem Rühren zu einer dicklichen Sauce einkochen.

Für eine *dunkle Mehlschwitze,* die eine Sauce dunkel färben soll, muß das Mehl in der Butter geröstet werden. Es gibt eine zweite Methode: Das Mehl auf einem Backblech im heißen Ofen ohne jedes Fett dunkelbraun rösten. Dann erst in die aufschäumende Butter rühren und mit Flüssigkeit aufgießen.

Béchamelsauce

Zutaten für ½ l Sauce:
60 g Butter · 50 g Mehl · 1 l Milch · 1 Zwiebel · 1 kleines Lorbeerblatt · ½ Gewürznelke · 1 Prise zerriebener Thymian 2 Petersilienstengel · 1 Lauchblatt · 5 weiße Pfefferkörner · Salz · frisch geriebene Muskatnuß · Zitronensaft · Worcestersauce.

Die Butter in einem Topf aufschäumen lassen. Das Mehl hineinstreuen und sich auf milder Hitze unter Rühren verbinden, aber keine Farbe annehmen lassen. Langsam die Milch hineingießen. Die Hitze erhöhen und die Sauce unter ständigem Rühren aufkochen. Gewürze zufügen. Auf mildem Feuer etwa 45 Minuten köcheln. Unreinheiten mit dem Schaumlöffel entfernen. Die fertige Sauce durch ein Sieb filtern. Mit Salz, Muskat, Zitronensaft und Worcestersauce abschmecken.

Samtsauce

Helle Grundsauce

Sie wird genau wie Béchamelsauce zubereitet. Jedoch statt mit Milch mit Kalbs-, Geflügeloder auch mit Fischbrühe aufgegossen.

1   Die Butter in einer Kasserolle auf milder Hitze schmelzen und aufschäumen, nicht braun werden lassen. Mehl hineinschütten.

2   Das Mehl in der heißen Butter „anschwitzen", das heißt: beides soll sich zu einer homogenen Masse verbinden, nicht rösten.

3   Langsam die Flüssigkeit zufügen. Nicht alles auf einmal, weil sonst zu leicht kleine Klümpchen entstehen, die sich nicht mehr lösen.

Fonds

Kalbsfond

Zutaten für 1 Liter:
500 g Kalbfleischabfälle · 700 g Kalbs-
knochen · 2 Möhren · 2 Zwiebeln
¼ l Knollensellerie · 2 Stengel Bleichselle-
rie · 1 Petersilienwurzel mit Grün
1 Lauchstange · 1 Lorbeerblatt · Wasser
½ TL Thymian · 1 EL Pfefferkörner.

Die Fleischreste und Knochen in einem Topf
ohne Fettzugabe rundum anrösten. Das
Gemüse putzen und in kleine Stücke schneiden. In den Topf füllen und mitbräunen. Mit
Wasser bedecken und die Gewürze zufügen.
So lange kochen, bis alle Flüssigkeit verdampft
ist. Dies zwei- bis dreimal wiederholen. Zum
Schluß etwa einen Liter übrig behalten. Durch
ein feines Sieb filtern, abkühlen lassen und
sorgfältig entfetten.

Geflügelfond wird auf die gleiche Weise zubereitet, nur die Knochen nicht auslösen.

Wildfond

Zutaten für 1 Liter:
Etwa 1000 g Wildknochen mit Fleischab-
fällen · Wurzelwerk wie beim Kalbsfond
Wasser · eventuell 2 Gläser Rotwein.

Genau wie beim Kalbsfond verfahren. Nach
Belieben zuerst mit Wein ablöschen und diesen
vollständig einkochen lassen. Dann mit Wasser
dasselbe zweimal wiederholen.

Fischfond

Zutaten für etwa 1 Liter:
1000 g Abfälle, vorzugsweise von Platt-
fischen · 1 Möhre · 1 Petersilienwurzel mit
Grün · 3 Stangen Sellerie · 1 Zwiebel
1 Lauchstange · ¼ l Weißwein · Wasser.

Die Abfälle mit dem geputzten, klein geschnittenen Gemüse in einen Topf geben. Mit Wein
auffüllen. Völlig einkochen lassen. Wasser
zugeben und auf einen Liter einkochen.

1   Das braucht man dazu: Kalbsknochen,
Fleischreste, die beim Säubern vom Fleisch
anfallen, und klein geschnittenes Wurzelwerk.

2   Zuerst die Knochen und Fleischreste im
Topf kräftig anrösten. Dann Wurzelwerk
sowie Gewürze zufügen, mit Wasser auffüllen.

3   Mehrmals vollständig einkochen lassen.
Zum Schluß die gewünschte Menge des konzentrierten, dicklichen Suds übrig behalten.

Emulsionen

Darunter versteht man Saucen, die aus einer innigen Verbindung zweier Produkte entstanden sind, die eigentlich nicht miteinander zu mischen sind, also Flüssigkeit, wie Wasser oder Wein, mit Butter oder Öl. Als Bindeglied zwischen beidem dient zum Beispiel Eigelb oder auch Senf. Man unterscheidet warme und kalte Emulsionssaucen: Die berühmte Sauce Hollandaise und ihre Verwandten, die Sauce Béarnaise oder Sauce Mousseline, werden warm aufgeschlagen; eine Mayonnaise dagegen braucht nicht erhitzt zu werden. Hierzu wird Eigelb mit Senf kalt schaumig gerührt und dann mit Öl zu einer dicken Creme geschlagen. Diese Art von Saucen sind – zugegeben – etwas diffizil. Aber wenn man den Trick weiß, kann auch ein Anfänger sie spielend zubereiten. Die Hauptsache bei einer warmen Emulsionssauce, wie bei der Sauce Hollandaise, ist: die Eigelb müssen unter vorsichtigem Erwärmen schaumig gerührt werden. Sie dürfen jedoch nicht mehr als 65° C erreichen. Dann ist der Punkt erreicht, an dem das Eiweiß gerinnt, das heißt, fest zu werden beginnt. Es entstehen Eigelbkörnchen, die die Fähigkeit zur Bindung verloren haben. Um die Hitze besser regulieren zu können, setzt man den Topf mit dem Eigelb in ein Wasserbad, das man sehr knapp unter dem Siedepunkt hält. Dabei muß man immer wieder prüfen, ob die Eigelbmasse nicht doch zu stark erhitzt wird: Berühren Sie sie mit dem Handrücken; er muß die Temperatur noch bequem ertragen können. Falls sich die Konsistenz des schaumig gerührten Eigelbs zu verändern beginnt – Sie merken das daran, daß es plötzlich sehr dick wird – gießen Sie sofort einen Eßlöffel eiskaltes Wasser hinzu, um die Temperatur zu reduzieren und zu verhindern, daß die Emulsion ausflockt und auseinanderfällt. Wird die Masse jedoch gar nicht erst richtig dick, dann müssen Sie etwas mehr Hitze zuführen. Droht die fast fertige Sauce auseinanderzufallen, beginnen Sie von vorn: Gießen Sie sie sehr langsam unter ständigem Schlagen in einen neuen Topf, der die richtige Temperatur (65° C) hat.

Oder – und damit kann überhaupt nichts mehr schief gehen – füllen Sie die warme Sauce in den Mixer und mixen Sie bei hoher Geschwindigkeit, bis sie dick und luftig ist. Emulsionen können im Wasserbad kurze Zeit warm gehalten werden. Besser sind sie natürlich, wenn sie unmittelbar vor dem Auftragen frisch zubereitet werden.

Man kann übrigens eine Sauce Hollandaise oder Béarnaise statt mit flüssiger oder weicher Butter, die in Flöckchen zugegeben wird, auch mit Sahne zubereiten. Sie ist dann nicht ganz so schwer und noch luftiger. Denn – das dürfen wir nicht verschweigen – so köstlich und duftig eine solche Sauce ist, sie ist eine gewichtige Kalorienbombe!

Wichtig für das Gelingen einer perfekten Emulsion ist vor allem die Qualität der Butter. So einfach das klingt, so schwierig ist es, gute Butter zu bekommen. Wir haben zwar den sogenannten Milchsee und den Butterberg – dank der fleißigen Überproduktion deutscher Bauern –, aber leider produziert man fast ausschließlich Quantität statt Qualität.

So gibt es heute nur noch in wenigen Teilen Deutschlands (und auch dort nicht in allen Geschäften) Süßrahmbutter. Weil die Hersteller und Händler am liebsten konservierte Dauerware anbieten (die kann nicht so rasch verderben, man kann so in großen Abständen bestellen und muß nicht dauernd die Regale auffüllen), säuert man heute den Rahm mit bestimmten Bakterien und gewinnt so Sauerrahmbutter. Sie schmeckt zwar längst nicht so gut, wenn man sie aufs Butterbrot streicht – ihr fehlt das nußartige, süße Aroma, das frische Süßrahmbutter auszeichnet, und man kann auch nicht so gut damit kochen und backen, weil beim Erhitzen das Eiweiß ausflockt und sich das Fett absetzt –, dafür ist sie jedoch länger haltbar. Eine Tatsache, der unsere Händler allemal den Vorzug geben. Achten Sie also darauf, daß Sie für diffizile Saucen ausschließlich Süßrahmbutter verwenden (das muß laut Verordnung auf der Butterpackung vermerkt sein), oder greifen Sie eben in einem solchen Fall zur französischen Butter, die niemals aus gesäuertem Rahm hergestellt ist. Deshalb ist sie übrigens auch meist leicht gesalzen: also weniger aus geschmacklchen Gründen, sondern weil sie sich dann ein wenig länger frisch hält.

Sauce Hollandaise

Es gibt eine ganze Menge von Rezepten und Variationen für diese Sauce. Mal wird sie mit einem konzentrierten Würzsud aus Zitronensaft oder Wein aufgeschlagen, mal ganz ohne und erst zum Schluß säuerlich abgeschmeckt. Die einen bereiten sie mit weicher Butter zu, die anderen mit geklärter, flüssiger oder mit flüssiger Sahne.

Zutaten für 4 bis 6 Personen:
250 g frische Süßrahmbutter · 1 EL Weiß-
weinessig · 3 EL Wasser · frisch gemahlener
Pfeffer · 3 Eigelb · Salz.

Die Butter in einer Kasserolle zum Schmelzen bringen, dabei den entstehenden Schaum sorgfältig abschöpfen. (Man nennt dies die Butter „klären".) In einem zweiten Töpfchen Essig, Wasser und Pfeffer bis auf einen Teelöffel Flüssigkeit einkochen. Abkühlen lassen (auf unter 65° C), die Eigelb zufügen. Im Wasserbad unter stetem Rühren mit dem Schneebesen (oder Handmixer) zu einer dicken, weißlichen Creme schlagen. Langsam, löffelweise, die geschmolzene Butter zufügen. Immer erst dann weitere Butter hineingeben, wenn sich alles bereits gut vermischt und verbunden hat. Die fertige Sauce mit Salz abschmecken.

1 Die Butter vorsichtig in einer Kasserolle schmelzen; den dabei sich oben absetzenden Schaum mit einem Löffel abnehmen.

2 Die Eier trennen. Die Eigelb in das Töpfchen geben, das in ein Wasserbad paßt. Die Eiweiß für ein anderes Rezept beiseite stellen.

3 Eigelb im Wasserbad mit dem Schneebesen oder mit dem Handrührgerät schaumig schlagen. Nicht zu heiß werden lassen.

4 Langsam, in einem dünnen Strahl, die geklärte, flüssige Butter zufügen. Ständig schlagen und den Topf vom Feuer nehmen.

Sauce Béarnaise

Sie wird traditionell zum Roastbeef gereicht. Aber sie schmeckt zu jedem anderen dunklen Fleisch und paßt auch vorzüglich zu würzigem Fisch. Ihren Namen trägt sie angeblich König Heinrich IV. zu Ehren, der aus der französischen Landschaft Béarn stammte.

Zutaten für 4 bis 6 Personen:
250 g Butter · 2 Schalotten · 3 EL Estragonessig · 1 Estragonzweig · frisch gemahlener Pfeffer · 4 Eigelb · Salz.

Butter, wie im vorangegangenen Kurs für die Sauce Hollandaise (Seite 87) gezeigt, schmelzen und klären. Die Schalotten schälen und sehr fein hacken. Mit dem Essig in eine Kasserolle geben. Die Estragonblättchen von den Stielen zupfen, die Hälfte davon zufügen. So lange köcheln, bis die Schalotten weich sind und nur noch ein Teelöffel Flüssigkeit vorhanden ist. Pfeffern. Den Sud unter 65 °C abkühlen lassen. Die Eigelb hineingeben und im Wasserbad zu einer dicken Creme rühren. Nach und nach die geklärte Butter zufügen, bis eine feste Sauce entstanden ist. Durch ein feines Sieb streichen. Mit Salz abschmecken.
Anmerkung: Durch das zusätzliche Eigelb wird die Sauce Béarnaise dickflüssiger und cremiger als ihre Schwester, die Sauce Hollandaise.

1 In einer Kasserolle fein gehackte Schalotten und frischen Estragon mit Estragonessig und Weißwein bis auf zwei Löffel einkochen.

2 Die Eigelb zufügen und im Wasserbad (wie bei der Hollandaise gezeigt) zu einer schaumigen Creme rühren. Butter zufügen.

3 Die fertige Sauce vorsichtig durch ein feines Sieb streichen, damit Schalotten und Kräuterstückchen zurückgehalten werden.

4 Die Sauce mit frisch gehacktem Estragon, Salz, Pfeffer aus der Mühle und, wenn nötig, einer Spur Estragonessig würzen.

Sauce Mousseline

Sie ist nichts anderes als eine Sauce Hollandaise, unter die steif geschlagene Sahne gehoben wurde. Das macht sie noch luftiger, so daß sie noch leichter wirkt. (Eine Täuschung, versteht sich, denn Sahne ist ja auch nicht gerade kalorienarm zu nennen. Allerdings: mit der Sahne wird die Sauce „gestreckt", das heißt, dieselbe Menge Sauce Hollandaise reicht als Mousseline für eine größere Anzahl von Gästen.)

Sauce Mousseline schmeckt zu hellem Fleisch und Geflügel. Man kann sie zu Artischocken reichen oder zu Spargel servieren.

Rechnen Sie für ein Rezept Sauce Hollandaise (Seite 87) etwa ¼ l Schlagsahne. Die sehr steif geschlagene Sahne wird ganz zum Schluß untergehoben. Damit sie nicht zusammenfällt, rührt man die Sauce zuerst mit zwei, drei Eßlöffeln Sahne auf und gibt dann erst den Rest dazu. So kann man mit einem hölzernen Spachtel den Schaum leichter unterziehen. Das muß rasch, aber gleichmäßig geschehen, damit keine Inseln von Schlagsahne bleiben.

Auf keinen Fall sollten Sie dabei heftig rühren, sonst fällt die Sahne gleich wieder zusammen. Am besten, Sie arbeiten sie durch eine vorsichtig drehende Bewegung vom Rand her zur Mitte unter.

1 Die Eigelb (wie auch schon bei der Sauce Hollandaise gezeigt) mit dem Schneebesen im Wasserbad zu einer dicken Creme schlagen.

2 Löffelweise die geklärte (vom Schaum befreite), flüssige Butter zufügen. Fortwährend rühren, damit sich alles verbindet.

3 Die Sahne sehr steif schlagen. Nur leicht salzen. Die warme Sauce jedoch würzig mit Salz, Pfeffer und Muskat abschmecken.

4 Zuerst nur zwei Eßlöffel der geschlagenen Sahne in die Sauce rühren, dann den Rest vorsichtig, aber gründlich unterheben.

Mayonnaise

Die Mayonnaise – wir haben es bereits gesagt – ist eine kalt geschlagene Emulsion. Sie wird unendlich häufig in der Küche gebraucht, und es lohnt sich wirklich, sie selber herzustellen. Wer Mayonnaise nur als Fertigprodukt kennt, weiß nicht, welche Köstlichkeit sie sein kann. Damit sie gelingt, muß man eines unbedingt beachten: Sämtliche Zutaten und das Arbeitsgerät müssen die gleiche Temperatur haben, und zwar Zimmertemperatur, denn im kalten Zustand kann keine Emulsion entstehen. Nehmen Sie deshalb die Eier rechtzeitig aus dem Kühlschrank und lassen Sie sie neben dem Öl, der Rührschüssel und dem Schneebesen oder Handmixer warm werden. Falls Sie beim Mayonnaise-Rühren merken, daß die Sauce zu gerinnen droht – das kann passieren, wenn die Zutaten zu kalt sind oder wenn Eigelb und Öl zu rasch zusammengerührt wurden –, fügen Sie ein bis zwei Eßlöffel heißes Wasser zu. Und falls sie scheinbar unrettbar auseinandergefallen ist, fangen Sie einfach von vorne an: geben Sie die flockige Sauce tropfenweise unter stetem Schlagen in eine neue Schüssel, und rühren Sie sie unermüdlich, bis sie wieder zu einer homogenen Creme wird.

Wenn all dies nicht helfen sollte, hier die allerletzte Rettung: Beginnen Sie mit einem weiteren Eigelb, das Sie vorschriftsmäßig gut schaumig rühren. Und fügen Sie statt des Öls die mißratene Sauce eßlöffelweise zu. Darauf achten, daß erst dann nachgeschüttet wird, wenn sich alles zu einer Creme verbunden hat.

Ein wichtiges Element in der Mayonnaise ist die Säure, die in Form von Zitronensaft zugesetzt wird. Sie macht sie nicht nur leichter verdaulich, sondern hilft auch, die Verbindung zwischen Eigelb und Öl herzustellen.

Zutaten für ¼ Liter:
2 Eigelb · 1 TL scharfer Senf (Dijon-Senf)
2 EL Weißweinessig oder Zitronensaft
¼ l Olivenöl · Pfeffer aus der Mühle · Salz.

Wie im nebenstehenden Kurs gezeigt verfahren. Allerdings dürfen Sie getrost statt des klassischen Holzlöffels, mit dem man früher Mayonnaisen gerührt hat, den Schneebesen oder das elektrische Rührgerät nehmen.

Anmerkung: Eine Mayonnaise aus Olivenöl ist nicht jedermanns Geschmack. Wenn Sie das starke Aroma nicht mögen, können Sie natürlich auch ein neutrales Öl verwenden.

Aïoli

Knoblauch-Mayonnaise

Dies ist die klassische Sauce zur provenzalischen Fischsuppe, der Bouillabaisse oder zur Bourride. Aber man kann sie auch als Fondue-Sauce reichen oder zu jeder Art von gegrilltem Fleisch und Fisch.

Zutaten für ¼ Liter:
8 Knoblauchzehen · 2 Eigelb · Pfeffer aus der Mühle · Salz · Saft einer halben Zitrone · ¼ l kräftiges Olivenöl (olio vergine oder Jungfernöl aus der ersten kaltgeschlagenen Pressung).

Die Knoblauchzehen schälen und durch die Knoblauchpresse in eine Rührschüssel drücken. Die Eigelb zufügen. Mit dem Schneebesen oder mit dem Handmixer zu einer dicken Creme rühren, dabei salzen und pfeffern und tropfenweise einen Teil des Zitronensafts zufügen. Langsam in dünnem Strahl das Olivenöl hineinfließen lassen und heftig schlagend unter die Eiercreme arbeiten. Immer wieder einige Tropfen Zitronensaft untermischen, damit die Sauce ihre dickliche Konsistenz behält. Wenn die Sauce säuerlich genug ist, tropfenweise mit Wasser verdünnen. Die fertige Sauce mit Pfeffer und Salz abschmecken.

TIP

Leichter und kalorienärmer wird eine Mayonnaise, wenn Sie zum Schluß etwas Magerquark unterziehen. Vermischen Sie Quark und Mayonnaise jedoch nicht mit dem Mixer – dann verliert sie ihre cremige Konsistenz und wird flüssig. Rühren Sie den Quark zuvor glatt und dann mit der Gabel oder dem Schneebesen ein.

1 Alle Zutaten in der nicht zu kühlen Küche auf die gleiche Temperatur erwärmen. Das Eigelb in die Rührschüssel gleiten lassen.

2 Einen Teelöffel Senf (möglichst scharfen, zum Beispiel Dijon-Senf oder auch einen Estragonsenf) hinzugeben.

3 Zu einer dicklichen Creme rühren. Erst dann in dünnem Strahl, den Sie immer wieder unterbrechen, das Öl hineinarbeiten.

4 Die cremige, dicke Sauce mit Pfeffer aus der Mühle und mit Salz würzen. Nach Belieben Cayennepfeffer oder Muskat zufügen.

5 Damit die Mayonnaise nicht auseinanderfällt, muß man sie mit einigen Tropfen heißen Wassers stützen. Zum Schluß mit Essig . . .

6 . . . nach Belieben abschmecken. Natürlich können Sie statt dessen auch frisch ausgepreßten Zitronensaft nehmen.

Fisch

Erstaunlich, wie viele Menschen auch heute noch beim Stichwort „Fisch" die Nase rümpfen. Und – probieren Sie's aus! – wenn man ihnen eine Portion davon, richtig und sorgfältig zubereitet, vorsetzt, sind sie über die Maßen erstaunt und sagen „ja, so habe ich Fisch noch nie gegessen".

Fisch, der vorwiegend aus leicht verderblichem Eiweiß besteht, muß immer taufrisch sein. Aber früher, als die Transportmöglichkeiten im Kühlwagen noch nicht so weit entwickelt und selbstverständlich waren, kam er meistens schon ziemlich abgelagert auf den Markt. Trotzdem aß man ihn, zumindest jeden Freitag, wie es die kirchliche Tradition befahl, sozusagen als Buße und als Ersatz fürs nahrhaftere Fleisch. Heute haben wir's besser: Fisch kommt tiefgefroren so frisch wie nur irgend möglich in die Geschäfte. Für Frischfisch haben sich die Transportwege dank der Technik (Flugzeuge) zeitlich erheblich verkürzt. Und man kann – vor allem in den vom Meer besonders weit entfernt gelegenen Gebieten – Flußfische in reicher Vielfalt lebend kaufen.

Deshalb kann heute jeder nachprüfen: Fisch riecht nicht. Niemals. Er duftet höchstens frisch nach Meer und Salzwasser. Achten Sie beim Einkaufen darauf und weisen Sie zurück, was nicht vertrauenerweckend scheint.

Bei ganzen Fischen kann man leicht erkennen, ob sie wirklich frisch sind: die Augen sind klar und glänzen, die Kiemen schimmern rötlich und die Schwanzflosse ist feucht, nicht angetrocknet.

Bei Fischen, die ohne Kopf oder in Filets zerlegt angeboten werden, ist das Fleisch weiß; es darf niemals gelblich oder gar graubräunlich verfärbt sein.

Ein qualitätsbewußter Fischhändler behandelt seine Ware pfleglich; er bewahrt sie unter zerstoßenem Eis auf, damit sie möglichst gar nicht mit der Luft in Berührung kommt.

Wenn Sie beim Einkauf nicht ganz sicher sind, bitten Sie den Händler, er möge Sie an dem Fisch riechen lassen.

Aber selbst der frischeste Fisch der Welt ist kein Genuß, wenn man ihn beim Zubereiten falsch behandelt. Sein schlimmster Feind sind zu lange Garzeiten. Dazu muß man sich nur folgendes klar machen: Fisch besteht hauptsächlich aus Eiweiß. Wenn Sie zum Beispiel ein Ei 4 Minuten kochen, ist es wachsweich. Kochen Sie es 8 Minuten, wird das Eigelb langsam fest, ist aber noch cremig. Kochen Sie es 15 Minuten, wird das Ei ledrig und zäh – es ist kein Genuß mehr. Ganz genau dasselbe geschieht mit dem Fisch, wenn man ihn zu lange gart. Deshalb werden wir Ihnen in den folgenden Kapiteln zeigen, worauf man in der Fischküche unbedingt achten muß.

Fischfilets

Fisch wird zum ungetrübten Genuß, wenn man sich beim Essen nicht mit tausend winzigen Gräten herumplagen muß, die zwischen den Zähnen stecken bleiben und ins Zahnfleisch pieken. Deshalb lohnt sich bei vielen Sorten die kleine Mühe, die Filets auszulösen. Dazu kommt, daß Fischfilets viel problemloser zuzubereiten sind. Bei ganzen Fischen ist die Garzeit schwieriger zu kontrollieren. Einen Fisch zu filieren, erfordert etwas Übung – aber es ist nicht schwer, vorausgesetzt, Sie haben das richtige Handwerkszeug: ein sehr scharfes Messer, mit einer langen, schmalen und dünnen Klinge. Das ist besonders wichtig, wie Sie im nebenstehenden Kurs sehen, denn die Filets werden von der Mittelgräte und von der Haut *geschnitten*. Das gelingt bei dem elastischen Fischfleisch nur mit einer scharfen und gleichzeitig biegsamen Schneide. Zum Filieren eignen sich im Grunde alle Fischsorten, die Sie im Ganzen kaufen können. Vom Hering über die Forelle; vom Wittling oder Merlan (den Sie hier im Kurs sehen) bis zum (kleinen) Angelschellfisch. Das Prinzip ist stets dasselbe. (Bei den Plattfischen sieht's ein wenig anders aus. Das zeigen wir Ihnen im Kurs auf Seite 99 aber noch genau.)

Aus dem beim Filieren entstehenden Abfall können Sie mit etwas Wurzelwerk einen Fond kochen (siehe auch Seite 85) und diesen zum Pochieren verwenden. Wenn auch ein Fond aus Abfällen von Plattfischen begehrter ist, weil in ihnen mehr gelatinöse Stoffe enthalten sind, die dem Fond und der Sauce mehr Stand geben – für eine kleine Sauce tun's diese auch. Rechnen Sie beim Einkauf etwa 300 g Fisch pro Person, wenn er als Zwischengericht serviert werden soll. Als Hauptgang darf's mehr sein: etwa 400 g (vor dem Filieren gerechnet). Eines noch: Viele Fischsorten haben nicht nur im Innern die starke Mittelgräte, sondern von ihr ausgehend feine sogenannte Ypsilon-Gräten, die quer ins Filetfleisch ragen. Beim Filieren werden sie meist abgeschnitten und bleiben im Filet stecken. Man entfernt sie am einfachsten, indem man sie mit dem Daumen auf der Innenseite des Filets entlangstreichend aufspürt und dann vorsichtig mit einer Pinzette herauszieht.

1   Den gewaschenen und mit Küchenpapier trocken getupften Fisch fest in die Hand nehmen. Die Kiemenflossen abschneiden.

4   Den so vorbereiteten Fisch auf ein Arbeitsbrett legen. Festhalten. Längs des Rückgrats vom Kopf her aufschneiden.

7   . . . mit dem Messer oder auch mit der Küchenschere abschneiden. Genauso mit der anderen Seite des Fischs verfahren.

2 Falls dies nicht bereits der Fischhändler erledigt hat (der den Fisch für Sie natürlich auch ausnimmt), die Rückenflossen entfernen.

3 Ebenso die Bauchflosse kappen. Den Fisch nochmals innen und außen unter fließendem kaltem Wasser abspülen; trocken reiben

5 Mit einem sehr scharfen Messer, mit dünner, biegsamer Klinge, das Fleisch vom Rükken entlang der Gräte bis zum Bauch ablösen.

6 Direkt hinter dem Kopf, also hinter den Kiemen, das Fleisch mit einem sauberen Schnitt abtrennen. Dann das Filet . . .

8 Um das Filet zu häuten, löst man mit dem Messer am Schwanzende das Fleisch von der Haut, hält sie mit der . . .

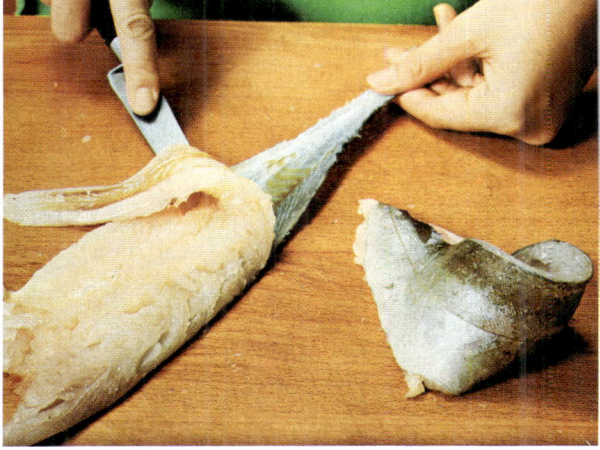

9 . . . Fingerspitze fest und schabt – vorsichtig zwischen Haut und Fleisch entlang fahrend – das Fischfilet sorgfältig herunter.

Für Fischfilets eignen sich drei Zubereitungsmethoden am besten: Pochieren (das heißt, vorsichtiges Garziehen in einem Würzsud), Dämpfen oder Dünsten im eigenen Saft. In jedem Fall darf der Fisch erst unmittelbar vor dem Auftragen zubereitet werden. Er verträgt es nicht, warm gehalten zu werden. Denn dann zieht er nach und wird unweigerlich trocken. Da die Garzeiten jedoch sehr kurz sind, ist es für den Gastgeber kein Problem, vor dem Fischgang rasch in die Küche zu eilen. Vorausgesetzt, er hat alles Nötige bereits vorbereitet. Das bedeutet, der Fisch liegt fix und fertig filiert, in Alufolie verpackt, im Kühlschrank bereit. Der Pochiersud steht schon auf dem Herd, und alle weiteren Zutaten, wie Kräuter, Zwiebeln oder Beilagen, sind fein gehackt und klein geschnitten unter Klarsichtfolie in Schüsselchen zur Hand.

Merlanfilets

im Sud
Grundrezept

Zutaten für 4 Personen:
2 Merlane (Wittlinge) von je
etwa 800 g · 1 Möhre
2 Stengel Bleichsellerie
1 Lauchstange · 1 Zwiebel
3 Petersilienstengel · 6 wei-
ße Pfefferkörner · ½ Lor-
beerblatt · ½ TL Korian-
derkörner · ½ TL Thymian
¼ l trockener Weißwein
¼ l Wasser · Salz.

Die Merlane, wie im Kurs Seite 94/95 gezeigt, in Filets zerlegen. Die Filets in Alufolie packen und im Kühlschrank bis zur weiteren Verwendung aufbewahren. Die Abfälle in einen flachen Topf füllen. Die Möhre, Sellerie, Lauch und Zwiebel putzen und klein schneiden. Mit den Petersilienstengeln und den Gewürzen zu den Fischabfällen geben. Wein und Wasser zugießen und salzen. Zugedeckt 30 Minuten köcheln. Den Sud durch ein Sieb filtern und zurück in den Topf schütten. Die Fischfilets salzen und pfeffern. Den Sud aufkochen. Den Topf vom Feuer ziehen. Die Filets hineinlegen. Die Fische zugedeckt 8 Minuten lang neben dem Herd garziehen lassen. Dann haben sie die richtige Konsistenz erreicht und sind durch und durch saftig, aber gleichzeitig zart und fest. Diese Fischfilets können Sie nun auf vielfache Weise servieren: mit einer schaumigen Sauce Hollandaise oder Béarnaise (siehe Seite 87/88), mit einer Sauce aus rohen, sehr fein gehackten Tomaten (vorher gehäutet und entkernt, wie auf Seite 41 gezeigt), mit frischen Kräutern, Salz, Pfeffer und einigen Tropfen Olivenöl aromatisiert. Oder Sie bereiten aus dem Pochiersud rasch eine Sahnesauce zu: Mit der Schaumkelle die fertigen Filets aus dem Sud heben und in der vorgewärmten Servierschüssel, mit Alufolie abgedeckt, warmstellen. Vom Sud die Hälfte abmessen. Auf starkem Feuer bis auf etwa 3 Eßlöffel einkochen lassen. Mit ¼ Liter Sahne auffüllen und so lange bei starker Hitze kochen, bis die Sauce die gewünschte Konsistenz erreicht hat. Mit Salz, Pfeffer, einer Spur Cayennepfeffer und Zitronensaft abschmecken. Die kochende Sauce über die Fischfilets gießen und sofort auftragen.

Rote Meerbarbe

Rouget Barbet

Zutaten für 4 Personen:
4 große Meerbarben (à ca.
350 g) · ⅛ l Fischfond · ⅛ l
trockener Weißwein · 2 EL
Olivenöl · Salz · Pfeffer aus
der Mühle · 2 große Fleisch-
tomaten · 80 g schwarze
Oliven · 2 EL Kerbel.

Die Meerbarben, wie im Kurs auf den Seiten 94 und 95 gezeigt, filieren. Mit einer Pinzette die Gräten herausziehen. Den Fischfond entweder aus den Gräten und Köpfen mit Wurzelwerk, wie im Grundrezept beschrieben, herstellen oder auf vorhandenen zurückgreifen (siehe auch Seite 85). Fischfond, Weißwein und Olivenöl in eine flache, feuerfeste Form schütten und auf dem Herd heftig aufkochen, damit sich die Flüssigkeit mit dem Öl zu einer Emulsion verbindet. Die Filets salzen, pfeffern und hineinlegen. Die Form in den auf 180° C vorgeheizten Ofen schieben. Den Fisch dort etwa 5 Minuten ziehen lassen. Währenddessen die Tomaten häuten, entkernen (siehe Seite 41) und in Würfel von etwa einem Zentimeter Kantenlänge schneiden. Die Oliven entsteinen und halbieren. Die Fischfilets mit einer Schaumkelle aus dem Sud nehmen und in einer vorgewärmten Servierschale warm stellen. Tomatenwürfel und Oliven in den Sud geben. Auf starkem Feuer 3 Minuten einkochen. Mit Salz und Pfeffer abschmecken. Über die Filets gießen und reichlich mit Kerbelblättchen bestreuen.

Terrine von Zanderfilets

Grundrezept

*Zutaten für 4 bis 6
Personen:
2 Zander von etwa je 1000 g
Salz · Pfeffer aus der Mühle
Zitronensaft · 2 EL Butter
2 große Fleischtomaten
2 Bund Schnittlauch
1 Bund Dill · einige Tropfen
trockener Sherry.*

Die beiden Fische, wie im Kurs auf den Seiten 94 und 95 gezeigt, filieren. Die Filets auf beiden Seiten salzen, pfeffern und mit Zitronensaft beträufeln. Eine möglichst genau passende feuerfeste Kastenform mit einem Viertel der Butter auspinseln. Die Tomaten häuten, entkernen (siehe Seite 41) und fein würfeln. Den Schnittlauch in Röllchen schneiden und den Dill hacken. Den Boden der Form mit einer Schicht Fischfilets auslegen. Mit Butterflöckchen besetzen. Mit der Hälfte der Tomaten und Kräuter bestreuen. Salzen, pfeffern und mit Butterflöckchen bedecken. Die restlichen Filets darüber legen und mit einer Kräuter-Tomatenschicht abdecken. Salzen, pfeffern und die Butterflöckchen nicht vergessen. Mit Sherry beträufeln. Die Terrine mit Alufolie abdecken und in den auf 180° C vorgeheizten Ofen schieben. 15 Minuten lang garen, dann den Ofen ausschalten. Die Terrine bei leicht geöffneter Ofentür noch weitere 10 Minuten ziehen lassen. In derselben Form unverzüglich auftragen.

Auch dieses Grundrezept läßt sich mit allen Arten von Fisch-filets zubereiten. Man kann es auch mit verschiedenen Kräutern und mit anderen blanchierten Gemüsesorten variieren.

Goldbarsch-filets

im Zwiebeldampf

*Zutaten für 4 Personen:
1 kleiner Goldbarsch (ca.
1400 g) · 3 EL Sojasauce
3 EL Sherry oder Reiswein
einige Tropfen Sesamöl (siehe Seite 31) · Pfeffer aus der
Mühle · 1 TL Zucker · Salz
400 g Zwiebeln · Wasser
1 Stück frische Ingwerwurzel · 1 getrocknete Chillischote · 1 EL Schnittlauch.*

Den Fisch wie gezeigt filieren. Mit einer Pinzette die Gräten herausziehen. Die Filets quer in 2 Zentimeter schmale Streifen schneiden. Sojasauce, Sherry, Sesamöl, Pfeffer, Salz und Zucker verrühren. Die Fischstreifen darin wenden. Im Kühlschrank 30 Minuten ziehen lassen. Dabei einige Male wenden. Die Zwiebeln mit der Schale grob hacken. In einen entsprechenden Topf geben. Mit Wasser auffüllen (3 Zentimeter hoch) und zugedeckt 30 Minuten köcheln. Die Fischstreifen auf einem Teller nebeneinander ausbreiten. Mit der Marinade beträufeln. Wenn nötig, zusätzlich salzen. Ingwer schälen, sehr fein hacken. Die Chillischoten entkernen, zerbröseln. Beides über den Fisch streuen. 4 Minuten dämpfen. Mit Schnittlauch bestreuen.

Forellenfilets

im Kräuterdampf
Grundrezept

*Zutaten für 4 Personen:
4 mittelgroße Forellen (à ca.
350 g) · Salz · Pfeffer aus
der Mühle · Zitronensaft
1 Handvoll aromatischer
Kräuter: Estragon, Minze,
Basilikum · Wasser.*

Die Forellen, wie im Kurs auf den Seiten 94 und 95 gezeigt, filieren. Mit einer Pinzette die Quergräten herausziehen. Die Filets salzen, pfeffern und mit Zitronensaft beträufeln. Auf einem flachen Teller nebeneinander anordnen. Die Kräuter in einen Topf füllen, der so bemessen sein muß, daß er diesen Teller bequem aufnehmen kann. 2 Zentimeter hoch Wasser aufgießen. Den Sud zum Kochen bringen. Eine Tasse als Untersatz auf den Boden stellen. Den Teller mit den Forellenfilets darauf setzen. Den Topf mit einem Deckel fest verschließen. Die Filets im nun entstehenden Dampf 4 bis 5 Minuten garen. Herausnehmen und auf demselben Teller sofort servieren

Nach diesem Grundrezept können Sie alle Arten von Fischfilets, ja sogar ganze (jedoch möglichst flache) Fische zubereiten. Verwenden Sie stets frischen Fisch und variieren Sie den Sud.

Plattfische filieren

Bei den Plattfischen sieht das Filieren ein wenig anders aus. Der Hauptunterschied: Hier wird zuerst die Haut abgezogen. Dann erst löst man die Filets von den Gräten. Das ist sogar wesentlich einfacher als bei den anderen Fischarten, denn sie liegen flach auf der Arbeitsfläche und lassen sich so besser festhalten, während rund geformte Fische dabei leicht wegrutschen. Trotzdem hier noch ein Trick: Halten Sie den Fisch mit doppelt gelegtem Küchenpapier oder einem Tuch fest.

Zur großen Familie der Plattfische gehören die feinsten aller Fische: der Steinbutt und die Seezunge. Aber auch die schlichteren Verwandten wie der Glattbutt (oder Kleist), die Kliesche (oder Limande), die Flunder, die Rotzunge oder die Scholle sind Köstlichkeiten. Und obendrein sind sie wesentlich preiswerter.

Bereiten Sie Filets von Plattfischen nach den Rezepten von Seite 96 und 97 zu oder probieren Sie die folgenden:

Seezungenfilets

auf Champignons

Zutaten für 4 Personen:
4 Portionsseezungen (oder 2 größere)
3 Schalotten · 250 g frische Champignons
2 EL Butter · 2 EL trockener Wermut
(Nouilly Prat) · 4 EL Crème fraîche (oder
0,2 l flüssige Sahne) · Salz · Pfeffer aus der
Mühle · Zitronensaft · Cayennepfeffer.

Die Seezungen wie nebenan gezeigt filieren. Die Schalotten schälen und sehr fein hacken. Die Pilze putzen und blättrig schneiden. Die Butter in eine flache, feuerfeste Form geben. In den auf 250° C vorgeheizten Ofen schieben und aufschäumen lassen. Die Schalotten und Champignons darin verteilen. Wiederum in den Ofen schieben. 5 Minuten dünsten. Mit Nouilly Prat ablöschen und die Crème fraîche hineinrühren. (Falls Sie flüssige Sahne nehmen, im Ofen etwas einkochen lassen.) Die Fischfilets nebeneinander in diese Sauce legen. Salzen, pfeffern, mit Zitronensaft beträufeln und mit einem Hauch Cayennepfeffer bestäuben. Im Ofen noch etwa 5 bis 8 Minuten (je nach der Stärke der Filets) ziehen lassen.

Schollenfilets

in Sherrydampf

Zutaten für 4 Personen:
4 Schollen · Zitronensaft · Salz · Pfeffer aus der Mühle · 2 Schalotten · 2 Frühlingszwiebeln · ¼ l trockener Sherry.

Die Schollen wie gezeigt filieren. Mit Zitronensaft beträufeln, salzen und pfeffern. Die Schalotten schälen und sehr fein hacken. Die Frühlingszwiebeln putzen. Das Grün beiseitelegen. Das Weiße in dünne Ringe schneiden. Auf einem passenden Teller verteilen. Die Filets darauf fächerartig anrichten. Mit wenig Sherry beträufeln. Den restlichen Sherry in den Dämpftopf füllen (siehe Seite 96), den Teller auf einer Tasse in den Topf stellen. 4 Minuten dämpfen. Zwiebelgrün fein hacken. Über die gegarten Schollenfilets streuen.

Rotzungenterrine

mit Camembert

Zutaten für 4 bis 6 Personen:
4 Rotzungen · Salz · Pfeffer aus der Mühle Zitronensaft · 200 g sehr reifer Camembert 2 reife Fleischtomaten · 1 Bund frischer Estragon · 1 Stange Lauch · 1 EL Butter.

Die Rotzungen wie gezeigt filieren. Salzen, pfeffern und mit wenig Zitronensaft beträufeln. Den Camembert entrinden. In ½ Zentimeter dicke Scheiben schneiden. Die Tomaten häuten, entkernen (siehe Seite 41) und würfeln. Die Estragonblättchen von den Stielen zupfen. Den Lauch putzen, in hauchfeine Ringe schneiden. In sprudelnd kochendem Salzwasser eine Minute blanchieren, dann in eiskaltem Wasser abschrecken. Eine feuerfeste Kastenform mit etwas Butter ausstreichen. Auf dem Boden die Hälfte der Lauchringe verteilen. Eine Schicht Fischfilets, dann Camembert und Tomaten darübergeben. Salzen, pfeffern und mit Estragon bestreuen. So weiter verfahren, bis alles eingeschichtet ist. Die oberste Schicht ist aus Camembert. Im auf 250° C geheizten Ofen etwa 15 Minuten lang garen.

1 Den Fisch gründlich unter fließendem Wasser abspülen und trocken tupfen. Mit einer Schere rundum die Flossen abschneiden.

2 Die Schwanzflossen dabei jedoch dran lassen. Direkt dahinter mit einem Messer vorsichtig die Haut ein Stückchen weit loslösen.

3 Dieses Hautstückchen mit den Fingern fest packen, am besten mit einem Tuch, damit man nicht abrutscht, und mit Ruck abziehen.

4 Mit einem sehr scharfen Messer, das eine biegsame Klinge hat, zwischen dem weißen Filet und dem rosa Grätenrand entlangfahren.

5 Die beiden Filets (die auf jeder Seite der Seezunge sitzen) durch einen Schnitt entlang der Mittelgräte trennen und vom Kopf lösen.

6 Von der Mitte aus, dicht über den Gräten, mit dem Messer entlang schneidend (es muß biegsam sein!) die Filets abheben.

Gefüllte Seezungenröllchen

Eine Variation zu den bisher gezeigten Rezepten sind Röllchen aus Seezungenfilets. (Natürlich läßt sich das auch mit den Filets von anderen Plattfischen zubereiten, sofern sie nicht so dick wie beispielsweise die von Rotzungen sind.) Man kann die Filets mit Kräutern und Spinatstreifen zusammenrollen. Etwas aufwendiger sind:

Seezungenröllchen,

gefüllt mit Merlan-Püree
(Zum nebenstehenden Kurs)

Zutaten für 4 Personen:
2 Seezungen (à ca. 1000 g) · 1 Möhre
1 Zwiebel · 1 Lauchstange · 1 Lorbeerblatt
6 schwarze Pfefferkörner · 1 Glas trockener Weißwein · Salz · Pfeffer aus der Mühle
Zitronensaft · 1 kleiner Merlan (Wittling)
(ca. 600 g) · 200 g Crème fraîche
2 Schalotten · 2 EL Butter · 2 EL trockener Weißwein · 2 Eigelb.

Die Seezungen, wie auf Seite 99 gezeigt, filieren. Aus Gräten und Köpfen, der geschälten und zerkleinerten Möhre, Zwiebel, Lauchstange, Lorbeerblatt, Pfefferkörnern, Wein und Wasser einen Fond kochen (Seite 85). Die Seezungenfilets auf der Arbeitsfläche nebeneinander ausbreiten. Merlan filieren (wie auf Seite 94 und 95 gezeigt). Das Fleisch im Mixer fein pürieren, dabei die Hälfte der Sahne sowie Salz, Pfeffer und einige Tropfen Zitronensaft beimischen. Wie im Kurs gezeigt, auf die Filets streichen. Diese zu Röllchen binden. Die Schalotten sehr fein hacken. Die Butter in einer flachen, feuerfesten Form erhitzen, die Schalotten darin andünsten. Die Seezungenröllchen in die Form setzen. Mit dem Wein beträufeln. Den heißen Fischfond durch ein Sieb darübergießen. Die Form mit Alufolie verschließen. Für 10 Minuten in den auf 200° C vorgeheizten Backofen schieben. Die Röllchen in einer Servierschüssel anrichten und im ausgeschalteten Backofen bei geöffneter Tür warm stellen. Den Fischfond auf starker Hitze rasch um die Hälfte einkochen. Die restliche Crème fraîche mit den Eigelb verquirlen, mit Salz, Pfeffer und Zitronensaft würzen. In den Fischsud rühren und auf milder Hitze unter ständigem Schlagen mit dem Schneebesen die Sauce heiß und dicklich werden, aber auf keinen Fall kochen lassen. Über die Röllchen gießen.

Seezungenröllchen

gefüllt

Zutaten für 4 Personen:
2 Seezungen (à 1000 g) · 250 g frischer Spinat · 1 Schalotte · 1 EL Butter · Salz
Pfeffer · frisch geriebene Muskatnuß
¼ l Fischfond (siehe Seite 85) · Saft einer Zitrone · 1 Fenchelknolle · ¼ l Sahne
eine Spur Cayennepfeffer.

Die Seezungen wie gezeigt filieren. Aus den Gräten und Köpfen einen Fond kochen (siehe Seite 85). Den Spinat verlesen, dabei die Stiele abknipsen, waschen und nicht zu gründlich abtropfen lassen. Die Schalotte schälen und fein hacken. Die Butter in einem großen Topf schmelzen. Die Schalotte darin weich dünsten. Den Spinat zufügen, salzen, pfeffern und etwas Muskatnuß hineinreiben. Zugedeckt 5 Minuten zusammenfallen lassen. Den Spinat sehr gut ausdrücken, dabei die Flüssigkeit auffangen. Die Seezungenfilets auf der Arbeitsfläche ausbreiten, glattstreichen, salzen, pfeffern und mit etwas Zitronensaft beträufeln. Den gut ausgedrückten Spinat darauf verteilen. Die Filets zusammenrollen und in eine feuerfeste flache Form setzen. Spinatflüssigkeit und Fischfond mit Zitronensaft säuern und darüber gießen. Im auf 200 °C vorgeheizten Ofen 10 Minuten garen. Den Fenchel putzen, das Grün aufbewahren. Die Knolle in kleine Stückchen schneiden. Mit der Sahne begießen, nur leicht salzen und zugedeckt 10 Minuten lang weich kochen. Im Mixer oder mit dem Pürierstab sehr fein zerkleinern und anschließend durch ein Sieb streichen. Wieder zurück in den Topf geben. Mit dem Fischsud aus der Form auffüllen. Auf starkem Feuer 5 Minuten bis zur dicklichen Konsistenz einkochen. Das Fenchelgrün fein hacken. Die Sauce mit Salz, Pfeffer und Cayennepfeffer abschmecken. Den Fisch anrichten. Die kochende Sauce darübergießen und anschließend das Fenchelgrün darüberstreuen.

1 Die ausgelösten Seezungenfilets auf der Arbeitsfläche ausbreiten. Mit einem Küchenbeil oder breiten Messer flach streichen.

2 Die nach Rezept (nebenstehend) vorbereitete Farce gleichmäßig und dünn auf den gesalzenen und gepfefferten Filets verteilen.

3 Die Seezungenfilets von der etwas breiteren Seite her zum schmalen Ende zu aufrollen. Die Farce darf nicht herausquellen.

4 Mit Küchenzwirn oder einem anderen geeigneten Faden die Röllchen zusammenbinden. Einen doppelten Knoten knüpfen.

5 Diese Röllchen aufrecht nebeneinander in eine möglichst genau passende, feuerfeste, flache Form setzen. Sie dürfen nicht umfallen.

6 Mit Weißwein beträufeln. Dann die Form mit Alufolie (glänzende Seite nach innen, damit sie die Hitze reflektiert) schließen.

Gebratener Fisch

Perfekt in heißer Butter gebraten, auch das ist gerade für Fisch eine köstliche Art der Zubereitung. Nach Art der Müllerin heißt diese Methode, weil der Fisch, bevor er in die Pfanne wandert, in Mehl gewendet wird. Dieses Mehl umhüllt im brodelnden Fett den Fisch sofort wie ein schützender Mantel. So wird er außen knusprig und bleibt innen saftig.

Aber auch bei dieser so einfach anmutenden Methode kann einiges schief gehen; wichtig ist dafür erstens eine gute Pfanne mit einem schweren Boden, der die Hitze gleichmäßig verteilt. Zweitens muß man die Einstellung des Feuers (beziehungsweise der Herdplatte) genau regulieren können. Denn ist die Butter nicht heiß genug, wird die Mehlschicht schmierig und klebrig und bildet keinen Schutzmantel. Bei übergroßer Hitze verbrennt sie. Schmelzen Sie ein frisches Stück Butter, lassen Sie sie haselnußbraun werden (nicht dunkler!) und übergießen Sie die gebratenen Fische.

Forellen Müllerin-Art

Grundrezept zum nebenstehenden Kurs

Zutaten für 4 Personen:
4 Portionsforellen (à ca. 300 g) · Zitronensaft zum Beträufeln · Salz · Pfeffer aus der Mühle · Mehl zum Wenden · 4 EL Butter 2 Zitronen · 1 Bund Petersilie.

Die Forellen (vom Fischhändler bereits ausnehmen lassen) unter fließendem Wasser abspülen. Gut trocken tupfen. Salzen, pfeffern und mit Zitronensaft beträufeln. Im Mehl wenden. Wie im Kurs gezeigt, in der Hälfte der heißen Butter braten. Auf einer vorgewärmten Platte anrichten. Mit Zitronenscheiben garnieren. Getrennt dazu Zitronenachtel reichen. Die gebratenen Fische mit der restlichen heißen Butter übergießen. Dazu mit Petersilie bestreute, junge Kartoffeln servieren. Außerdem paßt zu gebratenen Forellen ein knackiger, mit Schnittlauch angemachter Kopfsalat.

1   Bevor Sie mit dem Zubereiten beginnen, stellen Sie die Zutaten in Reichweite: Forellen, Mehl, Salz, Pfeffer, Zitronensaft und Butter.

4   Die sorgfältig trocken getupften Fische in Mehl wenden, bis sie hauchdünn überzogen sind. Überschüssiges Mehl abschütteln.

7   Auf einer vorgewärmten Platte anrichten, die Sie mit einigen halbierten Zitronenscheiben und Petersilie dekoriert haben.

2 Forellen haben eine schleimige Außenschicht (die sich beim Kochen blau färbt). Deshalb vorher waschen und abtrocknen.

3 Vor dem Wenden in Mehl werden die Fische mit Salz, frischem Pfeffer und mit einigen Tropfen Zitronensaft – auch innen – gewürzt.

5 Unmittelbar darauf (damit die Mehlschicht nicht durchfeuchtet) in die haselnußbraune Butter legen. Sie muß brodeln!

6 Die Fische insgesamt ungefähr 12 Minuten braten. Nach der halben Garzeit, also nach etwa 6 Minuten, auf die andere Seite drehen.

8 Die Bratbutter restlos abgießen und wegschütten (wegen der schädlichen Röststoffe). Frische Butter erhitzen und darüber gießen.

9 Die Fische mit Zitronenscheiben dekorieren: die Zitrone schälen, die dünne weiße Innenhaut entfernen und quer aufschneiden.

Kräuter-Forellen

Zutaten für 4 Personen:
4 Portionsforellen (à 300 g)
Salz · Pfeffer aus der Mühle
Zitronensaft zum Beträufeln
Mehl zum Wenden · 4 EL
Butter · 2 Knoblauchzehen
1 zerkrümeltes Lorbeerblatt
½ TL Thymian · ½ TL
zerriebene Rosmarinnadeln
1 TL zerkrümelte Salbei-
blätter (falls Sie frische ver-
wenden: 1 EL) · 4 EL trok-
kener Weißwein.

Die Forellen (ausgenommen) abspülen, trocken tupfen und wie gezeigt in Mehl wenden. In einer schweren Pfanne die Hälfte der Butter erhitzen, die geschälte und zerdrückte Knoblauchzehe und die Kräuter hineinrühren. Die Fische darin auf beiden Seiten jeweils 5 bis 6 Minuten braten und warmstellen. Das Bratfett durch ein Sieb abgießen, dabei die Kräuter auffangen. Diese wieder in die Pfanne geben. Die restliche Butter darin schmelzen und mit dem Wein ablöschen. Aufkochen lassen und mit Salz und Pfeffer abschmecken. Durch ein Sieb über die Forellen gießen.

Schollen

mit Champignons

Zutaten für 4 Personen:
4 kleine Schollen (à 300 g)
Salz · Pfeffer · Zitronensaft
Mehl zum Wenden · 4 EL
Butter · 2 Schalotten · 250 g
frische Champignons · 2 EL
trockener Wermut · ¼ l
Sahne · 2 EL Petersilie.

Die Schollen (vom Fischhändler bereits ausgenommen) wa-

schen und trocken tupfen. Salzen, pfeffern und mit Zitronensaft beträufeln. In Mehl wenden. Wie gezeigt auf beiden Seiten jeweils etwa 6 Minuten braten. Unterdessen die Schalotten schälen und fein hacken. Die Pilze putzen, nur wenn nötig, waschen und gut trocknen. Dann in feine Scheibchen schneiden. Die fertig gebratenen Fische auf einer vorgewärmten Platte im auf 80° C vorgeheizten Backofen beiseitestellen. Das Bratfett weggießen. Frische Butter in der Pfanne erhitzen, die Schalotten darin andünsten, die Pilze hineinrühren und 5 Minuten mitbraten. Mit dem Wermut ablöschen und mit der Sahne aufgießen. Weitere 5 Minuten kräftig kochen. Mit Salz, Pfeffer und Zitronensaft abschmecken. Die Petersilie untermischen. Die heiße Sauce über die Fische gießen und sofort auftragen.

Seezungen

mit Kapern

Zutaten für 4 Personen:
4 kleine Portions-Seezungen à 400 g · Salz · Pfeffer
Zitrone · Mehl zum Wenden
4 EL Butter · 1 kleine
Zwiebel · 1 kleine Möhre
⅛ l Fischfond (siehe Seite 85) · ⅛ l trockener Sherry
2 EL Kapern · 2 EL Crème fraîche · 2 EL Kerbel-
blättchen.

Die ausgenommenen Seezungen waschen, trocken tupfen, salzen, pfeffern und mit Zitronensaft beträufeln. Im Mehl wenden und in 2 Eßlöffeln der heißen Butter auf jeder Seite etwa 6 Minuten braten. Auf einer Platte im auf 80° C vor-

geheizten Ofen warmstellen. Die Zwiebel und Möhre schälen und in der Butter 5 Minuten dünsten. Mit dem Fischfond und Sherry auffüllen und die Kapern zufügen. Weitere 5 Minuten sprudelnd kochen. Mit einem Schneebesen die Crème fraîche hineinarbeiten. Die Sauce mit Salz, Pfeffer und Zitronensaft abschmecken. Die Kerbelblättchen hineinrühren. Die Sauce über die Fische gießen und auftragen.

Aal in Salbeibutter

Zutaten für 4 Personen:
1 großer Aal (etwa 1800 g)
vom Fischhändler getötet
und abgezogen · Salz · Pfeffer aus der Mühle · Zitro-
nensaft · Mehl zum Wenden
4 EL Butter · 1 Handvoll
frischer Salbeiblätter.

Den Aal abspülen und trocken tupfen. Quer in etwa 6 Zentimeter lange Stücke schneiden.
Rundum salzen, pfeffern und mit Zitronensaft beträufeln. Alle Stücke im Mehl wenden. In einer großen Pfanne die Hälfte der Butter erhitzen. Die Salbeiblätter hinein geben. Nach kurzem Anrösten die Aalstücke zufügen. Auf allen Seiten je 4 bis 6 Minuten braten (Schwanzstücke haben eine kürzere Garzeit). Herausnehmen und warm stellen. Die Bratbutter wegschütten, doch die Salbeiblätter in der Pfanne zurückbehalten. Die restliche Butter darin erhitzen; über die Aalstücke gießen.

Gegrillter Fisch

Das Grillen ist wohl die älteste Garmethode, die die Menschheit kennt. Als man sich endlich das Feuer zu Nutze gemacht hatte, steckte man sein Fleisch (und natürlich auch den Fisch) auf einen Stock, hielt es über das Feuer und briet es, bis der Saft herunter troff.

Heutzutage ist das Grillen nicht nur als besonders bekömmlich bekannt (weil man so weitgehend auf Fett beim Garen verzichten kann), sondern es ist eine beliebte Freizeittätigkeit geworden. Man grillt auf einem schlichten Rost, den man über einige aufrecht gestellte Backsteine legt, oder auf dem mondänen Gartengrill zu Hause. Längst hat uns die Technik außerdem die Möglichkeiten gegeben, auch bei Regenwetter in der Küche zu grillen; in vielen Backöfen ist bereits sogar die Grilleinrichtung eingebaut. Wer all diese Möglichkeiten nicht haben sollte, der kann sich für wenig Geld eine sogenannte Grillpfanne zulegen, die, mit erhabenen Rillen ausgestattet, es nicht nur erlaubt, daß man mit wenig Fett auskommt, sondern auch die typischen dunklen Streifen auf dem Gargut hinterläßt, an denen man erkennen kann, daß nicht gebraten, sondern gegrillt wurde.

Wenn Sie über Holzkohle grillen, dann sollten Sie immer darauf achten, daß der Rost tadellos sauber ist und stets mit Öl eingepinselt, bevor Sie das Grillgut darauf legen. Sonst klebt es fest, die Haut reißt auf und der Fisch (oder was immer Sie gerade grillen) verliert kostbaren Saft.

Verwenden Sie zum Grillen möglichst fette Fische wie Makrelen, Heringe oder Lachs. Sie werden besonders köstlich, weil ihr natürliches Fett sie saftig erhält und gleichzeitig ausbrät, so daß Sie es nicht mitessen. Vielen Fischen bekommt es gut, wenn man sie vor dem Grillen für einige Stunden (mindestens eine, besser noch drei und vier) in eine würzige Marinade legt. Dadurch können sie sich mit Aroma und mit Flüssigkeit oder Öl vollsaugen und bleiben auf dem Grill saftiger.

Fische, die Schuppen haben, müssen vor dem Grillen unbedingt sorgfältig davon befreit werden. Das erledigt, wenn Sie ihn darum bitten, der Fischhändler gern für Sie. Wenn nicht, so legen Sie den ausgenommenen Fisch auf die Arbeitsfläche, halten ihn mit einem Tuch oder doppelt gelegtem Küchenpapier am Schwanz fest und schrappen mit einem stumpfen Messer Richtung Kopf sämtliche Schuppen ab.

Diese Schuppen bestehen aus hornartigem Material; sie würden wie versengte Haare stinken, wenn sie mit der Holzglut in Berührung kämen.

Wollen Sie ganze Fische auf dem Rost grillen (oder im Elektrogrill oder in der Grillpfanne), so sollten Sie sie auf beiden Seiten kreuzweise, fast bis auf die Gräten, tief einschneiden. Nur so ist gewährleistet, daß sie auch innen den richtigen Garpunkt erreichen. Kleinere Fische oder Fischstücke legen Sie erst auf den Grill, wenn er die heißest mögliche Temperatur hat. Größere Fische oder dicke Scheiben werden dagegen bei dieser starken Hitze nur angebraten. Damit sie dann nicht verbrennen, muß man anschließend (bei Elektrogrills) die Hitze herunterschalten oder den Rost etwas von der Glut entfernen. Andernfalls sind sie außen bereits verkohlt, obwohl sie im Innern noch blutig roh sind. Besonders köstlich schmeckt es, wenn sie den Fisch während des Grillens immer wieder mit einer Marinade bepinseln. Dabei karamelisiert der Sud auf der Außenseite und teilt seinen Geschmack dem Fisch noch intensiver mit.

Legen Sie – wenn Sie schon beim Grillen sind – die Beilagen gleich mit auf den Rost. Dafür eignen sich zum Beispiel reife Fleischtomaten, oben kreuzweise eingeschnitten und mit Salz und Pfeffer bestreut, oder geschälte und entkernte Gurkenhälften.

Legen Sie mit Öl bestrichene Auberginenscheiben auf den Rost. Und backen Sie nebenbei die herrlichen Grillkartoffeln, die natürlich nicht fehlen dürfen: Bestreuen Sie die glänzende Seite eines ausreichend großen Stückes Alufolie mit Salz und Pfeffer, setzen Sie ein Butterflöckchen darauf und umhüllen Sie damit eine große, kreuzweise eingeschnittene mehligkochende Kartoffel. Plazieren Sie dieses Paket unter die Holzkohle und lassen Sie so die Kartoffel etwa eine Stunde garen. Dazu reichen Sie saure Sahne, die mit Zitronensaft, Salz, Pfeffer und frischen, gehackten Kräutern verrührt wurde.

1 Zum Grillen eignen sich die meisten Fische. Hier (von links): Zahnbrasse, Makrelen, Rote Meerbarben, Lachsschnitten, Sardinen.

2 Viele Fische schmecken würziger, wenn man sie in eine Marinade einlegt – z. B. aus Olivenöl, Weißwein, Lorbeer und Zitrone.

5 Lachs ist besonders gut zum Grillen geeignet. Dank seines hohen Fettgehalts bleibt er zart und saftig. Die Scheiben sollten dick sein.

6 Grillen Sie Lachsscheiben nicht zu lange. Es genügen zwei Minuten auf jeder Seite, auch wenn die Scheiben etwas dicker als 3 cm sind.

9 Seezungen können Sie mit der Haut grillen. Falls Sie sie jedoch vorher abziehen wollen, sollten Sie die Fische in Mehl wenden.

10 Dann bildet sich – wie beim Braten in der Pfanne – eine schützende Schicht, die den Fisch saftig bleiben läßt. Zum Schluß salzen.

3 Legen Sie den zu grillenden Fisch stets quer zu den Rillen (bei der Grillpfanne) oder zu den Stäben des Rosts (Holzkohlengrill).

4 Die Hitze, die dem Grillgut zugeführt wird, muß anfangs so groß wie nur möglich sein, damit sich alle Poren sofort schließen.

7 Damit sich später das fürs Grillen so typische Kreuzmuster auf den Fischen abzeichnet, legen Sie sie immer schräg auf den Rost.

8 Dann müssen Sie dieselbe Seite zweimal grillen und den Fisch dabei um neunzig Grad drehen. So zeichnen sich die Stäbe dunkel ab.

11 Die Grillstäbe müssen jedoch besonders gut eingeölt sein. Beim ersten Wenden bepinseln Sie die Fische ebenfalls mit Öl.

12 Die fertig gegrillten Fische dekorativ anrichten – vorausgesetzt, Ihre Gäste haben sie Ihnen nicht bereits aus den Händen gerissen.

Grüne Heringe

gegrillt

*Zutaten für 4 Personen:
8 mittelgroße Heringe (à ca.
250 g) · 4 EL Olivenöl
Saft einer halben Zitrone
1 TL Thymian · ½ TL Delikateßpaprika · Pfeffer aus
der Mühle · Salz.*

Die Heringe innen und außen gründlich abspülen. Mit Küchenpapier sorgsam trocken tupfen. Das Öl mit Zitronensaft, Thymian, Paprika und Pfeffer verrühren, dabei mit dem Schneebesen so lange schlagen, bis eine cremige Sauce entstanden ist. Die Heringe in eine flache Schale legen und damit übergießen. Im Kühlschrank eine Stunde ziehen lassen, dabei die Fische einige Male wenden. Auf dem Holzkohlengrill, unter dem Elektrogrill oder in der Grillpfanne etwa 8 Minuten auf beiden Seiten garen. Dazu Kartoffelsalat mit hauchfein geschnittener Salatgurke servieren.

Zahnbrasse

gegrillt

*Zutaten für 4 Personen:
1 große Zahnbrasse (ca.
1800 g) · Salz · Pfeffer aus
der Mühle · 4 EL Olivenöl
6 EL trockener Weißwein
2 zerkrümelte Lorbeerblätter · 1 EL zerriebener
Thymian · 1 Zitrone · 2 EL
gehackte Petersilie.*

Die Zahnbrasse (bereits vom Fischhändler ausnehmen lassen) innen und außen abspülen. Auf jeder Seite parallel drei Schrägschnitte anbringen, die bis zu den Gräten reichen sollen. Mit Salz und Pfeffer gründlich einreiben. Olivenöl, Weißwein, Gewürze und Saft der Zitrone in ein Töpfchen geben und so lange kräftig kochen, bis sich alles zu einer Emulsion verbunden hat. Etwas abkühlen lassen. Über den Fisch gießen. Diesen darin etwa 2 Stunden marinieren. Dabei gelegentlich wenden, damit er überall von dem Sud durchzogen wird. Abtropfen lassen. Den Fisch auf den Rost oder unter die Heizstäbe (des Elektrogrills) legen und auf beiden Seiten zunächst bei starker Hitze je 5 Minuten grillen. Dann die Hitze reduzieren. Den Fisch so weitere 6 Minuten garen. Die Marinade noch einmal aufkochen. Über den fertigen Fisch gießen und mit Petersilie bestreuen.

Gegrillter Aal

*Zutaten für 4 Personen:
1 großer Aal von etwa
1800 g (vom Fischhändler
bereits getötet, abgezogen
und von der Mittelgräte befreit) · 4 EL Sojasauce
4 EL Sherry · 1 EL Zucker
einige Tropfen Sesamöl
(siehe Seite 314) · Pfeffer
aus der Mühle · ¼ l Fleischbrühe · 2 EL feingehackte
Petersilie.*

Den Aal quer in 6 Zentimeter lange Stücke schneiden. In eine flache Schale legen. Sojasauce, Sherry, Zucker, Sesamöl und Pfeffer verrühren, bis der Zucker aufgelöst ist. Über die Aalstücke gießen. Sie darin eine Stunde ziehen lassen, dabei mehrfach wenden. Herausnehmen, abtropfen lassen und gut trocken tupfen. Auf den Rost, unter den Elektrogrill oder in die Grillpfanne legen und auf mildem Feuer langsam, insgesamt 15 Minuten, grillen, dabei den Grillrost und den Fisch immer wieder mit der Marinade bepinseln. Die restliche Marinade aufkochen, mit einigen Eßlöffeln Fleischbrühe verdünnen. Die feingehackte Petersilie hineinstreuen. Als Sauce zum Aal reichen. Dazu paßt lockerer Reis.

Lachs-scheiben

gegrillt

*Zutaten für 4 Personen:
4 gleich dicke Lachsscheiben (à ca. 200 g) · 3 EL Olivenöl · 2 EL trockener
Weißwein · Salz · Pfeffer
aus der Mühle.*

Die Lachsscheiben mit Küchenpapier abtupfen. Mit Öl und Weißwein beträufeln und gut eine halbe Stunde ziehen lassen, dabei die Scheiben mehrmals wenden. Herausnehmen, mit Salz und Pfeffer bestreuen. Auf dem Holzkohlengrill, in der Grillpfanne oder unter dem Elektrogrill auf beiden Seiten je etwa 2 Minuten garen. Dabei immer wieder mit der Marinade bepinseln.
Dazu eine Sauce Hollandaise oder eine Sauce Béarnaise servieren (siehe Rezept Seite 87 und 88).

Pochierter Fisch

Wir sagten es bereits: Die schonendste und sanfteste Garmethode nicht nur für Fisch ist das Pochieren. Darunter versteht man das langsame Garziehen in einer Flüssigkeit. Es versteht sich, daß man dafür nicht schieres Wasser nimmt, sondern einen Sud, zum Beispiel aus Fischfond, aus klein geschnittenen Gemüsen, aus Wein oder aus einer Mischung von all diesen Möglichkeiten, um den Fisch zu würzen.

Selbstverständlich kann man auch ganze Fische pochieren – man nennt das dann ,,blaukochen''; mehr darüber können Sie auf den Seiten 123 bis 125 nachlesen. Aber häufiger noch bereitet man Filets von Fischen auf diese Weise zu. Nicht nur, weil sie angenehmer zu essen sind, sondern weil beim Filieren auch ganz von selbst die Gräten und Köpfe anfallen, aus denen man den Pochiersud kochen kann.

Beim Pochieren möchte man erreichen, daß das Fischstück durch und durch dieselbe, sehr saftige Konsistenz bekommt, also nicht außen fest, dafür innen noch roh ist (so wird der Fisch, wenn man ihn in *kochenden* Sud legt), und auch nicht insgesamt trocken und zäh (dann war er zu lange im *siedenden* Fond).

Die erste Voraussetzung dafür: Das Fischfilet muß gleichmäßig stark sein. Es darf nicht in der Mitte dick und an den Seiten abgeflacht sein. Schneiden Sie es deshalb so, daß jedes Stück gleich dick ist. Andernfalls geschieht dasselbe wie bei Einlegen in stark kochenden Pochierfond: Die flachen Seiten sind ,,durch'', ehe das dickere Mittelstück gar sein kann. Die zweite Voraussetzung ist etwas schwieriger zu schaffen: Der Pochierfond muß bei einer exakten Temperatur gehalten werden. Das läßt sich bei den modernen Elektroherden leider kaum bewerkstelligen (Besitzerinnen von Gasherden haben es da oft einfacher). Aber Sie können Ihren Finger zu Hilfe nehmen: Er muß den Kontakt mit dem heißen Sud eben noch aushalten können – dann hat er die richtige Temperatur.

Vielleicht wird es klarer, wenn Sie sich folgendes noch einmal vor Augen führen: Fisch besteht aus Eiweiß. Und dieses beginnt bei etwa 65° C zu gerinnen. Bei 75° C ist der Prozeß abgeschlossen. Das heißt, ab diesem Punkt wird das Eiweiß nicht ,,garer'', sondern nur zäher, fester, ledriger und verliert Saft und Aroma. Gibt man also das Fischstück in den kochenden Sud von 100° C, gerinnt das Eiweiß außen sofort, mehr noch, es wird unverzüglich hart. Innen dagegen – so schnell kann die Hitze das Fleisch nicht durchdringen – ist es noch roh. Auch wenn Sie es nun noch länger im Sud ziehen lassen, kann es nicht mehr saftig bleiben. Bereits nach diesem ersten Kontakt mit zu starker Hitze ist sein Schicksal besiegelt: Es muß, so paradox es klingt, trocken werden.

Deshalb darf der Fischsud höchstens eine Temperatur von etwa 80° C, besser noch ein wenig darunter haben. Dann schließt sich das Eiweiß langsam gleichmäßig von außen nach innen auf, und der Fisch bekommt durch und durch die erwünschte zarte und saftige Konsistenz.

Fast immer wird aus dem Pochiersud die den Fisch begleitende Sauce hergestellt. Dafür muß man den Fisch vorsichtig mit einer Schaumkelle herausheben und auf einem Teller, mit Alufolie abgedeckt, warm stellen. Das kann im auf 50° C vorgeheizten Ofen geschehen. Man kann den Fisch aber auch zwischen zwei heißen (Vorsicht: nicht *zu* heißen) Tellern warm halten oder auf der milde erhitzten Herdplatte (ebenfalls mit Alufolie abgedeckt, wobei auch hier die glänzende Seite zum Fisch hin zeigen soll, weil sie die Wärme reflektiert). Natürlich gart beim Warmhalten der Fisch noch weiter. Auch die kleinste Wärmequelle hat auf das empfindliche Eiweiß Einfluß. Deshalb nimmt man den Fisch stets bereits knapp, bevor er ,,gar'' ist, heraus und muß sich dann trotzdem beim Fertigstellen der Sauce beeilen. Die heiße Sauce gießt man über den warmgestellten Fisch und trägt unverzüglich auf. Bitten Sie deshalb Ihre Gäste schon rechtzeitig, am Tisch Platz zu nehmen.

Viele Restaurantköche machen sich dies zu Nutze: Sie garen empfindliche Fischfilets (wie zum Beispiel vom Lachs) ausschließlich durch Strahlungshitze, indem sie die Fischstücke auf dem Teller, auf dem sie serviert werden sollen, ausbreiten und für kurze Zeit unter die Infrarot-Wärmelampe stellen, die man normalerweise nur zum Warmhalten fertiger Gerichte benutzt.

Steinbuttfilets

in Sahnesauce
(Zum nebenstehenden Kurs)

Zutaten für 6 Personen:
1 mittelgroßer Steinbutt (ca. 3000 g).
Für den Fond:
1 Möhre · 1 große Zwiebel · 1 Petersilien-
wurzel mit Grün · 1 Lauchstange
¼ l trockener Weißwein · Wasser.
Für die Sauce außerdem:
2 Schalotten · 250 g frische Champignons
2 EL Butter · Salz · Pfeffer aus der Mühle
½ TL Thymian · 200 g Crème fraîche
gehackte Petersilie.

Den Fisch, wie auf Seite 99 vorgeführt, in Filets zerlegen. Aus den Gräten und Abfällen mit Wurzelwerk, Wein und Wasser, wie auf Seite 85 beschrieben, ¼ Liter Fond kochen. Die gehackten Schalotten und blättrig geschnittenen Champignons in einer flachen feuerfesten Form in heißer Butter andünsten. Die Steinbuttfilets auf beiden Seiten salzen, pfeffern und auf das Schalottenbett legen. Mit Fischfond begießen, mit Thymian und Petersilie bestreuen. 3 bis 4 Minuten im auf 200 °C vorgeheizten Ofen garen. Mit einer Schaumkelle die Filets herausheben, dabei möglichst viele Pilze mit erfassen und auf der vorgewärmten Platte warm stellen. Die Sauce wie gezeigt vollenden. Noch einmal abschmecken und über die Fischfilets gießen.
Dazu paßt frisch aufgebackenes Weißbrot.
Anmerkung: Wichtig ist, daß Sie den Fischsud, nachdem Sie die Filetstücke und die Pilze herausgehoben haben, auf starkem Feuer rasch etwa um die Hälfte einkochen. Sonst wird die Sauce zu dünn und zu reichlich. Die Sauce soll eine cremige Konsistenz haben und den Fisch leicht überziehen. Decken Sie auch einen mittelgroßen Löffel neben das Fischbesteck, damit man die restliche Sauce bequem vom Teller löffeln kann.
Dieses Rezept läßt sich natürlich vielseitig variieren: Dünsten Sie mit den Schalotten, statt der Champignons, in feine Julienne geschnittene Gemüse (siehe Seite 38) an. Achten Sie jedoch darauf, daß sie weich genug sind, bevor Sie mit Fischfond angießen. Oder blanchieren Sie sie zuvor kurz in sprudelnd kochendem Salzwasser. (Abschrecken nicht vergessen, damit sie ihre leuchtende Farbe behalten!)

1 Die Zutaten: sauber ausgelöste Steinbuttfilets, Schalotten, Champignons, Crème fraîche, Butter, Gewürze und Wurzelwerk.

4 Unterdessen die Steinbuttfilets flach in gleich große und vor allem in gleichmäßig dicke Portionsstücke schneiden.

7 Nach 3 bis 4 Minuten mit einer Schaumkelle herausheben und auf der vorgewärmten Platte, mit Folie zugedeckt warm stellen.

2 Aus den Steinbuttgräten und dem Kopf wird der Fond gekocht: Wurzelwerk und Fischabfälle in Stücke hacken und andünsten.

3 Mit Wein ablöschen und einkochen lassen. Dann mit Wasser aufgießen. Köchen, bis der Fond auf ein Viertel reduziert ist.

5 Den Fischfond durch ein feines Sieb filtern. Schalotten hacken, Champignons blättrig schneiden; in einer flachen Form andünsten.

6 Die Fischfilets auf dieses Schalotten-Champignonbett legen. Mit Fond übergießen und in den 200° C heißen Ofen schieben.

8 Für die begleitende Sauce den Pochiersud in einen Topf füllen und auf starker Hitze rasch um mehr als die Hälfte einkochen.

9 Mit Crème fraîche aufgießen. Unter Rühren mit dem Schneebesen cremig einkochen. Abschmecken und über den Fisch füllen.

Schollenfilets
auf Gemüsebett

Zutaten für vier Personen:
12 Schollenfilets (3 ganze
Fische) · Salz · Pfeffer aus
der Mühle · 1 kleine Möhre
1 Schalotte · 1 kleine weiße
Rübe (Navet) · 1 Stengel
Bleichsellerie · 1 dünne
Lauchstange · 2 EL Butter
¼ l Fischfond (siehe Seite
85) · 1 Fleischtomate · 2 EL
Butter · 2 EL feingehackte
Petersilie.

Die Filets abspülen und mit
Küchenpapier trocken tupfen.
Auf beiden Seiten salzen und
mit Pfeffer bestreuen. Möhre,
Schalotte und weiße Rübe
schälen und in feine Julienne
schneiden (Seite 37). Bleichsellerie und Lauch putzen und
quer in hauchdünne Ringe
schneiden. Die Butter in einer
flachen feuerfesten Form aufschäumen lassen. Das vorbereitete Gemüse darin 5 Minuten knapp weich dünsten. Mit
Fischfond aufgießen. Zum
Kochen bringen. Die Form
vom Feuer nehmen, geringfügig abkühlen lassen. Die
Schollenfilets nebeneinander
auf das Gemüsebett legen. Sie
müssen gerade eben von Flüssigkeit bedeckt sein. Im auf
200° C vorgeheizten Ofen
4 Minuten ziehen lassen. Inzwischen die Tomaten häuten,
entkernen (Seite 41), das
Fleisch in ein Zentimeter große Würfel schneiden. Vor der
letzten Garminute über den
Fisch streuen. Die Form aus
dem Ofen holen. Den Fond in
ein Töpfchen abgießen. Rasch
auf starker Hitze etwas einkochen. Die Butter mit dem
Schneebesen neben dem Feuer einarbeiten. Abschmecken
und wieder über den Fisch füllen. Mit Petersilie bestreuen
und sofort servieren.
Als Zwischengericht ohne
Beilage reichen. Als Hauptgang mit gekochten Kartoffeln
servieren.

Fischklöße
in Senfsauce

Zutaten für 4 Personen:
500 g Reste von gedünste-
tem oder pochiertem Fisch
1 Semmel · Wasser · 2 Eier
1 Zwiebel · 1 kleine Möhre
1 EL Butter · 1 Bund Peter-
silie · Salz · Pfeffer aus der
Mühle · frisch geriebene
Muskatnuß · etwas abgerie-
bene Schale einer Zitrone
1 EL Zitronensaft · 2 EL
Mehl · ¼ l Wasser
¼ l Fischfond (siehe Seite
85) · ⅛ l Sahne · 2 Eigelb
1 EL Delikateß-Senf.

Die Fischreste sorgfältig –
wenn nötig – entgräten. Dann
durch die feinste Scheibe des
Fleischwolfs drehen. Die Semmel mit Wasser bedeckt einweichen. Fischreste, ausgedrückte Semmel und Eier in
eine Schüssel geben. Die
Zwiebel und die Möhre schälen und sehr fein hacken oder
auf der feinen Reibe zerkleinern. In der heißen Butter
weich dünsten. Abkühlen und
in die Schüssel füllen. Die Petersilie hacken und zufügen.
Alles zu einem formbaren
Teig mischen. Mit Salz, Pfeffer, Muskat, abgeriebener Zitronenschale und Zitronensaft
abschmecken. Soviel Mehl unterrühren, wie nötig ist, daß
man den Teig zu Klößchen
verarbeiten kann. Zwischen
den angefeuchteten Händen
zu tennisballgroßen Kugeln
rollen. Wasser und Fischsud
aufkochen. Die Klöße darin
4 Minuten vorsichtig pochieren. Mit einem Schaumlöffel
herausheben und warm stellen. Den Kochfond auf starkem Feuer um mehr als die
Hälfte einkochen. Die Sahne
mit den Eigelb und dem Senf
verrühren, in den Kochfond
geben und unter ständigem
Rühren heiß und dicklich werden, aber keinesfalls kochen
lassen. Über die Fischklöße
gießen und mit Petersilienkar-
toffeln sofort auftragen.

Anmerkung: Falls Ihnen die
Sauce zu dünn erscheint, können Sie sie entweder noch
stärker einkochen oder mit einer Mehlbutter andicken; dafür Mehl und Butter zu gleichen Teilen mit einer Gabel
gründlich vermischen. Flöckchenweise in die Sauce geben
und so lange köcheln, bis sie
die gewünschte Konsistenz erreicht hat. Dies müssen Sie allerdings tun, bevor Sie mit Eigelb legiert haben – weil sonst
die Sauce ausflockt und gerinnt.

Rotzunge in Apfelwein

Zutaten für 4 Personen:
8 Rotzungenfilets · 2 Scha-
lotten · 1 säuerlicher Apfel
2 EL Butter · ¼ l trockener
Apfelwein (brut) · 3 EL
Crème fraîche · 2 EL
Zitronensaft · Salz · Pfeffer.

Die Fischfilets entgräten.
Schalotten und Apfel schälen.
Schalotten fein hacken. Apfel
in feine Scheibchen schneiden. In der Butter weich dünsten. Mit Apfelwein ablöschen.
Die Filets darin vier Minuten
ziehen lassen. Warmstellen.
Den Sud mit der Crème
fraîche einkochen. Würzen
und abschmecken.

Fritierter Fisch

Fritieren bedeutet, schwimmend in heißem Fett ausbacken. Wenn dies bei der richtigen Temperatur geschieht, schließen sich die Poren sofort und aller Saft bleibt im Innern erhalten. Außen entsteht eine Schutzschicht, die nichts von innen nach außen dringen läßt. Um diese Schicht noch zu verstärken und den Schutzeffekt noch zu erhöhen, wendet man das Fritiergut zuvor in Mehl, in verquirltem Ei und anschließend in Semmelbröseln (doch davon später) oder in einem speziellen Ausbackteig. Diese Außenschicht wird beim Ausbacken golden braun. Natürlich ist bei diesem Prozeß nicht zu vermeiden, daß in dieser Hülle eine Menge Fett aufgenommen wird – Fritiertes ist deshalb immer recht kalorienreich. Eigentlich ist dies schade.

Michel Guérard, der große Koch der Französischen Neuen Küche, weiß da einen guten Trick: Möglichst nur kleine Fische fritieren (Weißfische, Maifischli oder Sardellen) und diese zuvor einige Stunden lang an einem Bindfaden aufgereiht in der Sonne und bei Wind trocknen lassen. So kann die Fischhaut beim Ausbacken die Aufgabe übernehmen, eine schützende Schicht zu bilden – und die Sache wird delikater.

Beim Fritieren muß man vor allem eines besitzen: einen gut funktionierenden Thermostat (bei elektrischen Fritüren) oder ein entsprechendes Thermometer; denn das Fett muß eine gleichmäßige Temperatur haben, die weder zu hoch noch zu niedrig sein darf. Bei zu stark erhitztem Fett verbrennt der Fisch außen (ähnlich wie beim Grillen) und bleibt innen roh. Und bei zu wenig erhitztem Fett kann sich kein Schutzpanzer bilden – die Außenschicht wird schmierig und bleibt blaß. (Wie beim Braten nach Müllerin Art.)

Butter oder Margarine sind nicht zum Ausbacken geeignet, weil sie bereits bei etwa 150 Grad zu rauchen und dann sofort zu verbrennen beginnen. Man greift deshalb lieber zu Öl und zu Pflanzenfetten. Wobei zu beachten ist, daß Öle schon bei 180° C ihren Rauchpunkt erreicht haben, während man Pflanzenfette (Palmin) bis auf 200° C erhitzen kann. Über den Rauchpunkt hinaus soll man kein Fett

erhitzen – dann beginnen sich gesundheitsschädliche Röststoffe zu entwickeln.

Die beste Ausbacktemperatur liegt etwa bei 170° C bis 180° C, und dies ist das Äußerste, was man auf dem Thermostat einstellen sollte. Wichtig außerdem: Nur kleine, also Portionsstücke oder flache Teile ins Fett geben, damit die Hitze rasch bis zum Kernpunkt vordringen kann. Niemals zuviel auf einmal in den Ausback-Topf schütten, damit die Temperatur des Fetts nicht zu sehr herabgesenkt wird. (Das wiederum hätte die unerwünschte, schmierige Außenschicht zur Folge.)

Das Fett kann man getrost mehrmals gebrauchen. Schließlich benötigt man ja eine gehörige Menge, und es wäre ein teurer Spaß, jedesmal wieder eine neue Portion davon kaufen zu müssen. Nach viermal Fritieren jedoch sollten Sie es auswechseln und nach jedem Gebrauch das Fett durch ein mit einer doppelten Lage Küchen- oder Filterpapier (das tut's auch einfach gelegt) ausgekleidetes Sieb filtern, damit auch die kleinsten verkohlten Teilchen – die immer im Fett zurückbleiben – eliminiert sind. Das Fett anschließend in einem Deckelglas (Parfaitglas) im Kühlschrank aufbewahren. Dort hält es sich etwa (höchstens) sechs Wochen. In den meisten Kochbüchern wird zum Testen der richtigen Temperatur die „Holzstäbchen-Probe" empfohlen: Man hält einen hölzernen Kochlöffelstiel ins heiße Fett; sobald daran heftige Bläschen emporsteigen, hat es die erforderliche Hitze. Dieser gute Rat ist jedoch mit Vorsicht zu genießen. Wenn die Blasen nämlich wirklich heftig sprudeln, dann ist das Fett schon zu heiß. Vor allem, wenn Sie größere Stücke fritieren wollen. Die Bläschen dürfen gerade eben nur beginnen, am Löffelstiel emporzusteigen. Um diesen Punkt zu erkennen, bedarf es jedoch einiger Fritier-Erfahrung. Deshalb rate ich Ihnen: Falls Sie öfter ausbacken, kaufen Sie sich für ein paar Mark im Haushaltsgeschäft ein spezielles Thermometer. Dann kann garantiert nichts mehr schief gehen!

1 Ganz gleich, ob Sie winzige Sardellen (frische natürlich) oder größere Portionsstücke fritieren wollen: hier die nötigen Zutaten.

2 Kleine Fischchen schmecken würziger, wenn man sie zuvor in Öl, das mit Pfefferkörnern und Lorbeerblatt gewürzt ist, mariniert.

5 Dabei rasch arbeiten, damit die Feuchtigkeit die Mehlschicht nicht durchdringen kann. Die Fische sodann im Sieb gut ausschütteln.

6 Inzwischen das Fett auf die erforderliche Temperatur bringen. Eine kleine Portion in den Ausbackkorb füllen und hineintauchen.

9 Falls sie bereits appetitlich braun sind, abtropfen lassen und anrichten. Ansonsten noch einmal für Sekunden ins Fett tauchen.

10 Besonders köstlich ist ausgebackene Petersilie. Verwenden Sie die glattblättrige Sorte – sie ist aromatischer. Fritieren Sie sie kurz.

3 Oder man läßt die Fischchen mit frischer, eisgekühlter Milch bedeckt eine Stunde lang ziehen. Dadurch werden die Fische saftiger.

4 In beiden Fällen: Die Fische sehr gründlich abtropfen lassen, möglichst noch zusätzlich trocken tupfen. In Mehl wenden.

7 Das Ausbackfett muß nunmehr sprudelnd aufrauschen (hörbar!), es darf keinesfalls rauchen oder schwarze Teilchen zeigen.

8 Nach einer, längstens zwei Minuten sind die Fische gar. Selbst, wenn sie sich noch nicht golden gefärbt haben, herausnehmen.

11 Alle Fischchen portionsweise ausbacken. Jedesmal gut abtropfen lassen (auf Küchenpapier) und mit der Petersilie anrichten.

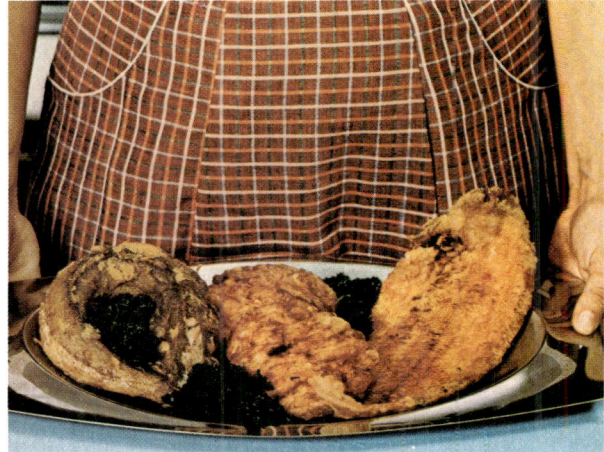

12 Ganz genauso können Sie mit ganzen Fischen verfahren. Seezungen zum Beispiel sind nach ungefähr 6 Minuten zart und saftig.

1   Solche Fischkrapfen sind eine hübsche Vorspeise oder schmecken als Snack zum Wein: Fischfilet in Streifen schneiden . . .

2   . . . in einer Marinade ziehen lassen. Währenddessen aus Mehl, Ei und Bier einen Ausbackteig herstellen.

3   Den Teig kräftig schlagen. Anschließend im Kühlschrank eine halbe Stunde ruhen lassen. Der Teig soll ziemlich dünnflüssig sein.

4   Dann die Fischstreifen durch den Ausbackteig ziehen, so daß sie rundum davon eingehüllt sind, und ins heiße Fett gleiten lassen.

5   Dabei niemals zu viele auf einmal hineingeben, damit die Temperatur des Fetts nicht allzu sehr gesenkt wird. Es muß rauschen.

6   Zum Schluß wieder sehr sorgfältig trokken geschleuderte (oder getupfte) Petersilie ausbacken und alles hübsch anrichten.

Kleine Sardellen gibt's bei uns leider nur selten frisch zu kaufen, aber häufig tiefgefroren in Läden, wo sich Gastarbeiter versorgen. Fritiert sind sie eine gute Vorspeise. Eine nicht ungefährliche, zugegeben, weil man gedankenverloren immer wieder zugreift, bis man plötzlich den ganzen Teller leer gegessen hat und damit seiner schlanken Linie nicht gerade Vorschub leistet. Aber solche kleinen Sünden muß man sich einfach hin und wieder mal gönnen! Übrigens, falls Sie Sardellen nicht finden und obendrein das Glück haben, in Franken zu leben: dort sind ganz ähnliche Fische, auf diese Weise ausgebacken, Tradition. ,,Meefischli`` heißen nicht etwa Meerfischchen, sie haben ihren Namen vom Monat Mai: Maifische – so nennt man eine Art von Heringsfisch, der eigentlich in atlantischen Küstengewässern zu Hause ist, aber im Mai zum Laichen in die Flußläufe zurückwandert. Ihre winzigen Abkömmlinge, die es früher einmal in großer Zahl gab, buk man als ,,Meefischli`` aus. Leider sind sie überaus selten geworden, und vielerorts werden sie heute, selbst in Franken, durch andere, sardellenartige Fischchen ersetzt.

Zu den ausgebackenen Sardellen gehört natürlich ebenso die ausgebackene Petersilie. Sie wird beim Fritieren ganz dunkelgrün, fast schon schwarz. Aber keine Angst, sie ist dann nicht verbrannt. Ihr hoher Wassergehalt sorgt dafür, daß auch das heißeste Fett sie nicht verkohlen läßt. Richten Sie beides, die fritierten Sardellen und die Petersilie auf einem mit einer weißen Serviette ausgelegten Teller

an. (Sie können bei weniger feinen Anlässen natürlich auch Küchenkrepp nehmen.) Dann wird überschüssiges Fett aufgesogen. Besser, es landet in der Serviette, als in Ihrem Magen (und damit später womöglich auf den Hüften).

Natürlich hat nicht jeder eine elektrische Friteuse zu Hause. Sie können sich aber ganz leicht mit einem normalen Fett-Topf behelfen. Achten Sie jedoch darauf, daß der Topf nur etwa bis zu einem Drittel mit Ausbackfett gefüllt ist. So haben die Zutaten gut Platz, aber es wird nicht unnötig viel Fett verbraucht.
Eine elektrische Friteuse bedienen Sie bitte genau nach Anweisung des Herstellers.

Bierteig
zum Ausbacken

Zutaten:
200 g Mehl · 2 EL Öl · 2 Eigelb · ¼ l Bier · Salz.

Das Mehl in eine Rührschüssel füllen, das Öl darüberträufeln. Die Eigelb obenauf setzen. Mit dem Bier aufgießen, dabei mit dem Rührlöffel schlagen, bis der Teig homogen und glatt ist. Salzen und im Kühlschrank eine Stunde ruhen lassen.

Anmerkung: Wenn Sie eine luftige Schicht um die Fischstücke wünschen, schlagen Sie 2 Eiweiß sehr steif und heben Sie sie kurz vor dem Ausbacken gleichmäßig unter.

Ausbackteig
aus Japan

Zutaten:
2 Eigelb · 150 g Mehl · ¼ l Wasser.

Die Eigelb und das Mehl in eine Rührschüssel füllen. Das Wasser zufügen und mit dem Schneebesen zu einem glatten, dünnen Teig rühren.

Anmerkung: Das ist der Teig, mit dem das japanische Tempura zubereitet wird – ein Gericht, für das nicht nur Fisch, sondern auch Gemüse wie Auberginen, Möhren, Paprikaschote, Lotuswurzeln und Süßkartoffeln – alles in dünne Scheibchen geschnitten – durch den Teig gezogen und bei relativ milder Hitze (ca. 170° C) blaß golden ausgebakken werden. Dazu reicht man eine Sauce aus pro Person 2 Eßlöffeln feinst geriebenem Rettich und ½ Teelöffel winzig klein gehackter Ingwerwurzel, 3 Eßlöffeln Sojasauce und 3 Eßlöffeln Wasser. Das alles verrühren. Jeder Gast tunkt seinen Bissen hinein.

Eierteig
Zutaten:
180 g Mehl · ⅛ l Milch 3 Eier · ½ TL Salz · etwas Worcestersauce · eine Messerspitze Cayennepfeffer.

Das Mehl in eine Rührschüssel füllen. Die Milch mit dem Schneebesen unterrühren. Die Eier nacheinander in die Masse schlagen und kräftig mit dem Schneebesen zu einem glatten Teig rühren. Mit Salz, Worcestersauce und Cayennepfeffer würzen. 30 Minuten kalt stellen.

Panierter Fisch

Diese Zubereitung wird – kein Mensch weiß, warum – bei uns ganz besonders häufig und gern angeboten. Sie ist weder besonders eindrucksvoll, was den Geschmack angeht, noch macht sie wenig Mühe. Obendrein verwandelt sie den leichten, bekömmlichen Fisch in eine ziemlich schwere Angelegenheit und entspricht keineswegs den Erfordernissen moderner und gesunder Ernährung. Aber dennoch – in einem Grundkochbuch müssen sämtliche Küchentechniken erläutert werden, und nur wer weiß, warum manche Kochprozesse bekömmlicher sind als andere, kann seine Ernährung entsprechend ändern. Denn wenn Sie schon panieren, dann richtig. Nämlich so, daß die Panade locker und leicht ist und nicht mit Fett vollgesogen und schwer. Panade – das Wort leitet sich vom lateinischen „panis" für Brot ab. Es kam über den Umweg Frankreich (pain = Brot) zu uns und weist schon auf die Hauptzutat hin: Brotkrümel, beziehungsweise Semmelbrösel (oder Paniermehl). Paniertes wird stets schwimmend in Fett ausgebacken, also fritiert. Die Panade soll den Mantel bilden, der das Nahrungsmittel im heißen Fettbad schützt. Damit die Krümel auch am Fisch haften bleiben, wendet man ihn zuvor in verquirltem Ei. Beides zusammen verbindet sich beim Ausbacken zu einer Art Teig.

Wichtig ist beim Panieren deshalb, sparsam mit Ei und Semmelbröseln umzugehen, damit nicht der Mantel dicker wird als der Inhalt. Schließlich möchte man auch bei Paniertem noch den Fisch schmecken. Das Ei muß gründlich verkleppert sein. Nach raschem Wenden in Semmelbröseln schüttelt man alles nicht am Fisch Haftende ab – damit er nur von einem zwar gleichmäßigen, aber hauchdünnen Film überzogen ist. Beim Eintauchen ins heiße Fett gelten die gleichen Regeln, wie die im Kapitel „Fritierter Fisch" bereits erläuterten.

Das Fettbad muß eine gleichmäßige Temperatur von nicht mehr als 170° C haben. Nicht mehr – weil sich sonst im Fett schädliche Stoffe bilden und weil die Panade dann unweigerlich verbrennt, bevor ihr Inneres noch richtig warm geworden ist – und nicht weniger, weil die Semmelbröselschicht dann nicht knusprig, sondern blaß bleibt und matschig wird.

Goldbarschfilets

paniert

Zutaten für 4 Personen:
4 Scheiben Goldbarschfilet (sie sollten gleich groß sein und ca. 180 g wiegen)
Salz · Pfeffer aus der Mühle · ½ TL Delikateßpaprika · Mehl zum Wenden · 1 Ei
Semmelbrösel · Fett zum Ausbacken
Zitronenachtel.

Die Fischfilets abspülen und trocken tupfen. Auf beiden Seiten salzen, pfeffern und mit etwas Paprikapulver einreiben. Noch einmal gründlich trocken tupfen. In Mehl wenden. Das Ei verschlagen. Die Scheiben zuerst im Ei wenden, dann in Semmelbröseln, bis sie rundum gleichmäßig davon bedeckt sind. Im heißen Fett goldbraun ausbacken.

Anmerkung: Dazu eine Mayonnaise (siehe Seite 90) reichen, die mit reichlich frischen Kräutern verrührt und mit Zitronensaft säuerlich abgeschmeckt wurde. Für alle, die zum kalorienreichen Fischschnitzel nicht auch noch eine mächtige Sauce essen wollen, hier eine leichtere Version:

Weiße Kräutersauce

Zutaten:
3 EL Wasser · 3 EL Weißweinessig
1 Schalotte · 1 EL Butter · 3 EL Sahne
100 g Magerquark · Zitronensaft · Salz
Pfeffer aus der Mühle · 2 EL gehackte frische Kräuter.

Das Wasser mit dem Essig und der sehr feingehackten Schalotte im offenen Topf so lange köcheln, bis die Schalotte ganz weich und die Flüssigkeit fast vollständig verkocht ist. Der Boden soll noch gut feucht sein. Die Butter und die Sahne mit einem Schneebesen in diesen Flüssigkeitsrest hineinarbeiten. Löffelweise den Quark zufügen. So entsteht eine cremige, lauwarme Sauce. Mit Zitronensaft, Salz und Pfeffer abschmecken. Die Kräuter unterziehen. In einer Sauciere getrennt zum Fisch auf den Tisch bringen.

1 Das sind die Zutaten: Goldbarschfilets, Salz, Pfeffer und milder Paprika, Mehl, Semmelbrösel und ein Ei; außerdem Zitrone.

2 Das Filet abspülen, gut trocken tupfen. Salzen, pfeffern und mit Paprika würzen. In Mehl wenden, überschüssiges abklopfen.

3 Die Filets anschließend im verquirlten Ei wenden. Das geht am einfachsten in einer flachen Schale oder einem tiefen Teller.

4 Sofort durch Semmelbrösel ziehen. Dabei darauf achten, daß sie rundum umhüllt sind. In heißem Fett goldbraun ausbacken.

Fisch in Folie

Diese Methode ist beileibe nicht neu. Zu Zeiten, als man die praktische Alufolie noch nicht kannte, packte man den Fisch in Pergament – das ergab denselben Effekt: Der Fisch kann so ganz ohne Fett und ohne Flüssigkeit gegart werden. Er behält sein volles Aroma, seine ganzen Vitamine und Mineralstoffe. Es ist Fischgenuß, wie man ihn reiner nicht haben kann.

Ideal für alle, die ständig im Kampf mit ihrer Linie leben und unendlich praktisch für diejenigen, die das Abspülen von Töpfen und Geräten nicht zu ihren Lieblingsbeschäftigungen zählen. Kein Topf wird schmutzig, keine Gerüche entstehen, nichts kann spritzen, weil der Fisch, sorgfältig in Alufolie verpackt, sowohl in Wasser, im heißen Backofen, auf dem Gartengrill oder unter der glühenden Asche versteckt im eigenen Saft gart und gleich aus der Folie heraus auch verzehrt werden kann. Einfacher kann man's gar nicht haben.

Beim Arbeiten mit Alufolie gibt es nicht viel zu beachten. Trotzdem sollten Sie sich folgendes merken:

Alufolie hat zwei unterschiedliche Seiten. Eine matte und eine glänzende. Die glänzende Seite reflektiert die Hitze. Um den Garprozeß zu erleichtern, sollte sie stets zum Gargut zeigen. Das Folienpaket muß außerdem gut verschlossen sein. Damit weder etwas von innen nach außen dringen kann (wertvoller, köstlicher Saft), noch von außen nach innen (zum Beispiel, wenn Sie das Paket in kochendes Wasser geben, um den Inhalt zu garen). Das Paket sollte den Fisch luftig umhüllen, damit die heiße Luft zirkulieren kann und er gleichmäßig gar wird.

Kräuter-Heringe

(Zum nebenstehenden Kurs)

Zutaten für 4 Personen:
8 grüne Heringe · Salz · Pfeffer aus der Mühle · Zitronensaft · 4 gehäufte EL feingehackte Kräuter (Petersilie, Kerbel, Dill, Schnittlauch, Liebstöckel) · 1 EL Butter.

Die Heringe unter fließendem Wasser gründlich abspülen und mit Küchenkrepp trocken tupfen. Innen mit Salz und Pfeffer ausstreuen.

In Kräutern wälzen. Einzeln in mit Butter bepinselte Alufolie packen. Im auf 250° C vorgeheizten Backofen etwa 10 Minuten lang garen.

Angelschellfisch

gefüllt

Zutaten für 6 Personen:
1 kleiner Angelschellfisch (ca. 3000 g)
200 g frische Champignons · 1 Zwiebel
2 EL Butter · ½ Semmel · 4 EL Milch
1 Ei · 1 Bund Petersilie · Salz · Pfeffer aus der Mühle · Zitronensaft · abgeriebene Zitronenschale · ein Spritzer Worcestersauce · 1 Spur Cayennepfeffer.

Den Fisch (mit Kopf und Schwanz) unter fließendem Wasser spülen und abtrocknen. Mit einer Schere die Bauch- und Rückenflossen abschneiden. Die Champignons putzen, nur wenn nötig waschen, sonst mit Küchenpapier sauber reiben. Die Zwiebel schälen. Pilze und Zwiebel fein hacken. Einen Eßlöffel Butter erhitzen. Zwiebel und Champignons darin weich dünsten. Abkühlen lassen. Die Semmel in dünne Scheiben schneiden, mit Milch beträufeln und durchweichen. Die Petersilie waschen und fein hacken. Zwiebel, Pilze, Semmel, Ei und Petersilie mischen. Mit Salz, Pfeffer, etwas Zitronensaft und -schale sowie mit Worcestersauce und Cayennepfeffer kräftig würzen. Den Fisch innen salzen und pfeffern. Die Füllung in den Bauch stopfen. Den Bauch wieder in seine ursprüngliche Form zusammendrücken. Ein ausreichend großes Stück Alufolie auf der glänzenden Seite mit der restlichen Butter dick einstreichen. Mit Salz und Pfeffer bestreuen. Den Fisch in die Mitte setzen und wie gezeigt gut verschließen. In den auf 250° C vorgeheizten Backofen legen. 40 Minuten garen. Den Ofen ausschalten und die Tür ein wenig öffnen. Den Fisch noch weitere 5 Minuten nachziehen lassen, damit sich der Saft im Innern besser verteilen kann. Den Fisch auf einer vorgewärmten Platte anrichten. Mit dem entstandenen Saft beträufeln. Sofort auftragen. Dazu in Petersilienbutter geschwenkte Kartoffeln reichen.

1 Wie im Rezept beschrieben, die Heringe würzen und in Kräutern wälzen. Die Alufolie schneiden und mit Butter einstreichen.

2 Jeweils einen Fisch in die Mitte der Folie setzen. Die Folie darüber zusammenschlagen und zukniffen. Ebenso an den Seiten.

3 Die fertigen, hermetisch verschlossenen Pakete (immer daran denken: das Paket nicht zu eng kniffen) auf den Rost im Ofen setzen.

4 Nach zehn Minuten sind die Fische gar. Die Pakete verschlossen servieren, damit jeder den Duft beim Öffnen genießen kann.

Schleie

mit Tomaten und Kräutern

Zutaten für 4 Personen:
1 Schleie (von ca. 1200 g,
oder zwei kleinere à 600 g)
1 kleine Zwiebel · 1 Knob-
lauchzehe · 2 EL Butter
2 Fleischtomaten · Salz
Pfeffer aus der Mühle
Zitronensaft · etwas abgerie-
bene Zitronenschale · je
1 EL fein gehackte Peter-
silie, Dill, Estragon,
Rosmarin · 1 EL aromati-
sches Olivenöl.

Die Schleie unter fließendem Wasser gründlich – vor allem innen – ausspülen. Mit Küchenpapier abtupfen. Die Zwiebel und die Knoblauchzehe schälen und sehr fein hacken. 1 Eßlöffel Butter in einer kleinen Pfanne aufschäumen lassen, Zwiebel und Knoblauch darin weich dünsten, aber keine Farbe annehmen lassen. Die Tomaten häuten und entkernen (siehe Seite 41). Das Tomatenfleisch fein hacken. Die etwas abgekühlte Zwiebel und den Knoblauch untermischen. Mit Salz, Pfeffer, Zitronensaft und Zitronenschale würzen. Ein ausreichend großes Stück Alufolie (falls Sie 2 Fische haben, natürlich 2 Stücke nehmen) mit der restlichen Butter einpinseln. Den Fisch innen mit Salz und Pfeffer ausstreuen. Auf die Folie setzen. Das Tomatengemisch darüber verteilen. Mit den Kräutern bestreuen. Zum Schluß mit Öl beträufeln. Das Paket (oder die Pakete) sorgfältig verschließen. Den Fisch im auf 220° C vorgeheizten Backofen 35 bis 40 Minuten garen. (Bei 2 kleineren Fischen genügen 25 bis 30 Minuten.) Auf einer vorgewärmten Platte anrichten. Den im Paket entstandenen Saft darüberträufeln. Dazu können Pellkartoffeln serviert werden.

Hechtschnitten

mit Salbei

Zutaten für 4 Personen:
4 Hechtschnitten (quer zur
Mittelgräte geschnittene, so-
genannte Koteletts; je etwa
4 Zentimeter stark) · 8 fri-
sche Salbeiblätter · 4 EL
trockener Weißwein · 1 EL
Butter · Salz · Pfeffer aus
der Mühle · 1/8 l Sahne · eine
Prise Zucker.

Die Hechtschnitten sauber zuschneiden. Unter fließendem Wasser abspülen. Mit Küchenpapier trocken tupfen. Die Salbeiblätter mit dem Wein übergießen und 15 Minuten ziehen lassen. Unterdessen vier ausreichend große Stücke Alufolie auf der glänzenden Seite mit Butter einpinseln und leicht mit Pfeffer und Salz bestreuen. Die Hechtschnitten darauf setzen, salzen und pfeffern. Auf jede Schnitte 2 Salbeiblätter legen. Den Wein gleichmäßig darüber träufeln. Die Folie über dem Fisch zusammenschlagen und gut verschließen. Die Pakete auf dem Rost in den auf 220° C vorgeheizten Ofen schieben. Nach 10 Minuten wieder herausnehmen. Jedes Paket auf der Seite vorsichtig öffnen. Den Saft in eine kleine Kasserolle fließen lassen. Aufkochen und mit der Sahne auffüllen. 5 Minuten sprudelnd kochen lassen. Diese Sauce mit Salz, Pfeffer und einer Prise Zucker abschmecken. Die Hechtschnitten auf einer vorgewärmten Platte anrichten und mit der Sauce übergießen oder bereits portionsweise auf vier heißen Tellern anrichten und sofort auftragen. Dazu entweder nur frisch aufgebackkenes Weißbrot reichen oder kleine Ölkartoffeln (siehe Seite 274).

Heilbutt-schnitten

mit Zitronenmelisse

Zutaten für 4 Personen:
4 Heilbuttschnitten (quer
zur Rückengräte geschnit-
ten; ca. 2 Zentimeter stark)
Salz · Pfeffer aus der Mühle
einen Hauch Cayennepfef-
fer · Zitronensaft · 200 g
frische Zitronenmelisse
1 EL Butter.

Die Heilbuttschnitten säubern und abspülen. Mit Küchenpapier trocken tupfen. Auf beiden Seiten salzen, pfeffern und mit wenig Cayennepfeffer bestäuben. Zum Schluß mit Zitronensaft beträufeln. Die Melisse waschen und trocken schütteln. 4 ausreichend große Stücke Alufolie auf der glänzenden Seite mit Butter bepinseln. Jeweils eine Schnitte daraufsetzen. Die Melisse gleichmäßig auf den Fischscheiben verteilen. Die Pakete verschließen. Die Heilbuttschnitten im auf 220° C vorgeheizten Backofen 8 Minuten garen. Die Pakete verschlossen servieren, damit jeder Gast den verlockenden Duft mitbekommt, der den Päckchen entströmt. Sagen Sie allerdings gleich dazu, daß die Zitronenmelisse nur ihr Aroma hat abgeben sollen. Sie wird nicht mitgegessen. Dazu frisch aufgebackenes Weißbrot reichen.

Blaugekochter Fisch

Das „Blaukochen" ist geradezu die klassische Zubereitungsart für Flußfische wie Karpfen, Schleie, Forelle, Saiblinge, Rutten . . .; die Liste ließe sich noch unendlich fortsetzen. Leider ist das Angebot beim Fischhändler selten entsprechend vielfältig. Lediglich in Bayern herrscht noch so etwas wie eine Tradition: Dort sind zwar die Fische in den Flüssen und Seen auch längst nicht mehr so zahlreich vorhanden, wie das vor der Umweltverschmutzung der Fall war. Aber immerhin kommen hier – auch in kleineren Städten – regelmäßig Importe aus Ungarn oder anderen Ostblockländern, wo's offenbar auch heute noch genügend gibt, in den Handel.

„Blau*kochen*" – dieser Begriff ist insofern etwas irreführend, da der Fisch natürlich nicht gekocht werden darf. Seine Haut würde durch die heftige Bewegung des Kochsuds platzen, der Fisch würde zerfallen (siehe auch die Anmerkungen zum Thema Pochieren auf Seite 109), das Ergebnis wäre zäh und trocken. „*Blau*kochen" heißt die Methode, weil sich der Fisch beim Kontakt mit heißem Wasser (oder Kochsud) langsam blau färbt. Zumindest tun dies die meisten Flußfische, die eine schleimige Schicht auf der Haut haben, durch die diese Färbung hervorgerufen wird. Früher glaubte man, daß sie durch Übergießen mit kochendem Essig entstehe. Deshalb schreiben die meisten Rezepte für einen solchen Kochsud auch mehr oder weniger große Mengen Essig vor. Das aber übertönt den zarten Fischgeschmack. Deshalb genügen auch einige Tropfen Zitronensaft oder ein herber Wein im Sud. Blau wird der Fisch ohnehin.

Die einzige Voraussetzung: Die Schleimschicht muß völlig intakt sein. Sagen Sie deshalb dem Fischhändler gleich Bescheid, damit er entsprechend vorsichtig damit umgeht.

Noch eines sollten Sie beachten: Fisch muß frisch sein, das haben wir immer wieder ausdrücklich gesagt. Forellen, Schleien oder andere Süßwasserfische können Sie frischer bekommen als jeden Seefisch, denn Ihr Fischhändler hält sie lebend im Bassin. Machen Sie jetzt aber bitte nicht den Fehler, schnurstracks vom Fischgeschäft an den Kochtopf zu eilen und den gerade eben geschlachteten Fisch zubereiten zu wollen. Eine derart frische Forelle bietet nämlich auch nach dem vorsichtigsten Pochieren oder Sieden keinen schönen Anblick: sie biegt sich krumm, ihre Haut ist aufgeplatzt und das Eiweiß flockt aus. Sie ist *zu* frisch, so paradox das klingt. Legen Sie den Fisch lieber zunächst für 2 Stunden in den Kühlschrank. Dann kann sein Fleisch fest und kalt werden und es ist immer noch frisch genug.

Einzige Ausnahme: Einen Aal dürfen Sie sofort zubereiten. Kenner behaupten sogar, daß er dann am allerbesten schmeckt.

Immer wieder ist nachzulesen, daß ein blau gekochter Fisch dann gar ist, wenn sich seine Rückengräte leicht herausziehen läßt. Glauben Sie das nicht. Es ist ein Märchen, das wahrscheinlich dadurch entstanden ist, daß ein Kochbuchautor nur leider allzu oft vom andern abschreibt und glaubt, er müsse den Text durch eigene Formulierungen verändern. So hat sicher einmal ursprünglich in einem Kochbuch der richtige Satz gestanden: „Sie sind gar, wenn sich die Rückengräte herausziehen läßt". Dieses kleine Wörtchen „leicht", das dann irgendwann eingefügt wurde, hatte die schreckliche und weitreichende Folge, daß Generationen Forellen nur noch in viel zu garem Zustand vorgesetzt bekamen. Wahr hingegen ist, daß der Fisch den richtigen Garpunkt erreicht hat, wenn sich die Gräte gerade eben – und dies durchaus mit einem leichten Ruck – herauslösen läßt. Der Ruck darf selbstverständlich nicht so kräftig sein, daß der Fisch dabei zerrissen wird. Den Moment zu erwischen, wo das gelingt, ist die Kunst.

In der Regel kann man für alle Arten von Fischen, die man „blau" zubereiten möchte, den gleichen Sud verwenden. Es gibt dafür eine Menge verschiedener Rezepte. Für Fische mit zartem Geschmack nimmt man eher einen zurückhaltend gesäuerten Sud. Fettere Fische, wie zum Beispiel der Karpfen, vertragen mehr Säure und mehr Salz.

In jedem Fall: Lassen Sie den Fisch in reichlich Sud ziehen. Er muß schwimmen. Am besten verwenden Sie einen speziellen Fischtopf, in dem der Fisch auf einem Siebeinsatz wieder herausgehoben werden kann.

1 Zuerst in einem großen Topf den Sud kochen aus Wasser, gehackter Möhre, Zwiebel, Petersilie, Zitrone, Pfeffer und Salz.

2 Den Karpfen gründlich innen ausspülen, aber vorsichtig, damit die Schleimschicht nicht verletzt wird. Innen salzen und pfeffern.

3 In den leise siedenden Fischsud gleiten lassen, wo sich allmählich die Haut blau färbt. Der Sud darf auf keinen Fall kochen.

4 Den fertigen Fisch anrichten. Mit Zitronenachteln und Petersilie garnieren. Dazu heiße Butter und Sahnemeerrettich reichen.

Einfacher Fischsud

Zutaten für 4 Forellen:
4 l Wasser · 1 Möhre
1 Zwiebel · ½ Bund Peter-
silie · 2 EL Zitronensaft
1 EL Pfefferkörner · 1 EL
Salz.

Das Wasser in einem großen Topf zum Kochen bringen. Die Möhre und die Zwiebel schälen. Möhre in dünne Scheiben, Zwiebel in feine Ringe schneiden. Mit der Petersilie, dem Zitronensaft, Pfefferkörnern und Salz ins Wasser geben. Etwa 30 Minuten leise köcheln lassen.

Karpfen blau

Zutaten für 4 Personen:
1 schöner Karpfen (ca.
2000 g) · 3 l Wasser
1 Möhre · 1 Zwiebel
1 Bund Petersilie · Saft einer
halben Zitrone (oder 2 EL
Essig) · 1 EL Pfefferkörner
1 EL Salz · Pfeffer aus
der Mühle.

Den Karpfen vorsichtig, vor allem innen, waschen und gut ausspülen. Das Wasser in einem breiten, großen Topf erhitzen. Die Möhre und Zwiebel schälen, grob hacken und mit dem unzerteilten Petersilienbund hineingeben. Die Gewürze zufügen. Langsam aufkochen. Etwa 20 Minuten sieden lassen. Den Fisch innen mit Salz und Pfeffer ausstreuen. In den leise siedenden Fond gleiten lassen. Die Hitze herunterschalten. Den Karpfen etwa 45 Minuten ziehen, auf gar keinen Fall kochen lassen. Mit zwei Schaumkellen herausheben – dabei die inzwischen blau gefärbte Haut nicht verletzen. Auf eine vorgewärmte Platte setzen.

Anmerkung: Das ist in vielen Teilen unseres Landes das klassische Gericht, um den Heiligen Abend oder das Sylvesterfest stilvoll zu begehen. Dazu werden kleine Pellkartöffelchen serviert sowie in einer kleinen Terrine geschmolzene Butter und Sahne-Meerrettich: ¼ l sehr steif geschlagene Sahne mit 2–3 Eßlöffeln frisch geriebenem Meerrettich (je nach Geschmack) vermischen und mit Salz und Pfeffer abschmecken.

Aal grün

Zutaten für 4 Personen:
1 mittelgroßer frischer Aal
(ca. 2000 g; vom Fisch-
händler bereits abziehen
und möglichst auch in Por-
tionsstücke teilen lassen)
⅛ l trockener Weißwein
⅛ l Fischfond (Seite 85)
oder Wasser · 1 Lorbeer-
blatt · 1 EL Pfefferkörner
2 Wacholderbeeren · 1 Pe-
tersilienwurzel · Schale einer
halben Zitrone · 4 Petersi-
lienstengel · Salz · ⅛ l Sahne
3 Eigelb · Pfeffer aus der
Mühle · 4 EL feingehackte
Kräuter (Petersilie, Dill,
Kerbel, Zitronenmelisse,
Sauerampfer, Schnittlauch).

Die Aalstücke abspülen. Für den Sud den Wein mit Fond oder Wasser in einen flachen Topf füllen. Lorbeer, Pfeffer, Wacholderbeeren, in Stücke gehackte Petersilienwurzel und Petersilienstengel mit der Zitronenschale und etwas Salz zufügen. Zugedeckt 30 Minuten köcheln. Die Aalstücke hineinlegen. Auf milder Hitze 15 Minuten ziehen lassen. Die Aalstücke mit einer Schaumkelle herausfischen und in einer vorgewärmten Servierschüssel beiseitestellen. Den Fischsud durch ein Sieb schütten und zurück in den Topf geben. Etwas einkochen. Währenddessen die Sahne mit den Eigelb verquirlen und, mit dem Schneebesen ständig rührend, in den Fischsud geben. Langsam heiß und dicklich werden, aber nicht kochen lassen. Zum Schluß die Sauce mit Salz und Pfeffer abschmecken und die Kräuter unterrühren. Heiß über die Aalstücke gießen. Sofort auftragen. Dazu passen Pellkartoffeln und Gurkensalat.

Anmerkung: Aal blau heißt paradoxerweise Aal grün, weil er immer in dieser grünen Kräutersauce gereicht wird. Es ist eine Berliner Spezialität. Eine Reminiszenz an die Zeiten, als es in der Havel noch von Aalen wimmelte.

Würziger Fischsud

Zutaten für größere Fische
(bis ca. 2000 g), zum Bei-
spiel für Karpfen, Schleien
oder Hechte:
4 l Wasser · 2 Möhren
2 Zwiebeln · ½ Lauchstan-
ge · 1 Bund Petersilie
1 Lorbeerblatt · 3 EL Essig
1 EL Pfefferkörner · 1 ge-
häufter EL Salz.

Das Wasser zum Kochen bringen. Möhren, Zwiebeln und Lauch putzen. Die Möhre in Scheiben, die Zwiebel in Ringe und den Lauch in Stücke schneiden. Petersilie, Essig, Lorbeerblatt, Pfefferkörner und Salz zufügen. 30 Minuten köcheln lassen.

Schalen-, Krustentiere

Man bezeichnet diese Gruppe von Köstlichkeiten auch als Meeresfrüchte. Sie sind nicht Fisch (und natürlich auch nicht Fleisch), aber im Meer oder in Flüssen zu Hause. Sie gelten als der Inbegriff luxuriöser Delikatessen, und sie haben leider (bis auf die erschwinglichen Miesmuscheln) ihren entsprechenden Preis, zumindest bei uns.

Schalentiere und Krustentiere werden häufig miteinander verwechselt oder zumindest – sprachlich – in einen Topf geworfen. Dabei sind sie präzise definiert: Schalentiere – darunter versteht man alle Meeresfrüchte mit harter, kalkreicher Schale, also Muscheln aller Art, auch Austern. Krustentiere – das sind jene Meerestiere, die einen schützenden Panzer tragen, eine Kruste haben: allen voran die edelsten, Hummer und Langusten, und natürlich alle kleineren Verwandten, wie Krabben, Garnelen und auch der in Flußgewässern heimische Krebs.

Gerade der Krebs hatte einst bei uns in Deutschland Tradition. Er kam so zahlreich in den Flüssen, zum Beispiel in der Gegend von Küstrin (auch Berlin), vor, daß die dort beschäftigten Dienstboten durch eine eigens erlassene Stadtverordnung davor geschützt werden mußten, daß man ihnen öfter als dreimal in der Woche Krebse auftischte.

Aber die Zeiten des Überflusses an Hummern, Langusten oder Austern in Europa sind vorbei. Verschmutzte Meere und vor allem eine immer größere Nachfrage haben dem Reichtum ein Ende gesetzt.

Man muß sich einfach damit trösten, daß man nicht alles auf einmal haben kann, und die Herrlichkeiten besonders bewußt genießen. Dazu gehört zum Beispiel, daß man den Hummer nicht, wie in den letzten Jahren immer mehr Mode geworden, zu Weihnachten als Festessen auftischt. Denn ab Herbst zieht er sich auf das Fettpolster zurück, das er sich vom Frühjahr an angefressen hat und nimmt keinerlei Nahrung mehr zu sich. Er lebt von der Substanz. Das heißt, daß zu Weihnachten ein Hummer bereits ein Viertel weniger Fleisch hat als beispielsweise im Mai, wo er fett im Saft steht. Wenn Sie sich also Hummer leisten wollen, dann spätestens bis Juli. Ab diesem Zeitpunkt hat er bis September Schonzeit. Und zu Weihnachten greifen Sie lieber zur Languste.

Miesmuscheln

Die „Austern des kleinen Mannes" gibt's gottlob immer noch in großer Zahl, auch bei uns. Im Rheinland sind sie sogar eine Art Nationalgericht. Dort werden fast in jeder Eckkneipe den ganzen Winter hindurch (in den Monaten mit „r") Muschelsuppe oder Muscheln „Rheinische Art" angeboten.

Die größte Mühe, die man mit einem Muschelgericht hat, ist das gründliche Putzen und Schrubben der schwarzen Meeresfrüchte. Das geschieht am besten unter fließendem Wasser und mit einer kräftigen Wurzelbürste, damit man später nicht dauernd Sand zwischen den Zähnen hat. Allerdings ist das heutzutage längst nicht mehr so arbeitsreich wie früher; denn inzwischen läßt man sie einige Tage lang in riesigen Meerwassertanks entsanden, bevor sie in die Geschäfte ausgeliefert werden. Trotzdem, ganz ohne bürsten geht's auch heute nicht ab. Und das ist auch gleich eine gute Gelegenheit, die bereits geöffneten, also toten, Exemplare auszusortieren.

Man ißt Muscheln mit den Fingern, und zwar benutzt man eine bereits entleerte Schale als Zange und zupft damit die gelben Muschelkörper heraus. Es versteht sich, daß Sie jedem Gast mit lauwarmem Wasser gefüllte Fingerschalen bereit stellen (und eine große Stoffserviette zum Abtrocknen). Geben Sie eine Zitronenscheibe ins Wasser. Das sieht nicht nur hübscher aus, sondern beseitigt auch den Muschelgeruch von den Händen.

Es sei noch darauf hingewiesen, daß es in allen Meeren (und auch Flüssen) der Welt mehr als 20 000 verschiedene Muschelarten gibt. Auf Reisen nach Frankreich sehen Sie in den Fischgeschäften stets mindestens zehn davon, und wenn Sie nach Asien kommen, dann finden Sie eine ungeahnte Fülle.

Aber hierzulande spielen außer den Miesmuscheln höchstens noch (importierte) Austern eine Rolle. Und manchmal gibt's in den Geschäften für Gastarbeiter kleine Venusmuscheln, die sogenannten Vongole. Man schätzt sie vor allem in Italien, wo man sie in einer würzigen Tomatensauce zur Pasta ißt. Jedoch wird man Vongole fast nie frisch, also in ihrer Schale finden. Meist werden sie ausgelöst in Dosen angeboten.

Miesmuscheln

Zutaten für 6 Personen:
3000 g Miesmuscheln · 2 große Zwiebeln
1 dicke Möhre · 2 EL Butter · reichlich
frisch gemahlener Pfeffer · nach
Geschmack etwas Wein · 1 Lorbeerblatt.

Die Muscheln unter fließendem Wasser gründlich abbürsten, dabei auch die an der Seite sitzenden bürstenartigen Fädchen herausziehen und entfernen. In einem 8 Liter fassenden Topf die Butter schmelzen. (Falls Sie keinen solchen haben, bereiten Sie die Muscheln partienweise in einem kleineren zu.) Die Zwiebeln schälen und in feine Ringe schneiden. Die Möhre schälen oder schaben und in dünne Scheibchen schneiden. In der Butter unter gelegentlichem Rühren weich dünsten, aber keine Farbe annehmen lassen. Die Muscheln in den Topf füllen. Reichlich pfeffern und das Lorbeerblatt hineinwerfen. Den Wein zugießen. Den Topf mit einem Deckel verschließen, 5 Minuten ziehen lassen. Dabei den Deckel nicht lüften, sondern nur den Topf rütteln, damit die Muscheln bewegt werden. Sobald sie sich geöffnet haben und ihr Fleisch leuchtend gelb geworden ist, sind sie gar.

In eine geräumige Terrine füllen. Den Sud durch ein feines Sieb filtern, dabei darauf achten, daß der Sand vom Topfboden nicht mitrutscht. Den Sud in Täßchen dazu reichen.

Muscheln

in Sahnesauce

Zutaten wie oben, zusätzlich jedoch
¼ l Sahne · Salz · eine Spur Cayennepfeffer
4 EL trockener Weißwein.

Die Muscheln, wie im vorigen Rezept beschrieben, zubereiten. Dann jedoch das Fleisch aus den Schalen lösen. Den Sud durch ein Sieb filtern. Mit der Sahne in einen kleinen Topf füllen. Etwa 8 Minuten einkochen, bis die Sauce leicht dicklich geworden ist. Mit Salz (sparsam) und Cayennepfeffer abschmecken. Die Muscheln darin erwärmen. Sofort mit aufgebackenem Weißbrot auftragen.

1 Das Wichtigste: Die Muscheln sehr sorgfältig mit einer kräftigen Bürste abschrubben. Dabei den winzigen Pinsel am Rand entfernen.

2 Zwiebel und Möhre schälen. Zwiebel in feine Ringe, die Möhre in dünne Scheiben schneiden. In einem Topf weich dünsten.

3 Die Muscheln – sie brauchen nicht gut abgetropft zu sein – in den Topf füllen. Dann können Sie einen Schuß Wein zufügen.

4 Zugedeckt etwa fünf Minuten ziehen lassen. Die Muscheln sind gar, wenn sie sich geöffnet haben und ihr Fleisch gelb leuchtet.

5 Mit einer Schaumkelle aus dem Topf heben und in einer vorgewärmten Servierschüssel mit den Zwiebelringen und Möhren anrichten.

6 Den Sud durch ein sehr feines Sieb filtern, damit aller Sand zurückgehalten wird. In kleinen Täßchen getrennt dazu servieren.

Jakobsmuscheln

In Frankreich heißen diese Muscheln Coquilles Saint-Jacques, bei uns auch Pilger- oder Fächermuscheln.

Jakobsmuscheln sind leider teuer. Wenn man das Gück hat, sie frisch zu finden, muß man noch deutlich mehr bezahlen als für die tiefgefrorenen. Allerdings: Frisch, in der Schale, sollten Sie sie nur kaufen, wenn Sie einen liebenswürdigen Fischhändler haben, der sie für Sie auslöst, oder wenn Sie sich nicht allzu leicht ekeln. Wenn man nämlich die Muschel von der flachen Seite her, Richtung Gelenk, eingeschnitten hat und sich die Muschel öffnet, muß eine ganze Menge schlammiger Sand herausgespült werden, der zartbesaiteten Essern möglicherweise den Appetit verderben kann.

Eßbar an der Jakobsmuschel ist ihr weißes Fleisch, seiner Form wegen Nuß genannt, und der orangene Rogen, der Corail. Er ist das Beste! Deshalb ist auf der Packung von tiefgekühlten Jakobsmuscheln stets vermerkt, ob auch der Corail mit eingepackt ist. Ohne sind sie etwas billiger.

Eine ganz besondere Delikatesse sind roh marinierte Jakobsmuscheln. Dafür sollten Sie jedoch ausschließlich frische Muscheln verwenden:

Zutaten für 4 Personen:
8 Jakobsmuscheln (entweder vom Fischhändler bereits ausgelöst oder nach der vorrigen Beschreibung küchenfertig gemacht) Salz · Pfeffer aus der Mühle · 2 EL Zitronensaft · 2 EL aromatisches Olivenöl.
Für die Sauce:
1 Glas Joghurt (150 g) · 2 EL saure Sahne (10%) · Salz · Pfeffer · eine Spur Cayennepfeffer · Zitronensaft · 2 EL Schnittlauchröllchen.

Die Nüßchen und Corails der Muschel unter fließendem Wasser gründlich sauber spülen. Mit Küchenkrepp trocken tupfen. Die Nüßchen quer mit einem dünnen, sehr scharfen Messer in hauchdünne Scheibchen schneiden. Auf vier gekühlten Tellern nebeneinander ausbreiten. Die Corails dekorativ dazwischen anrichten. Mit Salz und Pfeffer bestreuen und mit Zitronensaft beträufeln. 5 Minuten ziehen lassen. Dann erst das Olivenöl darübergeben. Für die Sauce den Joghurt mit der sauren Sahne verrühren und mit Salz, Pfeffer, Cayennepfeffer und Zitronensaft abschmecken. Die Schnittlauchröllchen hineinrühren. Jeweils einen Klacks Sauce auf eine freie Stelle der Teller geben. Sofort als Vorspeise auftragen.

Jakobsmuschel-ragout

Zutaten für 4 Personen:
12 Jakobsmuscheln (frisch oder tiefgekühlt) 2 Schalotten · 2 EL Butter · ⅛ l trockener Weißwein · Salz · Pfeffer aus der Mühle ¼ l Sahne · Zitronensaft · 1 Handvoll Kerbel.

Die Muscheln (wenn nicht bereits vom Fischhändler erledigt) auslösen und sehr gründlich waschen. Die tiefgekühlten sind bereits küchenfertig und brauchen nicht mehr gesäubert zu werden. So lange antauen lassen, daß sie sich zwar außen weich anfühlen, aber innen noch einen harten Kern haben. Die Schalotten schälen und sehr fein hacken. In einem flachen Topf die Butter aufschäumen, die Schalotten darin andünsten, aber keine Farbe annehmen lassen. Zuerst die Muschelnüßchen für eine Minute dazugeben, dann die Corails zufügen und eine weitere halbe Minute darin wenden. Mit dem Wein auffüllen. Auf milder Hitze langsam zum Kochen bringen, jedoch kurz vor dem Siedepunkt den Topf vom Feuer ziehen. Die Muscheln salzen und pfeffern. Neben dem Herd zugedeckt ca. 5 Minuten ziehen lassen. Dann mit einer Schaumkelle herausheben und in einer vorgewärmten Schüssel warm halten. Den Sud auf starkem Feuer um die Hälfte einkochen. Die Sahne zugießen. Weitere 5 Minuten kräftig kochen. Die dicklich gewordene Sauce mit Salz, Pfeffer und Zitronensaft abschmecken. Die von den Stielen gezupften Kerbelblättchen hineinrühren. Heiß über die Muscheln gießen und sofort auftragen.
Dazu paßt frisches Weißbrot oder lockerer Reis.

1 Falls Sie frische Muscheln verwenden, diese gründlich spülen und in klarem Wasser aufbewahren. Tiefgekühlte Muscheln antauen.

2 In einem flachen Topf die Butter aufschäumen lassen. Die Schalotten schälen, sehr fein hacken und darin andünsten, nicht rösten!

3 Zuerst die Nüßchen hineingeben und eine Minute in der heißen Butter wenden. Dann die zarten Corails kurz mitdünsten.

4 Mit dem Wein ablöschen. Langsam zum Kochen bringen, jedoch nicht kochen lassen. Neben dem Herd 5 Minuten ziehen lassen.

Austern

Die Königinnen unter den Muscheln sind die Austern. Zumindest gelten sie bei uns als solche, und entsprechend königliche Preise muß man für sie zahlen. Anders als in Frankreich, in Holland, in England, Dänemark und an manchen Küsten Italiens, wo sie gezüchtet werden und schon für Pfennige zu haben sind. Angst braucht man beim Austernessen sicher nicht zu haben, denn nur tote, bereits in Verwesung übergegangene Austern sind giftig. Und diese Austern riecht man! Um alle zu beruhigen, die eine Hepatitis fürchten: Zwar ist eine Übertragung von Viren durch Austern durchaus möglich – theoretisch. Aber wer seine Austern in erstklassigen Geschäften kauft, der kann sicher sein, daß sie aus sauberen, weil ständig überwachten, Gewässern stammen.

Es gibt unendlich viele verschiedene Austernsorten. Aber bei uns ist das Angebot vergleichsweise begrenzt. Wir können uns deshalb auf ein paar Sorten beschränken: Von den echten Austern, den flachen, runden mit glatter Schale, werden vorwiegend die „Belons" aus der Bretagne nach Deutschland importiert. Manchmal hat man Glück und findet die sehr aromatischen und meist kleineren „Whitstables" oder „Colchesters" aus England. Und selten gibt's hier die großen „Limfjords" aus Dänemark und „Imperials" aus Holland.

Eine zweite Sorte Austern, die zoologisch jedoch gar keine sind, sondern nur mit ihnen verwandt, sind die „Portugieser". Sie haben eine zerklüftete, rauhe Schale, sind länglich und gebogen. Im Geschmack sind sie deftiger. Austern kommen in einer Art Handelsklasse auf den Markt: Man versieht sie mit einer Typenbezeichnung von 0 bis 000000 für die „Imperial", beziehungsweise von 6 über 1 bis 000 für andere Austern. Null (oder 6) zeigt, daß es sich um eine winzige Auster handelt, mit einer daumennagelgroßen Nuß. Bei sechs Nullen (bzw. 000) handelt es sich um Riesenexemplare, die man kaum auf einmal in den Mund nehmen kann. Und da man Austern selten mit Messer und Gabel verzehrt, empfiehlt es sich, eine Mittelgröße zu wählen. Man sollte Austern in unseren Breiten nur im Winter essen (in den Monaten mit „r"), weil sie während der kalten Jahreszeit den Transport besser überstehen; denn Austern müssen unbedingt quicklebendig sein, wenn man sie verzehren will. Deshalb ist der Rat, sie vom Händler öffnen zu lassen, kein empfehlenswerter: Bis Sie die geöffneten Schalen nach Hause transportiert haben, ist das kostbare Meerwasser, das die Muscheln in der Schale am Leben und frisch hält, ausgeschwappt. Und eine trockene Auster dürfen Sie auf keinen Fall essen!

Ob Austern noch am Leben sind, erkennen Sie bei geschlossenen daran, daß sie sich nur schwer öffnen lassen, bei geöffneten, indem Sie einige Tropfen Zitronensaft auf den schwarz gekräuselten Bart träufeln. Zieht er sich zusammen, dann ist die Auster in Ordnung. Geschieht nichts, dann lassen Sie sie liegen, auch wenn sie noch so teuer gewesen ist.

Wie viele Austern soll (oder kann) man essen? Normalerweise reicht man sie als Vorspeise. Dann genügt schon ein halbes Dutzend. Für alle, die nicht genug haben können, dürfen es auch neun oder zwölf sein.

Wie man Austern öffnet

Zunächst benötigen Sie ein spezielles Austernmesser. Es hat eine kurze lanzenförmige Klinge und einen dicken Griff, der gut in der Hand liegt. Übrigens – es geht auch mit einem normalen Küchenmesser (Office-Messer) mit kurzer Schneide. Außerdem sollten Sie einen alten Lederhandschuh über die linke Hand ziehen, damit Ihnen das Messer keine Verletzungen zufügt, wenn Sie damit abrutschen. (Als ich das erste Mal Austern öffnete, mußte ich mich anschließend in ambulante Behandlung begeben.) Nehmen Sie nun die Auster wie gezeigt in die Hand und setzen Sie das Messer am Schließgelenk, dem Scharnier, an. Unter kräftigem Hin- und Herbewegen dringt es schließlich dazwischen – mit einem glatten Schnitt kann man nun an der flachen Seite entlang fahrend den Muskel abschneiden.

Richten Sie die geöffneten Austern auf einem mit gestoßenem Eis ausgelegten Teller an. Dazu reichen Sie Zitronenachtel, die Pfeffermühle und dünne Vollkornbrotscheiben mit Butter und einer Scheibe Chesterkäse.

1 Rechnen Sie pro Person sechs Stück. Bis kurz vor dem Servieren im mit Algen ausgelegten Korb kühl stellen. Eis bereithalten.

2 Austern in die mit einem Handschuh bewehrte linke Hand nehmen, die flache Seite nach oben. Das Messer am Gelenk ansetzen.

3 Durch Hin- und Herbewegen das Messer zwischen die Schalen dringen lassen. Mit kräftigem Schnitt den Muskel oben abtrennen.

4 Die Austern auf einem mit zerstoßenem Eis ausgelegten Teller anrichten. Dazu gibt's Zitronenachtel, Pfeffer und Chesterschnitten.

Schnecken

Die Schnecken sind ein ganz merkwürdiges Getier. Zwitter im wahrsten Sinne des Wortes: Viele Mitglieder der weitverzweigten Schneckenfamilie leben im Meer – von der riesigen Abalone bis zu den winzigen Bigorneaux (die man mit Hilfe von Stecknadeln aus ihren Häuschen piekt, um sie zu verspeisen) – wieder andere leben auf dem Lande. Deshalb tauchen die Schnecken hier im Kapitel Schalentiere auf, obwohl wir zunächst nur die Weinbergschnecken behandeln wollen, die ursprünglich auch einmal im Wasser gelebt haben.

Zwitter sind Schnecken auch im geschlechtlichen Sinne: Jede Schnecke ist Weibchen und Männchen zugleich, sozusagen in Personalunion. Für Feinschmecker spielt dies allerdings bestimmt keine Rolle. Nach einem warmen Sommerregen werden Sie sie sicher schon gesehen haben: wie sie langsam, eine weißliche Spur hinter sich lassend, über den feuchten Erdboden kriechen. Zu Haufen! Und wenn Sie zu Neugierigen unter den Gernessern gehören, haben Sie sich sicher schon oft gefragt, ob das wirklich diejenigen sind, die im Restaurant unter Kräuterbutter versteckt so köstlich schmecken. Sofern Sie die hellbraunen Schnecken mit ebenso farbenen Häuschen auf dem Rücken gesehen haben, sind sie es in der Tat. Aber unterdrücken Sie besser das Verlangen, sie zu sammeln und sich selbst zuzubereiten! Es ist eine mühselige und – man muß es leider sagen – auch eine höchst unappetitliche Prozedur. Zunächst nämlich müssen sich die Schnecken einige Tage (das kann bis zu zwei Wochen dauern) ausschleimen. Anschließend werden sie gebrüht, geputzt, aus dem Häuschen gelöst und wieder – diesmal sehr lange – gekocht.

Dieses arbeitsreiche Verfahren bleibt uns jedoch erspart. Man kann Schnecken frisch zwar in ausgesuchten Delikateßläden kaufen, aber sie werden in sehr annehmbarer Qualität meist als Konserve angeboten. Sie sind im Dutzend eingedost. Dazu werden meist auch die zwölf Schneckenhäuser geliefert, beides küchenfertig.

Schnecken

in Kräuterbutter

Zutaten für 4 Personen:
24 Schnecken (2 Dosen, mit Häuschen)
100 g Butter · 1 Schalotte · 1 Knoblauchzehe · 5 EL fein gehackte Kräuter:
Petersilie, Dill, Rosmarin (nur einige frische Nadeln), Estragon, Majoran, Zitronenmelisse, Pimpinelle, 1 Liebstöckelblatt (nicht mehr – es ist sehr stark im Aroma) · Pfeffer · Salz.

Die Schnecken abtropfen lassen. Den Sud dabei auffangen. Die Butter mit einer Gabel zerdrücken. Die Schalotte und Knoblauchzehe schälen und sehr fein hacken. Mit den Kräutern zur Butter geben und alles gründlich mit etwas Schneckensud verrühren. In jedes Häuschen mit Hilfe des Spritzbeutels ein Bett aus Kräuterbutter spritzen. Je eine Schnecke hineinsetzen. Die restliche Butter darübergeben und mit einem Messer glatt streichen. Die Häuschen in Schneckenpfännchen setzen. Im auf 250° C vorgeheizten Ofen oder unter dem Grill so lange backen, bis die Butter brodelt. Sofort – sehr heiß – auftragen. Dazu ganz frisches Weißbrot servieren.

Wie man Schnecken fachgerecht ißt

Man braucht entsprechendes Werkzeug. Wenn Sie keine speziellen Schneckenpfännchen besitzen, so ist das nicht schlimm; bedecken Sie feuerfeste Teller dick mit Salz – mit soviel, daß die Häuschen darin stehenbleiben, wenn man sie hineindrückt.

Damit man sich an den glühendheißen Häuschen nicht die Finger verbrennt, deckt man dazu kleine Zangen, mit deren Hilfe man jedes Schneckenhaus festhalten kann, um seinen Inhalt herauszuholen. Das wiederum geschieht mit einer schmalen, zweizinkigen Gabel – normale Gabeln sind zu breit für die enge Hausöffnung. Außerdem liegt neben einem perfekten Schneckengedeck ein Löffel, mit dem man auch noch den letzten Rest der von Schneckensaft getränkten Kräuterbutter auffangen kann.

1 Die Schnecken aus der Dose nehmen und abtropfen lassen. Wie im Rezept angegeben die Kräuterbutter vorbereiten, abschmecken.

2 Die Butter in einen Spritzbeutel füllen. Damit in die gereinigten Häuschen ein Bett aus Kräuterbutter setzen.

3 In jedes so vorbereitete Häuschen eine Schnecke stopfen. Gut hineindrücken, damit sie rundum von Kräuterbutter umhüllt ist.

4 Mit der restlichen Butter den verbliebenen freien Platz zustreichen. Falls Sie keine Häuschen haben, tun's Schneckenpfännchen.

5 Die Schneckenpfännchen unter den heißen Grill oder in den vorgewärmten Backofen schieben bis die Butter brodelt.

Schneckensuppe

Zutaten für 4 Personen: 1 Dose Weinbergschnecken · 2 Schalotten · 2 EL Butter 200 g frische Champignons · 2 Fleischtomaten · 2 EL Cognac · ¼ l trockener Weißwein · ½ l Fleischbrühe · Salz · Pfeffer gehackte Petersilie.

Schnecken abtropfen lassen, den Sud auffangen. Schnecken vierteln. Gehackte Schalotten, blättrige Champignons in der Butter andünsten. Die Tomaten brühen, häuten, entkernen, hacken und zufügen. Mit Cognac flambieren. Mit Wein, Brühe und Schneckensud auffüllen. Fünf Minuten köcheln. Salzen und pfeffern. Petersilie unterrühren.

Schnecken- suppe

gebunden

Zutaten für 6 Personen:
36 Schnecken (3 Dosen –
ohne Häuschen) · 1 Möhre
1 Zwiebel · 1 Petersilien-
wurzel mit Grün · 1 Lauch-
stange · 100 g Champignons
2 EL Butter · ½ l kräftige
Fleischbrühe · ½ l trocke-
ner Weißwein · 2 Schalotten
2 Eigelb · ⅛ l Sahne · Salz
Pfeffer aus der Mühle.

Die Schnecken aus der Dose
nehmen und abtropfen lassen,
dabei den Sud auffangen.
Möhre, Zwiebel, Petersilienwurzel, Lauch und Champi-
gnons putzen. Das Gemüse
klein hacken, die Petersilienblättchen jedoch aufbewahren. Einen Eßlöffel Butter in
einer Kasserolle erhitzen. Das
Gemüse darin andünsten. Mit
Wein und Brühe auffüllen.
30 Minuten zugedeckt leise
köcheln. Die Hälfte der
Schnecken grob hacken. Den
zweiten Eßlöffel Butter in einem anderen Topf erhitzen.
Die Schalotten schälen, sehr
fein hacken und darin andünsten. Die gehackten Schnek-
ken zufügen und unter Rühren 2 Minuten anziehen lassen. Die Brühe durch ein Sieb
dazu gießen und dabei den
Schneckensud und die unzerteilten Schnecken ebenfalls in
den Topf geben. 5 Minuten
köcheln. Unterdessen die Eigelb mit der Sahne verquirlen,
mit Salz und Pfeffer ab-
schmecken. In die Suppe gießen und unter Rühren auf mildem Feuer heiß und dick werden, aber auf keinen Fall kochen lassen. Die Petersilie fein
hacken und darüberstreuen.

Schnecken im Hemd

Zutaten für 4 Personen:
24 Schnecken (2 Dosen oh-
ne Häuschen) · 4 EL
Olivenöl · Salz · Pfeffer
½ TL Delikateßpaprika
12 hauchdünn geschnittene
Scheiben durchwachsener
Speck · einige Petersilien-
blättchen (glattblättrige).

Die Schnecken abtropfen lassen. Den Sud für ein anderes
Rezept verwahren (zum Beispiel für die Schneckensuppe).
In einer kleinen Schüssel das
Öl mit Salz, Pfeffer und Paprika würzen. Die Schnecken
hineinlegen und 30 Minuten
ziehen lassen. Die Speckscheiben quer halbieren. Auf jede
Scheibe eine abgetropfte
Schnecke und ein Petersilien-
blatt legen. Die Speckscheibe
über der Schnecke zusam-
menschlagen und mit Zahn-
stochern feststecken. Unter
dem heißen Grill oder im auf
250° C vorgeheizten Backofen
etwa 10 Minuten garen, bis
der Speck knusprig wird.

Schnecken- ragout

Zutaten für 4 Personen:
36 Schnecken (3 Dosen oh-
ne Häuschen) · 1 Zwiebel
1 Knoblauchzehe · 1 EL
Butter · 250 g frische Cham-
pignons · 1 Lorbeerblatt
½ TL Thymian · 200 g Crè-
me fraîche · 200 g Blumen-
kohlröschen (geputzt gewo-
gen) · Salz · Pfeffer aus der
Mühle · Zitronensaft · ein
Spritzer Worcestersauce
2 EL feingehackte Kerbel-
blättchen oder Petersilie.

Die Schnecken abtropfen lassen, den Sud aber auffangen.
Zwiebel und Knoblauchzehe
schälen und fein hacken. In einer Kasserolle die Butter aufschäumen lassen. Zwiebel und
Knoblauch darin weich dünsten, ohne Farbe annehmen
zu lassen. Die Champignons
putzen, blättrig schneiden und
kurz mitdünsten. Die Schnek-
ken halbieren und zufügen.
Mit dem Schneckensud auf-
gießen. Lorbeerblatt und Thymian in den Sud geben. Die
Crème fraîche hineinrühren.
Ohne Deckel etwa 10 Minu-
ten köcheln.
Unterdessen die Blumenkohlröschen in kochendem Salzwasser 5 bis 8 Minuten garen.
Abgießen und gut abtropfen
lassen. Die inzwischen dicklich eingekochte Sauce mit
Salz, Pfeffer, Zitronensaft und
Worcestersauce abschmek-
ken. Die Blumenkohlröschen
hineinrühren. Mit Kerbel oder
Petersilie bestreuen.

Anmerkung: Dieses Ragout
eignet sich hervorragend als
Füllung für Blätterteig-Paste-
chen oder für *Pfannkuchen:*

Zutaten für 4 Personen:
2 Eier · Salz · 1 Tasse Milch
1 Tasse Wasser · 100 g
Mehl · Butter zum Aus-
backen.

Die Eier mit dem Salz, der
Milch und dem Mehl glatt rühren. Soviel Wasser zufügen,
bis ein nicht zu dünnflüssiger
Teig entsteht. In einer Pfanne
Butter erhitzen, eine Schöpfkelle Teig zufügen und so einen dünnen Pfannkuchen ausbacken. Mit dem restlichen
Teig ebenso verfahren. Man
rechnet pro Person zwei
Pfannkuchen. Schneckenra-
gout auf die Pfannkuchen geben und zusammenrollen.

Langusten

Die Langusten galten einmal als die „ärmeren" Verwandten der teuren Hummer. Heute ist der Preisunterschied nur noch geringfügig. Und selbst in Italien, wo man sich noch vor wenigen Jahren große Völlereien mit Langusten leisten konnte, sind sie rar und unerschwinglich geworden. Mittlerweile fliegt man sie – lebend oder tiefgefroren – aus Südafrika ein. Wenn man diese noch reichen Vorräte leergefischt haben wird, muß man sich auf asiatische Langusten oder andere Krustentiere aus diesem Raum verlegen.

Die Languste hat im Gegensatz zum Hummer keine Scheren, nur lange Fühler. Eßbar ist also nur der Schwanz, der allerdings bei stattlichen Exemplaren armdick sein kann. Normalerweise sind Langusten zwischen 30 und 50 Zentimeter lang. Sie wiegen dann zwei bis drei Kilo. Davon werden bis zu acht oder zehn Leute durchaus satt. Am besten schmecken sie – wie auch Hummer – in einem würzigen Gemüsesud sanft gegart. Nicht zu lange, damit das Fleisch zart und saftig bleibt. Im Innern muß es noch feucht und glasig schimmern, dann ist der richtige Punkt erreicht. Durchgekochtes Fleisch wird trocken, zäh und ziemlich geschmacklos. Das ist nicht nur in Anbetracht des stattlichen Preises ein Jammer. Portions-Langusten von je etwa einem Kilo werden nach dem Sieden längs mit einem scharfen Küchenbeil halbiert. Pro Gast genügt eine Hälfte. Größeren Tieren löst man den Schwanz aus, schneidet ihn in Scheiben und richtet sie wieder in der Schale an. Dazu schmecken Saucen, wie zum Beispiel eine Hollandaise oder Béarnaise (siehe Seite 87 und 88) oder eine kräftig gewürzte Mayonnaise (siehe Seite 90 und Seite 91), die man zusätzlich mit Knoblauch abschmecken kann.

Langusten werden hierzulande auch roh oder gekocht als Tiefkühlware angeboten. Gekochte Tiere dürfen nicht noch einmal im heißen Sud aufgetaut oder erhitzt werden. Man läßt sie deshalb am schonendsten im Kühlschrank über Nacht auftauen. Dann kann man das Fleisch auslösen und beispielsweise als Salat anmachen.

Langustensalat

Zutaten für 4 Personen:
1 Languste von etwa 1200 g, gekocht tiefgekühlt (oder Reste von einem Langustenessen) · 150 g sehr feine grüne Bohnen (Haricots verts) · 100 g Radicchio · 100 g krause Endivie (Frisé) · 100 g frische Champignons · 1 große Fleischtomate · 3 EL Sherry- oder Weißweinessig · 3–4 EL aromatisches Olivenöl · Salz · Pfeffer aus der Mühle · 2 EL Kerbelblättchen (oder glattblättrige Petersilie).

Die tiefgefrorene Languste langsam auftauen. Das Fleisch herauslösen. Quer in dünne Scheiben schneiden. Die Bohnen putzen, in stark gesalzenem Wasser sprudelnd 8 Minuten kochen, in eiskaltem Wasser abschrecken, damit sie ihre leuchtend grüne Farbe behalten. Radicchio und Endivie putzen und waschen. Champignons putzen, blättrig schneiden. Die Tomaten häuten, entkernen (siehe Seite 41), das Fleisch in 1 Zentimeter große Würfel teilen. Salz im Essig auflösen, pfeffern und mit einem Schneebesen schlagend das Öl zufügen und zu einer dicklichen Crème rühren. Die Langustenscheiben rasch darin wenden und abtropfen lassen. Die übrigen Salatzutaten in eine Schüssel geben. Mit der Marinade übergießen und alles vermischen. Auf vier Tellern anrichten. Die Langustenscheiben dekorativ darauf verteilen. Mit Kerbel oder Petersilienblättchen bestreuen. Als Vorspeise reichen.

Sollten Sie Langusten bekommen, die ungekocht tiefgefroren wurden, dann empfiehlt es sich, entweder die Tiere gefroren in die sehr leise siedende Brühe zu geben und in etwa 20 Minuten langsam auftauen und garen zu lassen, wobei der Sud stets knapp unter dem Siedepunkt gehalten werden muß.

Oder Sie lassen die Languste einige Stunden auftauen, geben sie in den kalten Sud, den Sie nun langsam aufkochen, aber ebenfalls nur leicht wallend sieden lassen.

Frische Langusten, die vor allem um die Weihnachtszeit bei uns angeboten werden, bereiten Sie am besten nach folgendem Rezept zu:

Languste

im Wurzelsud

Zutaten für 4 Personen:
1 mittelgroße Languste (ca. 2000 g)
2 Möhren · 2 Zwiebeln · 1 Bund Petersilie
1 gehäufter EL schwarze Pfefferkörner
2 Stangen Bleichsellerie · 1 EL Salz
1 Lorbeerblatt · 1 l Wasser · 1 l Weißwein.

Die Languste, wie im nebenstehenden Kurs
gezeigt, vorbereiten. Dafür empfiehlt es sich,
sie vorher zu töten. Den Kopf kurz in kochendes Wasser tauchen. Für den Gemüsesud die
Möhren und Zwiebeln putzen, beziehungsweise schälen. In Scheiben oder Ringe schneiden. Die Petersilienblättchen von den Stielen
zupfen. Die Stiele mit Küchenzwirn zu einem
Päckchen verschnüren. Mit Pfefferkörnern,
geputztem und in Stücke gehacktem Bleichsellerie, Salz und Lorbeerblatt in einen ausreichend großen Topf füllen. Mit Wasser und
Wein aufgießen. Zugedeckt 30 Minuten
köcheln. Dann die vorbereitete Languste hineingeben und 10 bis 15 Minuten köcheln (je
nachdem, ob es sich um eine frische oder tiefgekühlte Languste handelt und ob Sie die tiefgekühlte gefroren oder aufgetaut hineingeben). Das Tier herausnehmen und etwas auskühlen lassen. Dann mit einer Küchenschere
die dünnere Schale an der Schwanzinnenseite
herausschneiden. Das Fleisch auslösen. Mit
einem Messer quer in dünne Scheiben schneiden. Wieder zurück in die Schwanzschale setzen. Mit verschiedenen Saucen servieren.

Tomatensauce

mit Basilikum

Zutaten für 4 Personen:
2 große Fleischtomaten · Salz · Pfeffer aus
der Mühle · 1 EL Rotweinessig · 1 EL Oli-
venöl · Zucker · 1 Bund Basilikum

Die Tomaten häuten und entkernen (siehe
Seite 41). Das Fleisch auf einem großen Brett
mit einem breitschneidigen Messer so lange
hacken, bis ein glatter Brei entstanden ist.
Durch ein Sieb abtropfen lassen. In eine Schüssel füllen. Mit Salz, Pfeffer, Essig, Öl und Zukker würzen. Die Basilikumblätter kleinschneiden und unter die Tomatensauce rühren.

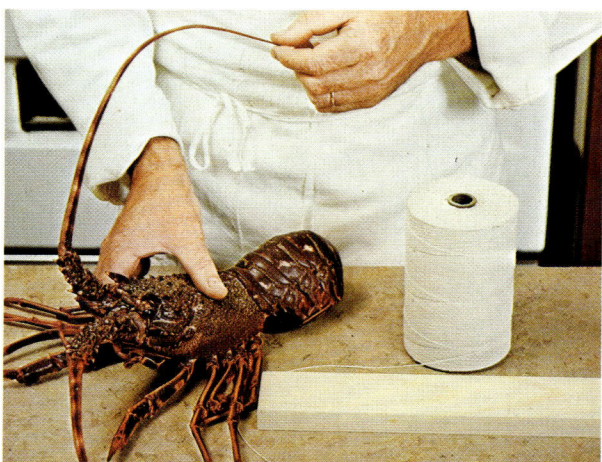

1 Languste töten, indem man sie kurz mit
dem Kopf in kochendes Wasser steckt. Fühler
nach hinten klappen und gut festbinden.

4 Das Wurzelwerk und die Gewürze mit
Wasser und Wein etwa 30 Minuten köcheln.
Die vorbereitete Languste hineingeben.

7 Die entleerte Krustenhülle unter fließendem Wasser säubern. Dabei durch ausgeflock-
tes Eiweiß entstandene Reste entfernen.

2 Das Tier auf Holzbrettchen setzen, damit sich beim Kochen nicht der Schwanz nach innen einrollt. Mit Küchenzwirn festschnüren.

3 Für den Sud Möhren und Zwiebeln in Scheiben schneiden. Petersilienstengel zu einem Paket schnüren. Gewürze bereitstellen.

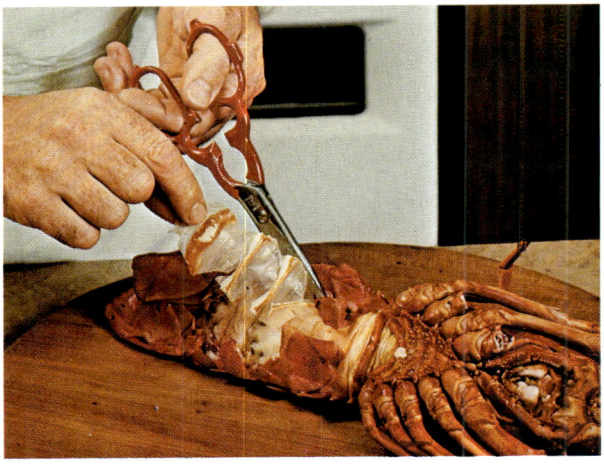

5 Die Languste herausnehmen und abkühlen lassen, bis man sie anfassen kann. Mit einer Schere die dünne Innenhaut herauslösen.

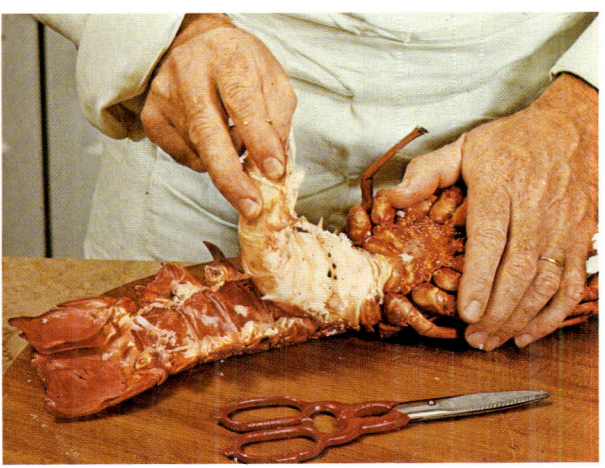

6 Dann läßt sich das Fleisch spielend aus seiner Schale heben. An der Körperöffnung muß man ein wenig ziehen, um es abzulösen.

8 Das Schwanzfleisch mit scharfem Messer (sonst wird es gerissen) quer in dünne Scheiben schneiden. Wieder in die Hülle setzen.

Knoblauchmayonnaise

mit Quark

Zutaten für 4 Personen:
1 Eigelb · 4 Knoblauchzehen
⅛ l Olivenöl · Salz · Pfeffer aus der Mühle
2 EL Magerquark · etwas Worcestersauce
einige Tropfen Zitronensaft.

Das Eigelb mit dem Handrührer cremig schlagen. Die Knoblauchzehen durch die Presse hinzudrücken. Unter ständigem Rühren das Öl in dünnem Strahl langsam untermischen, bis eine cremige Sauce entsteht. Den Magerquark unterrühren. Mit Salz, Pfeffer, Worcestersauce und Zitronensaft abschmecken.

Geflügel

Wer noch nie ein anderes Geflügel gegessen hat als das, was in den landläufigen Geflügelbratereien reihenweise an rotierenden Spießen bis zur Unkenntlichkeit braun gebraten wird, der tut recht daran, den Mund zu verziehen, wenn das Stichwort „Geflügel" fällt. Denn dieser bedauernswerte Mensch hat noch nie gekostet, wie unvergleichlich herrlich ein junges Hähnchen, eine saftige Poularde, eine frische Ente oder eine würzige Gans schmecken kann.

Diese Massenhühner haben nichts mit einem Hähnchen gemein, das auf Wiesen ständig im Training war und so fleischige Muskeln bilden konnte, und das mit Körnern langsam aber sicher schön fett herausgefüttert wurde. Damit sich das Fleisch der Massenhühner weiß färbt, läßt man die geschlachteten Tiere im Eiswasserkanal schwimmen, bis sie auch noch das letzte bißchen an Saft verloren haben.

Wenn Sie wissen wollen, wie köstlich Geflügel sein kann, dann lassen Sie die gängige Tiefkühlware bitte liegen. (Ich spreche hier nur von unserem Geflügel. Es gibt eine ganze Menge anderer Lebensmittel, die Sie tiefgekühlt in besserer Qualität bekommen als frisch vom Markt; und es gibt schließlich auch manchmal gefrorenes Qualitätsgeflügel – meist aus Frankreich.)

Selbstverständlich können Sie das Pech haben, auch von der Bauersfrau auf dem Markt ein höchst mäßiges Huhn angedreht zu bekommen. Deshalb sollten Sie darauf achten: ein Huhn, das nicht im Eiswasserkanal war, hat eine trockene, glatte Haut. Je nachdem, womit es gefüttert wurde, ist sie blaßrosa, weißlich (Weizen) oder dunkelgelb (Mais). Die Brust und die Schenkel sind fest und geben bei Fingerdruck elastisch nach. Falls die Geflügelfrau Ihnen nicht gestattet, dies zu prüfen (mit Recht, denn unser feinschmeckerfeindliches Lebensmittelgesetz verbietet es), so bitten Sie sie, selbst mit dem Finger die Brust zu drücken: Die Druckstelle muß sich wieder ausgleichen und darf nicht sichtbar bleiben. Selbstverständlich gilt für Enten, Puten und für Gänse dasselbe. All die übrigen Geflügelsorten, wie Kapaune (ein gemästeter, junger, kastrierter Hahn) oder überhaupt junge Hähne (der französische Coq – den man auch für den berühmten Coq au vin benötigt), die früher den guten Ruf des Geflügels ausmachten, gibt es fast gar nicht mehr. Sie zu züchten, ist nicht rationell genug. Und was nicht mit geringem Aufwand an Arbeit und Kosten auf den Markt geworfen werden kann, wird hierzulande nicht aus kulinarischen Gründen beibehalten. Schade! Aber gottlob gibt es immer mehr Bauersfrauen, die wieder nach alter Manier ihr Geflügel halten und auf dem Wochenmarkt feilbieten. Suchen Sie nach ihnen.

Gebratenes Geflügel

Ein knusprig gebratenes Huhn, das nur so lange der Hitze ausgesetzt war, daß das Fleisch noch saftig und zart ist, aber die Haut schon „resch", wie die Bayern sagen, ist eine Köstlichkeit. Man kann die Vögel mit oder ohne Füllung auf den Bratrost legen oder ohne Füllung auf den Grillspieß stecken. Man kann sie in einer Reine braten und einiges Wurzelwerk herumlegen, damit man später eine kräftige Sauce bekommt. Man kann sie in Folie, im Bratbeutel oder im Römertopf garen. Aber man muß immer darauf achten: Das Tier muß frisch sein und darf nicht zu lange gebraten werden. Damit es zwar gerade eben gar ist, aber noch nicht trocken wird und zäh, brät man es in zwei Etappen: Zunächst läßt man es im auf vollen Touren laufenden Ofen braun werden. Dann schaltet man den Ofen aus, läßt aber den Vogel noch mindestens 10 bis 20 Minuten (je nach Größe) bei leicht geöffneter Ofentür nachziehen. Dadurch können sich die Säfte im Fleisch gleichmäßig verteilen, und das Fleisch zieht bei milder Hitze langsam gar.

Beachten Sie dies bitte bei den in den Rezepten angebenen Garzeiten. Die vermerkte Zeit zum Nachziehen gehört mit zum Garprozeß – wenn Sie den Vogel zu früh aus dem Ofen holen, läuft beim Anschneiden Blut aus.

In jedem Fall sollten Sie Geflügel, das Sie braten wollen, zuvor dressieren. Dabei werden Flügel und Keulen fest an den Körper gedrückt und mit Küchenzwirn festgebunden. So kann nichts abstehen und verbrennen. Der Vogel ist dann ein richtiges Paket, das rundum gleichmäßig garen und braun werden kann.

Gefüllter Entenbraten

Zutaten für 4 bis 6 Personen:
1 schöne Ente von ca. 2000 g · 200 g Kalbfleisch (Schulter) · 100 g grüner (frischer) Speck · 1 Zwiebel · 1 kleine Petersilienwurzel · 1 EL Butter · 1 Eigelb · 2 EL feingehackte Petersilie · Salz · Pfeffer aus der Mühle · ein Spritzer Worcestersauce Cayennepfeffer · ½ TL Thymian
½ TL Pastetengewürz · 2 cl Portwein
½ l kräftige Hühnerbrühe · ¼ l Sahne.

Die Ente bereits vom Geflügelhändler ausnehmen lassen. Herz, Magen und Leber säubern. Die Ente innen und außen abspülen und mit Küchenpapier sorgfältig trocken tupfen. Herz, Magen, Kalbfleisch und Speck durch die feinste Scheibe des Fleischwolfs drehen oder im Mixer fein zerkleinern. Die Zwiebel und Petersilienwurzel schälen, beziehungsweise schaben. Beides sehr fein hacken. Die Butter in einem kleinen Pfännchen erhitzen und die Zwiebel und Petersilienwurzel darin weich dünsten, ohne daß sie Farbe annehmen. Abkühlen lassen. Das durchgedrehte Fleisch in einer Schüssel mit dem Eigelb und der Petersilie vermengen. Zwiebel und Petersilienwurzel zufügen. Die Masse mit Salz, Pfeffer, der Worcestersauce, Cayennepfeffer, Thymian, Pastetengewürz und Portwein abschmecken. Die Ente innen und außen mit Salz und Pfeffer einreiben, die Füllung hineinstopfen – jedoch so, daß noch etwas Raum bleibt, weil sie sich beim Braten ausdehnt und sonst herausquillt. Die Öffnung des Vogels mit Küchenzwirn zunähen oder mit Zahnstochern zustecken. (Zunähen hält besser!) Die Ente, wie im nebenstehenden Kurs gezeigt, dressieren, auf den Rost in den auf 250° C vorgeheizten Backofen setzen und die Fettpfanne mit der heißen Brühe füllen und darunter stellen. Wenn vorhanden, den Hals hineinlegen. Die Ente 15 Minuten braten. Dann mit einer Gabel die inzwischen prall gewordene Haut an den Schenkeln ein paar Mal einstechen. Mit der Brühe begießen. Weitere 30 Minuten braten, währenddessen einige Male mit Brühe übergießen. Nun den Ofen ausschalten. Die Ofentüre einen Spalt öffnen. (Klemmen Sie einen hölzernen Kochlöffel dazwischen.) Die Ente so weitere 15 bis 20 Minuten ziehen lassen. Nun den Bratensaft aus der Fettpfanne in eine Kasserolle gießen. Den Fond entfetten und auf starkem Feuer um die Hälfte einkochen. Mit der Sahne auffüllen. Weitere 5 Minuten kochen, bis die Sauce die gewünschte Konsistenz erreicht hat. Abschmecken und in einer vorgewärmten Sauciere getrennt zur Ente reichen.

1 Die Ente abspülen und trocken tupfen. Wie im Rezept angegeben, die Füllung vorbereiten. Locker in den Vogelbauch stopfen.

2 Die Öffnung mit Küchenzwirn zunähen (Stopfnadeln verwenden). Den Halslappen über die Halsöffnung klappen und feststecken.

3 Die Ente dressieren: Die Flügel an den Körper pressen und mit Zwirn festbinden, die Keulen über dem Bürzel zusammenschnüren.

4 Auf den Rost setzen. Die mit Geflügelbrühe gefüllte Fettpfanne runterschieben. Wie im Rezept gesagt, braten und ziehen lassen.

5 Den Bratenfond in eine Kasserolle gießen und sorgfältig mit einem Fettpinsel entfetten. Dann mit Sahne aufgießen und einkochen.

6 Den Entenbraten auf einer vorgewärmten Platte anrichten. Die Sahnesauce in eine Sauciere füllen. Beides sofort zu Tisch bringen.

Ente auf Wirsing

Zutaten für 4 Personen:
1 fette Ente (ca. 1800 g)
Salz · Pfeffer aus der Mühle
1 TL Beifuß · 1 TL Thymian · 1 kleiner Wirsingkopf (ca. 500 g) · 500 g Kartoffeln (möglichst kleine) · 400 g Möhren · ½ l Geflügelbrühe · frisch geriebene Muskatnuß · Petersilie.

Die Ente innen und außen gründlich abspülen. Mit Küchenpapier trocken tupfen. Mit Salz, Pfeffer, Beifuß und Thymian innen und außen einreiben. Den Wirsing putzen und in vier Stücke teilen, jedoch so, daß die Blätter durch den Strunk noch zusammenhängen. Die Kartoffeln schälen. Die Möhren putzen. Entweder längs vierteln, diese Streifen dann auf etwa vier Zentimeter kürzen. Oder mit einem Kartoffelbohrer Kugeln ausstechen – das sieht hübscher aus, und die Möhren garen so gleichmäßig von außen nach innen. In einem großen Topf Wasser aufkochen. Salzen. Zuerst die Kartoffeln darin 5 Minuten kochen, dann die Möhren für 2 Minuten zufügen und zum Schluß eine Minute lang die Wirsingviertel hineingeben. Abgießen. Die Möhren und Wirsingstücke sofort unter eiskaltem Wasser abschrecken. Die Ente wie gezeigt dressieren und auf den Rost in den auf 250° C vorgeheizten Backofen setzen. Das Gemüse mit den Kartoffeln in die Fettpfanne legen und mit der heißen Geflügelbrühe übergießen. Unter die Ente in den Ofen schieben. Zunächst 15 Minuten braten. Dann mit einer Gabel die Haut der Schenkel rundum einstechen, damit das Fett abtropfen kann. Dabei die Ente mit der Brühe begießen. Die Hitze auf 220° C verringern. Die Ente so weitere 35 Minuten braten. Dabei wiederholt mit Brühe übergießen. Den Ofen ausschalten. Die Ente bei leicht geöffneter Ofentür weitere 20 Minuten ziehen lassen. Dann auf einer großen Platte anrichten. Das Gemüse dekorativ verteilen, dabei salzen und mit Muskat bestreuen. Zum Schluß die feingehackte Petersilie über die Kartoffeln geben. Den Bratensaft entfetten (siehe Seite 73), abschmecken und etwas davon über das Gemüse träufeln. Den Rest in einer Sauciere getrennt dazu reichen.

Gänsebraten

Zutaten für 4 bis 6 Personen:
1 gutgemästete Gans (küchenfertig ausgenommen) von etwa 3,5 kg · Salz Pfeffer aus der Mühle 1 EL Beifuß · 1 TL Majoran · ½ l Geflügelbrühe ¼ l Bier.

Die Gans säubern, die Innereien beiseite legen (für eine Füllung oder ein anderes Rezept), das Fett auslösen. Dann gründlich ausspülen und mit Küchenpapier trocken tupfen. Mit Salz, Pfeffer, Beifuß und Majoran innen und außen kräftig einreiben. Die Gans wie gezeigt dressieren. Mit dem Rücken nach oben auf den Rost in den auf 250° C vorgeheizten Backofen setzen. Die Brühe in die Fettpfanne gießen und darunter schieben. 30 Minuten braten. Nach 15 Minuten mit einer Gabel in die Schenkel stechen, damit das Fett auslaufen kann. Und immer wieder mit Brühe übergießen. Dann die Gans herumdrehen. Weitere 30 Minuten braten und gelegentlich begießen. Dann den Ofen auf 200° C herunterstellen. Die Gans mit dem Bier übergießen. Nach etwa 50 Minuten Bratzeit, während derer die Gans immer wieder begossen werden sollte, den Ofen ausschalten. Die Ofentür geschlossen lassen und die Gans noch 30 Minuten nachgaren lassen. Während dieser Zeit braucht sie nicht mehr beträufelt zu werden. Deshalb kann man die Fettpfanne herausnehmen und statt dessen den Ofenboden mit Alufolie auslegen, damit heruntertropfender Saft aufgefangen wird. Den Bratensaft aus der Fettpfanne in ein Töpfchen schütten und sorgsam entfetten (siehe Seite 73). Etwas einkochen lassen und abschmecken. Man kann diese Sauce pur zur Gans servieren oder sie mit etwas Sahne einkochen und mit einem Schuß Cognac aromatisieren. Dazu gibt's Kartoffelknödel (Seite 275) und gedünsteten Rotkohl, vielleicht mit Apfelstückchen.

Anmerkung: Lecker schmeckt der Braten auch mit folgender Füllung:

Zutaten für 8 Personen:
200 g Hackfleisch · das Herz, der Magen, die Leber der Gans · 100 g Flomen 1 Zwiebel · 1 Knoblauchzehe · 1 EL Butter etwas Geflügelbrühe · 3 säuerliche Äpfel · 1 Bund Petersilie · Salz · Pfeffer aus der Mühle · 1 TL Majoran · 2 cl Calvados 1 Ei.

Das Hackfleisch in eine Schüssel geben. Herz, Magen und Leber von Häutchen und Sehnen befreien. Herz, Flomen und Magen zweimal durch die feinste Scheibe des Fleischwolfs drehen. Zwiebel und Knoblauch schälen und sehr fein hacken. In einer Pfanne die Butter zerlassen. Zwiebel und Knoblauch darin weich dünsten, ohne daß sie Farbe annehmen, die Leber halbieren und kurz rundum anbraten. Herausnehmen, abkühlen lassen und in kleine Würfel schneiden. Herz, Flomen und Magen in die Pfanne geben und mitbraten. Dabei soll sich das Fett nicht absetzen. Dann das Hackfleisch zufügen. So lange braten, bis es seine rote Farbe verloren hat. Damit nichts ansetzt, mit einigen Eßlöffeln Brühe ablöschen. Die Äpfel schälen, vierteln, dabei das Kerngehäuse entfernen. Die Viertel quer in dünne Scheibchen schneiden. Zum Hackfleisch geben und mitdünsten. Die Petersilie fein hacken. Den Pfanneninhalt etwas auskühlen lassen. Die Petersilie und Leberstückchen untermischen. Dann mit Salz, Pfeffer und Majoran gut abschmecken. Den Calvados darüberträufeln. Zum Schluß das Ei hineinrühren. Diese Farce in die vorbereitete Gans füllen. Die Öffnung mit Küchenzwirn zunähen. Braten, wie im vorhergehenden Rezept angegeben.

Pute

mit Kastanien gefüllt

Zutaten für 8 Personen:
1 Babypute (ca. 2 kg) · Salz
Pfeffer aus der Mühle
½ TL Thymian.

Für die Füllung:
150 g Schweineschnitzel
250 g frischer (grüner)
Speck · 1 TL Pastetengewürz · Worcestersauce · 2 cl
Cognac · ¼ TL Cayennepfeffer · 2 Schalotten · 1 Ei
2 EL gehackte Petersilie
400 g Kastanien · 1 Bund
Suppengrün · ½ l Geflügelbrühe · 4 breite Scheiben
grüner Speck (hauchdünn
geschnitten) · 2 EL Butter.

Die Pute abspülen und sorgfältig mit Küchenpapier trocken tupfen. Innen und außen mit Salz, Pfeffer und Thymian einreiben. Leber, Herz und Magen von Häutchen und Sehnen befreien. Herz, Magen, Schweineschnitzel und 100 g des Specks durch die feinste Scheibe des Fleischwolfs drehen. In eine Schüssel geben, gründlich vermischen. Mit Salz, Pfeffer, Pastetengewürz, Cayennepfeffer und Cognac würzen. Die Schalotten schälen und sehr fein hacken. Den restlichen Speck in einer großen Pfanne auslassen. Die Schalotten darin weich dünsten. Beiseite schieben. Die Leber rasch auf allen Seiten anbraten, salzen und pfeffern – herausnehmen und etwas auskühlen lassen. Dann in kleine Stücke schneiden. Das durchgedrehte und gewürzte Fleisch in die Pfanne geben und bei milder Hitze unter ständigem Rühren nicht ganz gar braten. Abkühlen lassen. Das Ei trennen. Eigelb, Leber und feingehackte Petersilie unter die Farce mischen. Dabei kräftig mit dem Rührlöffel schlagen, damit sich alles zu einer cremigen Masse verbindet. Diese im Kühlschrank aufbewahren, bis die übrigen Vorbereitungen erledigt sind.

Die Kastanien mit einem spitzen Messer kreuzweise einschneiden. Im auf 250° C vorgeheizten Backofen auf einem trockenen Backblech 10 Minuten backen, bis die Schale aufplatzt. Die Kastanien schälen, dabei die braune innere Haut ebenfalls entfernen. In einen flachen Topf füllen. Das Suppengrün putzen, klein schneiden und dazugeben. Mit Geflügelbrühe knapp bedecken. Zugedeckt 40 Minuten lang weich kochen. Dabei sollen die Kastanien jedoch ganz bleiben und nicht zu einem Brei zerfallen. Durch ein Sieb gießen. Die Brühe auffangen. Die Kastanien in die Farce rühren. Das Eiweiß sehr steif schlagen und vorsichtig, aber gleichmäßig unter die Masse heben. In die vorbereitete Pute füllen. Die Öffnung mit Küchenzwirn zunähen oder mit Zahnstochern zustecken. Die Pute dressieren (siehe Seite 143). Die Speckscheiben über die Brust legen und festbinden. Einen Bräter mit Butter auspinseln. Die Pute, Brust nach unten, hineinlegen. In den auf 250° C vorgeheizten Ofen schieben und auf allen vier Seiten jeweils 10 Minuten braten. Den Ofen auf 220° C herunterstellen. Mit ⅛ l der aufgefangenen Brühe begießen. Die Pute auf den Rücken drehen. Weitere 30 Minuten braten, dabei immer wieder mit der restlichen Brühe begießen. Dann Ofen abschalten. Aber die Pute noch weitere 30 Minuten bei leicht geöffneter Tür darin ziehen lassen. Den Bratensatz in ein Töpfchen füllen und entfetten (siehe Seite 73). Etwas einkochen lassen und abschmecken. Die Pute auf eine Platte setzen. Den Fond getrennt reichen.

Ein schönes, fettes Hähnchen schmeckt am allerbesten ganz schlicht, ohne jede weitere Zutat, nur mit Butter bepinselt im Ofen gebraten oder auf dem Grillspieß geröstet. Ein *Masthähnchen* (beziehungsweise -hühnchen) wiegt etwa 700 bis 1200 Gramm und reicht für zwei Personen als Hauptgericht. Ein *Masthuhn*, beziehungsweise eine *Poularde* ist 1150 bis 2000 Gramm schwer – damit kann man drei bis vier Personen bewirten.

Brathähnchen

Zutaten für 2 bis 3 Personen:
1 gut gemästetes frisches Brathähnchen (Poulet, ca. 1100 g) · Salz · Pfeffer aus der Mühle · 1 Bund Petersilie · 3 EL Butter.

Das Hähnchen bereits vom Geflügelhändler ausnehmen lassen. (Leber kurz in Butter braten und gleich essen. Herz, Magen, Hals und Flügelspitzen mit Wurzelwerk zu Brühe auskochen.) Das Hähnchen ausspülen und trocken tupfen. Innen und außen mit Salz und Pfeffer einreiben. Die Petersilie waschen, trockenschütteln und in den Bauch stecken. Das Tier dressieren (Seite 143). Auf den Rost über die Fettpfanne in den auf 250° C heißen Ofen setzen oder auf den Grillspieß stecken. Mit der Butter einpinseln. 35 Minuten braten (oder grillen). Den Ofen (und den Grill) ausschalten. Bei geöffneter Ofentür (nur einen Spalt) weitere 10 bis 15 Minuten ziehen lassen. Den herabgetropften Saft entfetten (Seite 73) und getrennt servieren.

Poularde

gefüllt

Zutaten für 4 bis 6 Personen:
1 schwere, gut gemästete Poularde (ca. 1800 g) 100 g Hühnerlebern 2 cl Portwein · Salz Pfeffer aus der Mühle. Für die Füllung: 2 Schalotten · 1 Knoblauchzehe · 100 g grüner (frischer) Speck · 2 Scheiben Weißbrot · 3 EL Milch 1 Ei · 1 Bund Petersilie 1 Messerspitze Cayennepfeffer · 1 TL Pastetengewürz · etwas abgeriebene Zitronenschale. Außerdem: 1 EL Butter · 1 kleines Suppengrün · ¼ l Geflügelbrühe · ⅛ l Sahne 2 cl Portwein.

Die Poularde bereits vom Geflügelhändler ausnehmen lassen. Herz und Magen zweimal durch die feinste Scheibe des Fleischwolfs drehen. Die Leber und die anderen Lebern säubern und von allen Häutchen befreien.
Die Poularde mit dem Portwein ausgießen, dabei das Tier drehen, damit es innen überall von der Flüssigkeit befeuchtet wird. Innen und außen mit Salz und Pfeffer einreiben. Für die Füllung die Schalotten und die Knoblauchzehe schälen und fein hacken. In einer Pfanne 25 g feingehackten Speck auslassen, die Schalotten und den Knoblauch darin weich dünsten. Die gesäuberten Lebern rasch auf allen Seiten anbraten. Herausnehmen, abkühlen lassen und kleinschneiden. Das durchgedrehte Herz mit dem Magen in die Pfanne ge-

ben und weich dünsten. Das Weißbrot entrinden. Mit der Milch beträufeln und einweichen. Die Petersilie fein hakken. Den restlichen Speck durch den Wolf drehen. Pfanneninhalt, Leberstückchen, das ausgedrückte Weißbrot, Ei und die Petersilie in einer Schüssel gut vermischen. Diese Farce mit Salz, Pfeffer, Cayennepfeffer, Pastetengewürz und Zitronenschale würzig abschmecken. Diese Füllung in den Vogelbauch stopfen. Die Öffnung zunähen oder zustecken. Die Poularde in einen passenden, mit Butter ausgestrichenen Bräter setzen und in den auf 250° C vorgeheizten Ofen schieben. Das Suppengrün putzen und kleinschneiden. Nach 10 Minuten rund um das Huhn im Bräter verteilen. Mit der kochenden Brühe übergießen. Die Hitze auf 220° C verringern. Die Poularde weitere 35 Minuten braten. Dann den Ofen ausschalten. Den Bratenfond durch ein Sieb in ein Töpfchen abgießen. Die Poularde bei leicht geöffneter Ofentür weitere 15 Minuten ziehen lassen. Unterdessen den Bratenfond entfetten (Siehe Seite 73) und auf starker Hitze einkochen. Mit der Sahne auffüllen. Die Sauce auf die gewünschte Konsistenz einkochen lassen. Mit Salz und Pfeffer abschmecken.
Die Poularde auf einer heißen Platte anrichten. Den Bratensatz mit Portwein loskochen. In die Sauce rühren. Getrennt zur Poularde auftragen.

Geschmortes Geflügel

Geflügelragouts

Meistens nimmt man für diese Zubereitung Poularden oder Brathähnchen. Man kann aber selbstverständlich auch Enten nach diesem Prinzip verarbeiten oder auch Putenteile. In jedem Fall wird das Geflügel dafür in acht Teile zerlegt. Das ist nicht weiter schwierig. Wenn man es ein paar Mal geübt hat, geht es ganz einfach: Zunächst muß man das Huhn (mit der Ente genauso verfahren) mit einer Geflügelschere halbieren. Dafür schneidet man am Rückgrat und am Brustbein entlang. Von dieser Hälfte nun den Schenkel im Gelenk abtrennen. Den Schenkel wiederum im Gelenk in zwei Teile – nämlich Oberschenkel und Keule – teilen. Den Flügel vom Gelenk ausgehend mit einem Stück der Brust abschneiden. Die Flügelspitze kappen. Mit der anderen Hühnerhälfte ganz genauso verfahren. Dabei das dicke Rückgrat entfernen. Aus Herz, Magen, Flügelspitzen und Rückgrat mit etwas klein geschnittenem Wurzelwerk und Wasser einen Fond kochen (siehe auch Seite 85). Für manche Rezepte wird nun obendrein die Haut entfernt. Diese wandert ebenfalls in den Suppentopf und wird zum Fond ausgekocht. Zusätzlich kann man nun auch noch das Brustfleisch von den Knochen lösen. Man rollt es dann zu einem Päckchen zusammen, damit es gleichmäßig gart und schön saftig bleibt. Diese Knochen werden natürlich auch noch für die Brühe verwendet.

Das Brustfleisch ist zarter als die übrigen Stücke. Deshalb gibt man es beim Schmoren stets als letztes in den Topf und nimmt es als erstes wieder heraus.

Schmoren – im Zusammenhang mit Geflügel hat dieses Wort eine andere Bedeutung als bei jedem anderen Fleisch. In diesem Fall heißt es vielmehr, daß die Geflügelteile bei mittlerer Hitze zunächst schwach braun gebraten, dann mit Flüssigkeit aufgefüllt und bei sanfter Hitze nur kurz geköchelt werden. Das sehr eiweißreiche Geflügelfleisch (vor allem von Poularden und Puten) reagiert ähnlich wie Fisch sehr empfindlich auf übermäßige Hitze und wird dann trocken und zäh.

Geschmortes Geflügel wird immer nach denselben Grundregeln zubereitet. Deshalb kann man, hat man das Prinzip einmal begriffen, selber variieren und Rezepte entwickeln:

Zunächst einmal benötigen Sie dazu einen schweren Brattopf – möglichst aus Gußeisen und mit einem gut schließenden Deckel –, der so bemessen sein sollte, daß die Geflügelteile nebeneinander Platz darin finden. Sie sollten alle Kontakt mit dem Topfboden haben, damit sie gleichmäßig mit der Hitze in Berührung kommen. In diesem Topf wird nun Butter (etwa 2 Eßlöffel) erhitzt, so daß sie schäumt, aber nicht braun wird. Die Geflügelstücke hineinlegen und bei milder Hitze auf einer Seite schwach golden anbraten. Dann die Stücke herumdrehen und auch auf der anderen Seite bräunen. Das kann auf der Herdplatte geschehen oder im 220° C heißen Ofen (im Ofen hat es den Vorteil, daß die Stücke rundum von gleichmäßiger Hitze umgeben sind). Mit Flüssigkeit angießen. Rund 10 bis 15 Minuten dürfen die Geflügelstücke schmoren, wobei die Brustteile bereits nach spätestens 8 Minuten herausgenommen werden müssen. Dann die Teile auf einer vorgewärmten Platte mit Alufolie abgedeckt beiseite stellen. Das Fett abgießen. Ein neues Stück Butter darin schmelzen – diesmal auf der Herdplatte. Und nun, je nach Rezept, fein gehackte Schalotten, Zwiebel, Knoblauch, Pilze oder was auch immer andünsten. Mit Flüssigkeit, wie Brühe, Wein oder Sahne, ablöschen und den Bratensatz loskochen – dabei die übrigen Zutaten garen. Erst wenn die Sauce fertig abgeschmeckt ist, die warm gestellten Geflügelteile darin erwärmen, aber auf keinen Fall mehr kochen. Fertig.

Bei Entenragout verlängern sich die Garzeiten. Auch sollten Sie die Entenbrüste unbedingt sauber von den Knochen lösen. Das Fleisch kann so gleichmäßiger garen und ist auch anschließend besser zu essen. Für ein Entenragout braten Sie vorsichtig – natürlich nebeneinander – die Teile rundum an, wie beschrieben, schütten das Bratfett weg und gießen mit der gewählten Flüssigkeit auf, solange die Stücke noch im Topf sind. Im Ofen etwa 30 Minuten bei 200° C ohne Deckel schmoren. Die Brüste nach spätestens 20 Minuten herausnehmen und warm stellen. Dann vollenden, wie vorher beschrieben.

Poularde

**mit Champignons in Sahne
geschmort**

Zutaten für 4 Personen:
1 schöne Poularde (ca. 1500 g) · 1 Bund
Suppengrün · Salz · Pfeffer aus der Mühle
4 EL Butter · 2 Schalotten · 300 g frische
Champignons · ⅛ l trockener Weißwein
4 EL Crème fraîche.

Die Poularde wie beschrieben (Seite 147) in acht Teile zerlegen. Rückgrat, Flügelspitzen, Herz, Hals und Magen mit dem geputzten und in Stücke gehackten Suppengrün in einen Topf füllen. Mit Wasser bedecken. Zugedeckt eine Stunde lang auskochen. Zum Schluß den Deckel abnehmen. Die Brühe auf ¼ l Flüssigkeit einkochen. Durch ein Sieb filtern und beiseite stellen. Die Geflügelstücke mit Salz und Pfeffer einreiben. In einem flachen, großen Topf 2 Eßlöffel Butter erhitzen. Die Hühnerteile darin anbraten. Herausnehmen und warm stellen. (Dabei darauf achten, daß das Bruststück zuletzt in den Topf gelangt und als erstes wieder herausgenommen wird.) Das Bratfett abgießen. Die restliche Butter im Topf erhitzen. Die inzwischen geschälten und fein gehackten Schalotten darin andünsten. Die Champignons putzen, blättrig schneiden und mitbraten. Mit der beiseite gestellten Brühe auffüllen und rasch um die Hälfte auf starker Hitze einkochen. Mit Wein ablöschen. Crème fraîche hineinrühren. Aufkochen und mit Salz und Pfeffer abschmecken. Die Geflügelteile in dieser Sauce zudeckt 8 bis 12 Minuten schmoren. In einer vorgewärmten Schüssel anrichten und auftragen. Dazu paßt frisches Weißbrot oder lockerer Reis.

Anmerkung: Falls Sie keine Crème fraîche, sondern flüssige Sahne verwenden, müssen Sie mehr davon nehmen (etwa ¼ Liter) und die Sauce so lange einkochen, bis sie die gewünschte dickliche Konsistenz erreicht hat. Zum Schluß können Sie natürlich fein gehackte Petersilie oder Kerbel in die Sauce rühren und sie außerdem mit etwas Zitronensaft abschmecken.

1 Das sind die Zutaten: eine in acht Teile zerlegte Poularde, Champignons, Butter, Schalotten, Weißwein sowie Salz und Pfeffer.

4 Sobald sie auf der einen Seite golden geworden sind, herumdrehen. Auf der anderen Seite ebenfalls bei milder Hitze braten.

7 Mit Weißwein auffüllen. Zum Kochen bringen und mit dem Kochlöffel das, was sich am Topfboden festgesetzt hat, loskratzen.

2 Die Poulardenstücke gut mit Küchenpapier trocken tupfen. Dann mit Salz und frischgemahlenem Pfeffer rundum kräftig einreiben.

3 Die Butter in einem schweren (möglichst gußeisernen) Topf erhitzen. Die Geflügelteile hineinlegen und auf milder Hitze anbraten.

5 Die Stücke warm stellen, das Bratfett abgießen. In frischer Butter die gehackten Schalotten und Champignons andünsten.

6 Mit dem zuvor gekochten Geflügelfond auffüllen. Auf stärkerem Feuer rasch um etwa die Hälfte einkochen. Dabei öfter rühren.

8 Die Crème fraîche in die Sauce rühren und wieder aufkochen. Die Sauce mit Salz und Pfeffer, eventuell Zitronensaft, abschmecken.

9 Die Sauce ist fertig. Jetzt die warmgestellten Geflügelstücke wieder hineinlegen. Nur noch erwärmen, aber nicht mehr kochen.

Poularde

in Estragonsauce

Genau wie im Grundrezept beschrieben und mit den gleichen Zutaten arbeiten, jedoch die Champignons weglassen und zum Schluß großzügig feingehackten frischen Estragon unterziehen. Die Sauce zusätzlich mit Zitronensaft abschmecken.

Poularde

in Senfsauce

Ebenfalls ohne Champignons zubereiten. Zum Schluß die Sauce mit einem Eßlöffel Senf würzen. Sie können zwischen verschiedenen Senfsorten wählen: scharfem Dijon-Senf, mildem Delikateß-Senf, würzigem Rotisseur-Senf. Immer mit etwas Zitronensaft abschmecken und feingehackte Petersilie unterziehen.

Poularde

in Schnittlauchsauce

In die Sauce reichlich Schnittlauch und ein mit etwas Sahne verkleppertes Eigelb rühren. Dann nicht mehr kochen.

Poularde

provenzalische Art

Zutaten für vier Personen:
1 schöne mittelschwere Poularde (ca. 1400 g) · Suppengrün für den Fond · Salz
Pfeffer aus der Mühle
2 EL Butter · 2 EL Olivenöl · 1 Zwiebel · 2 Knoblauchzehen · 2 Fleischtomaten · 1 Zucchino · 1 kleine, grüne Paprikaschote
⅛ l trockener Weißwein
1 Handvoll kleiner, schwarzer Oliven · Petersilie.

Die Poularde in acht Stücke teilen. Aus Rückgrat, Flügelspitzen, Herz, Magen und Hals mit Suppengrün und Wasser einen Fond kochen (siehe Grundrezept Seite 147 und 148). Die Leber für ein anderes Rezept vorsehen. Die Geflügelstücke mit Salz und Pfeffer einreiben. In einem flachen, schweren Topf je einen Eßlöffel Butter und Olivenöl erhitzen. Die Hühnerstücke darin anbraten. Die Zwiebel schälen und in feine Ringe schneiden. Die Knoblauchzehe schälen und fein hacken. Die Tomaten häuten, entkernen (Seite 41) und das Fleisch in grobe Stücke zerschneiden. Den Zucchino waschen, an beiden Enden kappen. Dann in dünne Scheibchen teilen. Die Paprikaschote waschen, halbieren, die Kerne und alle dicken Rippen entfernen. Die Hälften quer in sehr dünne Ringe schneiden. Die inzwischen schön golden geschmorten Hühnerstücke warm stellen. Das Bratfett abgießen. Erneut Butter und Öl erhitzen. Zunächst die Zwiebel und den Knoblauch darin andünsten. Dann die Tomaten und den Zucchino zufügen. Zum Schluß erst die Paprikastreifen. Unter Rühren einige Minuten schmoren. Mit Wein und stark eingekochtem Hühnerfond ablöschen. 5 Minuten köcheln. Mit Salz und Pfeffer abschmecken. Die Oliven in die Sauce rühren. Die Hühnerstücke in den Topf geben. Etwa 5 Minuten darin ziehen lassen. Petersilie darübergeben.

Poulardenragout

Zutaten für 4 Personen:
1 schöne Poularde (ca. 1600 g) · 1 Bund Suppengrün · Salz · Pfeffer aus der Mühle · 3 EL Butter · 600 g Lauch · 2 Schalotten · ⅛ l trockener Weißwein · 2 Eigelb · 4 EL Sahne · Zitronensaft · frisch geriebener Muskat · eine Spur Cayennepfeffer · Worcestersauce.

Die Poularde, wie im Grundrezept beschrieben (siehe Seite 147 und 148), in acht Teile schneiden. Aus den Abfällen mit dem geputzten, grob gehackten Suppengrün eine kräftige Brühe kochen. Die Leber für ein anderes Rezept vorsehen. Die Hühnerstücke salzen, pfeffern und in einem schweren breiten Schmortopf in der Hälfte der Butter golden braun anbraten und dünsten. Lauch putzen. Stark dunkelgrüne Teile entfernen. Die Stangen längs aufschlitzen und unter fließendem Wasser den Sand zwischen den Blättern herausspülen. Quer in 3 Zentimeter lange Stücke schneiden. In sprudelnd kochendem Salzwasser 3 Minuten blanchieren. Unter eiskaltem Wasser abschrecken, damit der Lauch seine Farbe behält. Die fertig gebratenen Hühnerstücke aus dem Topf nehmen und warm stellen. Das Bratfett wegschütten. Die restliche Butter erhitzen. Die feingehackten Schalotten darin andünsten. Mit der Brühe und dem Weißwein ablöschen. Den Lauch zufügen. Etwa 10 Minuten leise köcheln. Das Eigelb mit der Sahne verquirlen und in die Sauce rühren. Auf milder Hitze langsam heiß und dicklich werden, aber auf keinen Fall kochen lassen. Die Hühnerstücke hineinlegen. Mit den Gewürzen abschmecken.

Poularde

in Rotwein

Zutaten für 4 bis 6 Personen:
1 schwere Poularde (ca. 1800 g) · 1 Bund Suppengrün · Salz · Pfeffer aus der Mühle · 100 g durchwachsener Speck · 2 EL Butter 250g Schalotten · 250 g Champignons · 2 Knoblauchzehen · 1 Kräutersträußchen (siehe Seite 33) ca. ½ l erstklassiger Rotwein · 2 cl Cognac.

Die Poularde, wie im Grundrezept gezeigt, in acht Stücke schneiden. Aus den Abfällen mit dem kleingehackten Suppengrün und Wasser eine kräftige Brühe kochen. Die Leber beiseite legen. Die Hühnerstücke mit Salz und Pfeffer einreiben. Den Speck fein würfeln. In einem schweren, flachen Schmortopf auslassen, gleichzeitig die Butter darin schmelzen. Die Hühnerstücke rasch auf allen Seiten anbraten. Sofort wieder herausnehmen. Die Schalotten schälen, die Champignons putzen. Die Schalotten ins verbliebene Fett geben und rundum golden anbraten. Dann die Pilze zufügen und unter gelegentlichem Rühren weitere 5 Minuten mitbraten. Die Knoblauchzehen schälen, durch die Presse drücken und hineinrühren. Den auf ca. ⅛ l eingekochten Fond in den Topf gießen. Das Kräutersträußchen hinzufügen. Die

warmgestellten Hühnerstücke in den Topf legen. Mit Wein so weit auffüllen, daß die Zutaten nicht ganz bedeckt sind. In den auf 180° C vorgeheizten Ofen schieben. Dort zugedeckt 30 Minuten schmoren lassen. Die Hühnerstücke und die Champignons mit einem Schaumlöffel herausheben. Das Kräutersträußchen entfernen. Den Sud auf starkem Feuer reduzieren. Die Leber der Poularde sehr fein hacken und durch ein feines Sieb streichen. Mit dem Cognac vermischen. Diese Paste unter stetem Rühren langsam in die heiße Sauce geben, die dadurch gebunden und leicht dicklich wird. Mit Salz und Pfeffer abschmecken. Nicht mehr kochen lassen. Über die Hühnerstücke gießen.

Entenragout

in Orangensauce

Zutaten für 4 bis 6 Personen:
1 schwere Ente (ca. 2000 g) 1 Bund Suppengrün · Salz Pfeffer aus der Mühle 4 EL Butter · 2 Schalotten 1 Kräutersträußchen (siehe Seite 33) · ¼ l frisch gepreßter Orangensaft 2 Orangen · 2 cl Cognac.

Die Ente, wie im Grundrezept angegeben, in Stücke zerlegen. Aus den Abfällen (ohne Leber) mit dem geputzten, kleingehackten Suppengrün und Wasser eine kräftige Brühe kochen. Auf etwa ¼ Liter reduzieren. Die Entenstücke rundum mit Salz und Pfeffer einreiben. Die Hälfte der Butter in einem schweren Bratentopf erhitzen. Die Entenstücke darin rundum sanft anbraten. Herausnehmen und warm

stellen. Das Fett abgießen. Die restliche Butter im Topf aufschäumen lassen. Die feingehackten Schalotten darin andünsten. Mit der Entenbrühe ablöschen. Die Entenstücke wieder in den Topf legen. Das Kräutersträußchen zufügen. Den Topf mit einem Deckel verschließen. In den auf 200° C vorgeheizten Ofen schieben und etwa 20 Minuten schmoren. Die Brüste herausnehmen und warm stellen. Den Orangensaft in den Topf gießen. Weitere 20 Minuten zugedeckt im Ofen garen. Inzwischen die Orangen schälen, dabei am besten mit einem scharfen Messer arbeiten und die Schale nicht abziehen, sondern so abschneiden, daß die dünne weiße Innenhaut, die die einzelnen Spalten umgibt, mit entfernt wird. Nun läßt sich die Frucht ganz leicht filieren, indem Sie mit dem Messer die Spalten aus den Häutchen herausschneiden. Das hört sich komplizierter an, als es ist. Den herabtropfenden Saft auffangen und in den Topf rühren.
Die beiseite gelegte Leber säubern. Fein hacken und durch ein Sieb streichen. Das Püree mit dem Cognac verrühren. Die Entenstücke aus der Sauce nehmen und warm stellen. Den Topf zurück auf den Herd stellen und den Bratensud etwas einkochen. Die Hitze herunterschalten. Die pürierte Leber langsam in die Sauce mischen, die nun nicht mehr kochen darf, weil die Leber sonst gerinnt. Die Sauce jedoch heiß und dicklich werden lassen. Die Orangenfilets hineinlegen und erwärmen. Die Sauce über die warm gestellten Entenstücke gießen.

151

Gekochtes Geflügel

Die Standardzubereitung bei den Gerichten aus gekochtem Geflügel ist das Hühnerfrikassee. Es ist auf jeder Speisekarte zu finden und natürlich auf den Speisezetteln fast aller bundesdeutschen Haushalte. Es gehört zu den Lieblingsessen, steht also auf der Wunschliste ganz vorne.

In der Tat ist ein liebevoll und sorgfältig zubereitetes Frikassee eine Delikatesse. Aber leider findet man es oft bis zur Unkenntlichkeit entstellt: trocken gekochtes, zähes Hühnerfleisch, das bereits allen Saft der Brühe mitgeteilt hat, und eine pappige Mehlsauce, der auch kräftiges Würzen nicht mehr auf die Beine helfen kann.

Der Grundfehler: Für ein Hühnerfrikassee darf man auf keinen Fall ein Suppenhuhn verwenden. Eine solche zwei bis drei Jahre alte Henne, die ihr Leben brav mit Eierlegen gefristet hat, ist allenfalls noch für eine kräftige Brühe gut. Ihr Fleisch aber sollte man anschließend nicht mehr genießen. Es kann gar nicht anders, als fad und faserig sein. Eine saftige, wohlgenährte Poularde dagegen ist für ein Frikassee gerade gut genug. Man darf sie aber nicht kochen, sondern nur von möglichst wenig Wasser bedeckt auf mildem Feuer garziehen lassen. Das bedeutet, das Wasser muß dabei stets knapp unter dem Siedepunkt gehalten werden. Die heftige Bewegung eines wirklich kochenden Suds würde das empfindliche Eiweiß im Fleisch schnell gerinnen und ausflocken lassen. Das macht nicht nur das Fleisch trocken, sondern obendrein die Brühe trüb. Also: eine schöne Poularde, in wenig Flüssigkeit, bei sanfter Hitze garen. Und zwar – das ist der vierte Punkt – nicht zu lange. Denn auch dadurch könnte das Hühnerfleisch im Wohlgeschmack beeinträchtigt werden. Schon nach etwa 45 Minuten ist das Tier gar.

Man läßt es dann in der Brühe langsam auskühlen, damit sich die Säfte wieder verteilen können. Sobald man es anfassen kann, nimmt man es heraus und löst das Fleisch von den Knochen. Dabei werden Haut und alle knorpeligen Stücke entfernt. Das ausgelöste Fleisch schneidet man in mundgerechte Bissen. Die Knochen und alle anderen Abfälle kann man nun wieder in den Topf zurückgeben und zusätzlich auskochen. So wird die Brühe, die man nunmehr für die Sauce des Frikassees benötigt, noch würziger und intensiver.

Am besten ist für dieses Vorkochen ein Topf geeignet, der das Huhn mit dem zugefügten Wurzelwerk gerade eben aufnimmt. Dann braucht man zum Bedecken nur wenig Wasser und muß später die Brühe nicht erst lange einkochen, bis sie kräftig genug ist.

Hühnerfrikassee

Zutaten für 4 Personen:
1 schönes Brathähnchen (ca. 1100 g) oder 1 kleinere Poularde · 1 Möhre · 1 Zwiebel 1 Petersilienwurzel mit Grün · 1 Lauchstange · ½ TL Thymian · 1 EL Pfefferkörner · Salz · 2 EL Butter · 1 EL Mehl ⅛ l Sahne · Zitronensaft · Worcestersauce Petersilie.

Das Hähnchen abspülen. Die Innereien, wie Magen, Herz und Leber, säubern. (Die Leber für ein anderes Rezept vorsehen.) Alles in einen möglichst genau passenden Topf füllen. Möhre, Zwiebel, Petersilienwurzel und Lauchstange putzen und kleinschneiden. In den Topf geben. Thymian und Pfefferkörner darüberstreuen. Sparsam salzen. Mit Wasser bedecken und langsam bis knapp unter den Siedepunkt erhitzen, das Hähnchen so 35 bis 40 Minuten garziehen lassen. In einer Kasserolle die Butter aufschäumen, das Mehl hineinrühren und andünsten, aber keine Farbe annehmen lassen. Mit etwas mehr als ½ Liter Hühnerbrühe auffüllen und unter gelegentlichem Rühren bei milder Hitze zu einer dicklichen Sauce kochen. Die Sahne zugießen und noch einmal erhitzen. Falls die Sauce nun doch zu dünn sein sollte, auf stärkerem Feuer bis zur gewünschten Konsistenz reduzieren. Mit Salz, Pfeffer, Zitronensaft und Worcestersauce abschmecken. Das Hühnerfleisch von den Knochen lösen und in Würfel schneiden. In der Sauce erwärmen. Die feingehackte Petersilie hineinstreuen. Heiß servieren. Dazu paßt am besten Reis.

1 Das brauchen Sie: ein schönes Hähnchen, Wurzelwerk, Butter, etwas Mehl, Sahne, Zitronensaft, Petersilie, Salz und Pfeffer.

2 Das Hähnchen in einen passenden Topf legen, die Innereien und das kleingehackte Gemüse zufügen. Mit Wasser auffüllen.

3 Das Hähnchen in der Brühe etwas abkühlen und in einer Kasserolle die Butter aufschäumen lassen. Mehl darin andünsten.

4 Mit Brühe auffüllen und zu einer dicklichen Sauce einkochen. Mit Sahne verdünnen und mit Salz, Pfeffer und Zitronensaft würzen.

5 Das Fleisch von den Knochen lösen. Dabei die Haut entfernen. In mundgerechte Bissen schneiden. Haut und Knochen auskochen.

6 Das zerteilte Hühnerfleisch in die abgeschmeckte Sauce rühren. Nur noch erwärmen, nicht mehr kochen. Mit Petersilie bestreuen.

Das Grundrezept für Hühnerfrikassee kann nun vielfach variiert werden. Sehr beliebt sind beispielsweise Spargelspitzen, Blumenkohl- oder Brokkoliröschen, alles in Salzwasser knapp gar gekocht und zum Schluß mit dem klein geschnittenen Fleisch in der Sauce nur noch erwärmt.

Eine besonders kalorienarme Version des Frikassees ist das folgende Rezept:

Hühner-frikassee

in Gemüsepüree

Zutaten für 4 Personen:
1 Poularde (ca. 1400 g)
1 Möhre · 1 Zwiebel
2 Knoblauchzehen · ¼ Sellerieknolle · 3 Petersilienstengel · 1 Lauchstange
1 Lorbeerblatt · 1 EL Pfefferkörner · 1 l Wasser oder Hühnerbrühe · Salz · Pfeffer aus der Mühle · frisch geriebene Muskatnuß
Zitronensaft · Worcestersauce · 4 EL Sahne.

Die Poularde abspülen. Herz und Magen putzen. Die Leber für ein anderes Rezept vorsehen. Möhre, Zwiebel, Knoblauchzehen und Sellerie putzen und klein schneiden. Mit den Petersilienstengeln in einen ausreichend großen Topf geben. Die Lauchstange putzen, längs aufschlitzen und auch zwischen den Blättern sorgfältig ausspülen. In Ringe schneiden und mit Lorbeerblatt und Pfefferkörnern in den Topf geben. Auch den Magen zufügen. Mit Wasser oder Hühnerbrühe auffüllen. Zugedeckt etwa 15 Minuten köcheln. Dann erst das Huhn zufügen. Es sollte gerade von der Flüssigkeit bedeckt sein. Auf mildem Feuer 50 Minuten garziehen lassen. Die Poularde herausnehmen. Die Brühe noch eine weitere Stunde köcheln lassen. Nach 45 Minuten das Herz zufügen. Unterdessen das Fleisch von den Knochen lösen, alle Abfälle in die Brühe geben und auskochen. Das Fleisch in Würfel, Magen und Herz in Scheiben schneiden. Beiseite stellen. Von der kräftig eingekochten Brühe großzügig etwa ½ Liter abmessen. 4 Eßlöffel des Suppengemüses in einen Mixer füllen, einige Eßlöffel Brühe zufügen. Auf hoher Geschwindigkeit zu einem glatten Püree mixen. Mit der abgemessenen Brühe in eine Kasserolle füllen. So lange kochen, bis diese Sauce eine cremige Konsistenz erreicht hat. Mit Salz, Pfeffer, Muskat, Zitronensaft und Worcestersauce abschmecken. Zum Schluß die Sahne in die Sauce rühren. Das Hühnerfleisch mit Magen und Herz darin erwärmen. Sofort auftragen.

Anmerkung: Dieses Hühnerfrikassee können Sie sich auch leisten, wenn Sie gerade eine Schlankheitskur unternehmen. Pro Portion schlägt es mit nicht mehr als etwa 270 Kalorien zu Buche. Sie können es natürlich wie jedes andere Frikassee mit kleinen Gemüsen anreichern. Oder das Rezept variieren, indem Sie zum Andicken nur eine Gemüsesorte verwenden, zum Beispiel nur weich gekochte Möhren, Fenchel oder Spargel. In jedem Fall das Gemüse in der Brühe so weich kochen, daß man es im Mixer zu einem glatten Mus zerkleinern kann. Damit keine Bröckchen in der Sauce zurückbleiben, können Sie sie zusätzlich durch ein Sieb streichen. Falls Sie keinen Kummer mit der Figur haben, schadet es selbstverständlich nicht, wenn Sie mit der Sahne zum Schluß etwas großzügiger umgehen.

Huhn

mit bunten Gemüsen

Zutaten für 4 bis 6 Personen:
1 große Poularde, ca.
1800 g schwer · 2 große Möhren · 8 kleine Zwiebelchen oder Schalotten
½ Sellerieknolle · 2 mittelgroße weiße Rübchen (Navets) · ca. 1 l Hühnerbrühe · 1 Lorbeerblatt
1 EL Pfefferkörner · Salz
Pfeffer aus der Mühle.

Die Poularde in einen größeren Topf legen. Die Innereien bis auf die Leber zufügen (diese für ein anderes Rezept beiseite legen).

Die Möhren, Zwiebeln oder Schalotten, Sellerieknolle und weiße Rübchen schälen. Aus den Möhren, der Sellerieknolle und den Rübchen mit einem Kartoffelbohrer kleine Kugeln ausstechen oder diese Gemüse olivenförmig zuschnitzen. Das macht ein wenig Mühe, aber es lohnt sich, weil so zugerichtete Gemüse gleichmäßig garen und nicht an den Kanten bereits weich sind, während ihr Inneres noch hart und roh wirkt – beziehungsweise das Innere die richtige Konsistenz erreicht hat und die Ecken matschig sind. Das Zuschnitzen ist ziemlich zeitraubend. Aber mit einem Kartoffelbohrer erreichen Sie den gleichen Effekt und es macht kaum Arbeit.

Das vorbereitete Gemüse mit den unzerteilten Zwiebeln zur Poularde in den Topf geben. Mit Hühnerbrühe oder Wasser auffüllen. Lorbeerblatt, Pfefferkörner und Salz zufügen. Bei sanfter Hitze das Huhn 45 Minuten gar ziehen lassen.

Das Huhn auf einer heißen Platte anrichten. Die Gemüsekugeln herumlegen. Sparsam mit Pfeffer bestreuen und sofort, noch dampfend, auftragen. Dazu Pell- oder Salzkartoffeln reichen.

Anmerkung: Dieses Rezept läßt sich abwandeln, indem man von der Brühe nach der Hälfte der Garzeit etwa 3 bis 4 Tassen abmißt und damit einen Risotto kocht (siehe Seite 270), den man statt Kartoffeln zum fertigen Huhn serviert. Und wer's ganz üppig mag, der kann aus der restlichen Brühe mit Sahne eine helle Sauce zubereiten (siehe Seite 84) und getrennt dazu reichen.

Kaltes Huhn

mit Sahnegelee

Zutaten für 6 Personen:
1 große Poularde · 1 Möhre 1 Zwiebel · 1 Petersilienwurzel mit Grün · 1 Lauchstange · 1 l Wasser 1 Kalbsfuß (vom Metzger in Stücke gehauen) · 1 Lorbeerblatt · 1 TL Thymian 1 EL Pfefferkörner · ½ TL Salz · ⅛ l Sahne · Pfeffer aus der Mühle · eine Spur Cayennepfeffer · Zitronensaft · Worcestersauce Petersilie zum Garnieren.

Das Huhn säubern und trokken reiben. Die Leber für ein anderes Rezept verwenden. Herz und Magen putzen und in einen ausreichend großen Topf geben. Möhre, Zwiebel, Petersilienwurzel und Lauchstange putzen und klein schneiden. Mit dem Kalbsfuß in den Topf legen und mit Wasser auffüllen. Zugedeckt leise etwa eine Stunde köcheln. Dann erst das Huhn, das Lorbeerblatt, den Thymian, die Pfefferkörner und das Salz zufügen. Das Huhn langsam 55 Minuten gar ziehen lassen. Herausnehmen und abkühlen lassen. Die Brühe ohne Deckel weiterhin bei schwacher Hitze noch eine Stunde kochen, dabei soll sie sich um die Hälfte reduzieren. Das Huhn vorsichtig von den Knochen lösen, und zwar so, daß möglichst große, unzerteilte Stücke dabei entstehen. Alle Abfälle in die Brühe geben und auskochen. Die sehr konzentrierte Brühe durch ein feines Sieb filtern. In eine Kasserolle geben und mit der Sahne auffüllen. Noch einmal (diesmal auf stärkerem Feuer) um gut die Hälfte einkochen. Die Sauce muß jetzt sehr dick, aber noch cremig sein. Kräftig mit Pfeffer, Cayennepfeffer, Zitronensaft und Worcestersauce abschmecken, und zwar ruhig ein wenig überwürzen, weil die Sauce nach dem Abkühlen an Geschmack verliert. Die Hühnerstücke auf einer Platte anrichten. Die Sauce abkühlen lassen, bis sie gerade fest zu werden beginnt (durch die gelierende Wirkung des Kalbsfuß' und der Hühnerknochen). Dann erst die Hühnerstücke damit überziehen. Vollkommen abkühlen lassen. Mit Petersilie garnieren.

Anmerkung: Dies ist ein köstliches, leichtes Essen an heißen Sommertagen. Man ißt dazu nichts weiter als frisches Weißbrot und vielleicht sogar noch einen knackigen, grünen Salat, mit viel Zitrone und Schnittlauch angemacht. Außerdem eignet sich das kalte Huhn natürlich ausgezeichnet für kalte Buffets oder für andere Einladungen. Man kann es schon am Tag vorbereiten und bis zum Gebrauch kalt stellen. Nehmen Sie das Huhn jedoch rechtzeitig aus dem Kühlschrank, damit es sein Aroma entfalten kann.

Enten und Gänse kann man natürlich ebenfalls nach diesen Rezepten zubereiten. Aber ehrlich gesagt – sie schmecken in allen anderen Zubereitungen besser als in diesen gekochten. Allerdings ist eine französische Spezialität ausgezeichnet, wenn auch leider ziemlich deftig: Es ist die Gans in ihrem eigenen Fett gekocht, „Confit d'oie", übersetzt also „eingemachte Gans". Dasselbe läßt sich auch mit der Ente machen. Dann heißt es „Confit de canard". Die Originalversion sieht vor, daß man die Gans oder Ente in Stücke teilt (etwa wie auf Seite 147 beschrieben). Ich finde, daß die Knochen später, beim Anschneiden, sehr stören und löse deshalb immer das Fleisch vor dem „Einmachen" von den Knochen (sie ergeben immer noch eine herrliche Brühe). Sie finden das Rezept auf Seite 298 als Zutat zum Cassoulet.

Fleisch

Das ist der Deutschen Lieblingsspeise. Gekocht, gebraten, geschmort, geschnetzelt, durchgedreht, gerollt und gewickelt. Fleisch in jeder Form und vor allem jeden Tag auf unseren Tischen. Mindestens 90 Kilogramm verspeist ein einzelner (statistisch gesehen) davon pro Jahr. Zum Vergleich: Im selben Zeitraum ißt er nicht einmal 11 Kilogramm Fisch. Bei diesen gigantischen Mengen ist es um so verwunderlicher, daß die Qualität des Fleisches, das hierzulande angeboten wird, geradezu beklagenswert ist. Was bei bundesdeutschen Metzgern mit stattlichen Preisen bezahlt wird, das würden unsere Nachbarn, die Franzosen, mit hochgezogenen Augenbrauen von sich weisen. Sie tun es sogar, denn was in Frankreich nicht verkauft werden kann, wandert – von EG-Ausgleichsabgaben finanziert – in bundesdeutsche Metzgereien. Und dort wird es klaglos abgenommen. Ein Metzger, der gutes Fleisch anbietet, tut sich schwer damit: denn die deutsche Hausfrau kauft lieber leuchtend rotes Fleisch, weil's appetitlich aussieht. Und sie verschmäht das dunkelfarbene, abgehangene – das vielleicht nicht so dekorativ ist, dafür aber auch beim Braten zart bleibt. Und sie weigert sich, Fleisch zu kaufen, das mit Fett durchwachsen ist, weil sie um ihre Linie bangt. Dabei schmeckt fettloses Fleisch nach nichts, weil Fett der wichtigste Aromaträger ist. Außerdem hält es den Braten oder das Kochfleisch saftig. Fettloses Fleisch wird zäh.

Deshalb: präsentieren Sie sich Ihrem Metzger als Kundin mit Sachverstand und fordern Sie abgehangenes Rindfleisch, das zart mit Fettadern marmoriert ist. Weisen Sie blasses Kalbfleisch zurück, weil es von hormongepäppelten Tieren stammt und nach nichts schmeckt. Und lassen Sie sich niemals die Fettschicht beim Schweinebraten abschneiden!

Was beim Einkaufen von Fleisch sonst noch wichtig ist, vor allem welche Stücke vom Tier sich wofür am besten eignen, das ist auf den Seiten 20 bis 27 ausführlich gezeigt und beschrieben. Hier sei nur noch folgendes erwähnt: Wie auch alle anderen Lebensmittel, Fisch, Geflügel und natürlich Gemüse, kann man Fleisch von höchster Qualität durch falsche Behandlung ruinieren. Zum Beispiel sollten Sie das Fleischstück nach dem Einkauf niemals im Einwickelpapier lassen, sondern es in eine Schale oder Schüssel betten und mit Öl einpinseln. Dann ist es vor Luft geschützt und bleibt besser frisch. Es ist meist unnötig, Fleisch abzuspülen, wenn Sie es trotzdem tun, dann bitte rasch. Lassen Sie es nicht im Wasser liegen, dort laugt es aus und wird saft- und kraftlos. Beachten Sie sorgfältig die Angaben bei den einzelnen Rezepten auf den folgenden Seiten.

Gekochtes Fleisch

Brillat-Savarin, der gern zitierte, hielt „gekochtes Rindfleisch für ein gesundes Gericht", das „Leute vom Fach niemals essen; denn: Suppenfleisch ist ein Fleisch ohne Saft". Hier irrt der große Gastrosoph. Aber wir wollen es ihm nachsehen, denn der Arme hatte niemals einen Wiener Tafelspitz gegessen. Sonst hätte er nicht den unverzeihlichen Fehler begangen, gekochtes Rindfleisch mit Suppenfleisch zu verwechseln.

Wo beim Rind dieses begehrenswerte Stück Fleisch sitzt, können Sie auf Seite 20/21 nachschlagen, und was ihn vom braven Suppenfleisch in so weit entfernte Höhen hebt, hier nachlesen:

Es ist ein besonders zartes, selbstverständlich gut abgehangenes Stück, das zu bekommen Ihnen wahrscheinlich hierzulande einige Schwierigkeiten machen wird. Vor allem, wenn Sie im Norden Deutschlands leben. Denn unsere Schlachter zerlegen ein Rind anders als ihre österreichischen Kollegen. (Denen im süddeutschen Raum ist der österreichische Schnitt vertraut.) Das bedeutet, daß Sie dem Metzger nicht nur ganz präzise erklären müssen, welches Stück Sie haben wollen (aus der Hüfte, beziehungsweise aus dem Hüftdeckel), sondern ihm am besten auch schon einige Tage vorher Bescheid sagen.

Falls sich Ihr Metzger jedoch nicht imstande erweisen sollte, das gewünschte Stück herauszuschneiden, dann verlangen Sie auf keinen Fall ein *Fleisch zum Kochen,* sondern eines, das der Metzger *zum Braten* geeignet hält. Nur das ist zart genug, um nach dem Sieden auch saftig zu bleiben. Daß das Stück ausreichend abgehangen sein sollte (mindestens zwei Wochen, besser noch länger), versteht sich von selbst. (Siehe auch Seite 21.)

Eines noch: immer wieder ist zu lesen, daß man entweder eine gute Brühe oder ein ordentliches Fleisch haben kann. Denn entweder bleibt aller Saft im Fleisch, dann schmeckt die Brühe nach nichts, oder er teilt sich der Brühe mit, dann aber ist das Fleisch ausgelaugt und fade. Ich habe diese Behauptung nie bestätigt gefunden. Gibt man nämlich den Tafelspitz in das leise siedende Wasser, das man zuvor einige Minuten lang mit kleinge-schnittenem Wurzelwerk hat kochen lassen, und schaltet dann die Temperatur so weit herunter, daß er bei milder Hitze ganz langsam gar zieht, dann ist das Fleisch zart und auch seine Brühe ist kräftig. Jedoch: Zum Tafelspitzkochen muß der Topf so bemessen sein, daß er Fleisch und Wurzelwerk gerade faßt.

Wiener Tafelspitz

Zutaten für 6 Personen:
1,5 kg Tafelspitz (oder ein geeignetes Stück zum Braten, siehe auch Seite 20/21)
2 dicke Möhren · 1 Petersilienwurzel
2 Zwiebeln · ¼ Sellerieknolle · 1 Lauchstange · 4 Petersilienstengel · 1 Lorbeerblatt · 1 EL Pfefferkörner
Wasser · Salz.

Falls vorhanden, vom Tafelspitz Sehnen und Häutchen abschneiden. Das Fett jedoch unbedingt dran lassen. Die Möhren, Petersilienwurzel, eine Zwiebel und den Sellerie putzen, schälen und in kleine Stücke schneiden. Die Lauchstange vom dunklen Grün befreien, längs aufschlitzen und unter fließendem Wasser ausspülen. Quer in Ringe teilen. Das Gemüse mit den Petersilienstengeln, dem Lorbeerblatt und den Pfefferkörnern in einen knapp bemessenen, aber ausreichend großen Topf füllen. Mit Wasser bedecken. Auf mittlerer Hitze etwa 10 Minuten köcheln. Unterdessen die zweite Zwiebel halbieren. Mit den Schnittflächen auf eine heiße Herdplatte setzen und braun rösten. In die Brühe werfen. (Das gibt der Brühe eine schöne Farbe.) Den Tafelspitz langsam in die leise siedende Brühe gleiten lassen. Vorsichtig salzen. Die Hitze nunmehr so einstellen, daß die Brühe knapp unter dem Siedepunkt bleibt. Mit nur halb aufgelegtem Deckel 3 bis 4 Stunden ziehen lassen. Dann den Tafelspitz mit zwei Schaumlöffeln herausheben. Auf eine vorgewärmte Platte setzen. Schräg zum Faserverlauf in 1 Zentimeter dünne Scheiben schneiden. Die Brühe etwas einkochen lassen, bis sie würzig genug ist. Über die Fleischscheiben träufeln. Den Tafelspitz mit den anschließend vorgeschlagenen Beilagen auftragen.

1 Den gut abgehangenen Tafelspitz mit einem scharfen Messer von Häutchen säubern. Wurzelwerk putzen, in Stücke schneiden.

2 Das vorbereitete Gemüse mit den Gewürzen und Wasser in einen Topf füllen und köcheln. Das Fleisch hineingeben.

3 Nach 3 bis 4 Stunden, in denen das Fleisch auf keinen Fall kochen darf, den Tafelspitz mit zwei Schaumlöffeln herausheben.

4 Auf ein Tranchierbrett setzen. Mit einem scharfen, großen Messer schräg zum Faserverlauf in dünne Scheiben schneiden.

5 Die Brühe einkochen, wenn nötig noch etwas abschmecken. Den Tafelspitz damit vorsichtig beträufeln, damit er nicht trocken wird.

6 Zum Tafelspitz verschiedene Saucen und natürlich Röstkartoffeln reichen. Gut passen Schnittlauchsauce und Apfel-Meerrettich.

In Österreich liebt man die Tradition. Deshalb sind natürlich auch die Beilagen für einen stilechten Tafelspitz ganz genau vorgeschrieben. Dazu gehört als allererstes die berühmte Schnittlauchsauce. In Wien streiten sich heute zwei Restaurants um die richtige, um die echte Rezeptur. Auch solche Streitigkeiten haben in Wien Tradition: Jahrzehntelang konnten sich beispielsweise die beiden renommierten Häuser „Sacher" und das „Demel" nicht einigen, wer von beiden nun die Original-Sacher-Torte bäckt. Es würde zu weit führen, sämtliche Stationen dieser Auseinandersetzung hier darzulegen. Jedenfalls können Sie heute in beiden Confiserien eine erstklassige Torte gleichen Namens verzehren und in beiden mit Genuß! Aber zurück zur Schnittlauchsauce. Auch hier ist das „Sacher" – offenbar stets um Originalität und Einmaligkeit bemüht – wieder führend: es behauptet von sich, die einzig richtige Schnittlauchsauce anzubieten. Während sein Konkurrent, das nicht minder feine Restaurant „Zu den drei Husaren", meint, die seine sei die Ur-Fassung. Hier nun die Sacher-Version:

Schnittlauch-sauce

à la Sacher

1 Semmel vom Vortag · ⅛ l Wasser · 1 TL Weißweinessig · 3 hartgekochte Eigelb (8-Minuten-Ei) · 2 frische Eigelb · 8 EL geschmacksneutrales Öl · Salz · Pfeffer aus der Mühle · eine Prise Zucker · Weißweinessig

zum Abschmecken · 4 EL frische Schnittlauchröllchen.

Mit einem scharfen Messer die Semmel entrinden. In Stücke schneiden und in eine Schüssel legen. Mit dem Wasser und Essig übergießen. ½ Stunde einweichen. Ausdrücken. Die Eigelb durch ein Sieb streichen und mit der Semmel vermischen. Noch einmal durch ein Sieb drücken oder im Mixer pürieren. Mit den frischen Eigelb schaumig rühren, dabei langsam tropfenweise das Öl zufügen. So lange kräftig schlagen, bis eine hellgelbe Crème entstanden ist, die an eine Mayonnaise erinnert. Mit Salz, Pfeffer, Zucker und einem Schuß Essig abschmekken. Die Sauce soll sehr glatt sein und leicht säuerlich schmecken. Zum Schluß den frisch geschnittenen Schnittlauch unterziehen.

Apfel-Kren

Zutaten für 6 Personen: 2 säuerliche Äpfel · ½ TL Zucker · ½ Gewürznelke 1 Stück Zimtstange · einige Tropfen Weißweinessig (es paßt auch Apfel-Essig) einige EL Wasser · frischer Meerrettich zum Reiben.

Die Äpfel schälen, vierteln und dabei das Kerngehäuse entfernen. Die Viertel in dünne Scheibchen schneiden. In eine kleine Kasserolle füllen. Zucker, Gewürznelke und Zimtstange zufügen. Mit dem Essig und Wasser beträufeln. Zugedeckt auf milder Hitze zu einem dicken Apfelmus kochen. Gewürznelke und Zimtstange entfernen. Abkühlen lassen. Den Meerrettich auf einer feinen Raspel zerklei-

nern. Soviel davon untermischen, daß die Apfel-Meerrettich-Sauce einem die Tränen in die Augen treibt. Obendrein darf bei einem echten Tafelspitz der Rahmspinat nicht fehlen:

Rahmspinat

Zutaten für 6 Personen: 1000 g frischer Spinat 1 Zwiebel · 1 Knoblauchzehe · 2 EL Butter · ⅛ l Sahne · Salz · Pfeffer aus der Mühle · frisch geriebene Muskatnuß.

Den Spinat verlesen, dabei alle Stiele abzupfen. Die Blätter waschen und abtropfen lassen. Die Zwiebel und die Knoblauchzehe schälen. Beides sehr fein hacken. In einem ausreichend großen Topf weich dünsten, aber keine Farbe annehmen lassen. Den Spinat in den Topf füllen. Zudecken und etwa 2 Minuten lang zusammenfallen lassen, dabei ab und zu umrühren. Mit einer Schaumkelle herausheben, gut abtropfen lassen. Auf einem großen Brett mit einem Küchenbeil hacken. Unterdessen die Sahne in den Topf geben und mit dem Spinatsaft, der sich beim Zusammenfallen gebildet hat, einkochen. Den gehackten Spinat wieder hineinfüllen. In der Rahmsauce wenden. Mit Salz, Pfeffer und Muskat abschmecken.

Anmerkung: Alle diese Beilagen mit Bratkartoffeln (siehe Seite 274) zum Tafelspitz servieren.

Kalbsfrikassee

Wir Deutschen lieben Sauce, und zwar muß es stets reichlich Sauce sein, damit man die Kartoffeln schön darin zerdrücken oder Nudeln und Reis großzügig damit benetzen kann.

Wer Saucen mag, schätzt Frikassees. Denn für Frikassees wird das Fleisch zuvor gekocht, wobei die Grundlage für jede Sauce entsteht: eine kräftige Brühe.

Die klassische Küche schreibt für ein Frikassee eine gebundene, helle Sauce vor; in der Küchensprache: Velouté oder Samtsauce.

Sie wird stets auf einer Mehlschwitze aufgebaut (siehe auch Seite 84). Dadurch bekommt sie Stand und eine cremige Konsistenz.

Die moderne Küche indessen hat andere Möglichkeiten der Saucenzubereitung entdeckt. Wir werden natürlich beide Methoden zeigen. Sie können dann selbst entscheiden, welche Ihnen besser gefällt und schmeckt.

Klassisches Grundrezept

Zutaten für 4 bis 6 Personen:
500 g Kalbsknochen · 1000 g Kalbfleisch (vom Hals oder aus der Schulter)
Salz · 6 Pfefferkörner · 2 Möhren
1 Lauchstange · 1 bis 2 Selleriestangen
4 Petersilienstengel · (oder ein Kräuter-
sträußchen – siehe Seite 33) · 1 große Zwie-
bel · 2 Gewürznelken · 2 Knoblauchzehen
6 Pfefferkörner · 3 EL Butter · 1 EL Mehl
16 kleine Zwiebeln · 150 g frische Cham-
pignons · 1 Zitrone · 0,1 l Crème fraîche
1 Eigelb · Pfeffer aus der Mühle · frisch
geriebene Muskatnuß.

Die Kalbsknochen in einen ausreichend großen Topf geben. Mit Wasser bedecken und aufkochen. Unterdessen das Kalbfleisch in gulaschgroße Würfel schneiden. In den Topf füllen. Sparsam salzen. Auf milder Hitze langsam erhitzen. Die Möhren schälen, längs vierteln. Die Lauchstange putzen, stark dunkelgrüne Blätter entfernen, die Stange längs aufschlitzen und sorgfältig auswaschen. Längs halbieren. Die Selleriestangen putzen. Die Petersilienblätter von den Stielen zupfen. Die Zwiebel schälen, mit den Gewürznelken spikken. Die Knoblauchzehen ebenfalls schälen.

Alles Gemüse zum Fleisch in den Topf geben und die Pfefferkörner hineinstreuen. Das Fleisch so eine Stunde lang sanft garziehen lassen. Dann einen Eßlöffel Butter in einer Kasserolle erhitzen und das Mehl unter Rühren darin andünsten, aber keine Farbe annehmen lassen. Sobald sich Mehl und Butter innig vermischt haben, zum Abkühlen beiseite stellen. Die kleinen Zwiebelchen schälen. Den zweiten Eßlöffel Butter in einem flachen Topf erhitzen. Die Zwiebel darin etwa 30 Minuten unter ständigem Rütteln am Topf weich dünsten und gleichmäßig rundum goldbraun werden lassen. Die Champignons putzen, vierteln, mit Zitronensaft beträufeln und in der restlichen Butter etwa 6 Minuten lang im entstehenden Saft schmoren.

Sobald das Fleisch gar ist, mit einem Schaumlöffel herausheben und warm stellen. Das Suppengemüse und die Knochen wegwerfen. Die Kasserolle mit der abgekühlten Mehlschwitze wieder aufs Feuer stellen und unter ständigem Schlagen mit dem Schneebesen die heiße Knochenbrühe langsam aufgießen. Zu einer cremigen Sauce einkochen. Die Crème fraîche mit dem Eigelb verquirlen, die heiße Sauce hineinrühren, dabei unermüdlich schlagen, damit sich alles gut verbindet. Mit Salz, Pfeffer aus der Mühle, Muskat und Zitronensaft abschmecken. Die Fleischstücke, Zwiebeln und Pilze wieder in den Topf legen. Die Sauce durch ein Sieb darüber passieren. Vorsichtig alles erwärmen, aber auf keinen Fall kochen, weil die Sauce sonst gerinnt. In einer vorgewärmten Schüssel anrichten. Zum Schluß die Petersilienblättchen fein hacken und darüber streuen. Zum Kalbsfrikassee passen Reis oder junge Pellkartoffeln.

Anmerkung: Dieses Rezept ist aufwendig. Man kann sich die Arbeit durchaus ein bißchen leichter machen. So zum Beispiel die Mehlschwitze unmittelbar, bevor sie gebraucht wird, zubereiten und die Champignons mit den Zwiebeln im selben Topf dünsten – nachdem die Zwiebeln bereits gar und golden geworden sind, versteht sich, weil die Zwiebeln erheblich viel mehr Zeit als die Pilze zum Garen brauchen.

1 Die Kalbsknochen in einen passenden Topf legen, mit Wasser bedecken und etwa 10 Minuten vorkochen. Das Fleisch würfeln.

2 Die Fleischwürfel sollten etwa eine Kantenlänge von 3 bis 4 Zentimetern haben wie für Gulasch. In den Topf geben und salzen.

5 Die Zwiebel schälen. In heißer Butter schmoren, dabei immer wieder rühren oder am Topf rütteln, bis sie weich und goldbraun ist.

6 Die Champignons putzen und vierteln. In die heiße Butter geben und bei milder Hitze in ihrer Flüssigkeit dünsten, nicht braten.

9 Crème fraîche mit dem Eigelb verquirlen. Mit einer Schöpfkelle die heiße Sauce hineingeben, mit dem Schneebesen schlagen.

10 Das Fleisch, die Zwiebeln und die Pilze wieder in den Topf füllen. Die Sauce durch ein Sieb filtern und darüber gießen. Wärmen.

3 Das Wurzelwerk putzen oder schälen. Die Zwiebel mit Nelken spicken. Das Kräutersträußchen schnüren. Alles zum Fleisch geben.

4 Für die Sauce eine Mehlschwitze bereiten: Butter aufschäumen, das Mehl dünsten, aber auf keinen Fall rösten.

7 Sobald das Fleisch weich ist, herausheben und warm stellen. Die Brühe noch etwas einkochen. Gemüse und Knochen wegwerfen.

8 Die Mehlschwitze wieder auf den Herd stellen. Die heiße Brühe hineingießen. Unter Rühren zu einer cremigen Sauce kochen.

11 Dabei darf die Sauce auf keinen Fall kochen, weil sonst das Eigelb ausflockt und die Sauce gerinnt. Sie soll dick und heiß werden.

12 Das fertige Kalbsfrikassee in einer vorgewärmten Schüssel anrichten. Heiß auftragen. Dazu schmecken Pellkartoffeln oder Reis.

Kalbsfrikassee

Modernes Grundrezept

Zutaten für 4 Personen:
400 g Kalbsknochen
2 Möhren · 1 Lauchstange
1 Zwiebel · 2 Knoblauch-
zehen · 4 Petersilienstengel
½ TL Thymian · 1 Lor-
beerblatt · 1 frisches Lieb-
stöckelblatt · 1 Gewürz-
nelke · 6 Pfefferkörner
1¼ l Wasser · 800 g Kalb-
fleisch (Hals oder Schulter)
Salz · 0,1 l Crème fraîche
2 cl Portwein oder Madeira
Zitronensaft · Pfeffer aus
der Mühle · frisch geriebene
Muskatnuß.

Die Knochen in einen passenden Topf geben. Möhren, Lauch, Zwiebel und Knoblauchzehen putzen oder schälen und grob hacken. Zu den Knochen geben. Petersilienstengel, Thymian, Lorbeer- und Liebstöckelblatt, Gewürznelke und Pfefferkörner zufügen. Mit dem Wasser aufgießen. Auf mittlerem Feuer etwa 15 Minuten köcheln. Das Fleisch in die Brühe geben. Sparsam salzen. Die Hitze herunterschalten. Etwa eine Stunde lang garziehen lassen. Das Fleischstück mit einer Schaumkelle herausheben. Etwas auskühlen lassen. Unterdessen jedoch die Brühe auf nunmehr stärkerer Hitze auf etwa ¾ Liter einkochen. Das Fleisch in gulaschgroße Würfel teilen. Dafür ein scharfes Messer nehmen, damit die Fasern nicht zerrissen werden. Die Brühe durch ein Sieb schütten und in einem Topf auffangen. Etwa 5 Eßlöffel der in der Brühe gekochten Gemüse in den Mixer füllen, dabei Pfefferkörner, Lorbeerblatt und Gewürznel-ke aussondern. Zu einem glatten Püree zerkleinern. Zurück in den Topf geben. Crème fraîche hinzufügen, aufkochen und mit der Kalbsbrühe auf die gewünschte Konsistenz verdünnen. Die Sauce mit Portwein, Salz, Pfeffer und Muskat abschmecken. Die Fleischwürfel darin erwärmen, aber nicht kochen, damit sie saftig bleiben.

Das Kalbsfrikassee heiß auftragen.

Anmerkung: Die Menge und die Konsistenz der Sauce können Sie variieren: Wenn Sie sie lieber dick und reichlich mögen, dann nehmen Sie noch mehr, als hier angegeben, von dem gekochten Gemüse, denn dieses Püree gibt der Sauce Stand. Es erfüllt also den gleichen Zweck wie die Mehlschwitze – mit dem Unterschied, daß es bekömmlicher und kalorienärmer ist.

Noch mehr Kalorien sparen Sie, wenn Sie statt der angegebenen Menge Crème fraîche nur einen Eßlöffel davon nehmen und mit 5 Eßlöffeln Magerquark in das Püree mixen. Probieren Sie's aus, das schmeckt wirklich!

Ein Kalbsfrikassee läßt sich gut mit kleinen Gemüsen anreichern. Diese sollten Sie jedoch getrennt in Salzwasser knapp gar kochen und erst zum Schluß hineinrühren.

Es eignen sich dazu Blumenkohl- oder Brokkoliröschen, Spargelspitzen sowie Möhrenscheibchen oder knackig gar gekochte Lauchringe. Natürlich auch Erbsen und gedünstete Zwiebeln.

Kalbsfrikassee

in Püree von
Schwarzwurzeln

Zutaten für 4 Personen:
800 g Kalbfleisch (Hals
oder Schulter) · ¾ l Kalbs-
fond (siehe Seite 85) · 500 g
Schwarzwurzeln · Saft einer
halben Zitrone · 1 l Wasser
4 EL Essig · 1 TL Salz · ⅛ l
Sahne · Salz · Pfeffer aus
der Mühle · frisch geriebene
Muskatnuß · 2 EL feinge-
hackte Petersilie.

Das Fleisch in einen Topf legen, der nicht zu groß sein sollte. Mit der Kalbsbrühe auffüllen – so, daß alles bedeckt ist. Auf schwacher Hitze etwa 1 bis 1½ Stunden köcheln. Währenddessen die Schwarzwurzeln mit dem Kartoffelmesser dünn schälen. Sofort mit Zitronensaft einreiben, damit sie sich nicht verfärben. In Stücke schneiden und in einen zweiten Topf geben. Essig und Salz zufügen. In etwa 30 Minuten weich kochen. Abgießen und im Mixer fein pürieren. Zusammen mit der Sahne zurück in den Topf gießen. Auf starkem Feuer etwa 5 Minuten lang einkochen. Dann erst mit der Kalbsbrühe auf die gewünschte Flüssigkeit verdünnen. Mit Salz, Pfeffer, Muskat und Zitronensaft abschmecken. Das Kalbfleisch in Würfel schneiden und in der Sauce erwärmen. Zum Schluß mit der frischen, feingehackten Petersilie bestreuen. Mit kleinen Kartöffelchen sofort heiß servieren.

Anmerkung: Natürlich können Sie das Fleisch auch vor dem Kochen in Würfel teilen. Es bleibt jedoch im Ganzen gegart saftiger und zarter.

Schweinetopf mit buntem Gemüse

Man könnte dieses Gericht auch schlicht: „Eintopf mit Schweinefleisch" nennen. Doch das träfe die Sache nicht. Es wird zwar tatsächlich alles in einem Topf gekocht – in einem ausgesprochen geräumigen – aber es ist mehr als das, was wir normalerweise Eintopf nennen. Denn mit diesem Gericht hat man nicht nur eine sättigende Mahlzeit, sondern vielmehr ein Menü: Die Suppe als Vorspeise entsteht dabei ganz nebenbei. Außerdem können Sie – vorausgesetzt, Sie besitzen ein Kochgefäß, das solche Mengen aufnehmen kann – damit eine ganze Horde von hungrigen Menschen bewirten. Die Arbeit ist dieselbe, aber die Brühe und das Fleisch wird so nur noch besser.

Ganz wichtig ist jedenfalls, daß die Gemüse knackig bleiben und nicht zu Brei verkochen. Deshalb gibt man sie nacheinander und nicht zu früh hinein. Das Gemüse soll als Beilage zum Fleisch dienen, nicht nur als Suppenwürze.

Zutaten für 10 Personen:
700 g Schweinenacken · 700 g Schweineschulter · 500 g Bauchfleisch · 1 Wirsingkopf (ca. 1000 g) · Salz · 4 dicke Möhren 4 Lauchstangen · 1 Staude Bleichsellerie (oder Stangensellerie) · 500 g weiße Rübchen (Navets) · 3 Zwiebeln · 6 Knoblauchzehen · 3 Gewürznelken · 1 Bund Petersilie 1 EL Pfefferkörner · 4 Kartoffeln 1 grobe Mettwurst.

Die Fleischstücke säubern und waschen. In einen großen Topf legen und mit Fleischbrühe auffüllen. Langsam auf milder Hitze zum Kochen bringen. Den sich dabei nach oben absetzenden Schaum mit einem Schaumlöffel entfernen. Insgesamt etwa 2 Stunden sanft köcheln lassen. Den Wirsing putzen, welke und beschädigte Blätter abreißen. Den Kohlkopf vierteln. Mit einem scharfen Messer den Strunk so herausschneiden, daß die einzelnen Blätter nur noch durch eine dünne Schicht miteinander verbunden sind. In reichlich sprudelnd kochendem Salzwasser drei Minuten blanchieren, unter eiskaltem Wasser abschrekken und gut abtropfen lassen.

Die Möhren schälen oder schaben. Längs vierteln. Diese Streifen auf etwa 5 Zentimeter kürzen. (Wenn Ihnen die Mühe nicht zu groß ist, können Sie sie nun an den Kanten abrunden – nur dann werden sie gleichmäßig von außen nach innen gar und sind nicht schon an den Ecken weich, während ihr Inneres noch roh ist.) Diese Streifen ebenfalls in Salzwasser einmal kurz aufwallen lassen und abschrecken. Dadurch behalten sie ihre leuchtende Farbe. Die Lauchstangen putzen. Dunkelgrüne und welke Blätter entfernen. Die Stangen längs aufschlitzen und ausspülen. Quer halbieren und mit Küchenzwirn zu einem Bündel schnüren. Die Selleriestangen ebenfalls putzen, waschen und zu einem Paket binden. Die weißen Rübchen schälen, in dicke Scheiben, diese wiederum in dicke Stifte schneiden. (Wie die Möhrenstreifen zuschnitzen.) Die Zwiebeln und Knoblauchzehen schälen. Eine Zwiebel mit drei Nelken spicken. Die Petersilienblättchen von den Stielen zupfen. Die Blätter aufbewahren. Die Stiele wie die Lauch- oder Selleriestangen zusammenbinden. Nach 1½ Stunden Garzeit das Selleriepaket in den Topf geben, gleichzeitig die Pfefferkörner, Knoblauchzehen, Petersilienstengel und die Zwiebeln zufügen. Etwas später den Lauch, die Möhren und die weißen Rübchen in den Topf legen. Alles weiterhin auf mildem Feuer köcheln. Unterdessen die Kartoffeln schälen und in kleine Würfel schneiden. Zusammen mit dem Wirsing noch etwa 20 Minuten mitkochen. Erst 10 Minuten vor Garzeitende die Wurst in die Brühe legen und erhitzen.

Mit einer Schaumkelle vorsichtig alles Gemüse aus dem Topf heben und auf einer geräumigen Platte dekorativ verteilen. Nun die verschiedenen Fleischsorten und die Wurst auf einem Brett in Scheiben oder Portionsstücke schneiden und darüber anrichten. Die Petersilie fein hacken und darüberstreuen. Den Schweinetopf heiß auftragen. Man braucht dazu lediglich eine Pfeffermühle, Muskatnuß zum Reiben und Salz auf den Tisch stellen (Kurs, Seite 166).

1 Das alles brauchen Sie. Erschrecken Sie nicht: Das reicht für etwa 10 Personen mit gutem Appetit. Der Rest läßt sich einfrieren.

2 Zunächst das Fleisch von überflüssigen Sehnen und Häutchen säubern. Dann in klarem Wasser abspülen. In einen Topf legen.

4 Den Wirsingkopf putzen. Mit einem Messer vierteln. Den Strunk so herausschneiden, daß die Blätter noch zusammenhängen.

5 In reichlich sprudelnd kochendem Salzwasser 3 Minuten blanchieren. Anschließend unter eiskaltem Wasser abschrecken.

7 Erst nach 1½ Stunden Garzeit das Gemüse in den Suppentopf geben. Es muß knakkig bleiben, darf nicht zu lange kochen.

8 Als letztes kommen die Kartoffeln und der Wirsing in den Schweinetopf. Beides ist rasch gar. Der Wirsing soll bleichen.

Gepökeltes Eisbein

3 Mit der Fleischbrühe auffüllen. Langsam zum Kochen bringen. Sich an der Oberfläche absetzende Unreinheiten mit abschöpfen.

6 Das übrige Gemüse ebenfalls putzen und, wie hier gezeigt und im Rezept beschrieben, kleinschneiden und zu Päckchen schnüren.

9 Kurz bevor alles fertig ist, die grobe Mettwurst erwärmen. Anschließend alles anrichten und das Fleisch aufschneiden.

Zutaten für 6 Personen:
Je 200 g grüne und gelbe getrocknete Erbsen · 1½ l Wasser · 2 Möhren · 2 Lauchstangen · 2 Zwiebeln · 2 Knoblauchzehen 2 Lorbeerblätter · 1 EL Thymian · 1 EL Majoran · 1 EL Pfefferkörner · 2 große gepökelte Eisbeine (je etwa 1000 g) · Salz 2 große Zwiebeln · 2 EL Butter · 100 g durchwachsener Speck.

Die Erbsen in eine große Schüssel füllen und mit Wasser bedeckt über Nacht einweichen. Mit dem Einweichwasser in einen ausreichend großen Topf schütten. Langsam aufkochen. Die Möhren schaben oder schälen. Den Lauch putzen, längs aufschlitzen und gründlich ausspülen. Wie im Kurs gezeigt, zu einem Bündel zusammenschnüren. Zwiebeln und Knoblauchzehen schälen. Die unzerteilten Möhren, das Lauchpaket, die nicht zerkleinerten Zwiebeln und Knoblauchzehen mit den Lorbeerblättern, dem Thymian, Majoran und den Pfefferkörnern zufügen. Sobald die Brühe aufgekocht hat, die Eisbeine einlegen. Sparsam salzen. Auf milder Hitze etwa 2 bis 2½ Stunden leise köcheln. Dann müßten die Erbsen weich sein. Die Eisbeine mit einer Schaumkelle herausheben und zugedeckt warm stellen. Möhren, Lauch, Zwiebeln, Knoblauchzehen sowie die Lorbeerblätter herausfischen und wegwerfen. Von der Brühe so viel abgießen, daß die Erbsen gerade noch bedeckt sind. Die Brühe jedoch auffangen und aufbewahren. Mit dem Pürierstab des Handmixers die Erbsen zu einem glatten Mus zerkleinern. Es soll nun die Konsistenz eines weichen Kartoffelpürees haben. Falls es zu dick ist, mit der Brühe verdünnen. Ein zu dünnes Püree muß man einkochen, bis es die gewünschte Konsistenz hat. Das Erbspüree mit Salz und Pfeffer abschmecken. Die Zwiebeln schälen und in feine Ringe schneiden. Die Butter in einer Pfanne zerlassen. Den Speck fein würfeln und darin ausbraten. Die Zwiebelringe zufügen und unter gelegentlichem Rühren goldbraun rösten.
Die Eisbeine auf einer großen Platte anrichten. Das Erbspüree in eine Schüssel füllen. Die Zwiebelringe mit den Speckwürfeln durch ein Sieb abgießen und über dem Erbspüree verteilen. Weitere Beilagen – außer Senf – sind bei diesem Gericht nicht nötig.

Glasierter Schinken

Das beste Stück vom Schwein ist der Schinken. Man kennt ihn gepökelt und anschließend luftgetrocknet oder geräuchert – das ist der rohe Schinken, den Sie hauchdünn aufgeschnitten beim Metzger kaufen, oder gepökelt und dann bei milder Hitze gesotten – das ist der gekochte Schinken, der leider nur allzu oft vom Knochen befreit, in viereckige Form gepreßt gar nichts mehr von der Saftigkeit und Zartheit hat, die ihn einst so berühmt gemacht hat.

Aber Sie können sich einen solchen Schinken selbst zubereiten.

Bitten Sie Ihren Metzger rechtzeitig darum, ein solches Stück für Sie vorzubereiten: Sie brauchen die Keule von einem jungen Schwein oder von einem Spanferkel. Sie sollte zwischen 3,5 bis 5 Kilogramm wiegen und einige Tage in der Pökellage gelegen haben; jedoch nicht zu lange, weil sie sonst zu salzig würde und dann einige Tage gewässert werden müßte.

Sie haben nun mehrere Möglichkeiten, einen solchen Schinken zu garen. Man kann ihn mit Wasser bedeckt, das mit etwas Majoran und Beifuß aromatisiert wurde, langsam bei sehr schwacher Hitze köcheln – das Wasser sollte etwa 80° C haben, also deutlich unter dem Siedepunkt gehalten werden. Man rechnet pro Pfund knapp 20 Minuten. Oder Sie legen die Keule auf den Bratrost – nicht ohne sie zuvor mit einer Würzmischung aus Pastetengewürz, im Mörser zerstoßenem Wacholder und etwas frisch geriebenem weißen Pfeffer gut einmassiert zu haben. Im auf 180° C vorgeheizten Ofen lassen Sie sie garen. Pro Kilogramm benötigt sie ebenfalls etwa 20 Minuten.

In beiden Fällen kommt jedoch nach zwei Dritteln der Garzeit das Wichtigste: der Schinken wird glasiert. Dadurch sieht er nicht nur appetitlicher aus – er bekommt zusätzlich ein köstliches Aroma.

Es gibt zwei Möglichkeiten:

Die Schwarte mitsamt dem größten Teil der Fettschicht mit einem scharfen Messer ablösen und nun entweder den nackten Schinken mit Puderzucker bestreuen und unter dem heißen Grill goldbraun werden lassen oder man gibt ihm die glänzende Schicht durch Glasieren mit Madeira, Portwein oder Sherry (Amontillado).

Madeira-Schinken

Zutaten für 10 bis 12 Personen:
1 gepökelten Spanferkelschinken von etwa 4 kg · 1 gehäufter EL getrockneter Majoran 1 EL gerebbelter Beifuß · Wasser · 1 EL weiße Pfefferkörner.
Zum Glasieren: ⅜ l Madeira · ½ l Kalbsfond · 3 EL Puderzucker.
Für die Sauce: 500 g frische Champignons 100 g Butter · 200 g Crème fraîche 2 Eigelb · Salz · Pfeffer aus der Mühle.

Den Schinken, nur wenn er sehr salzig sein sollte, 1 bis 3 Stunden wässern. In einen knapp passenden Topf setzen. Majoran, Beifuß und Pfefferkörner darüberstreuen. Mit Wasser bedecken. Langsam zum Kochen bringen, den Topf auf eine sehr schwach eingestellte Herdplatte setzen und den Schinken so etwa eine Stunde ziehen lassen. Er darf nicht kochen.

Den Schinken herausheben, abtropfen und so weit abkühlen lassen, daß man ihn berühren kann. Mit einem Messer die Schwarte mit einer 1 Zentimeter dicken Fettschicht abschneiden. (Aufbewahren – denn Schwarte und Fett können noch einem deftigen Sauerkraut- oder Kohleintopf herrliches Aroma geben.) Den Schinken in einen Bräter legen und mit Madeira und Kalbsfond übergießen. In den auf 200° C heißen Ofen stellen. Eine Stunde schmoren, dabei immer wieder begießen. Unterdessen für die Sauce die Pilze putzen und vierteln. Die Butter in einer Kasserolle aufschäumen lassen, die Pilze darin unter Rühren braten. Mit dem Saft aus dem Bräter ablöschen. Den Schinken mit Puderzucker gleichmäßig bestäuben und im nunmehr auf 250° C erhitzten Ofen 10 Minuten überglänzen, bis der Zucker goldbraun geworden ist. Den Bratenfond mit den Pilzen aufkochen. ⅔ der Crème fraîche hineinrühren. Etwa fünf Minuten heftig kochen lassen. Mit Salz und Pfeffer abschmecken. Die restliche Crème fraîche mit den Eigelb verquirlen. In die Sauce rühren. Unter ständigem Rühren heiß und dicklich werden, aber auf keinen Fall kochen lassen.

Den Schinken auf einer geräumigen Platte anrichten. Gedünstete Gemüse darum verteilen. Die Sauce getrennt dazu reichen.

1 Damit der Schinken glasiert werden kann, muß man ihn von der Schwarte befreien. Sie läßt sich mit einem Messer abschneiden.

2 Den Schinken in einen ausreichend großen Bräter legen. Mit dem Madeira (beste Qualität!) und Kalbsfond begießen.

3 Im 200° C heißen Ofen etwa eine Stunde schmoren. Immer wieder begießen. Dann mit Puderzucker bestreuen und überglänzen.

4 Den fertigen Schinken so weit aufschneiden, daß sich jeder bedienen kann. Mit den Gemüsen auf einer Platte anrichten.

Lammkeule

Das arme Lamm, es ist hierzulande ziemlich in Mißkredit geraten. Vor allem wohl deshalb, weil sein zartes, würzig duftendes Fleisch so häufig mit dem von alten Hammeln gleichgesetzt wird, das in der Tat einen ausgesprochen durchdringenden Geruch ausströmt. Dabei gibt es eigentlich keinen köstlicheren Braten als eine saftige Lammkeule: außen knusprig und innen rosarot. Beim Anschneiden soll wenig roter Saft ausfließen. Dann ist die Keule perfekt gebraten.

Lammfleisch von bester Qualität ist hierzulande nicht gerade einfach zu bekommen, obwohl bei uns hervorragende Lämmer gezüchtet werden. Die Heidschnucken aus der Lüneburger Heide sind berühmt. Aber leider werden sie meist zu unseren Nachbarn nach Frankreich exportiert, die ihr zartes Fleisch besser zu schätzen wissen. Zu uns führt man dafür Lammfleisch aus Australien und Neuseeland ein, dem man das charakteristische Aroma in langwierigem Bemühen weggezüchtet hat.

In manchen Delikateß-Geschäften allerdings findet man mittlerweile auch Fleisch von den berühmten Pré-Salé-(salzige Wiesen-)Lämmern, die von der Atlantik-Küste kommen, wo sie auf Wiesen weiden, die vom Salz des Meeres durchtränkt sind – was sich natürlich auch dem Geschmack des Fleisches mitteilt.

Man teilt die Schafe in die Altersgruppen ein:

1. *Milchlämmer:* Tiere, die nicht älter als vier Monate sein dürfen und sich ausschließlich von Muttermilch ernährt haben. Früher, als man die Tiere noch nicht von ihrem natürlichen Lebensrhythmus weggezüchtet hatte, waren die Lämmer gerade um Ostern herum etwa drei Monate alt und natürlich besonders zart. Daher die Tradition des Osterlamms. Heute dagegen schmeckt das Lammfleisch das ganze Jahr hindurch gleich. Das aber ist nicht unbedingt ein Vorteil. Wenn Sie also einen Bauern auftreiben können, der die Schafe sich noch unbeeinflußt vermehren läßt, dann bitten Sie ihn einmal im Frühjahr um ein echtes Milchlamm. Einen köstlicheren Braten können Sie sich nicht wünschen!

2. *Mastlämmer:* Sie dürfen nicht älter als ein Jahr sein und sollten ihr Leben auf fetten Weiden verbracht haben. Mastlammfleisch ist fest und von klarem Rot. Das Fett ist schneeweiß. Am allerbesten ist das Fleisch von etwa sechs Monate alten Tieren.

3. *Hammel:* Eigentlich ist ein Hammel ein kastriertes männliches Schaf. Kulinarisch bezeichnet man jedoch das Fleisch von allen Schafen so, wenn sie älter als ein Jahr sind. Hammelfleisch ist dunkelrot. Das Fett muß immer noch von strahlendem Weiß sein. Im Geschmack ist es sehr viel intensiver und stärker als Lammfleisch.

Alles, was älter als zwei Jahre ist, sollte nicht mehr in den Kochtopf wandern. Das dunkelrote Fleisch von derart betagten Schafen ist faserig und von gelbem Fett umgeben. Es riecht inzwischen sehr aufdringlich und ist auf keine Weise mehr ein kulinarischer Genuß.

Das meiste Glück beim Einkaufen von Lammfleisch werden Sie haben, wenn Sie sich eine Metzgerei suchen, die von Gastarbeitern frequentiert wird. Dort wird man im Allgemeinen mehr Verständnis für Ihre Wünsche haben als anderswo. Wenn Sie einmal das Schild sehen „Irisches Lammfleisch", dann sollten Sie zugreifen. Denn von dort kommt makellose Qualität.

Ein Lammbraten braucht seine typischen Gewürze. Er sollte stets von Knoblauch und Thymian begleitet sein. Zwiebeln passen als Püree dazu. Als Beilage schmeckt besonders herrlich ein sahniger Kartoffelgratin (siehe Seite 276). Ganz wichtig gerade beim Lammbraten: die Teller müssen heiß auf den Tisch kommen. Denn sobald das herausgetropfte Fett abkühlt, schmeckt es aufdringlich und wird schmierig.

Lammkeule

mit Zwiebelpüree

*Zutaten für 6 Personen:
1 Lammkeule von ca.
1½ kg · 6–8 Knoblauchze-
hen · Salz · Pfeffer aus der
Mühle · 1 EL fein zerrieb-
ner Thymian · 2 EL Butter
⅛ l Fleischbrühe.
Für das Püree: 500 g Zwiebeln · ½ l Fleischbrühe
Salz · Pfeffer · Cayennepfeffer · 4 EL Crème fraîche.*

Die Lammkeule säubern. Mit
einem scharfen Messer überflüssige Sehnen abschneiden.
Eine dünne, gleichmäßige
Fettschicht jedoch dran lassen. Die Knoblauchzehen
schälen. Längs halbieren. Die
Keule damit spicken. Jedoch
auf keinen Fall Einschnitte anbringen, um die Zehen hinein-
zustecken, sondern am unteren und am oberen Ende die
Muskelstränge mit den Fingern tastend erfühlen und die
Zehen unter diese Fasern
schieben. Das hört sich müh-
samer an, als es ist. Wenn Sie
das zwei-, dreimal gemacht
haben, wissen Sie ganz genau,
wo man die Zehen am besten
anbringt. Die Keule nunmehr
mit Salz, Pfeffer und Thymian
rundum kräftig einmassieren.
Die Butter zerlassen und die
Lammkeule damit einpinseln.
Auf den Rost in den auf
250° C vorgeheizten Ofen
schieben. In die Fettpfanne
darunter die Fleischbrühe füllen. Bereits nach 5 Minuten
den Ofen auf 200° C einstellen. Nach 25 Minuten den
Ofen ganz ausschalten. Die
Keule jedoch noch weitere 15
bis 20 Minuten darin ziehen
lassen. Erst dann die Ofentür
öffnen. Den Saft aus der Fettpfanne in eine kleine Kasse-

rolle gießen und sorgfältig entfetten (siehe Seite 73). Die
Lammkeule, wie im Kurs auf
den nächsten beiden Seiten
gezeigt, aufschneiden.
Für das Zwiebelpüree die
Zwiebeln schälen und grob
hacken. In heißer Butter andünsten, mit Fleischbrühe auffüllen. Zugedeckt 30 Minuten
weich köcheln. Die letzten 10
Minuten den Deckel abneh-
men, damit Flüssigkeit verkochen kann. Mit dem Pürierstab des Handmixers zu einem
glatten Mus zerkleinern. Mit
Salz, Pfeffer und Cayennepfeffer würzen. Die Crème
fraîche hineinrühren. Falls das
Püree zu dünn sein sollte, auf
starkem Feuer rasch auf die
gewünschte Konsistenz einkochen. Ein zu dickes Püree
können Sie mit etwas Bratensaft verdünnen. Getrennt zur
Lammkeule heiß auftragen.

Anmerkung: Außerdem sind
knackige grüne Bohnen oder
grüne und weiße Bohnenkerne eine gute Beilage. Neben
gratinierten Kartoffeln passen
auch Brat- oder Ölkartoffeln.

Lammkeule

mit frischer Minze

*Zutaten für 6 Personen:
1 Lammkeule von 1½ kg
Salz · Pfeffer aus der Mühle
3 Knoblauchzehen · 2 EL
Butter · 100 g frische Minze
½ l kräftige Fleischbrühe
1 ungespritzte Zitrone · ¼ l
Sahne · Cayennepfeffer.*

Die Lammkeule säubern. Mit
Salz und Pfeffer rundum einreiben. Die Knoblauchzehen
schälen, längs halbieren oder
vierteln (je nach Größe). Die
Lammkeule damit spicken
(siehe Seite 170). Die Butter

erhitzen und die Lammkeule
damit einpinseln. Die Pfeffer-
minzblätter von den Stielen
zupfen. Etwa die Hälfte davon
beiseite legen. Die übrigen
grob hacken. Die Lammkeule
in einen Bräter setzen und in
den auf 250° C vorgeheizten
Ofen schieben. Nach etwa
10 Minuten die gehackten
Minzeblätter hineinstreuen
und mit der Fleischbrühe ablöschen. Die Zitrone in dünne
Scheiben schneiden, dabei die
Kerne entfernen. In dem Bräter verteilen. Die Hitze auf
200° C herunterschalten. Die
Lammkeule unter häufigem
Begießen weitere 25 Minuten
schmoren. Dann den Ofen
ausschalten. Der Bratensaft
in eine Kasserolle gießen. Die
Keule zurück in den ausgeschalteten Ofen schieben und
20 Minuten bei leicht geöffneter Ofentür ziehen lassen.
Unterdessen für die Sauce den
Bratenfond entfetten. Mit der
Sahne auffüllen und auf starkem Feuer kräftig einkochen.
Die restlichen Minzeblätter
fein hacken und hineinrühren.
Die Sauce mit Salz, Pfeffer
und etwas Cayennepfeffer abschmecken. Die Lammkeule
aufschneiden und auf einer
heißen Platte anrichten. Die
Zitronenscheiben darüber
verteilen. Alles mit etwas Sauce übergießen. Den Rest der
Sauce getrennt dazu reichen.

TIP

**Nach diesem Prinzip können
Sie auch Reh- oder Hirschkeu-
len zubereiten. Sie werden
ebenso wie die Lammkeule im
Kurs auf den nächsten beiden
Seiten tranchiert.**

1   Die fertig gebratene Lammkeule mit der Nuß, also dem fleischigsten Stück, nach unten auf ein Brett legen. Den Knochen fest fassen.

2   Nehmen Sie ein Tuch in die linke Hand, dann kann Ihnen die Keule nicht ausrutschen. Schneiden Sie schräg in Richtung Knochen, . . .

5   Richten Sie die Scheiben auf einer sehr heißen Platte an. Kalt gewordenes Lammfett schmeckt nicht gut, sondern aufdringlich.

6   Für die nächste Portion drehen Sie die Keule um. Halten Sie sie immer noch mit der mit einem Tuch bedeckten linken Hand fest.

9   Sobald Sie am Knochen angelangt sind, müssen Sie die Stellung wechseln. Geben Sie die Scheiben sofort auf eine heiße Platte.

10 Kippen Sie nun die Keule hochkant, so daß der Unterschenkelknochen nach unten zeigt, und lösen Sie das übrige Fleisch aus.

3 und zwar stets so, daß das Messer bis zum Knochen vorstößt und die Scheiben sauber von ihm abgelöst werden. Bitte dünn schneiden!

4 Setzen Sie die Schnitte immer parallel zueinander, und arbeiten Sie sich so bis zum Gelenkknochen vor. Das ist die erste Portion.

7 Schneiden Sie nun fast parallel zum Knochen gerade dünne Scheiben weg. Falls das Messer nicht sauber schneidet, schleifen Sie es.

8 Arbeiten Sie sich so bis zum Oberschenkelknochen vor. Die entstehenden Fleischscheiben sind alle fast gleich groß.

11 Gleichmäßige Scheiben sind nun nicht mehr aus der Keule herauszuschneiden. Trotzdem kann man noch viel Fleisch auslösen.

12 Der restliche Knochen ist für den Hund. Das Fleisch für die Gäste. Am besten: Sie tranchieren bei Tisch, damit alles heiß bleibt.

Schweinebraten

Dies ist das Standardgericht auf den Speisekarten bundesdeutscher Wirtshäuser und auf dem Menüplan bürgerlicher Haushalte. Schweinebraten mit Kartoffelklößen (oder -knödeln, je nach Landschaft) gehört bei uns einfach dazu. Er muß eine schöne knusprige Kruste haben, die im Ofen in hundert Bläschen aufgegangen ist und kracht, wenn man ein Stück davon abbeißt. Das Fleisch selbst muß saftig, kernig und trotzdem zart sein. Dann ist ein Schweinebraten perfekt. Darum gilt auch hier: Man sollte ihn niemals zu lange der Hitze im Ofen aussetzen, denn sonst wird das beste Schweinefleisch trocken und der Braten zäh.

Das klassische Schweinebratenfleisch ist ein Stück aus der Schulter mit Schwarte. Diese sollten Sie sich bereits vom Metzger kreuzweise einschneiden lassen, damit sie beim Braten, wenn sie sich zusammenzieht und hoch wölbt, nicht vom Fleisch reißt. Das Fett darunter darf Sie nicht stören. Es sorgt dafür, daß das Fleisch saftig bleibt und die Kruste knusprig wird. Es tropft beim Braten über das Fleisch und durchdringt es. Später können Sie es aus der Sauce entfernen – mit einem Fettpinsel oder durch Abschöpfen.

Zutaten für 6 Personen:
1½ kg Schweineschulter mit Schwarte
Salz · Pfeffer aus der Mühle · 1 EL
Majoran · 1 Zwiebel · 1 Möhre · 1 Petersilienwurzel mit Grün · 2 Knoblauchzehen
1 Lauchstange · ½ l Fleischbrühe · Bier.

Die Schweinebratenschwarte mit einem spitzen Messer kreuzweise einschneiden. Das Fleischstück rundum mit Salz, Pfeffer und Majoran fest einreiben. Die Zwiebel, Möhre, Petersilienwurzel und Knoblauchzehen schälen und klein hacken. Die Lauchstange putzen, quer in dünne Ringe schneiden. Den Schweinebraten auf dem Rost in den auf 250° C vorgeheizten Ofen schieben. Das Gemüse in der Fettpfanne verteilen, mit der Fleischbrühe begießen und darunter geben. 30 Minuten braten. Dabei wiederholt mit Brühe aus der Fettpfanne begießen. Dann den Ofen ausschalten. Die Fettpfanne herausnehmen. Statt dessen Alufolie unter den Schweinebraten legen, damit herabtropfendes Fett aufgefangen wird.

Den Bratensaft loslösen und durch ein Sieb filtern. Sorgfältig entfetten und abschmecken. Den Schweinebraten noch etwa 20 Minuten im ausgeschalteten Ofen ziehen lassen. Anschließend mit Bier einpinseln und für 10 Minuten unter den auf Hochtouren laufenden Grill schieben. Sofort mit der klaren Sauce und Kartoffelknödeln auftragen (siehe Seite 275).

Anmerkung: Man kann das Saucengemüse mit dem entfetteten Bratenfond in den Mixer füllen und zu einem cremigen Püree zerkleinern oder, wenn Sie mögen, mit Sahne auffüllen und etwas einkochen. Vor dem Servieren mit Salz und Pfeffer abschmecken.

Schweinebauch
gefüllt

Ein preiswertes und besonders saftiges Stück für Schweinebraten ist der Schweinebauch. Wenn der Metzger freundlich ist, schneidet er auch gleich die Tasche zum Füllen hinein. Schweinebauch wird im Prinzip wie der klassische Schweinebraten zubereitet. Rechnen Sie 10 Minuten Bratzeit mehr und weitere 10 Minuten zum Nachziehen im ausgeschalteten Ofen.

Für die Füllung brauchen Sie:
3 Semmeln · ⅛ l Milch · 1 Zwiebel
1 Knoblauchzehe · 2 EL Butter · 200 g
Kalbsleber · 1 Bund Petersilie · 2 Eier
Salz · Pfeffer aus der Mühle · etwas
abgeriebene Zitronenschale.

Die Semmeln in Scheiben schneiden und mit der Milch übergießen. Zwiebel und Knoblauchzehen schälen und sehr fein hacken. In einer Pfanne die Butter erhitzen, Zwiebel und Knoblauch darin weich dünsten, herausnehmen und beiseite stellen. Im restlichen Bratfett die Leber auf beiden Seiten rasch anbraten. In kleine Würfel schneiden. Die Petersilie fein hacken. Die Semmeln ausdrücken und mit Zwiebel, Leberwürfeln und Petersilie vermengen. Die Eigelb untermischen. Diese Farce mit Salz, Pfeffer und Zitronenschale abschmecken. Die Eiweiß sehr steif schlagen und unter die Masse heben. Den Schweinebauch damit füllen, zunähen und wie beschrieben braten.

1 Falls dies der Metzger nicht bereits erledigt hat, die Schwarte des Schweinebratens mit einem Messer kreuzweise einschneiden.

2 Zwiebel, Möhre, Petersilienwurzel und Knoblauchzehen schälen und klein hacken. Mit den Lauchringen in die Fettpfanne füllen.

3 Den Braten mit Salz, Pfeffer und Majoran einreiben und auf den Rost über die Fettpfanne in den vorgeheizten Ofen schieben.

4 Den Braten im ausgeschalteten Ofen ruhen lassen. Unterdessen den Bratensaft durch ein Sieb filtern und sehr sorgfältig entfetten.

5 Damit der Schweinebraten eine knusprige Kruste bekommt, für 10 Minuten unter den auf volle Leistung gestellten Grill setzen.

6 Den Braten mit einem großen, scharfen Messer quer in dünne Scheiben schneiden. Auf einer Platte anrichten. Die Sauce dazu reichen.

Hochrippe

Kenner ziehen dieses Stück vom Rind jedem Filet oder Lendenbraten vor, weil es mehr als diese teuren Teile mit Fett zart durchwachsen ist und deshalb beim Braten immer saftig bleibt. Bei uns allerdings wird die Qualität der Hochrippe nur von wenigen erkannt.

In Norddeutschland pflegt man die Hochrippe meist zum Kochen, allenfalls noch zum Schmoren zu verwenden. Im süddeutschen Raum löst man das Fleisch von den Knochen und verarbeitet es zu dem allseits beliebten Rostbraten. Dabei behält es, mit dem Knochen gegart, viel besser noch seine Saftigkeit und Würze. Die Franzosen und Engländer wissen das genau. Bei ihnen gilt das Ochsenkotelett, wie es gewachsen ist, als große Delikatesse.

Was beim Einkaufen zu beachten ist, wurde bereits im Einleitungskapitel „Fleisch". (Seite 157) erklärt. Bitten Sie jedoch den Metzger nicht nur um ein gut abgehangenes Stück, sondern auch darum, daß er die Rippen kurz nach dem Fleischstück absägt.

Beim Braten sollten Sie folgendes bedenken: Die Ofenhitze dringt im Fleisch von außen nach innen langsam zum Kern vor. Es bildet sich außen schon eine Kruste, während das Innere noch kalt und roh bleibt. Alle Fleischsäfte werden durch den Druck, den die Hitze ausübt, ins Innere gepreßt. Würde man in diesem Moment das Fleischstück aufschneiden, so wäre die Außenschicht braun und trocken und der Saft aus dem Kern flösse ungehemmt aus. Um das zu vermeiden, schaltet man nach etwa der Hälfte der angegebenen Garzeit den Ofen aus und läßt den Braten unter der nachlassenden Hitze langsam nachziehen. Dabei läßt der Hitzedruck nach, die Fleischsäfte können wieder in die äußeren Bezirke zurückfließen und sich gleichmäßig verteilen. Deshalb ist die Garzeit niemals mit dem Ausschalten des Ofens beendet. Die Zeit zum Nachziehen gehört unbedingt dazu!

Voraussetzung allerdings dafür: Die Bratzeit darf nicht so lange dauern, daß die Hitze bis in den Kern hat vordringen können und die Eiweißstoffe zum Gerinnen gebracht hat. Dann nützt alles Ruhenlassen nichts mehr: Die Fleischsäfte sind gebunden, der Braten ist trocken und zäh geworden.

Zutaten für 6 Personen:
1 Hochrippenstück von etwa 1,5 kg
Salz · Pfeffer aus der Mühle
250 g Rinderknochen (vom Metzger in kleine Stücke hacken lassen) · 4 EL Öl
¼ l Fleischbrühe · 1 EL Butter.
Für die Gemüsegarnitur:
400 g Kartoffeln · 400 g Möhren · 400 g weiße Rübchen (Navets) · 100 g Butter
Salz · Zucker · Wasser · je 1 Paket tiefgekühlte feine Grüne Bohnen (Haricots verts) und Erbsen (Petit Pois) · 4 Tomaten.

Das Hochrippenstück, wie im Kurs gezeigt, parieren, das heißt sauber zurechtschneiden und verschnüren. Mit Salz und Pfeffer kräftig einreiben. Einen flachen Bräter mit den beim Parieren entstandenen Abfällen und Knochenstückchen auslegen. Das Hochrippenstück mit Öl gut einmassieren und dazwischen setzen. Alles gleichmäßig mit etwas Öl beträufeln. Den Bräter in den auf höchste Hitze eingestellten Ofen schieben. 15 Minuten braten. Dann herausnehmen. Ein Butterstückchen auf dem Fleischstück schmelzen und dieses in ein ausreichend großes Stück Alufolie packen. Im ausgeschalteten Backofen 30 Minuten ziehen lassen. Für die Garnitur Kartoffeln, Möhren und Navets putzen, schälen und olivenförmig zuschnitzen. Jedes Gemüse in einen eigenen Topf füllen, mit einem dicken Butterstück belegen, salzen, mit Zucker bestreuen und knapp mit Wasser bedecken. Drei Stück Pergamentpapier rund zuschneiden, bis jedes dem Topfdurchmesser entspricht. Die drei Kasserollen damit abdecken. Die Gemüse auf milder Hitze etwa 30 Minuten dünsten, bis alles Wasser verdampft ist und sie gar sind.

Den Bräter mit den Knochen auf die Herdflamme stellen, mit Fleischbrühe ablöschen und auskochen. Durch ein Sieb filtern. Wenn nötig, die Sauce entfetten. Abschmecken.

Bohnen und Erbsen in sprudelnd kochendem Salzwasser auftauen und knapp gar kochen. Abgießen, in etwas Butter schwenken. Die Tomaten kreuzweise einritzen, mit Butterflöckchen belegen, salzen und pfeffern. 10 Minuten unter den Grill schieben.

Das Ochsenkotelett und die Gemüse auf einer Platte anrichten. Die Sauce getrennt reichen.

1 So sollte die Hochrippe aussehen, wenn Sie sie kaufen: zart mit Fettadern marmoriert und die Rippen sauber abgesägt oder -gehackt.

2 Zusätzlich muß das Stück pariert werden: die fettreichen Teile zwischen den Knochen auslösen, nicht wegwerfen!

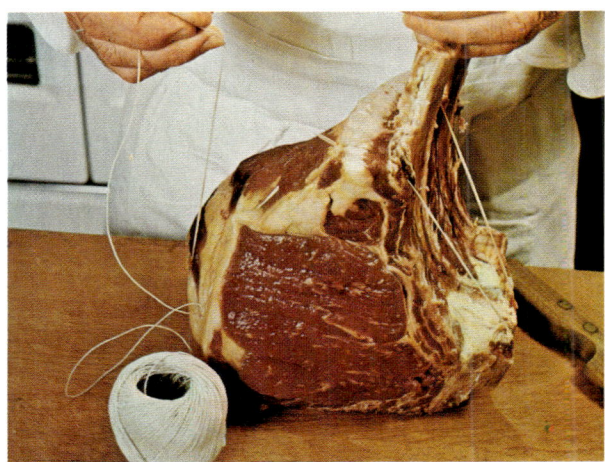

3 Damit die Hochrippe beim Braten ihre Form behält, wird sie mit Zwirn verschnürt. Locker, weil sich das Fleisch ausdehnt.

4 Die Abfälle vom Parieren mit einigen Knochenstücken in einem Bräter verteilen. Die Hochrippe darauf setzen und ölen.

5 Für die Gemüsegarnitur Möhren, Kartoffeln und Rübchen olivenförmig zuschnitzen, das sieht hübscher aus und gart gleichmäßig.

6 Die fertige Hochrippe auf einer sehr großen Platte anrichten. Die Gemüse rundum verteilen. Das Fleisch schräg aufschneiden.

Hochrippe
mit Ochsenmark in Rotweinsauce

Zutaten für 6 Personen:
1 Hochrippenstück (ca.
2 kg) · Salz · Pfeffer aus der Mühle · 1 TL Thymian
4 EL Öl · 200 g Markknochen · 5 EL Butter · 2 Schalotten · ½ l herber Rotwein (Beaujolais) · 1 EL Mehl
2 EL gehackte Petersilie.

Das Hochrippenstück, wie im Kurs gezeigt, parieren und verschnüren. Mit Salz, Pfeffer und Thymian kräftig einreiben. Dabei zwei Eßlöffel Öl in das Fleisch massieren. Die Knochen ½ Stunde wässern. Mark auslösen. Die Knochen mit den Parüren (Fleischabfällen, die beim Parieren entstanden sind) in einen geeigneten Bräter legen. Mit etwas Öl beträufeln. Im auf 250° C vorgeheizten Ofen kräftig anrösten. Beiseite schieben. Das Hochrippenstück in den Bräter legen, so, daß es Kontakt mit dem Boden hat. 15 Minuten braten. Unterdessen etwas Butter in einer Kasserolle schmelzen. Die Schalotten schälen, fein hacken und darin weich dünsten, aber keine Farbe annehmen lassen. Mit dem Rotwein ablöschen und aufkochen. Über die Hochrippe gießen. Den Ofen ausschalten. Das Fleisch 20 Minuten ziehen lassen. Mit Ochsenmarkscheiben belegen, in Alufolie packen und im Ofen weitere 10 Minuten ziehen lassen. Den Bratenfond auf dem Herd loskochen, dabei mit dem Kochlöffel allen angesetzten Saft abkratzen. Durch ein Sieb in die Kasserolle filtern. Das Mehl mit 2 Eßlöffeln Butter zu einem Teig ver-

kneten. In die Sauce rühren und bei milder Hitze dicklich einkochen. Den Topf vom Feuer ziehen. Mit einem Schneebesen die restliche kalte Butter hineinarbeiten, bis die Sauce seidig glänzt. Die Hochrippe auf einer vorgewärmten Platte anrichten. Den in der Folie entstandenen Saft in die Sauce rühren. Abschmecken und Petersilie darüberstreuen.

Hochrippe
nach Florentiner Art, gegrillt

Die originale Bistecca fiorentina ist eine Art T-Bone-Steak von ausgesuchten toskanischen jungen Rindern. Ein geradezu gigantisches Stück zartesten Fleisches, so quer durch den Rücken geschnitten, daß das Kotelett aus der Lende mit dem darunter befindlichen Filet zusammenhängt. Dasselbe läßt sich jedoch – etwas preiswerter – mit einem richtigen Ochsenkotelett herstellen, also mit einer Scheibe aus der Hochrippe. Am schönsten gelingt das Stück auf dem Grill – zum Beispiel bei einem Sommerfest draußen im eigenen Garten.

Zutaten für 2 Personen:
1 Ochsenkotelett (ca. 750 g)
2 EL aromatisches Olivenöl, das mit etwas zerdrücktem Knoblauch aromatisiert sein darf, Salz, grob geschroteter Pfeffer, Zitrone.

Das Ochsenkotelett sauber zuschneiden. Mit dem Olivenöl einmassieren und ½ Stunde ruhen lassen. Auf starker Glut (oder unter dem auf Hochtouren laufenden Grill) auf beiden Seiten 3 Minuten garen.

Dann das Stück in Alufolie verpacken und am Rand 15 Minuten ziehen lassen. Auspacken und auf einem vorgewärmten Teller anrichten. Salzen, pfeffern und mit Zitronensaft und in dem Paket entstandenen Saft beträufeln.

Hochrippe
mit Tomaten gebraten

Zutaten für 4 Personen:
1 Hochrippenstück (ca. 1,5 kg) · Salz · Pfeffer aus der Mühle · 1 frischer Rosmarinzweig · 2 EL Olivenöl
3 Fleischtomaten · 2 EL Butter · ¼ l trockener Weißwein · 2 EL kleine Kapern
2 EL fein gehackte Petersilie.

Das Fleischstück, wie gezeigt, sauber zurechtschneiden. Mit Salz und Pfeffer einreiben. Die Rosmarinnadeln vom Stiel zupfen und mit dem Olivenöl in das Fleisch massieren. Eine ausreichend große Pfanne erhitzen. Die Fleischscheibe darin auf beiden Seiten jeweils 4 Minuten kräftig anbraten. In Alufolie wickeln und im auf 180° C vorgeheizten Ofen 25 Minuten ziehen lassen. Unterdessen die Tomaten häuten, entkernen (siehe Seite 41) und fein hacken. Die Butter in der Pfanne schmelzen. Die Tomaten andünsten. Mit dem Wein ablöschen, dabei den Bratensatz mit einem Kochlöffel loskratzen. Die Sauce einkochen. Die Kapern hineinrühren. Abschmecken. Petersilie unterziehen.
Das Fleisch anrichten. Den im Paket entstandenen Saft in die Sauce rühren und getrennt dazu reichen.

Filet im Teigmantel

Der berühmteste Filetbraten im Teigmantel ist wohl das Filet Wellington – ein saftiges Filet mit einer Farce aus feingehacktem Champignons umgeben und dann in einen Mantel aus Blätterteig gehüllt. Der Braten schmeckt heiß so gut wie kalt lecker. Es muß jedoch beileibe nicht immer nur das teure Rinderfilet sein – man kann auch gut ein zartes Schweinefilet in eine Teighülle packen. Man rechnet dann ein Filet für zwei Personen.

Rinderfilet im Teigmantel

Zutaten für 8 bis 10 Personen:
1 Rinderfilet ohne das spitze Ende (ca. 1,5 kg) · Pfeffer aus der Mühle · 1 dünne Scheibe grüner (fetter) Speck, ca. 20×30 Zentimeter (gibt's) im Wildgeschäft) · 1 EL Öl · 3 EL Butter · Salz · 1 Paket tiefgekühlter Blätterteig oder 1 Rezept Pastetenteig (siehe Seite 64)   1 Eigelb.

Das Filet sauber parieren, das heißt, alle Sehnen und Fetteilchen abschneiden. Rundum mit Pfeffer einreiben. Auf die Speckscheibe setzen und diese mit Küchenzwirn festbinden. Öl und einen Eßlöffel Butter in einer großen Pfanne stark erhitzen. Das Filet rasch auf allen Seiten kräftig anbraten. Herausnehmen und abkühlen lassen. Dann erst das Salz einmassieren. Den Blätterteig nach Vorschrift auf der Packung antauen lassen, die einzelnen Platten zu einem passenden Rechteck zusammenlegen und an den Nahtstellen festdrücken. Auf Messerrückenstärke ausrollen oder den Pastetenteig, wie im Rezept angegeben, herstellen und ausrollen. Das Filet in die Mitte setzen. Die restliche Butter zerlassen und mit einem Pinsel auf dem Fleischstück verteilen. Den Teig darüber zusammenschlagen. An den Rändern gut festdrücken. Aus Teigresten Streifen formen und als Dekoration auf der Teigrolle anbringen. Das Eigelb verquirlen und den Teig damit bepinseln. Die Blätterteigrolle auf ein mit Wasser abgespültes, die Pastetenteigrolle auf ein eingefettetes Backblech setzen. Im auf 250° C vorgeheizten Ofen etwa 30 Minuten backen, bis der Teig golden braun geworden

ist. 15 Minuten im ausgeschalteten Ofen bei geöffneter Tür ruhen lassen. Auf einer Platte anrichten. In 1½ Zentimeter dicke Scheiben schneiden. Kalt oder heiß servieren. Dazu paßt am besten eine Cumberlandsauce.

Cumberlandsauce:
2 Schalotten · ⅛ l herber Rotwein · 200 g Johannisbeergelee · Saft zweier Orangen 1 TL scharfer Senf.

Schalotten sehr fein hacken, im Rotwein etwa 15 Minuten weich köcheln. Das Johannisbeergelee mit dem Orangensaft und dem scharfen Senf verrühren. Rotwein und Schalotten untermischen. Die Schale einer halben Orange von der weißen Innenhaut völlig befreien, dann in hauchfeine Streifchen schneiden (Zeste) und in die nicht zu flüssige Sauce streuen. Mit Salz, Pfeffer und Cayennepfeffer abschmecken. Zimmerwarm servieren.

Filet Wellington

Man benötigt dieselben Zutaten wie im vorigen Rezept angegeben, nimmt jedoch auf jeden Fall Blätterteig zum Umhüllen. Das Filet wird mit folgender Farce bestrichen:

400 g frische Champignons · 1 Zwiebel 2 EL Butter · 2 cl Madeira · 4 EL eiskalte Butter · Salz · Pfeffer · 1 Prise fein zerriebener Thymian.

Die Pilze putzen, nur wenn nötig, rasch waschen – auf keinen Fall im Wasser liegen lassen, weil sie sich sonst damit vollsaugen und schwammig werden – und fein hacken. Die Zwiebel schälen und ebenfalls sehr fein hacken. Zwei Eßlöffel Butter erhitzen, zuerst die Zwiebel darin andünsten, dann die Pilze zufügen und auf mittlerer Hitze so lange braten, bis sämtliche Flüssigkeit verdampft ist. Abkühlen lassen. Im Mixer sehr fein pürieren, dabei Madeira sowie die eiskalte Butter zufügen. Salzen und pfeffern. Die Farce muß richtig streichfest sein. Falls sie dies nicht ist, im Kühlschrank fest werden lassen. Ein Drittel davon als Bett auf die Teigmitte verstreichen. Das Filet darauf setzen. Den Rest dick auf dem Fleisch verteilen. Einwickeln und backen, wie im vorigen Rezept angegeben.

1 Damit das zarte Filet saftig bleibt, wird es mit einer dünnen Scheibe fetten Specks umwickelt. In heißem Fett rasch anbraten.

2 Das Fleisch auskühlen lassen. Unterdessen den Pastetenteig bereiten oder den tiefgekühlten Blätterteig auftauen und ausrollen.

4 Die Teigrolle überall gut verschließen. An den Rändern festdrücken, damit nirgendwo wertvoller Saft herauslaufen kann.

5 Die ungefüllten Teigstücke an beiden Enden abschneiden – wiederum gut zusammendrücken. Aus Teigresten Streifen schneiden.

7 Die schmalen Teigstreifen quer als Dekoration darüber legen. Leicht mit den Fingern festdrücken und mit Eigelb bepinseln.

8 Die Teigrolle auf ein eingefettetes, mit Mehl bestäubtes Backblech praktizieren, vorsichtig, damit der Teig nicht verletzt wird.

Schweinefilet in Blätterteig

3 Das Filet salzen, auf die Teigmitte setzen. Den Teig darüber zusammenschlagen. Damit er besser hält, am Rand mit Eiweiß einpinseln.

6 Die Teigrolle mit verquirltem Eigelb bestreichen. Dadurch bekommt die Oberfläche nach dem Backen eine goldbraune Farbe.

9 So sieht das Filet im Teigmantel aus, wenn es gebacken ist. Goldbraun sollte die Oberfläche sein und der Teig durchgebacken.

Zutaten für 2 bis 3 Personen:
1 ganzes Schweinefilet · Pfeffer aus der Mühle · 1 EL Öl · 2 EL Butter · 1 Zwiebel 200 g frische Champignons · 1 Dose Gänseleberpastete · 1 Bund Petersilie · 50 g eiskalte Butter · Salz · Pfeffer aus der Mühle ½ TL fein zerriebener Thymian · eine Spur Cayennepfeffer · 1 Paket tiefgekühlter Blätterteig · 1 Ei.

Das Schweinefilet sauber parieren (von Häuten und Sehnen befreien). Mit Pfeffer einreiben. Öl und einen Eßlöffel Butter in einer Pfanne erhitzen, das Fleisch rundum auf allen Seiten scharf anbraten. Herausnehmen und abkühlen lassen. Das Bratfett wegschütten. Den zweiten Eßlöffel Butter in der Pfanne erhitzen. Die Zwiebel schälen, sehr fein hacken und darin andünsten. Die Champignons putzen, nur wenn nötig waschen, fein hacken und zufügen. Braten, bis alle Flüssigkeit verdampft ist. Abkühlen lassen. Mit der Gänseleberpastete aus der Dose, der fein gehackten Petersilie und der eiskalten Butter in einen Mixer geben und pürieren – jedoch so, daß noch kleine Stückchen spürbar sind. Mit Salz, Pfeffer, Thymian und Cayennepfeffer kräftig abschmecken. In den Kühlschrank stellen und fest werden lassen. Drei Blätterteigplatten nach Vorschrift auf der Packung antauen lassen. Zu einem großen Rechteck zusammenlegen. An den Nahtstellen gut zusammendrükken. Messerrückendünn ausrollen. Einen Teil der Farce darauf verstreichen. Das Filet so darauf setzen, daß das dünne Endstück eingeschlagen wird und unter dem dickeren Hauptstück zu liegen kommt. Die restliche Farce über das Fleisch verteilen. Den Teig darüber zusammenschlagen. An den Rändern festdrükken und mit etwas Eiweiß zusammenkleben. Mit dem verquirlten Eigelb bestreichen. Auf ein mit kaltem Wasser abgespültes Blech setzen. Im auf 250° C vorgeheizten Backofen 20 Minuten goldbraun backen. Noch etwa 10 Minuten bei geöffneter Ofentür ruhen lassen. Heiß auftragen. Bei Tisch aufschneiden. Dazu paßt frischer, kurz angedünsteter Blattspinat.

Geschmortes Fleisch

Zwei Dinge sind es, die einen Schmorbraten zart und mürbe machen: viel Fett und viel Zeit. Keine Angst, das Fett wird nicht auf Ihren Hüften sitzen bleiben (vorausgesetzt, Sie begnügen sich mit normalen Portionen – was zugegebenermaßen bei einem Schmorbraten schwerfallen kann), denn es wird sorgfältig abgeschöpft, bevor Sie den Schmorbraten mit seiner Sauce auftragen. Und Sie müssen auch nicht die ganze Zeit unentwegt dabeistehen. Wenn Sie ihm den richtigen Anlauf verschafft haben, schreitet der Schmorbraten ganz von allein seiner Vollendung entgegen.

Ein drittes noch ist wichtig: Ein Schmorbraten gelingt nur im richtigen Topf. Schwer muß er sein und so groß, daß er das Fleisch mitsamt allen Zutaten (Gemüse, Kalbsfuß, Gewürze) und der Schmorflüssigkeit aufnehmen kann. Und einen gut schließenden Deckel sollte er haben. Ideal sind spezielle Schmortöpfe, die entweder einen Deckel mit Vertiefung haben, in die Eiswürfel gelegt werden können, um den im Topf zirkulierenden Dampf so weit abzukühlen, daß er wieder als Flüssigkeit auf den Braten heruntertropfen und ihn so ständig beträufeln kann, oder solche Töpfe, die im Deckel einen Einsatz haben, in den man Flüssigkeit gießt, die ganz allmählich tropfenweise den Braten von oben benetzt.

Der Deckel muß in jedem Fall hermetisch dicht abschließen. Notfalls klebt man ihn mit einem Brei aus Mehl und Wasser fest. So kann garantiert kein Dampf entweichen. Der Braten bleibt so saftig und wird sanft und mürbe.

Für genügend Fett sorgt Speck. Nehmen Sie grünen (also fetten, ungeräucherten), wenn Sie das Speckaroma nicht vorherrschen lassen wollen. Bei manchen Gerichten ist auch Schweineschmalz empfehlenswert.

Wichtig für das Gelingen eines Schmorbratens ist außerdem: Er muß in rauchend heißem Fett rasch rundum auf allen Seiten angebraten werden, damit sich die Poren sofort schließen und sich eine feste Kruste bildet, die keinen Saft mehr von innen nach außen durchläßt. Angebraten wird auf dem Herd. Dann gießt man mit Flüssigkeit auf – das kann Wein, Brühe, Kalbsfond, Bier, ja sogar Milch oder Sahne sein – und gibt den Topf in den milde geheizten Ofen. Dort benötigt der Braten nun Zeit, die Sie ihm unbedingt lassen sollten. Sie können getrost währenddessen Einkäufe oder andere Besorgungen erledigen. Drei Stunden mindestens, besser noch vier, braucht ein rechter Schmorbraten schon.

Nach drei Stunden wird man das Fleisch in einen zweiten Schmortopf umfüllen. Die Schmorflüssigkeit filtert man durch ein kleines Sieb, um das nun ausgekochte Wurzelwerk aufzufangen. Es muß gut ausgedrückt werden. Nun die Zwiebeln und die Möhren für die Garnitur zufügen. Mit Schmorflüssigkeit begießen. Zudecken und weitere 1½ Stunden im Ofen garen. Kalbsfüße von den Knochen lösen, in Stücke schneiden. Das Gemüse aus der Marinade nun wegwerfen. Dann den Schmorbraten in eine flache Pfanne setzen. Die Möhren und Zwiebeln warm stellen. Die Sauce durch ein feines Haarsieb oder durch ein mit Filterpapier ausgelegtes Drahtsieb in eine Kasserolle gießen. Auf starker Hitze einkochen. Es soll etwa ein halber Liter übrigbleiben. Durch die gelierenden Eigenschaften der Kalbsfüße wird die Sauce dicklich. Etwas von der Sauce abnehmen. In die Pfanne mit dem fertigen Braten geben. Aufkochen, den Braten darin unter Wenden rundum Farbe annehmen lassen und glacieren. Den Braten auf einer vorgewärmten Platte anrichten. Die Gemüse und das Fleisch der Kalbsfüße darum legen. Mit der sehr heißen Sauce überglänzen. Den Rest der Sauce getrennt dazu reichen.

Ganz wichtig ist auch folgendes: Man muß den Schmorbraten schon vor dem Auftragen aufschneiden, und zwar immer quer zur Faser. Falls es sich jedoch um ein Stück handeln sollte, bei dem dies nicht möglich ist, schneiden Sie zumindest schräg zur Faser nicht mehr als einen Zentimeter dicke Scheiben. Diese werden entweder in ihrer ursprünglichen Form zusammengesetzt oder aber dachziegelartig auf einer ausreichend großen Platte angerichtet und mit etwas Sauce überzogen serviert.

1 Für einen mürben Schmorbraten eignet sich Fleisch aus der Oberschale. Zum Spicken brauchen Sie Streifen aus grünem Speck.

2 Das Fleisch mit dem vorbereiteten Gemüse in eine passende Schüssel schichten. Mit Rotwein aufgießen. An einem kühlen Ort . . .

3 . . . marinieren, dabei das Fleisch mehrere Male wenden und so dafür sorgen, daß es von den Gewürzen durchdrungen wird.

4 Anschließend das Fleisch herausheben und sorgfältig abtrocknen. Die Marinade selbst durch ein Sieb schütten und auffangen.

5 Die Speckstreifen werden erst einige Zeit in Cognac mariniert und gewürzt. Dann erst mit einer Spicknadel durchs Fleisch ziehen.

6 Die Streifen mit der Faser durch den Braten ziehen, damit sie später, beim Anschneiden, ein hübsches Muster ergeben.

7 Das Öl in einem Schmortopf erhitzen. Den Schmorbraten darin auf allen Seiten kräftig anbraten. Herausnehmen und warm stellen.

8 Im verbliebenen Bratfett das Gemüse aus der Marinade unter Rühren andünsten – diesmal jedoch bei milder Hitze.

11 3 Stunden lang im Ofen bei 180° C zugedeckt schmoren. Dann das Fleisch herausheben und in einen anderen Topf setzen.

12 Das inzwischen vorbereitete Gemüse für die Garnitur, Zwiebelchen und Möhren, um das Fleisch verteilen und obenauf legen.

15 Den Braten auf einer großen Platte anrichten, das Gemüse und die Kalbsfußstücke darum verteilen. Die Sauce darüber träufeln.

Rinderschmorbraten

Boeuf à la mode

Zutaten für 8 bis 10 Personen:
2000 g Rindfleisch aus der Oberschale.
Für die Marinade:
250 g Zwiebeln · 5 Knoblauchzehen
3 Möhren · 1 Kräutersträußchen (bestehend aus 1 Lauchstange, 2 Petersilienstengeln, 1 Lorbeerblatt, 2 Thymianstengeln)
6 Pfefferkörner · 2 EL Öl · ½ l trockener Rotwein.
Zum Spicken: 250 g fetter (grüner) Speck Salz · Pfeffer · ⅛ l Cognac · 1 EL gehackte Petersilie.

9 Braten obenauf legen. Die gebrühten Kalbsfüße dazugeben. Mit Marinade auffüllen, so daß zwei Drittel bedeckt sind.

10 Auf mildem Feuer langsam zum Kochen bringen, dabei sich oben absetzende Unreinheiten mit einem Schaumlöffel abschöpfen.

13 Schmorflüssigkeit entfetten, durch ein Sieb über Braten und Gemüse gießen. Zugedeckt wieder 1½ Stunden in den Ofen stellen.

14 Dann das Gemüse und die Kalbsfüße herausnehmen. Kalbsfüße entbeinen Die Sauce einkochen. Den Braten darin glasieren.

Zum Schmoren:
3 EL Öl · 2 Kalbsfüße · 1 l Fleischbrühe.
Für die Garnitur:
500 g Möhren · 20 kleine Zwiebeln
50 g Butter.

Das Fleisch von Häuten und Flechsen vollkommen säubern. Für die Marinade die Zwiebeln schälen und grob hacken. Knoblauchzehen zerdrücken. Möhren putzen, in Scheiben schneiden. Gemüse mit dem Fleisch in eine Schüssel schichten. Kräutersträußchen zufügen. Pfefferkörner hineinstreuen. Öl darüberträufeln. Mit Rotwein auffüllen, so, daß das Fleisch vollkommen bedeckt ist. An einem kühlen Ort 12 Stunden ziehen lassen. Das Fleisch dabei einige Male umdrehen.

Eine halbe Stunde vor Kochbeginn den Speck in 1 Zentimeter dicke Streifen schneiden. Salzen, pfeffern, mit Petersilie bestreuen. In ein Schlüsselchen legen, mit Cognac übergießen, 30 Minuten marinieren.
Das Fleisch aus der Marinade nehmen, trockentupfen. Marinade durch ein Sieb gießen. Flüssigkeit auffangen. Das Gemüse abtropfen lassen. Braten mit Hilfe einer Spicknadel (bzw. Spickstab) spicken, und zwar gleichmäßig, damit später beim Anschneiden ein hübsches Muster entsteht. Kalbsfüße in kaltem Wasser aufsetzen. 10 Minuten unbedeckt kochen lassen, abgießen, mit kaltem Wasser abschrecken. In einem großen Schmortopf Öl rauchend heiß werden lassen. Den Braten darin rundum

scharf anbraten. Herausnehmen, warm stellen. Hitze herunterschalten. Im verbliebenen Bratfett das Gemüse aus der Marinade andünsten, aber keine Farbe annehmen lassen. Fleisch und Kalbsfüße zufügen. Mit der Marinade und soviel Fleischbrühe auffüllen, daß alles zu zwei Dritteln bedeckt ist. Aufkochen, aufsteigende Unreinheiten mit dem Schaumlöffel abschöpfen.

Den Topf verschließen. Im vorgeheizten Ofen bei 180° C drei Stunden schmoren. Währenddessen die Möhren putzen, spindelförmig zuschnitzen oder in 1 Zentimeter dicke Scheiben schneiden. Zwiebeln schälen. Beide Gemüse in heißer Butter golden anbraten.

Nach drei Stunden das Fleisch in einen zweiten Schmortopf umfüllen. Zwiebeln und Möhren zufügen. Mit der Schmorflüssigkeit begießen. Zudecken, weitere 1½ Stunden im Ofen garen. Kalbsfüße von den Knochen lösen, in Stücke schneiden. Das Gemüse aus der Marinade nun wegwerfen. Den Schmorbraten in eine flache Pfanne setzen. Möhren und Zwiebeln warm stellen. Die Sauce durch ein feines Haarsieb oder durch ein mit Filterpapier ausgelegtes Drahtsieb in eine Kasserolle gießen, auf starker Hitze einkochen. Es soll etwa ein halber Liter übrig bleiben. Durch die gelierenden Eigenschaften der Kalbsfüße wird die Sauce dicklich. Etwas von der Sauce abnehmen, in die Pfanne mit dem fertigen Braten geben. Aufkochen, den Braten darin unter Wenden rundum Farbe annehmen lassen, d. h. „glasieren". Auf einer vorgewärmten Platte anrichten. Die Gemüse und das Fleisch der Kalbsfüße darum legen. Mit der sehr heißen Sauce überglänzen. Den Rest der Sauce getrennt dazu reichen.

Anmerkung: Am einfachsten tut man sich mit dem Spicken, wenn man einen speziellen Spickstab zur Verfügung hat, wie ihn die Profis verwenden. Man legt darin den zugeschnittenen Speck ein, der dann mit einer Art Klappe festgehalten wird. So kann man ins Fleisch stechen, ohne daß der Speckstreifen beim Einstechen immer wieder zurückgeschoben wird. Leider werden diese sehr praktischen Spickstäbe nirgendwo im Haushaltshandel angeboten. Sie bekommen sie in Spezialgeschäften, die im Branchenverzeichnis des Telefonbuchs unter dem Stichwort „Hotel- und Gaststättenzubehörfachhandel" zu finden sind.

Rheinischer Sauerbraten

Zutaten für 6 bis 8 Personen:
1,5 kg Rindfleisch aus der Oberschale
½ l Fleischbrühe · ¼ l Weißweinessig
½ l trockener Weißwein · 2 Lorbeerblätter
5 Pimentkörner · 5 Wacholderbeeren
10 weiße Pfefferkörner · 2 Zwiebeln
2 Möhren · 80 g fetter (grüner) Speck
1 Bund Petersilie · Salz.

Das Rindfleisch von Häuten, Sehnen und überflüssigem Fett säubern. In eine Schüssel legen. Fleischbrühe, Essig und Wein aufkochen. Piment, Wacholder und Pfeffer zufügen. Zwiebeln und Möhren schälen. Die Zwiebeln in feine Ringe, die Möhren in dünne Scheiben schneiden und zufügen. Fünf Minuten kochen. Etwas abkühlen lassen und über das Fleisch gießen. Drei bis vier Tage an einem kühlen Ort ziehen lassen. Dabei das Fleisch mehrmals wenden. Immer darauf achten, daß alles von Flüssigkeit bedeckt ist. Den Speck würfeln. In einem Bräter auslassen. Stark erhitzen, dann erst das sorgfältig abgetrocknete Fleisch rasch auf allen Seiten kräftig anbraten. Die Marinade durch ein Sieb schütten und auffangen. Den Braten mit der Hälfte davon ablöschen. Aufkochen. Den Topf mit einem Deckel gut verschließen und im Backofen 2½ Stunden garen. Dann den Rest der Marinade darüber gießen und die Zwiebeln und Möhren zufügen. Eine weitere Stunde im Ofen schmoren. Den Braten herausnehmen und warm stellen.

Die Schmorflüssigkeit auf der Herdflamme rasch einkochen, bis sie leicht dicklich ist. Die Petersilie fein hacken und hineinrühren. Mit Salz abschmecken. Den Braten in dünne Scheiben schneiden. Auf einer heißen Platte anrichten. Mit etwas Sauce beträufeln. Den Rest davon getrennt dazu reichen. Im Rheinland ißt man zum Schmorbraten entweder Hefeklöße oder Klöße aus gekochten Kartoffeln.

Anmerkung: Der wahre Rheinländer läßt in der letzten Stunde noch eine großzügige Handvoll gewaschener Rosinen mitschmoren. Sie werden in der Sauce mitgegessen, die manchmal noch mit etwas Sahne eingekocht wird. Das Rosinen-Aroma ist in der Tat reizvoll, weil es sich mit dem Wein zusammen zu einem sehr intensiven Geschmack verbindet.

Rouladen

Das sind regelrechte kleine Portions-Schmorbraten. Gerade die passende Größe für eine Person. Trotzdem sollte man Rouladen stets in größerer Menge zubereiten – sie bleiben saftiger, wenn sie im Topf eng nebeneinander liegen. Und mit der gleichen Arbeit hat man schon für die nächste Mahlzeit vorgesorgt: denn Rouladen kann man hervorragend einfrieren.

Für Rouladen eignen sich dünne Scheiben aus der Oberschale vom Rind, Schnitzel aus Kalbs- oder Schweinenuß oder auch flach geklopfte Scheiben Putenbrust. Gefüllt wird mit Gemüsestreifen, Zwiebelringen, Gewürzen oder mit einer Farce aus fein zerkleinertem Fleisch, Leber und Champignons. In jedem Fall sollte jedoch die Füllung nie so hoch aufgehäuft werden, daß man die Fleischscheibe nicht mehr zusammenrollen kann. Sie wird so gewickelt, daß nichts von der Füllung herausquillt. Die Röllchen hält man mit speziellen Rouladenklammern zusammen, steckt sie mit Rouladennadeln fest oder umwickelt sie mit Küchenzwirn. Klammern, Nadeln und Zwirn entfernt man jedoch vor dem Auftragen.

Damit sich die Poren sofort schließen und der Fleischsaft nicht auslaufen kann, brät man die Rouladen zunächst scharf in heißem Fett rundum an. Dann gießt man mit Flüssigkeit auf und stellt den Topf zugedeckt in den mäßig heißen Ofen. Dort läßt man sie ganz langsam weich schmoren. Rindsrouladen werden durch langes Schmoren (wie auch ein Rinderschmorbraten) nur besser, mürber und zarter. Das eiweißreichere Kalb- und Schweinefleisch ist bereits nach 1 bis 1½ Stunden gar und noch saftig. Längeres Schmoren macht sie trocken. Wichtig ist hier wiederum die sanfte Ofenhitze, in der die Rouladen garen. Benützen Sie ein Ofenthermometer. So können Sie immer sicher sein, daß die eingestellte Hitze tatsächlich erreicht ist, aber auch nicht überschritten wird. Die Rouladen sollten mehr als zwei Drittel von Flüssigkeit bedeckt sein, bevor man den Topf mit einem Deckel sorgfältig verschließt und ihn in den Ofen stellt. Vor allem, wenn es sich um Rinderrouladen handelt, die dort eine lange Zeit schmoren. Auch im verschlossenen Topf verdampft Flüssigkeit.

Rindsrouladen

Zutaten für 4 bis 6 Personen:
6 dünne Scheiben aus der Oberschale Pfeffer aus der Mühle · Salz · 1 TL Thymian · 1 EL scharfer Senf · 2 Gewürzgurken · 1 Möhre · 1 Petersilienwurzel mit Grün · ¼ Sellerieknolle · 100 g fetter (grüner) Speck · ½ l Fleischbrühe · ⅛ l trockener Weißwein · 1 Kräutersträußchen (aus 1 dünnen Lauchstange, einigen Petersilienstengeln, 1 Lorbeerblatt, 1 Thymianzweig). ¼ l Sahne.

Die Fleischscheiben auf der Arbeitsfläche nebeneinander legen. Mit der Faust etwas flach klopfen. Mit Pfeffer und Salz bestreuen. Den Thymian zwischen den Fingern fein zerreiben und darüber rieseln lassen. Jede Fleischscheibe mit Senf bestreichen. Die Gurken, Möhren, Petersilienwurzel und Sellerie wenn nötig putzen und schälen, dann in streichholzfeine Streifen schneiden (siehe Seite 37). Alles, bis auf die Gurkenstreifen, in sprudelnd kochendem Salzwasser eine Minute blanchieren, dann in eiskaltem Wasser abschrecken (so behalten die Gemüsestreifen ihre schöne Farbe). Die Streifen als Bündel auf die Fleischscheiben verteilen. Diese darüber zusammenrollen, dabei an den Seiten einschlagen, damit die Füllung nicht herausfallen kann. Mit Zwirn, Nadeln oder Klammern feststecken. Den Speck fein würfeln. In einem flachen Schmortopf auslassen und stark erhitzen. Die Rouladen auf allen Seiten scharf anbraten. Mit der Fleischbrühe und dem Wein ablöschen. Das Kräutersträußchen zufügen. Den Topf mit einem Deckel gut verschließen und in den auf 180° C vorgeheizten Ofen stellen. Etwa 2 bis 2½ Stunden schmoren. Dann die Rouladen herausnehmen und warm stellen. Den Bratenfond auf dem Herd aufkochen. Mit der Sahne auffüllen. Das Kräutersträußchen entfernen. Die Sauce etwa 5 Minuten dicklich einkochen lassen. Mit Salz und Pfeffer abschmecken. Die Rouladen darin erwärmen und sofort auftragen. Dazu passen Kartoffeln oder Nudeln.

Kalbfleischröllchen

Zutaten für 4 bis 6 Personen:
6 dünne Kalbsschnitzel · 300 g Kalbfleisch
aus der Schulter · 1 Ei · 175 g Crème
fraîche · Salz · Pfeffer aus der Mühle
etwas abgeriebene Zitronenschale · etwas
Cayennepfeffer · frisch geriebene Muskat-
nuß · 2 EL Öl · 2 EL Butter · ¼ l trockener
Weißwein · ⅛ l Fleischbrühe.

Die Kalbsschnitzel auf der Arbeitsfläche
nebeneinander ausbreiten. Mit einem spitzen
Messer alles Fett rundherum abschneiden. Das
Kalbfleisch aus der Schulter würfeln und im
Zerkleinerungs-Apparat fein pürieren. In eine
Schüssel füllen, die möglichst auf einem Bett
von Eiswürfeln steht oder zumindest im Tiefgefrierfach gekühlt wurde. Das Ei untermen-
gen. Die Hälfte der Crème fraîche zufügen.
Mit Salz, Pfeffer, Zitronensaft, Cayennepfeffer und Muskat kräftig würzen. Mit dem Kochlöffel heftig schlagen, damit sich alles zu einer
homogenen Masse verbindet. Dabei hilft die
Kälte des Eisbettes sehr, das Eiweiß wird
dadurch besser aufgeschlossen. Die Kalbsschnitzel mit der Handfläche oder dem
Küchenbeil glatt und flach streichen. Mit Salz
und Pfeffer würzen. Die Farce gleichmäßig
darauf verteilen. Dabei darauf achten, daß
rundum ein schmaler Rand bleibt, damit später
die Füllung nicht herausquillt. Die Schnitzel
vom schmalen Ende her aufrollen, nicht zu eng
wickeln, weil sich das Fleisch beim Garen ausdehnt. Mit Küchenzwirn, Nadeln oder Klammern befestigen. In einem flachen Schmortopf
das Öl und die Butter stark erhitzen. Die Röllchen darin rasch auf allen Seiten kräftig anbraten. Mit Wein und Brühe ablöschen. Zudecken
und im auf 180° C vorgeheizten Ofen etwa
1 Stunde schmoren. Herausheben und warm
stellen. Den Schmorsud auf starkem Feuer
etwas einkochen. Die restliche Crème fraîche
hineinrühren und 5 Minuten lang köcheln, bis
die Sauce dicklich wird. Mit Salz und Pfeffer
abschmecken. Die Röllchen in einer Servierschüssel anrichten. Mit der sahnigen Sauce
übergießen. Dazu schmeckt Reis. Es passen
aber auch sehr gut Nudeln dazu.

Anmerkung: Eine sehr wohlschmeckende
Variation: die Hälfte des Kalbfleischs durch
Kalbsleber ersetzen. Beides pürieren.

1 Für die Farce möglichst mageres Kalbfleisch verwenden. In Würfel schneiden und im
Mixer – am besten im Zerhacker – pürieren.

4 Die Schnitzel auf der Arbeitsfläche ausbreiten. Mit der Handfläche oder einem
Küchenbeil glatt streichen und flach drücken.

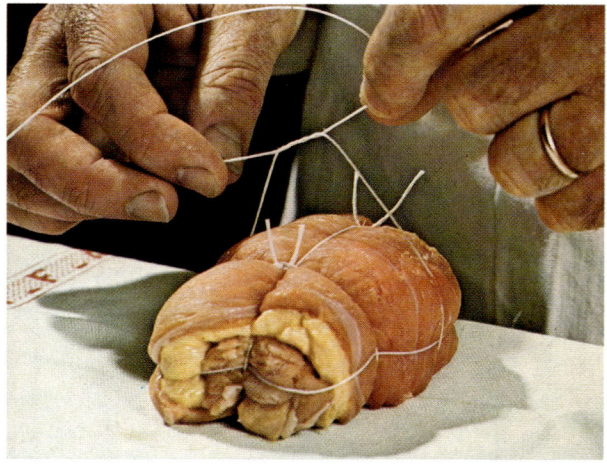

7 Die einzelnen Röllchen mit Küchenzwirn
zu kleinen Päckchen verschnüren, mit Nadeln
feststecken oder mit Klammern halten.

2 Damit sich die Zutaten inniger vermischen, alles in eine eiskalte Schüssel füllen, die auf einem Bett von Eiswürfeln steht.

3 Die Gewürze, das Ei sowie die Crème fraîche unter das Fleisch rühren und kräftig schlagen, bis eine cremige Farce entsteht.

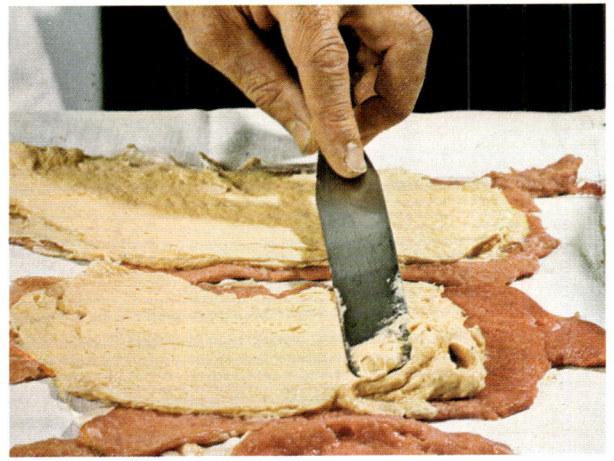

5 Die Farce auf die gesalzenen, gepfefferten Schnitzel gleichmäßig verteilen. Dabei rundum einen schmalen Rand frei halten.

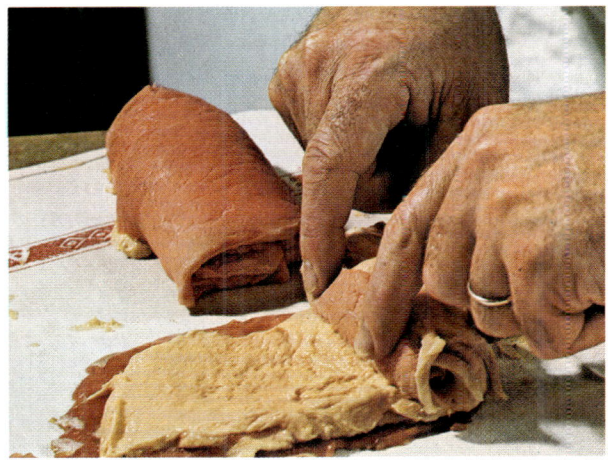

6 Die Kalbsschnitzel locker zusammenrollen, jedoch darauf achten, daß nichts von der Füllung an den Seiten herausgedrückt wird.

8 In einer Mischung aus Öl und Butter rundum scharf anbraten. Mit Wein und Brühe ablöschen. Zugedeckt im Ofen schmoren.

9 Die Schmorflüssigkeit mit Sahne zu einer cremigen Sauce einkochen und abschmecken. Über die warmgestellten Röllchen gießen.

189

Schweine-röllchen

mit Champignon-Farce

Zutaten für 4 bis 6 Personen:
6 dünne, große Schweine-schnitzel · Salz · Pfeffer aus der Mühle · 200 g frische Champignons · 100 g grü-ner (frischer) Speck · 100 g Schweinefleisch (Schulter) 1 Ei · ½ TL Thymian 1 TL Pastetengewürz ½ TL Delikateßpaprika 2 EL Öl · 2 EL Butter · ½ l Fleischbrühe · ¼ l herber Rotwein · 3 EL kalte Butter 2 EL gehackte Petersilie.

Die Schnitzel auf der Arbeits-fläche ausbreiten und flach streichen. Mit Salz und Pfeffer bestreuen. Die Pilze putzen, blättrig schneiden. Den Speck würfeln. Einen Eßlöffel davon sehr fein hacken und in einer Pfanne auslassen. Die Pilze darin dünsten, bis alle ausge-tretene Flüssigkeit verdampft ist. Den restlichen Speck und das Schweinefleisch im Mixer fein pürieren. Die erkalteten Champignons zufügen und so lange mixen, bis eine glatte Farce entstanden ist. Das Ei untermischen, dabei kräftig schlagen, damit sich alles gut verbindet. Mit Thymian, Pa-stetengewürz, Paprika, Salz und Pfeffer abschmecken. Auf die Schweineschnitzel strei-chen. Zusammenrollen und festknüpfen oder -stecken. Öl und 2 Eßlöffel Butter in einem flachen Schmortopf erhitzen. Die Röllchen darin scharf an-braten. Mit Brühe und Wein ablöschen. Zugedeckt im auf 180° C vorgeheizten Ofen et-wa eine Stunde schmoren. Die Schweineröllchen heraushe-ben und warm stellen. Die Sauce etwas einkochen. Den Topf vom Feuer ziehen. Mit einem Schneebesen die kalte Butter in die Sauce schlagen und die Petersilie hineinrüh-ren. Heiß über die warmge-stellten Röllchen gießen.

Kalbfleisch-röllchen

mit Spinatfüllung

Zutaten für 4 bis 6 Personen:
6 große dünne Kalbsschnit-zel · Salz · Pfeffer aus der Mühle · 500 g frischer Blatt-spinat · 1 Zwiebel · 1 EL Butter · frisch geriebene Muskatnuß · 2 EL Öl 2 EL Butter · ½ l Brühe ⅛ l Sahne · 1 Eigelb.

Kalbsschnitzel auf der Ar-beitsfläche ausbreiten, glatt streichen, salzen und mit Pfef-fer bestreuen. Den Spinat ver-lesen und von den Stielen zup-fen. Mehrfach waschen und abtropfen lassen. Die Zwiebel schälen und sehr fein hacken. Die Butter in einem großen Topf erhitzen, die Zwiebel darin weich dünsten. Den Spi-nat zufügen. Den Deckel auf-legen. 5 Minuten lang zusam-menfallen lassen, dabei immer wieder mit einem Kochlöffel wenden. Mit Salz, Pfeffer und Muskatnuß würzen. Heraus-heben und abtropfen lassen. Den Spinatsaft auffangen. Spinat abkühlen lassen und grob hacken. Auf den Kalb-fleischscheiben verteilen und flach drücken. Die Schnitzel zusammenrollen und gut ver-schnüren. In einem flachen Schmortopf das Öl und die Butter erhitzen. Die Röllchen darin rundherum scharf an-braten. Mit Spinatsaft und Fleischbrühe auffüllen. Zuge-deckt im auf 180° C vorgeheiz-ten Ofen etwa 1 Stunde schmoren. Die Röllchen her-ausheben und warm stellen. Die Schmorflüssigkeit etwas einkochen. Die Sahne mit dem Eigelb verquirlen und mit dem Schneebesen kräftig schlagend in die Sauce rühren. Diese heiß und dicklich wer-den, aber auf keinen Fall ko-chen lassen. Abschmecken und über die Röllchen gießen.

Rindsrouladen

„Spanisch Fricco"

Zutaten für 4 bis 6 Personen:
6 große Scheiben aus der Oberschale · Salz · Pfeffer aus der Mühle · 2 Kartoffeln 2 Zwiebeln · 2 EL Öl 2 EL Butter · ½ l Fleisch-brühe · ¼ l Sahne.

Die Rouladenscheiben auf der Arbeitsfläche ausbreiten und mit der Handfläche oder dem Küchenbeil flach streichen. Die Kartoffeln und Zwiebeln schälen. Die Kartoffeln in hauchfeine Scheiben, die Zwiebeln in sehr dünne Ringe schneiden. Die Fleischschei-ben salzen und pfeffern. Je ei-ne Schicht Kartoffeln und Zwiebeln darauf verteilen, salzen und kräftig pfeffern. Zusammenrollen und feststek-ken (Küchenzwirn, Nadeln oder Klammern). In einem flachen Schmortopf das Öl und die Butter erhitzen. Die Rouladen darin scharf auf al-len Seiten anbraten. Mit Brü-he und Sahne auffüllen. Zuge-deckt im auf 180° C vorgeheiz-ten Ofen 2 bis 2½ Stunden lang weich schmoren. Die Sauce pfeffern und salzen.

Gulasch

Irgendwann einmal, es ist schon lange her, kam das Gulasch aus Ungarn über Österreich auch zu uns. Auf diesem Weg hat es eine ziemliche Wandlung vollzogen und mittlerweile ist es längst zu einer Art deutscher Nationalspeise geworden. Deshalb ist ein ungarisches, österreichisches und deutsches Gulasch keineswegs dasselbe.

In Ungarn versteht man unter einem Gulasch eine Suppe mit viel Zwiebeln, Rindfleisch, Kartoffeln und mit mindestens zwei Sorten Paprika gewürzt: dem gelblich roten, sehr scharfen Rosenpaprika, der für die Schärfe sorgt, und dem milden, fast süßen Delikateßpaprika, der dem Gulasch seine feurig rote Farbe und zugleich seine sämige Konsistenz gibt.

Was wir mit Gulasch bezeichnen, also ein Schmorgericht aus Fleischwürfeln in einer mehr oder weniger sahnigen Sauce, das ist in Ungarn ein Paprikasch oder Pörkölt, sofern es mit Sahne zubereitet wurde.

Auch in Österreich ist das Gulasch nicht von der Speisekarte wegzudenken. Es ist bräunlich, dunkelrot, die Sauce sämig und das Rindfleisch mürbe. Am liebsten ißt man es zum zweiten Frühstück, auf österreichisch „zur Jaus'n".

Bei uns gibt es Gulasch in vielerlei Variationen. Meist mischt man Schweine- und Rindfleischwürfel. Die einen schwören darauf, daß mindestens dieselbe Menge Zwiebeln wie Fleisch hineingehört, damit die Sauce sämig und dicklich wird. Wieder andere bestehen auf dem reinen Fleischgeschmack, der nicht durch weitere Zutaten beeinträchtigt sein soll.

Um allen Schwierigkeiten aus dem Weg zu gehen und damit Sie selbst entscheiden können, bringen wir hier den original ungarischen Gulaschtopf (der eher eine Suppe ist) sowie einige Varianten.

In den echten ungarischen Gulaschtopf gehören neben den Kartoffeln aber auch noch unbedingt Csipetke; das sind aus Nudelteig geknetete Teigfleckchen, die ein bißchen Ähnlichkeit mit unseren schwäbischen Spätzle haben. (Sie sind jedoch nicht länglich wie Nudeln, sondern haben eher eine knopfartige Form.)

Rindsgulasch

Zutaten für 4 Personen:
500 g Rindfleisch (Beinfleisch oder Hüftdeckel) · 100 g Schweineschmalz · 500 g Zwiebeln · 2 EL Delikateßpaprika · ¼ l Fleischbrühe · Salz · Pfeffer aus der Mühle etwas Rosenpaprika · 3 EL Crème fraîche.

Das Fleisch in Würfel von 3 bis 4 Zentimeter Kantenlänge schneiden. In einem flachen Schmortopf die Hälfte des Schweineschmalzes erhitzen, die Würfel auf allen Seiten scharf anbraten. Falls der Topf nicht ausreichend groß sein sollte, portionsweise das Fleisch hineingeben. Die Würfel müssen alle Kontakt mit dem Topfboden haben, damit sie wirklich braten und nicht Saft ziehen. Mit einer Schaumkelle herausheben und warm stellen. Die Zwiebeln schälen und nicht zu fein hacken. Das restliche Schmalz im Topf erhitzen. Die Zwiebeln darin andünsten, aber nicht braten und braun werden lassen. Das Fleisch zurück in den Topf geben. Mit Delikateßpaprika bestäuben und unter Rühren dünsten, aber auf keinen Fall rösten oder gar anbrennen lassen, denn dann verliert der Paprika seine Bindungsfähigkeit und schmeckt bitter. Sobald alles von Fett durchtränkt ist, mit Fleischbrühe ablöschen. Salzen und pfeffern. Zugedeckt etwa 2 Stunden auf sehr mildem Feuer (oder im Backofen) schmoren. Dann sind die Zwiebeln zu Mus verkocht und das Fleisch zart und mürbe. Mit Rosenpaprika nach Geschmack schärfen. Die Crème fraîche hineinrühren. Dazu Kartoffelklöße (siehe Seite 275) oder Nudeln reichen.

Anmerkung: Die Proportion von Fleisch und Zwiebeln kann man nach Belieben verändern. Zum Beispiel zwei Drittel Fleisch, ein Drittel Zwiebeln oder sogar umgekehrt, zwei Drittel Zwiebeln auf ein Drittel Fleisch. Die Crème fraîche kann man auch durch normale saure Sahne (10%) ersetzen. Dann allerdings nicht mehr kochen.

Original Ungarisches Kesselgulasch

Zutaten für 6 Personen:
750 g Rindfleisch (Schulter oder Bein-
fleisch) · 3 große Zwiebeln · 2 Knoblauch-
zehen · 100 g Schweineschmalz · 2 EL Deli-
kateßpaprika · ½ l Fleischbrühe · ½ l her-
ber Rotwein · 1 große grüne Paprikaschote
3 Tomaten · 300 g Kartoffeln · Salz · Pfef-
fer aus der Mühle · Rosenpaprika · ⅛ l
saure Sahne (10 %).

Das Fleisch in Würfel von etwa 3 bis 4 Zentimeter Kantenlänge schneiden. Die Zwiebeln
schälen und in feine Halbringe schneiden.
Knoblauch fein hacken. Das Schmalz in einem
ausreichend großen Topf erhitzen. Zwiebeln
und Knoblauch darin glasig dünsten, an den
Rand schieben und portionsweise die Fleischwürfel zufügen und anbraten. Das Paprikapulver darüberstäuben. Unter Rühren dünsten,
bis alles ganz von Fett durchtränkt ist. Dann
erst mit Fleischbrühe und zwei Dritteln des
Rotweins aufgießen. Zugedeckt 1½ Stunden
auf mildem Feuer köcheln. Unterdessen die
Paprikaschote putzen, das Kerngehäuse und
die dicken Innenrippen entfernen. Die Schoten
halbieren. Jede Hälfte in feine Streifen schneiden. Die Tomaten häuten und entkernen
(siehe Seite 41), das Tomatenfleisch grob hakken. Die Kartoffeln schälen, in kleine Würfel
schneiden und in Salzwasser knapp gar
kochen. Paprika und Tomaten zum Fleisch
geben. Eine weitere halbe Stunde schmoren.
Mit Salz, Pfeffer und Rosenpaprika abschmekken. Die Kartoffeln abgießen und in das
Gulasch rühren. Mit dem restlichen Rotwein
aufgießen. Den Topf vom Feuer ziehen. Die
saure Sahne hineinrühren. In tiefen Tellern
servieren. Dazu gibt's kräftiges Landbrot.
Anmerkung: Oder Sie reichen die saure Sahne
getrennt dazu. So kann sich jeder nehmen, wie
es ihm beliebt.
Übrigens: Das original ungarische Gulasch,
das sich die Hirten auf dem Felde überm Feuer
geköchelt haben, kennt natürlich solch feine
Zutaten wie saure Sahne nicht. Aber sie
schmeckt köstlich darin. Ich hoffe, alle ungarischen Hirten können mir verzeihen, daß ich
mich in ihre althergebrachten Rezepturen ein-
gemischt habe.

1 Die Zutaten: ein zart durchwachsenes Rindfleisch aus der Schulter oder Oberschale, Zwiebeln, Tomaten, Paprika, Kartoffeln.

4 Die Zwiebeln an den Rand schieben. Portionsweise die Fleischwürfel in den Topf geben und rundum kräftig anbraten.

7 Die Kartoffeln schälen, in kleine Würfel oder Stücke schneiden und mit Salzwasser bedeckt knapp gar kochen.

2   Das Fleisch zunächst in 3 bis 4 Zentimeter breite Streifen, diese wiederum in ebenso große Würfel schneiden. Sehnen entfernen.

3   Das Schweineschmalz in einem flachen Schmortopf erhitzen. Die Zwiebeln darin unter Rühren weich dünsten, nicht braten.

5   Das Paprikapulver über Fleisch und Zwiebeln stäuben. Unter Rühren andünsten. Mit Brühe und ⅔ des Rotweins aufgießen.

6   Unterdessen die Paprikaschote halbieren und von Kernen säubern. In Streifen teilen. Tomaten häuten, entkernen und hacken.

8   Nach etwa einer Stunde Schmorzeit Paprika und Tomaten in den Topf geben. Noch später die gekochten Kartoffelwürfel zufügen.

9   In das fertige Kesselgulasch ein Glas Rotwein rühren, dadurch bekommt es einen frischeren Geschmack. Dazu gibt's saure Sahne.

Szegediner Gulasch

Zutaten für 4 bis 6 Personen:
600 g Schweinefleisch (Schulter oder Hals) · 100 g Schweineschmalz · 2 Zwiebeln · 3 Knoblauchzehen 2 EL Delikateßpaprika 500 g Sauerkraut · 1 Lorbeerblatt · 5 Wacholderbeeren · 1 EL Pfefferkörner 1 l Fleischbrühe · Rosenpaprika · Salz · Pfeffer aus der Mühle · ⅛ l saure Sahne gehackte Petersilie.

Das Schweinefleisch wie gezeigt in gulaschgroße Würfel schneiden. Das Schweineschmalz in einem ausreichend großen Schmortopf erhitzen. Die Zwiebeln und Knoblauchzehen schälen und fein hakken. Im heißen Schmalz andünsten. Beiseite schieben. Portionsweise die Fleischwürfel anbraten. Mit Delikateßpaprika bestäuben, unter Rühren so lange dünsten, bis alles von Fett durchtränkt ist. Das Sauerkraut zerzupfen und zufügen, dabei rühren und mit den Zwiebeln und Fleischwürfeln mischen. Lorbeerblatt, Wacholderbeeren und Pfefferkörner hineinstreuen. Mit der Fleischbrühe aufgießen. Salzen, pfeffern, mit Rosenpaprika schärfen. Zugedeckt auf mildem Feuer 1½ Stunden köcheln. Noch einmal abschmecken. Neben dem Feuer die saure Sahne und die Petersilie hineinrühren. In tiefen Tellern servieren und dazu Brot reichen.

Anmerkung: Dieses Gulasch wird mit dem Löffel gegessen, deshalb sollten die Fleischwürfel nicht zu groß sein.

Kalbsrahmgulasch

Zutaten für 4 Personen:
600 g Kalbfleisch (Schulter oder Hals) · 4 große Zwiebeln · 2 Knoblauchzehen 3 EL Öl · 2 EL Butter 2 EL Delikateßpaprika ¼ l trockener Weißwein ¼ l Fleischbrühe · Salz Pfeffer aus der Mühle · 0,2 l Crème fraîche · Rosenpaprika.

Das Kalbfleisch wie gezeigt in gulaschgroße Würfel schneiden. Die Zwiebeln und Knoblauchzehen schälen und fein hacken. Öl und Butter in einem flachen Schmortopf erhitzen. Die Fleischwürfel darin auf großer Hitze rundum anbraten, herausnehmen und warm stellen. Die Hitze reduzieren. Im verbliebenen Fett Zwiebeln und Knoblauch weich dünsten, aber keine Farbe annehmen lassen. Die Fleischwürfel wieder zufügen. Alles mit Delikateßpaprika bestäuben. Unter Rühren bei milder Hitze durchschwitzen, bis alles von Fett durchtränkt und von Paprika überzogen ist. Mit Wein und Brühe aufgießen. Salzen und pfeffern. Zugedeckt 45 bis 60 Minuten auf schwachem Feuer schmoren. Falls dabei nicht genügend Flüssigkeit verkocht ist, die Fleischwürfel herausheben und beiseite stellen. Die Schmorflüssigkeit auf starkem Feuer reduzieren. Die Crème fraîche hineinrühren. Noch einmal abschmecken. Die Fleischwürfel in der Sauce erwärmen. Alles mit Rosenpaprika nach Geschmack schärfen. Dazu passen Nudeln.

Lammgulasch

Zutaten für 4 Personen:
500 g Lammfleisch (aus der Schulter) · 500 g Zwiebeln 6 Knoblauchzehen · 4 EL Olivenöl · 2 EL Delikateßpaprika · ½ l Rotwein · Salz Pfeffer aus der Mühle 1 Lorbeerblatt · 1 Gewürznelke · 2 Wacholderbeeren ¼ l Sahne · 2 EL gehackte Petersilie.

Das Lammfleisch würfeln, dabei Sehnen und Hautstücke abschneiden. Die Zwiebeln und Knoblauchzehen schälen und fein hacken. In einem flachen Schmortopf das Öl rauchend heiß erhitzen, die Lammfleischwürfel darin sehr rasch auf allen Seiten anbraten. Herausnehmen und warm stellen. Im verbliebenen Bratfett bei nunmehr reduzierter Hitze Zwiebeln und Knoblauch weichdünsten, aber keine Farbe annehmen lassen. Das Fleisch wieder zufügen. Mit dem Paprika bestäuben und unter Rühren sich mit Fett vollsaugen lassen. Mit Rotwein aufgießen. Lorbeerblatt, Gewürznelke und Wacholderbeeren zufügen. Die Sahne hineingießen. Zugedeckt auf mildem Feuer 1½ Stunden langsam weich schmoren. Lorbeerblatt, Nelke und Wacholderbeeren herausfischen und wegwerfen.
Falls die Zwiebeln noch nicht zu Mus zerkocht sein sollten, die Fleischwürfel herausheben und die Sauce mit dem Pürierstab fein zerkleinern. Noch einmal abschmecken.
Dazu schmecken Nudeln – wenn Sie es eilig haben, fertig gekaufte. Stilechter wären allerdings die bereits erwähnten Csipetke oder Spätzle.

Steaks

Grundvoraussetzung für ein gelungenes Steak, das außen eine braune Kruste haben und innen blutig bis rosa sein sollte, ist stets ausreichend lang abgehangenes Fleisch. Ob Sie zartes Filet nehmen oder das würzigere, kernigere Fleisch aus der Lende (Roastbeef), ist Geschmackssache. In jedem Fall darf es nicht leuchtend rot, sondern sollte eher schon unansehnlich, dunkelbraun wirken. Zu Hause packen Sie das Fleisch sofort aus dem Papier, bepinseln es rundherum mit Öl – damit keine Luft dran kann – und legen es in eine Schüssel, die Sie gut zudecken. So hält sich das Fleisch im Kühlschrank auf jeden Fall drei, vier Tage. Sie können noch ein Zusätzliches tun und das Öl mit Knoblauch oder Kräutern, wie Thymian oder Rosmarin, aromatisieren. Das Fleisch nimmt diese Würze an.

Das Steak kommt – ohne zuvor gesalzen zu werden! – in die rauchend heiße Pfanne. Mit oder ohne Öl, ganz wie Sie wollen. Das Fett muß jedoch rauchend heiß sein, deshalb ist Butter zum Braten ungeeignet. Je nach dem, wie dick das Steak ist, wenden Sie die Fleischscheibe nach 1 bis 2½ Minuten. Die gebratene Seite können Sie nun pfeffern und salzen. Sobald die zweite Seite ebenfalls angebraten ist, folgt das Wichtigste, damit Ihr Steak zart und saftig bleibt: Ziehen Sie die Pfanne vom Feuer. Gießen Sie das Bratfett ab und lassen Sie auf dem nun auch auf der zweiten Seite gepfefferten und gesalzenen Steak ein Stückchen Butter schmelzen. Decken Sie die Pfanne mit Alufolie ab und lassen Sie das Fleisch noch etwa 5 bis 10 Minuten (je nach Stärke der Fleischscheibe) in der langsam abkühlenden Pfanne ziehen. Dies gehört zum Garprozeß unbedingt dazu! Würden Sie das Steak unmittelbar auf den Teller plazieren und anschneiden, so wäre es außen braun und trocken und innen blutig, kalt und sogar noch roh. Aber gerade bei dem verhältnismäßig kleinen Fleischstück ist noch wichtiger, was bisher zum Braten immer wieder gesagt wurde: Die Garzeit besteht aus Bratzeit und der Zeit zum Nachziehen, damit sich die Säfte verteilen, die durch den Druck der Hitze nach innen gepreßt wurden.

Meist nimmt man für das Steak das Rinderfi-

let: Man schneidet sie aus dem oberen, dem sogenannten Kopfende. Ein solches *Filetsteak* wiegt etwa 200 bis 280 Gramm. Aus dem mittleren Teil des Filets kommt das berühmte *Chateaubriand*; fast schon ein kleiner Braten – ein Steak für zwei. Es wiegt zwischen 400 und 500 Gramm und wird meist mit verschiedenen Frühlingsgemüsen umlegt aufgetragen. *Filets Mignons* sind die kleinsten Filetsteaks. Sie schneidet man aus dem sich verjüngenden Endstück des Filets. Weil sie nur etwa 80 Gramm wiegen, rechnet man pro Person meist zwei. *Tournedos* dagegen kommen aus dem Stück unmittelbar nach den Filets Mignon (in Richtung Kopfende), sind deshalb ein wenig größer und wiegen etwa 130 Gramm.

Viele Steakesser ziehen ihr Steak aus der Lende geschnitten vor. Das *Entrecôte* ist wiederum ein Stück für zwei: Es wird aus der Mitte geschnitten und wiegt etwa 400 Gramm. Ansonsten heißen die Scheiben aus der Lende schlicht *Lendensteaks*. Keinesfalls *Rumpsteak*. Denn dieses wird nicht – wie oft fälschlicherweise gesagt – aus der Lende, sondern aus dem „rump" gelöst, einem Stück, das es eigentlich nicht bei uns gibt, sondern in drei verschiedene Teile zerlegt wird: Hüfte, Hüftdeckel und Blume (siehe auch Seite 21).

In Norddeutschland kennt man noch das *Kluftsteak*. Ein kerniges Stück aus der Kluft, beziehungsweise Oberschale, geschnitten. Über das *Rippensteak* haben wir schon auf Seite 176 ausführlich gesprochen.

Die Amerikaner, die wohl die größten Steaks der Welt verspeisen, kennen noch Zuschnitte, die für eine Person, manchmal sogar für zwei Personen, einfach zuviel sind.

Ein *T-Bone-Steak* können Sie vielleicht gerade noch zu zweit bewältigen: Es ist eine dicke Scheibe aus der Lende mitsamt dem Knochen und dem darunterliegenden Filetstück. Der Knochen ragt wie ein T zwischen den beiden Fleischstücken – daher der Name. Ein T-Bone-Steak wiegt etwa 600 bis 750 Gramm.

Last but not least, das größte aller bekannten Riesensteaks: das *Porthouse-Steak*. Es ist ein gigantisches T-Bone-Steak, aus der Lende mit dem Filet und Knochen geschnitten. Es wiegt mindestens 800, eher noch 1000 Gramm.

Chateaubriand à la Montmireil

Dieses Rezept wurde vom Küchenchef Montmireil für seinen Herrn, den Dichter und Philosophen Chateaubriand, kreiert, weil er der Meinung war, daß große Mengen schieren Fleisches besonders bekömmlich seien.

Zutaten für 2 Personen:
1 vier Zentimeter dicke Scheibe aus der Mitte des Rinderfilets (ca. 450 g schwer) · 2 EL Öl · 2 Schalotten · 40 g Rindermark einige EL kräftiger Kalbsfond (Seite 85) · 2 TL feingehackter Schnittlauch Salz · Pfeffer aus der Mühle Cayennepfeffer · 2 EL Kräuterbutter.

Das Steak von der Seite her einschneiden, daß eine kleine Tasche entsteht. Mit dem Öl rundum kräftig einmassieren und beiseite stellen. Die Schalotten schälen und fein hakken. Das Rindermark in einer kleinen Pfanne zerlassen. Die Schalotten darin weichdünsten. Mit dem Kalbsfond ablöschen und dicklich einkochen. Mit Salz, Pfeffer und Cayennepfeffer würzen. Den Schnittlauch untermischen. In die vorbereitete Tasche füllen. Mit Zahnstochern zustecken. Das Steak in einer rauchend heißen Pfanne auf beiden Seiten jeweils 3 Minuten braten. Das Chateaubriand neben dem Herd noch etwa 8 Minuten ziehen lassen. Auf einem Brett schräg in dünne Scheiben schneiden.
Das Fleisch auf zwei vorgewärmten Tellern dachziegelartig anrichten. Die Kräuterbutter obenauf setzen. Dazu schmecken junge, in Butter geschwenkte Gemüse und frisch aufgebackenes französisches Weißbrot ausgezeichnet. Die Teller müssen auf jeden Fall rasch aufgetragen werden, damit die Kräuterbutter nicht schon vorher schmilzt.

Die besten Steakbegleiter

Das Fleisch allein kann vielleicht den Hunger stillen. Aber den Genießer erfreuen die Saucen und Garnituren, die ein Steak erst zu einem richtigen Essen machen. Man kann dazu entweder in Butter geschwenkte Gemüse und Sauce Béarnaise (siehe Seite 88) reichen oder zum Beispiel: eine Estragonsauce.

Estragonsauce

Zutaten für 2 Personen:
100 g Butter · 1 Schalotte 2–3 Zweige von frischem Estragon · ⅛ l Kalbsfond 100 g Crème fraîche · Salz Pfeffer aus der Mühle.

Die Butter in einer Kasserolle zerlassen. Die Schalotte schälen, fein hacken und darin weich dünsten, aber keine Farbe nehmen lassen. Die Estragonblätter von den Stielen zupfen, fein hacken und in die Butter rühren. Sofort mit dem Kalbsfond aufgießen und so lange kochen, bis die Flüssigkeit um mehr als die Hälfte reduziert ist. Mit einem Schneebesen die Crème fraîche hineinarbeiten. Salzen und pfeffern.

Kräuterbutter

Zutaten: 100 g weiche Butter · 3 EL sehr fein gehackte frische Kräuter: Petersilie, Dill, Kerbel, Estragon, Majoran, Basilikum · Salz Pfeffer aus der Mühle 1 kleine zerdrückte Knoblauchzehe.

Alle Zutaten miteinander gründlich vermischen. Zu einer Rolle formen und in Alufolie eingewickelt im Kühlschrank fest werden lassen.

Anmerkung: Sie können natürlich auch jeweils nur eine Sorte Kräuter unter die Butter mischen oder sogar nur Knoblauch. In jedem Fall sollten Sie die Würzbutter niemals als tiefgefrorene Scheibe auf das Steak plazieren, sie soll so weich sein, daß sie sofort vollkommen schmilzt und dem Fleisch ihr Aroma mitteilt.

Kräuterquark-Sauce

Zutaten für 4 Personen:
150 g Magerquark · ⅛ l Milch · 1 Becher saure Sahne (10%) · 1 Schalotte 1 Knoblauchzehe · 4 EL feingehackte Kräuter (Petersilie, Dill, Kerbel, Schnittlauch, Estragon, Basilikum, wenig Liebstöckl) · Salz Pfeffer · 2 EL Zitronensaft Cayennepfeffer · ein Spritzer Worcestersauce.

Den Quark mit der Milch und der sauren Sahne gleichmäßig glattrühren. Die Schalotte und Knoblauchzehe schälen und sehr fein hacken oder reiben. Mit den Kräutern unter den Quark mischen. Mit Salz, Pfeffer, Zitronensaft, Cayennepfeffer und Worcestersauce abschmecken.

1 Bis Sie das Steak verarbeiten, bewahren Sie es in einer Porzellanschüssel auf; entweder von Öl bedeckt oder mit Öl gut eingepinselt.

2 Eine trockene Pfanne so heiß werden lassen, daß ein Wassertropfen in tausend Tröpfchen zerspringt oder ein Öltropfen raucht.

3 Dann erst das Steak einlegen. Durch die starke Hitze schrumpft es sofort zusammen. Auf jeder Seite 1 bis 3 Minuten braten.

4 Die Pfanne vom Feuer nehmen. Das Steak salzen und pfeffern und das Bratfett wegschütten. Ein Stück Butter darauf schmelzen.

5 Falls Sie das Steak grillen, das mit Öl einmassierte Fleisch auf den glühend heißen Rost legen. Die Garzeit wie beim Braten einhalten.

6 Damit sich der Rost abzeichnet, das Steak auf jeder Seite nach der ersten halben Minute um neunzig Grad drehen.

Boeuf Stroganoff

Es heißt, daß ein wohlhabender russischer Kaufmann dieses Namens Rinderfilet auf diese Weise am allerliebsten gegessen haben soll. Aber ebenso viele Rezepte wie für Boeuf Stroganoff, gibt es auch Geschichten darüber, die wahrscheinlich alle den Vorzug haben, blendend erfunden zu sein.

Fest steht jedenfalls, daß es aus den Spitzen des Filets zubereitet wird, was für die Sparsamkeit des russischen Kaufmanns spricht, denn für ein Steak wären die Spitzen allemal zu klein. Und was sonst soll man mit diesem unglücklich geformten, aber trotzdem äußerst zarten Fleisch zubereiten?

Ein Boeuf Stroganoff ist ein Minutengericht, es steht sozusagen im Handumdrehen auf dem Tisch. Denn selbstverständlich darf das empfindliche Filet nicht durchgebraten oder gar geschmort werden: Man brät es auf starkem Feuer an, hebt die Fleischwürfel heraus und vollendet rasch die Sauce mit etwas Wein oder Brühe und dicker Sahne. Fertig!

Grundrezept zum nebenstehenden Kurs:

Zutaten für 4 Personen:
500 g Rindsfilet (möglichst aus den sich verjüngenden Spitzen) · 2 EL Öl · 2 EL Butter
1 TL Delikateßpaprika · 1 TL Zucker
⅛ l herber Rotwein · Salz · Pfeffer aus der Mühle · 200 g Crème fraîche.

Das Filet in Würfel von etwa 2 Zentimeter Kantenlänge schneiden. Das Öl in einer schweren Pfanne stark erhitzen. Die Fleischwürfel rasch darin auf allen Seiten anbraten. Dabei am besten portionsweise arbeiten, damit die Öltemperatur nicht zu stark gesenkt wird und alle Fleischstücke Kontakt mit dem Pfannenboden haben. Sie müssen innen noch stark blutig sein. Herausnehmen und auf einem vorgewärmten Teller warm stellen. Das Öl aus der Pfanne wegkippen. Die Hitze nunmehr herunterschalten. Die Butter schmelzen, aber auf keinen Fall bräunen. Den Paprika und den Zucker hineinrühren. Beides darf jedoch nicht so heiß werden, daß der Zucker karamelisiert. Mit dem Rotwein ablöschen und um die Hälfte einkochen. Das Fleisch salzen und pfeffern. Den mittlerweile ausgetretenen Fleischsaft in die Pfanne rühren. Mit einem Schneebesen die Crème fraîche in die Sauce arbeiten. Mit Salz und Pfeffer abschmecken. Die Fleischwürfel darin erwärmen, aber nicht mehr kochen lassen, sondern unverzüglich in einer vorgewärmten Schüssel anrichten und servieren.

Anmerkung: Für dieses Rezept kennt man unzählige Variationen. Zum Beispiel fügt man gerne nach dem Anbraten feingehackte oder in Ringe geschnittene Zwiebeln zu, die man zunächst weich dünstet, bevor mit Flüssigkeit aufgegossen wird. Statt des hier verwendeten Rotweins kann man Kalbs- oder Fleischbrühe oder auch trockenen Weißwein verwenden, oder man dünstet einige blättrig geschnittene Champignons mit den Zwiebeln.

Boeuf Stroganoff
mit Rote Bete

Zutaten für 4 Personen:
300 g Rote Bete · ¼ l Sahne · Salz · Pfeffer aus der Mühle · 500 g Rinderfilet · 2 EL Öl
2 EL Butter · 1 TL Delikateßpaprika
1 TL Zucker · ⅛ l trockener Weißwein
100 g Crème fraîche · 1 Bund Schnittlauch.

Die Rote-Bete-Knollen schälen, dabei den Strunkansatz glatt abschneiden. Die Knollen in dünne Scheiben, diese wiederum in schmale Stifte teilen. In eine kleine Kasserolle geben und mit der Sahne begießen. Salzen, pfeffern. Zugedeckt etwa 30 Minuten lang weich kochen. Das Rinderfilet würfeln, in sehr heißem Öl rasch auf allen Seiten scharf anbraten, herausheben und warm stellen. Das Bratfett wegschütten. Die Butter in derselben Pfanne schmelzen. Paprika und Zucker hineinrühren, mit Butter vollsaugen lassen, aber keinesfalls rösten. Mit dem Wein ablöschen und um die Hälfte einkochen. Die Crème fraîche zufügen und mit dem Schneebesen mit der Sauce verbinden. Die Rote Bete mitsamt der Sahne in die Sauce rühren. Aufkochen und mit Salz und Pfeffer abschmecken. Den ausgetretenen Fleischsaft untermischen. Die Fleischwürfel salzen und pfeffern. In der Sauce erwärmen. Den Schnittlauch in feine Röllchen schneiden und darüberstreuen.

1   Es versteht sich, daß auch für dieses Gericht das Fleisch gut abgehangen sein muß. Man schneidet es in kleine Würfel.

2   Damit sich die Poren sofort schließen und der Fleischsaft erhalten bleibt, die Würfel in rauchend heißem Fett portionsweise anbraten.

3   Die Fleischwürfel müssen innen noch blutig rot sein, aber außen eine braune Kruste haben. Mit einer Schaumkelle herausheben.

4   Das Bratfett wegschütten – darin haben sich gesundheitsschädliche Stoffe gebildet – frische Butter schmelzen, Paprika darin dünsten.

5   Mit Wein oder Fleischbrühe ablöschen und um die Hälfte einkochen. Dann die Crème fraîche hineinrühren und erhitzen.

6   Die Sauce mit Salz und Pfeffer abschmekken. Die Fleischwürfel mitsamt dem ausgetretenen Saft hineinrühren. Kurz erwärmen.

Schnitzel

Es ist von bundesdeutschen Speisezetteln gar nicht wegzudenken.

Wenn Sie kein Schnitzel mögen, weil es immer so trocken und zäh ist, dann haben Sie noch nie ein sachgerecht und einfühlsam zubereitetes Schnitzel gegessen. Es ist immer wieder dasselbe Prinzip: Das Fleisch muß in rauchend heißem Fett angebraten werden – auf beiden Seiten gleich kurz – und anschließend bei nachlassender Temperatur nachgaren. Deshalb die Pfanne vom Feuer nehmen und das Schnitzel weitere 5 bis 6 Minuten ziehen lassen. Dann erst salzen und pfeffern – fertig ist das saftigste Schnitzel, das Sie sich wünschen können.

Aber beim wohl berühmtesten Schnitzel der Welt, beim Wiener Schnitzel, ist alles anders: Es wird in einen Mantel aus Ei und Semmelbrösel gehüllt und schwimmend in heißem Fett ausgebacken. Diesmal darf aber das Fett nicht rauchen; denn sonst verbrennt die Panade, während das Schnitzel noch roh ist. Die richtige Temperatur erkennt man am besten mit einem Fett-Thermometer. Falls Sie ein solches nicht haben, halten Sie einen hölzernen Kochlöffelstiel ins heiße Fett. Steigen daran langsam Bläschen hoch, ist die Temperatur richtig. Heftige Bläschen zeigen an, daß das Fett zu heiß ist und kaum wahrnehmbare Bläschen verkünden, daß es die richtige Ausbacktemperatur noch nicht erreicht hat.

Eines noch sollten Sie zum berühmten Wiener Schnitzel wissen: Es ist aus Kalbfleisch und aus sonst nichts anderem. Wenn Sie in einem Lokal ein Wiener Schnitzel aus Schweinefleisch serviert bekommen, so weisen Sie es ebenso liebenswürdig wie energisch zurück. Das ist höchstens ein Schweineschnitzel „Wiener Art".

Das originale Wiener Schnitzel schneidet man quer zur Faser aus der Nuß. Es sollte etwa einen Zentimeter dick sein und mit der Hand vor dem Panieren vorsichtig in Form gedrückt werden.

Zum Panieren verkleppert man ein Ei mit Salz und Pfeffer und füllt es in einen flachen Teller. Daneben stehen zwei weitere Teller: einer mit Mehl, der andere mit Paniermehl (Semmelbrösel) gefüllt. Die nur mit Pfeffer auf beiden Seiten bestreute Fleischscheibe nunmehr im Mehl wenden, anschließend gut schütteln, damit alles überflüssige Mehl wieder abfällt. Dann im verquirlten Ei wenden und zum Schluß durch die Semmelbrösel ziehen, bis das Schnitzel dünn, aber gleichmäßig davon überzogen ist. Sofort schwimmend in heißem Fett ausbacken, bis die Panade rundum goldbraun geworden ist. Auf Küchenpapier abtropfen lassen. Mit Zitronenachteln und ausgebackener Petersilie anrichten. Dazu paßt Kartoffelsalat.

Mailänder Schnitzel

Zutaten für 4 Personen:
4 dünne Kalbsschnitzel aus der Nuß
2 Eier · Mehl · 50 g frisch geriebener Parmesan · 50 g Semmelbrösel · Salz · Pfeffer aus der Mühle · Fett zum Ausbacken.

Die Kalbsschnitzel mit der flachen Hand klopfen. Die Eier verquirlen. Das Mehl in einen Teller füllen. Käse und Semmelbrösel mischen und in einen zweiten Teller geben. Das Schnitzel salzen und pfeffern. Zuerst in Mehl, dann in Ei und zum Schluß in Semmelbröseln und Käse wenden. Schwimmend ausbacken. Dazu gibt's Spaghetti und Tomatensauce.

Rahmschnitzel

Zutaten für 2 Personen:
2 dünne Kalbsschnitzel aus der Nuß · 2 EL Öl · 1 EL Butter · 1 TL Delikateßpaprika 4 EL trockener Weißwein · ¼ l Sahne Salz · Pfeffer aus der Mühle.

Die Schnitzel mit der flachen Hand etwas in Form klopfen. Im rauchend heißen Öl auf beiden Seiten eine Minute scharf anbraten. Auf einem vorgewärmten Teller mit Alufolie abgedeckt beiseite stellen. Das Öl wegschütten. Die Butter in der Pfanne schmelzen. Den Paprika darin andünsten, sofort mit dem Weißwein ablöschen. Um die Hälfte einkochen lassen. Mit der Sahne auffüllen und so lange köcheln, bis die Sauce leicht dicklich geworden ist. Mit Salz und Pfeffer abschmecken. Die Schnitzel salzen und pfeffern. In der Sauce wenden und auf heißen Tellern anrichten.

1 Das brauchen Sie für zwei Wiener Schnitzel: 2 dünne Scheiben Kalbsnuß, 1 Ei, Mehl, Semmelbrösel, Salz, Pfeffer, Fett zum Backen.

2 Zunächst wenden Sie die gepfefferten Schnitzel in Mehl. Gut ausschütteln, damit alles überschüssige Mehl abfällt. Salzen.

3 Das Ei verquirlen, dabei salzen und pfeffern. In eine flache Schale füllen. Die Schnitzel darin wenden, bis sie davon überzogen sind.

4 Zum Schluß durch die Semmelbrösel ziehen – die ebenfalls in einem flachen Teller sind – das Schnitzel muß davon überzogen sein.

5 Das Fett so stark erhitzen (ca. 180° C), daß langsam Bläschen an einem Kochlöffel hochsteigen. Schnitzel golden ausbacken.

6 Sorgfältig auf Küchenkrepp abtropfen. Auf einem heißen Teller mit Zitronenachteln und ausgebackener Petersilie anrichten.

Spieße und Schaschlik

Als die Spieße vor langer Zeit aus dem Orient zu uns kamen, hießen sie noch Schaschlik und bestanden nur aus Würfeln von Hammelfleisch, allenfalls noch mit einigen Zwiebelstücken angereichert. Sie steckten auf oft sehr reich verzierten Metallspießen aus Messing oder sogar Silber und machten hierzulande so großen Eindruck, daß man das Rezept gleich übernahm. Mittlerweile sind Spieße aller Art längst vertrauter Bestandteil unseres Speisezettels. Man kann wirklich eine ganze Menge aufspießen, was schmeckt und hübsch aussieht. Von Nieren, Speckwürfeln und verschiedenen Fleischsorten bis zu Scampi, ausgelösten Muscheln und sogar Käse und Früchten. Probieren Sie es selbst. Besonders praktisch sind Spieße im Sommer, wenn man draußen grillen kann, im Garten oder auf der Terrasse auf dem Holzkohlengrill oder beim Picknick über dem improvisierten Lagerfeuer. Natürlich tut's nicht nur bei Regenwetter auch der Elektrogrill oder der auf Hochtouren gestellte Backofen. Falls Sie die Spieße in der Pfanne braten wollen, bedenken Sie bitte, daß Sie dafür eine Menge Fett benötigen und so die mageren Spieße kalorienreicher werden als nötig.

Hier noch einige Tips, damit die Spieße gelingen: Spießen Sie nur Zutaten auf, die die gleiche Garzeit haben – sonst ist das eine Stück bereits verkohlt, während das andere noch unangenehm roh schmeckt. Packen Sie empfindliche Fleischstücke, wie zum Beispiel Nieren- oder Leberwürfel, in hauchdünne Scheiben durchwachsenen Specks oder rohen Schinkens – dann kann nichts austrocknen.

Legen Sie Fleisch zuvor in eine würzige Marinade, das gibt zusätzliches Aroma und hält es saftig. Während des Grillens die Spieße zusätzlich mit der Marinade wiederholt einpinseln. Das verstärkt den Effekt.

Das geeignete Gerät zum Aufspießen finden Sie in gut sortierten Haushaltsgeschäften. In Cook-Shops, Geschenkläden oder ausgefallenen Geschirrfachgeschäften ist die Auswahl wahrscheinlich größer; die Spieße, die man für Profiköche findet, sind sicherlich die stabilsten. Für kleine Spießchen eignen sich die Holzstäbchen, die es in den fernöstlichen Abteilungen der Warenhäuser gibt.

Bunte Spieße mit Lammfleisch

Zutaten für 6 Personen:
300 g Lammschulter · 300 g Kalbfleisch (Schulter) · 300 g Rindfleisch (aus der Lende) · 6 Lammnieren (oder 1 Schweineniere) · 4 EL Olivenöl · 2 Lorbeerblätter 1 TL Thymian · 1 EL Rosmarinnadeln Pfeffer aus der Mühle · 18 Lauchzwiebeln (Frühlingszwiebeln) · 3 Tomaten · 1 große grüne Paprikaschote · 6 hauchdünne Scheiben durchwachsener Speck · Salz.

Alle Fleischsorten in mundgerechte Würfel von etwa 3 Zentimeter Kantenlänge schneiden. Die Lammnieren säubern, die äußere Haut und die inneren Stränge entfernen. Die Nieren halbieren. Falls Sie Schweineniere verwenden: halbieren, alle Stränge herausschneiden. Die Hälften in mundgerechte Stücke würfeln. Öl, Lorbeerblätter, Thymian und Rosmarinnadeln gut vermischen. Die Fleischwürfel darin wenden, mit Pfeffer bestreuen und etwa 30 Minuten ziehen lassen. Unterdessen die Zwiebeln putzen, das Grün abtrennen (und für ein anderes Rezept vorsehen). Die Zwiebeln in sprudelnd kochendem Wasser 4 Minuten abkochen, dann unter kaltem Wasser abschrecken. Die Tomaten vierteln, dabei den Stielansatz herausschneiden. Die Paprikaschote putzen, halbieren, alle Kerne und die dicken, weißen Innenrippen herausstreifen. Die Paprikahälften in große Stücke schneiden. Die halbierten Lammnieren aus der Marinade nehmen, abtropfen lassen und jeweils in eine halbe Speckscheibe einwickeln. Alle so vorbereiteten Zutaten abwechselnd auf sechs Spieße stecken. Dabei eng aneinanderschieben, damit nichts herunterfallen kann. Alles noch einmal mit dem Öl der Marinade einpinseln. Auf dem Holzkohlen- oder unter dem Elektrogrill etwa 15 Minuten grillen, bis die Zutaten gar sind. Dabei mehrmals wenden. Am Rand noch etwa 5 bis 8 Minuten nachziehen lassen. Salzen.

1 Was Sie aufspießen, bleibt Ihrem Geschmack und Ihren Vorlieben überlassen. Nur Zutaten mit gleicher Garzeit nehmen.

2 Das Fleisch in mundgerechte Würfel teilen, am besten mit etwa 3 Zentimeter Kantenlänge. Dabei Fett und Sehnen entfernen.

3 Alle Fleischsorten werden zarter und mürber, wenn man sie in einer Marinade, z. B. aus Olivenöl und Kräutern, ziehen läßt.

4 Gemüse, das länger braucht, um gar zu werden, wie z. B. Zwiebeln, sollte man zuvor kurz kochen und abschrecken.

5 Alle Zutaten abwechselnd auf die Spieße stecken – so daß es hübsch aussieht und Empfindliches zwischen Festem eingebettet ist.

6 Auf dem Holzkohlengrill garen. Dabei die Spieße mehrmals drehen, damit sie gleichmäßig mit der Hitze in Berührung kommen.

Hackfleischbraten

Natürlich besteht jedes Schlachtvieh nur zum kleinsten Teil aus sogenannten edlen Stücken wie Filet, Kotelett, Keule oder Schulter. Aber die anderen Fleischteile müssen natürlich auch Verwendung finden. Damit auch diese zart und saftig werden, dreht man sie neuerdings durch den Wolf. Denn wie der Name deutlich zeigt, wurde Hackfleisch ursprünglich gehackt, das feinere Schabefleisch (unser heutiges Tatar) geschabt.

Woraus Hackfleisch gemacht wird und wie es vom Metzger zu behandeln ist, darüber gibt es eine gestrenge Verordnung, über deren Einhaltung genau gewacht wird, denn Hackfleisch ist empfindlich: Es verdirbt rasch und muß – so verlangt es die Hackfleischverordnung – am selben Tag, an dem es zerkleinert wurde, auch verkauft werden. Sie sollten obendrein ein Weiteres tun und es innerhalb der nächsten zwölf Stunden (nachdem Sie es gekauft haben) verbrauchen. Frieren Sie das Hackfleisch bitte niemals ein. Damit wirklich alle Keime und Bakterien unschädlich gemacht werden, benötigen Sie eine Einfriertemperatur von minus 40 Grad, und das schafft Ihr Haushaltsgefriergerät nicht. Fertige Hackfleischgerichte dagegen können Sie unbesorgt einfrieren.

Falls Sie das Hackfleisch doch einmal etwas länger aufbewahren müssen: Würzen Sie es kräftig und bereiten Sie daraus einen fertigen Hackfleischteig zu. Dann hält es sich noch einige Stunden – aber nicht mehr.

Am allerbesten kaufen Sie ein Stück Fleisch und drehen es selbst durch den Fleischwolf (feinste Scheibe) oder zerkleinern Sie es unmittelbar vor dem Zubereiten im Zerkleinerungs-Apparat.

Hackfleisch ist unendlich vielseitig und läßt sich auf tausenderlei Weise zubereiten. In jedem Fall gelingt ein Hackfleischbraten, wenn man den Teig nicht nur mit der richtigen Würze versieht, sondern auch dafür sorgt, daß das Hackfleisch ausreichend aufgelockert wird. Normalerweise erledigt das ein eingeweichtes Brötchen. Falls Sie aber keines zur Hand haben, können Sie auch Haferflocken untermischen (sechs Eßlöffel pro Pfund Fleisch) oder gekochte Kartoffeln hineinreiben (zwei große auf ein Pfund). Mit 1 bis 2 Eßlöffeln Mager-

quark oder saurer Sahne wird der Hackfleischteig eiweißreicher, und einen mit Brötchen angereicherten Teig lockern Sie zusätzlich mit einem Schuß Bier oder Mineralwasser auf.

Übrigens legt die Hackfleischverordnung genau fest, von welchem Tier das Hackfleisch stammen und wieviel Fett es enthalten darf:

Hackfleisch: muß genau gekennzeichnet sein, ob es vom Rind oder vom Schwein stammt. Rinderhackfleisch darf nur einen Fettanteil von 20 Prozent haben. Bei Schweinehackfleisch ist bis 35 Prozent Fettbeimischung erlaubt.

Gemischtes Hackfleisch: aus halb Rind, halb Schweinefleisch, darf nur bis etwa 30 Prozent Fettgehalt aufweisen.

Tatar (Beefsteak-Hack oder Schabefleisch): ist die Magerste unter den Hackfleischarten. Es darf nur einen Anteil von höchstens sechs Prozent Fett haben.

Hackepeter (oder Thüringer Mett): darunter versteht man Hackfleisch vom Schwein, mit Gewürzen und gehackter Zwiebel würzig angemacht. Höchster erlaubter Fettanteil wie beim ungewürzten Schweinehack: 35 Prozent.

Hackfleischbraten
(Zum Kurs auf Seite 206)

Zutaten für 6 Personen:
500 g Rinderhackfleisch · 350 g Schweinehackfleisch · 1 große Zwiebel · 1 Knoblauchzehe · 1 EL Butter · 2 Eier · 1 Bund Petersilie · Salz · Pfeffer aus der Mühle 1 TL Delikateßpaprika · 1 TL Pastetengewürz · 1 TL Worcestersauce · 1 Brötchen Wasser zum Einweichen.
Für den Teig: Pastetenteig (siehe Seite 64).
Außerdem: 4 hartgekochte Eier · 1 Eigelb.

Die beiden Hackfleischsorten in eine Rührschüssel geben und lose vermischen. Die Zwiebel und die Knoblauchzehe schälen, sehr fein hacken und in der Butter weich dünsten. Abkühlen lassen. Die Eier zum Hackfleisch geben. Die Petersilie fein hacken und mit den anderen Gewürzen zufügen. Das Brötchen mit Wasser übergießen und einweichen. Gut ausdrücken und mit der Zwiebel und dem Knoblauch in die Schüssel füllen. Alles mit den Händen zu einem geschmeidigen Teig kneten. Sehr würzig abschmecken. Den Teig nach Rezept zubereiten. Auf einer bemehlten Arbeitsfläche ½ Zentimeter dick ausrollen. Den Teig so zuschneiden, daß zwei gleich große Stücke entstehen, die den Braten umhüllen können (siehe Kurs nächste Seite). Die Hälfte der Hackfleischmasse als Bett in die Mitte der einen ausgerollten Teigplatte setzen. Die Eier schälen und dicht nebeneinander darauf setzen. Den restlichen Hackfleischteig darüber verteilen und zu einer länglichen Rolle formen. Mit der zweiten Teigplatte abdecken und an den Nahtstellen gut festdrücken. Die Oberfläche mit verquirltem Eigelb einpinseln. Aus Teigresten Verzierungen ausstechen und die Rolle damit dekorieren. Nochmals bepinseln. Den Hackbraten auf ein eingefettetes Backblech setzen. Im auf 220° C vorgeheizten Backofen etwa eine Stunde lang backen. Falls sich dabei die Oberfläche zu dunkel färben sollte, mit Alufolie abdecken. Vor dem Auftragen noch etwa 10 Minuten im ausgeschalteten Ofen ruhen lassen.

Frankfurter Hackbraten

Zutaten für 6 Personen:
400 g Rinderhackfleisch · 400 g Schweinehackfleisch · 2 Brötchen · Milch zum Einweichen · 2 Zwiebeln · 1 EL Butter · Salz Pfeffer aus der Mühle · 1 TL Pastetengewürz · ½ TL fein zerriebener Thymian 1 TL fein zerriebener Majoran · 2 EL gehackte Petersilie · 2 Eier · Butter zum Einfetten · 4–5 Frankfurter Würstchen.

Rinder- und Schweinehack in einer Schüssel mischen. Die Brötchen mit Milch übergießen und einweichen. Unterdessen die Zwiebeln schälen und sehr fein hacken. In der heißen Butter weich dünsten, dann abkühlen lassen. Das Hackfleisch mit den angegebenen Gewürzen kräftig abschmecken, dabei die Eier, die ausgedrückten Brötchen, die Zwiebeln und die Petersilie untermischen. Mit den Händen kneten, bis sich alles zu einem homogenen Fleischteig verbunden hat. Eine große Kastenform mit Butter ausstreichen. Die Hälfte des Hackfleischteigs darin verteilen. Die Würstchen

neben- und hintereinander auf dieses Fleischbett setzen. Mit dem restlichen Teig abdecken und glatt streichen. Die Kastenform mit Alufolie abdecken. In die mit heißem Wasser gefüllte Fettpfanne stellen. Im auf 220° C vorgeheizten Backofen etwa 50 Minuten backen. Im ausgeschalteten Ofen bei leicht geöffneter Tür noch 10 Minuten ruhen lassen. Dann auf eine heiße Platte stürzen und quer in dünne Scheiben schneiden.

Hackfleisch-Kuchen

Zutaten für 6 Personen:
Für den Teig: 400 g Mehl · 300 g Butter 1 TL Salz · einige EL kaltes Wasser.
Für den Belag: 2 Zwiebeln · 250 g frische Champignons · 1 EL Butter · 1 EL Öl 500 g gemischtes Hackfleisch · Salz · Pfeffer aus der Mühle · 1 TL Thymian · ½ TL Pastetengewürz · ⅛ l Rotwein.
Für den Guß: 2 Eier · 75 g frisch geriebener Käse · ⅛ l Sahne.

Aus Mehl, der weichen Butter, dem Salz und einigen Tropfen Wasser rasch mit kühlen Händen einen Mürbeteig kneten. Im Kühlschrank 30 Minuten ruhen und fest werden lassen. Unterdessen die Füllung zubereiten. Dafür die Zwiebeln schälen und fein hacken. Die Champignons putzen und blättrig schneiden. Butter und Öl in einer geräumigen Pfanne erhitzen. Zuerst die Zwiebeln darin weich dünsten, ohne sie Farbe annehmen zu lassen. Dann die Pilze zufügen und unter stetem Rühren so lange braten, bis alle ausgetretene Flüssigkeit völlig verdampft ist. Das Hackfleisch zerpflücken und in die Pfanne geben. Braten, bis es seine rote Farbe verloren hat. Mit Salz, Pfeffer, Thymian und Pastetengewürz abschmecken. Mit Rotwein aufgießen und auf starkem Feuer so lange kochen, bis alle Flüssigkeit verdampft ist. Inzwischen eine Springform mit Butter ausstreichen. Mit dem dünn ausgewellten Teig auskleiden und 10 Minuten lang blindbacken (siehe Seite 57). Die Hackfleischmischung nochmals abschmecken und in der Springform auf dem Teig verteilen. Die Eier mit Käse und Sahne verquirlen. Mit Salz und Pfeffer würzen. Über das Hackfleisch gießen. Im auf 220° C vorgeheizten Ofen 40 Minuten backen, bis die Oberfläche golden geworden ist. Den Hackfleischkuchen warm servieren.

1 Den Hackfleischteig kräftig abschmekken, dabei Eier, Petersilie und weich gedünstete Zwiebel untermischen; gut verkneten.

2 Den vorbereiteten Teig auf der bemehlten Arbeitsfläche ½ Zentimeter dünn ausrollen. Zwei gleich große Platten ausschneiden.

5 Den restlichen Hackfleischteig darüber verteilen und alles damit abdecken. Dabei den Braten schön gleichmäßig länglich formen.

6 Damit die obere Teigplatte darauf haften bleibt, den Rand der unteren großzügig mit verquirltem Eigelb oder Eiweiß einpinseln.

9 . . . wie diese hier formen kann. Das sieht nicht nur hübsch aus, sondern verhindert, daß wertvoller Fleischsaft ausläuft.

10 Den Hackfleischbraten mit verquirltem Eigelb bepinseln, damit sich der Teig beim Backen golden färbt und knusprig wird.

3 Die Hälfte des Hackfleischteiges in der Mitte der einen Teigplatte als Bett setzen. Darauf achten, daß rundum ein Rand bleibt.

4 Auf dieses Hackfleischbett vier hartgekochte Eier eng nebeneinander setzen, so, daß sie beim Anschneiden ein Muster ergeben.

7 Die zweite Teigplatte über den Hackfleischbraten breiten, dabei die Form des Bratens mit den Händen herausarbeiten.

8 Mit einem spitzen Messer rundum allen überschüssigen Teig abschneiden. Soviel stehen lassen, daß man eine dekorative Naht . . .

11 Dann erst – wenn Sie mögen – aus Teigresten Verzierungen formen und als Dekoration obenauf setzen. Mit Eigelb einstreichen.

12 So sieht der fertige Hackfleischbraten aus. Aufgeschnitten ergeben die Eier ein hübsches Muster. Er schmeckt kalt und heiß!

Bouletten

Vielleicht ist Ihnen dieses gebratene Hackfleischbällchen eher vertraut unter dem Namen Frikadelle, Frikandelle, Pfanzel oder Bratling? In jedem Fall handelt es sich um das gute Deutsche Beefsteak. Warum es gerade *Deutsches* Beefsteak heißt, ist leider nirgendwo überliefert, jedenfalls wird es bereits in alten Kochbüchern so bezeichnet. Grundsubstanz ist wieder Hackfleisch – vom Rind, vom Schwein, Lamm, Kalb oder aus verschiedenen Sorten gemischt. Gut und kräftig gewürzt, formt man daraus flache, runde Klöße, die in Butter und Öl bei mittlerer Hitze braun gebraten werden. Zu Kugeln gerollte Hackfleischklöße, die in Brühe gar ziehen, heißen Klopse. Meist werden sie in einer Sauce serviert, die man aus der Brühe herstellt, in der die Klopse gegart wurden.

Bouletten mit Kapern
Grundrezept (zum nebenstehenden Kurs)

Zutaten für 4 Personen:
500 g Hackfleisch · 1 Brötchen · Milch zum Einweichen · 1 Zwiebel · 1 Knoblauchzehe 1 EL Butter · 1 Ei · Salz · Pfeffer aus der Mühle · ½ TL Delikateßpaprika · 1 Spritzer Worcestersauce · 1 EL kleine Kapern 2 EL Öl · 1 EL Butter.

Hackfleisch in eine Rührschüssel füllen. Das Brötchen mit der Milch übergießen und einweichen. Die Zwiebel und die Knoblauchzehe schälen und fein hacken. Die Butter in einem kleinen Pfännchen erhitzen. Zwiebel und Knoblauch darin weich dünsten und abkühlen lassen. Mit dem Ei unter das Hackfleisch mischen, dabei das ausgedrückte Brötchen zufügen. Den Hackfleischteig mit Salz, Pfeffer, Paprika und Worcestersauce kräftig abschmecken und die Kapern hineinarbeiten. Mit leicht feuchten Händen flache Bouletten formen. Das Öl und die Butter in einer großen Pfanne aufschäumen lassen. Die Bouletten darin auf beiden Seiten jeweils etwa 5 bis 8 Minuten langsam braten. Auf Küchenkrepp abtropfen lassen. Heiß mit Kartoffelpüree und gedünstetem Gemüse reichen oder kalt mit reichlich Senf und frischem Bauernbrot servieren.

Anmerkung: Nach diesem Grundprinzip können Sie weiter improvisieren, zum Beispiel mit Kräutern, Gewürzen oder Zwiebeln.

Königsberger Klopse

Zutaten für 4 Personen:
250 g Rinderhackfleisch · 250 g Schweinehackfleisch · 2–3 gut gewässerte Sardellen 1 Brötchen · Milch zum Einweichen 1 Zwiebel · 1 EL Butter · 1 Bund Petersilie Salz · Pfeffer aus der Mühle · Cayennepfeffer · 1 TL Pastetengewürz · 1 Ei.
Für den Sud: 1 Zwiebel · 2 Stangen Sellerie 1 Möhre · 1 l Fleischbrühe · 1 Lorbeerblatt · ¼ l Sahne · 2 Eigelb · 2–3 EL feine Kapern.

Das Hackfleisch in einer Schüssel mischen. Die Sardellen sehr fein hacken und darüber streuen. Die Brötchen mit Milch übergießen und einweichen. Unterdessen die Zwiebel schälen, sehr fein hacken und in der heißen Butter weich dünsten. Abkühlen lassen. Die Petersilie von den Stielen zupfen – die Stengel nicht fortwerfen. Die Blätter fein hacken. Die Hälfte davon mit den Zwiebeln, dem ausgedrückten Brötchen, den angegebenen Gewürzen und dem Ei unter das Hackfleisch mischen. Mit nassen Händen kleine Bällchen formen. Die geschälte Zwiebel, die geputzten, grob zerkleinerten Selleriestangen und die Möhre mit der Fleischbrühe in einen geräumigen Topf füllen. Das Lorbeerblatt und die Petersilienstengel zufügen und langsam nach und nach die Klopse einlegen und auf mildem Feuer etwa 15 bis 20 Minuten gar ziehen lassen. Mit einer Schaumkelle herausheben und warm stellen. Die Brühe durch ein Sieb filtern, ⅔ davon abmessen und zurück in den Topf gießen. Die Sahne mit dem Eigelb verquirlen. In die Brühe schütten, dabei ständig mit dem Schneebesen schlagen. Heiß und dicklich werden, aber keinesfalls kochen lassen. Die feinen Kapern in die Sauce rühren. Nochmals mit Salz und Pfeffer abschmecken. Die Klopse 5 Minuten in dieser Sauce ziehen lassen. Die restliche Petersilie darüber streuen. Dazu Salzkartoffeln servieren.

1 Das sind die Zutaten für jeden Hackfleischteig: eingeweichte Semmel, Petersilie, Ei, Gewürze und natürlich Hackfleisch.

2 Die Zwiebel wird fein gehackt und dann weich gedünstet, bevor man sie – leicht abgekühlt – mit dem Teig vermischt.

3 Alles zu einem geschmeidigen Teig kneten. Mit feuchten Händen flache Bouletten formen. Auf einem nassen Brett aufbewahren.

4 Öl und Butter in einer sehr großen Pfanne erhitzen. Die Bouletten auf beiden Seiten je 5–8 Minuten braten.

Wild

Was das Wild angeht, so sollte man endlich mit zwei Vorurteilen aufräumen, die sich leider immer noch hartnäckig behaupten. Vorurteil I: Wild und Hautgout gehören unabdingbar zusammen. Vorurteil II: Wild muß vor dem Zubereiten in einer Beize baden.

Die Tilgung des zweiten Vorurteils ergibt sich ganz zwangsläufig, wenn man das erste Vorurteil beiseite geschafft hat, denn die Beize war notwendig, um den aufdringlichen Verwesungsgeschmack des viel zu lange abgehangenen Wildes zu übertönen und außerdem, um das Fleisch in der konservierenden Marinade noch länger aufbewahren zu können.

Seit man jedoch endlich entdeckt hat, daß der Geschmack von frischem Wild weitaus aromatischer und köstlicher ist, und seit man Wildfleisch in der Tiefkühltruhe viel besser und länger konservieren kann, hat die Beize ausgedient.

Wir essen also Wild frisch, das heißt, drei bis höchstens fünf Tage nach Abschuß, oder nehmen es aus der Tiefkühltruhe, wo das Fleisch sogar zarter und mürber wird – vorausgesetzt, man läßt es nicht länger als ein Jahr in der Kälte. Wir verändern seinen Geschmack auch nicht durch eine Essig-, Buttermilch- oder Rotweinmarinade. Ein Drittes noch: Wir schätzen das zarte Wildfleisch eines Reh- oder Hasenrückens blutig bis rosa und ohne das alles erdrückende Aroma von Speck. Einen Rehrücken braucht man nicht zu spicken. Denn erstens bleibt er nicht lange genug im Ofen, daß die Speckstreifen im Innern ausreichend mit der Hitze in Berührung kommen. Zweitens ist das Fleisch auch so saftig und würzig genug. Wir begießen den Rücken lediglich großzügig mit heißer Butter oder süßer Sahne. Wer aber auf ein bißchen Speckaroma nicht verzichten will, der belegt den Rücken mit hauchdünnen Scheiben grünen (also fetten, ungeräucherten) Specks. Denn beim Spicken werden die Fleischfasern durchstoßen und der Saft läuft unweigerlich heraus. Wie beim Fleischkapitel schon mehrfach und ausführlich beschrieben, ist auch beim Wildbraten die sorgfältige Hitzeregulierung dafür verantwortlich, ob das Fleisch saftig und zart oder trocken und faserig gerät. Deshalb wird bei sehr starker Hitze angebraten, dann bei reduzierter und langsam nachlassender Temperatur nachgezogen, damit sich die Säfte, die ins Innere gedrückt wurden, langsam wieder in die Außenbezirke des Bratens verteilen können und der Braten gleichmäßig rosig wird.

Selbstverständlich kann man große Stücke, zum Beispiel eine Rehkeule oder -schulter auch schmoren. Dann muß man aber dem Schmorbraten sehr viel Fett mitgeben und ihn gut verschlossen bei milder Hitze langsam weich schmoren lassen.

Reh

Das edelste Stück vom Reh ist der Rehrücken. Man sollte ihn deshalb auch mit Delikatesse behandeln. Am besten schmeckt natürlich das Fleisch von jungen Tieren. Rehe, die älter als drei Jahre sind, sollte man nicht mehr in den Ofen schieben: ihr Fleisch ist faserig und zäh. Ein ganzer Rehrücken ist der stolze Festtagsbraten für acht bis zwölf Personen (je nach Größe des Tieres). Beim Wildhändler bekommen Sie auch halbe Rehrücken.

Den Rücken vorbereiten lassen, sollten Sie Ihren Wildhändler nur, wenn Sie sich auf ihn verlassen können und er genügend Zeit hat – also nicht am Samstagvormittag, wenn die Kunden Schlange bis zur Tür stehen. Ansonsten tun Sie's lieber selbst. Es ist einfacher, als Sie denken. Der Rücken ist zunächst von einer glitschigen Haut überdeckt, die Sie ganz leicht mit einem spitzen Messer loslösen und dann vom Rückgrat schneiden können. Darunter zeigt sich eine weitere bläulich-weißlich schimmernde fest angewachsene Haut. Diese wird mit einem lang- und dünnschneidigen Messer abgeschnitten – nicht gerissen –, weil sonst das empfindliche Rückenfleisch zerrissen würde.

Die Rippen hat hoffentlich der Wildhändler bereits sauber gestutzt, und Sie haben sich diese Knochenreste mitgeben lassen. Zusammen mit den Fleisch- und Hautabfällen ergeben sie die Grundlage für die Sauce.

Klassischer Rehrücken

Zutaten für 8 Personen:
1 Rehrücken (ca. 3 kg) · 1 Zwiebel
1 Petersilienwurzel mit Grün · 1 dünne
Lauchstange · 4 Wacholderbeeren · 6 Pfefferkörner · ¼ l trockener Rotwein · ½ l
Wasser · Pfeffer aus der Mühle · 50 g Butter
Salz · 200 g Crème fraîche.

Den Rehrücken, wie im Kurs gezeigt, herrichten und säubern. Rippenreste, Fleischstücke, Haut und andere Abfälle in einem flachen Topf ohne jede Zugabe von Fett sehr kräftig anrösten. Die Zwiebel und Petersilienwurzel schälen und klein schneiden. In den Topf geben und ebenfalls anbraten. Die Lauchstange putzen, gründlich waschen, quer in dünne Ringe schneiden und mit den Wacholderbeeren und Pfefferkörnern zufügen. Mit Rotwein ablöschen. Auf mittlerer Hitze kochen, bis kaum mehr Flüssigkeit im Topf ist. Das Wasser aufgießen und nunmehr so lange einkochen, bis nur noch etwa 1 bis 2 Tassen kräftiger Wildsud vorhanden sind.

Den Rehrücken mit Pfeffer rundum einreiben. In eine Reine oder einen Bräter setzen und mit heißer Butter übergießen. In den auf 250° C (besser noch 280 oder 300° C, falls Ihr Herd das schafft) vorgeheizten Ofen schieben. 15 Minuten braten, dann herausnehmen und rundum salzen. In Alufolie packen und im nunmehr ausgeschalteten Ofen bei leicht geöffneter Tür weitere 25 bis 30 Minuten ziehen lassen. Unterdessen die Bratbutter wegkippen. Den Wildfond durch ein feines Sieb filtern und damit den Bratensatz loskochen. In eine Kasserolle füllen. Mit der Crème fraîche aufgießen und etwa 5 Minuten zu einer cremigen Sauce einkochen. Mit Salz und Pfeffer abschmecken. Den Rehrücken aus der Verpackung nehmen (ausgetretene Flüssigkeit in die Sauce rühren). Mit einem Messer zunächst die Filets von der Unterseite des Rückens auslösen. Dann die Rückenfilets von den Knochen schneiden. Quer in etwa 2 Zentimeter dicke Scheiben schneiden. Diese entweder wieder an ihren ursprünglichen Platz auf den Rücken setzen oder auf einer heißen Platte anrichten. Mit einem Teil der Sauce übergießen. Den Rest der Sauce getrennt dazu reichen. Dazu passen frische Nudeln (Seite 266) oder gratinierte Kartoffeln (Seite 276).

Anmerkung: Die Kombination zwischen Früchten und Wildfleisch war immer schon sehr beliebt – deshalb pflegte man früher zum Rehrücken oder Wildbraten gerne einen Klecks Preiselbeermarmelade zu servieren. Leider ist die Qualität der fertig gekauften Marmelade selten so, daß man begreift, warum sich diese Tradition eingebürgert hat. Ich finde diese Beigabe, meist noch begleitet von Birnen aus der Dose, die fade und weichlich sind, ziemlich überflüssig. Dagegen halte ich es für eine große Delikatesse, wenn man in die fertige Sahnesauce zum Rehrücken ein bis zwei Eßlöffel rotes Gelee Johannisbeer rührt.

1 Zunächst wird der Rehrücken sauber hergerichtet: die Rippenknochen stutzen, Sehnen und Fett entfernen und häuten.

2 Aus den Abfällen wird mit Wurzelwerk, Rotwein, Wasser und Gewürzen der Fond für die begleitende Sauce gekocht.

3 Den Rehrücken mit Pfeffer einreiben. In einen geeigneten Bräter setzen. Mit heißer Butter übergießen, im Ofen anbraten.

4 Dann den Rehrücken in Folie packen und bei leicht geöffneter Ofentür ruhen lassen. Aus Wildfond und Sahne die Sauce kochen.

5 Mit einem scharfen Messer das Fleisch vorsichtig von den Knochen lösen. Quer in 2 Zentimeter dicke Scheiben schneiden.

6 Die Scheiben wieder an ihrer ursprünglichen Platz auf die Knochen setzen. Mit wenig Sauce überziehen. Den Rest getrennt reichen.

Nach dem vorherigen Grundrezept können Sie natürlich auch einen Hirschrücken oder sogar einen Gamsrücken zubereiten. Dabei verlängern sich die Zeiten fürs Anbraten um etwa 10 Minuten und fürs Nachziehen um 15 Minuten.

Wenn Sie Rehrücken in kleiner Runde reichen wollen, dann empfiehlt es sich, das Fleisch von den Knochen zu lösen und in Scheiben geschnitten als Medaillons in der Pfanne zu braten. Die Knochen dienen wieder als Fond-Basis. Was übrig bleibt, frieren Sie einfach ein.

Rehnüßchen
in Champignonsauce

Zutaten für 4 Personen:
600 g ausgelöster Rehrücken · 6 Pfefferkörner
1 Wacholderbeere · etwas Thymian · 1 EL Öl · 3 EL Butter · Salz · 1 Zwiebel
300 g frische Champignons
⅛ l Wildfond (siehe Grundrezept Rehrücken oder Seite 85) · ¼ l Sahne
Pfeffer aus der Mühle · etwas Cayennepfeffer.

Das Rehfleisch quer in 2 Zentimeter dicke Scheiben schneiden. Die Pfefferkörner mit Wacholderbeere im Mörser oder mit der Schneide eines breiten Messers zerdrücken, den Thymian untermischen und die Rehnüßchen rundum damit einreiben, dabei die Gewürze gut einmassieren. In einer schweren Pfanne das Öl und einen Eßlöffel Butter erhitzen. Die Rehnüßchen auf beiden Seiten scharf anbraten. Auf einen heißen Teller geben, mit etwas Butter belegen, salzen und mit Alufolie

abgedeckt 10 Minuten ziehen lassen. Unterdessen die Zwiebel schälen und sehr fein hakken. Das Bratfett aus der Pfanne schütten. Die restliche Butter darin schmelzen und die Zwiebel weich dünsten, aber keine Farbe annehmen lassen. Die Pilze putzen und blättrig schneiden. In die Pfanne geben und unter Rühren braten, bis alle austretende Flüssigkeit verkocht ist. Mit Wildfond auffüllen. Salzen und pfeffern. Die Sauce mit dem Pürierstab des Handmixers oder im Mixer sehr fein pürieren. Mit der Sahne auffüllen. Nochmals abschmekken und aufkochen. Die Rehnüßchen auf einer heißen Platte anrichten. Mit einem Teil der Sauce überziehen. Den Rest davon getrennt reichen. Dazu schmecken frische Nudeln (siehe Seite 266).

Anmerkung: Rehmedaillons oder Rehnüßchen, nach den vorigen Rezepten gebraten, können mit jeder Art von Gemüsepürees zubereitet werden (siehe Seite 238 und 239). Besonders köstlich ist Rosenkohl- oder Selleriepüree. Dann brauchen die Medaillons keine eigene Sauce. Es genügt, wenn man den Bratsatz mit etwas Fond oder Rotwein los- und einkocht und über die fertigen Medaillons träufelt. Dazu passen ebenfalls geröstete Kartoffeln.
Sie können sich auch mit getrockneten Pilzen behelfen: Weichen Sie sie in wenig heißem Wasser etwa 30 Minuten lang ein. Gießen Sie das Einweichwasser aber nicht weg, sondern löschen Sie damit den Bratensatz ab. Mit Crème fraîche und Rotwein ergibt das eine wundervolle Sauce.

Rehmedaillons
mit Pfifferlingen

Zutaten für 4 Personen:
1 kg Rehrücken (oder 600 g ausgelöster Rehrücken)
Wurzelwerk · ¼ l Rotwein
Wasser · Pfeffer aus der Mühle · etwas fein zerriebener Thymian · 1 EL Öl
2 EL Butter · Salz
500 g frische Pfifferlinge
2 EL Butter · ⅛ l Wildfond
¼ l Sahne · Petersilie.

Das Fleisch von den Knochen lösen. Aus den Knochen mit etwas Wurzelwerk, Rotwein und Wasser einen kräftigen Fond kochen (oder auf fertigen Fond zurückgreifen. Siehe Seite 85). Das Fleisch quer zur Faser in 2 Zentimeter dicke Scheiben schneiden. Mit Pfeffer und Thymian rundum einreiben. In einer schweren Pfanne das Öl und einen Eßlöffel Butter erhitzen. Die Fleischscheiben darin auf beiden Seiten je eine Minute kräftig anbraten. Herausnehmen, mit Butterflöckchen besetzen, salzen und auf einem vorgewärmten Teller mit Alufolie abgedeckt warm stellen. Das Bratfett wegkippen (es schmeckt nicht mehr gut und ist außerdem unbekömmlich geworden). Die Pfifferlinge putzen, wenn nötig halbieren oder vierteln. Kleine Exemplare jedoch ganz lassen. Die restliche Butter in derselben Pfanne aufschäumen lassen. Die Pilze darin unter Rühren anbraten. Mit dem Wildfond und der Sahne ablöschen. Etwa 10 Minuten kochen. Dann salzen, pfeffern und mit gehackter Petersilie bestreuen. In einer flachen Schüssel anrichten. Die Rehmedaillons darauf legen. Sofort servieren.

Hase

In den Kochbüchern unserer Großmütter wird gerade beim Hasen stets empfohlen, man möge beim Schlachten das Blut sorgfältig auffangen, damit man daraus eine schmackhafte Sauce bereiten kann. Diesen Rat können wir heutzutage leider kaum mehr beherzigen. Wer schlachtet seinen Hasen schon selbst?

Am besten sind natürlich junge Tiere bis etwa zu einem halben Jahr alt. Sie wiegen dann nur ungefähr 2 Kilogramm, sind besonders zart und dennoch würzig. Falls Sie ein solches Exemplar bekommen, dann sollten Sie daraus ein köstliches Ragout (Hasenpfeffer) bereiten. Meistens jedoch werden Sie in den Wildgeschäften bereits zerlegte, in Stücke portionierte Hasen finden, von denen Sie nur noch ahnen können, wie groß und wie alt sie waren. Ein Rücken ist die ausreichende Portion für zwei Personen. Man bereitet ihn wie einen Rehrücken zu (Seite 212). Jedoch genügt bei dem kleineren Hasenrücken eine Bratzeit von 8 bis 10 Minuten und die Zeit von 15 bis 20 Minuten zum Nachziehen im ausgeschalteten, geöffneten Ofen. Die Hasenkeule für eine bis zwei Personen kann man braten oder schmoren. Beim Schmoren darf man mit Fett nicht sparen. Denn wie alles Wild ist auch das Hasenfleisch mager und fettarm. Beim Schmoren trocknet es deshalb leicht aus. Aber bitte keinen geräucherten Speck nehmen. Der starke Geschmack tötet das zarte Hasenaroma. Butter, Öl oder Schmalz sind besser geeignet.

Hasenpfeffer

Zutaten für 4 Personen:
1 frischer Hase (ca. 2 kg) · Salz · Pfeffer aus der Mühle · fein zerriebener Thymian ein zerbröckeltes Lorbeerblatt · 2 EL aromatisches Olivenöl · 2 EL Cognac 16 kleine Zwiebeln · 16 makellose Champignonköpfe · 200 g grüner (frischer) Speck 1 große Zwiebel · 1 Möhre · 1 Petersilienwurzel · 3 Knoblauchzehen · 1 Kräutersträußchen (siehe Seite 33) · ¾ l trockener Rotwein · 2 bis 3 Geflügellebern · 2 cl Cognac · 3 EL Crème fraîche · Petersilie.

Den Hasen in Stücke zerlegen. Dafür mit einem scharfen Messer die Hinterläufe durch einen geraden Schnitt vom Körper trennen. In der Mitte zweiteilen. Die Vorderläufe abschneiden und den Rücken halbieren. Die Stücke mit Küchenpapier sauber wischen. Mit Salz, Pfeffer, Thymian und Lorbeerblatt einreiben. Das Olivenöl und den Cognac einmassieren. In einer Schüssel 2 Stunden ziehen lassen. Unterdessen die Zwiebelchen schälen. Die Champignons putzen. Den Speck fein würfeln. In einem ausreichend großen Schmortopf auslassen, dabei golden braten. Die Butter darin aufschäumen. Die Zwiebeln und Pilze zufügen und unter gelegentlichem Rühren golden dünsten. Salzen und pfeffern. Mit einer Schaumkelle herausheben und warm stellen. Im verbliebenen Fett notfalls noch ein Stück Butter schmelzen. Die Hasenstücke aus der Schüssel nehmen, abtrocknen und auf hoher Hitze rundum anbraten. Ebenfalls herausnehmen und warm stellen. Die Zwiebel, Möhre, Petersilienwurzel und Knoblauchzehen schälen, beziehungsweise putzen und klein hacken. Im Schmortopf unter Rühren glasig dünsten. Die Hasenstücke obenauf legen. Das Kräutersträußchen zufügen. Mit dem Rotwein auffüllen. Den Topf fest verschließen. In den auf 180° C vorgeheizten Ofen stellen und 45 Minuten garen. Dann die Hasenstücke herausfischen und in einen zweiten Schmortopf betten. Die warm gestellten Zwiebelchen und Champignons darum herumlegen. Die Schmorflüssigkeiten durch ein Sieb filtern und über die Hasenstücke gießen. Notfalls mit etwas zusätzlichem Rotwein aufgießen. Den Topf wiederum sorgfältig verschließen. Für weitere 30 Minuten in den 180° C heißen Ofen stellen. Unterdessen die Geflügellebern von allen Sehnen und Häutchen säubern. Durch ein feines Sieb treiben. Mit dem Cognac und der Crème fraîche gut verrühren. Den Topf wieder aus dem Ofen holen. Die Hasenstücke auf einer heißen Servierschüssel anrichten. Zwiebelchen und Champignons darum herum verteilen. Die Leber-Cognac-Sahnemischung langsam unter stetem Rühren in die Schmorflüssigkeit rühren, dabei darauf achten, daß sie nicht gerinnt. Die Sauce darf auf keinen Fall mehr kochen. Mit Salz und Pfeffer abschmecken. Mit Petersilie bestreuen. Über die Hasenstücke gießen.

1 Zunächst den Hasen in Stücke teilen. Dann mit Gewürzen, Olivenöl und Cognac eingerieben 2 Stunden kühl stellen.

2 Den Speck in der heißen Butter auslassen. Zwiebelchen, Champignons und Hasenstücke darin anbraten. Alles beiseite stellen.

3 Im Bratfett das kleingeschnittene Wurzelwerk andünsten. Hasenstücke wieder einlegen. Rotwein zufügen. Im Ofen schmoren.

4 Hasenstücke, Zwiebelchen und Pilze in einen zweiten Schmortopf geben. Schmorflüssigkeit durch ein Sieb darübergießen.

5 Die Geflügellebern sorgfältig säubern. Durch ein Sieb treiben und mit Cognac und Crème fraîche zu einer dicken Paste rühren.

6 Die Hasenstücke, Zwiebeln und Pilze auf einer tiefen Platte anrichten. Die Sauce mit der Lebercreme binden und darüber geben.

Hasenfilets

im Wirsingmantel

Zutaten für 4 Personen:
2 Hasenrücken · Wurzel-
werk · ⅛ l Rotwein · 1 l
Wasser · mittelgroßer Wir-
singkopf · Salz · Pfeffer aus
der Mühle · frisch geriebene
Muskatnuß · 1 Zwiebel
300 g Champignons · 3 EL
Butter · ⅛ l Rotwein · 1 Ei-
gelb · ⅛ l Wildfond (Seite
85) · 1 Glas Portwein oder
Madeira.

Die Hasenfilets an der Unterseite des Rückens sowie die
Rückenfilets mit einem Messer sauber auslösen. Aus den
Knochen mit Wurzelwerk,
Rotwein und Wasser einen
kräftigen Fond kochen. Den
Wirsing putzen. Die Blätter
einzeln ablösen und für 3 Minuten in kochendes Salzwasser werfen. Herausnehmen
und unter eiskaltem Wasser
abschrecken. Die Rücken-
und die echten Filets mit Pfeffer einreiben. Die Wirsingblätter so auf der Arbeitsfläche ausbreiten, daß vier Päckchen entstehen, die jeweils ein
echtes und ein Rückenfilet
aufnehmen können. Mit Pfeffer und Muskat bestreuen.
Für die Farce die Zwiebel
schälen und fein hacken. Die
Pilze putzen und klein schneiden. Beides in 2 Eßlöffeln heißer Butter andünsten. Mit
dem Rotwein ablöschen und
10 Minuten sanft köcheln. Im
Mixer pürieren. Die Masse etwas abkühlen lassen. Das Eigelb untermischen. Mit Salz
und Pfeffer abschmecken.
Diese Farce zur Hälfte auf den
4 Wirsingbetten verteilen. Die
Hasenfilets drauf setzen – so,
daß das kleine echte Filet eng
unter dem Rückenfilet zu lie-

gen kommt. Mit der restlichen
Farce bedecken. Die Wirsingblätter jeweils darüber zusammenschlagen, an den Seiten
einkniffen – wie Rouladen mit
Küchenzwirn gut verschnü-
ren. In einem flachen Schmortopf die restliche Butter aufschäumen lassen. Die vier
Wirsingpakete darin rundum
scharf anbraten. Mit Wildfond
beträufeln. In den auf 250° C
vorgeheizten Ofen schieben.
15 Minuten braten. Den Topf
herausnehmen, aber zuge-
deckt weitere 15 Minuten auf
der ausgeschalteten Herdplatte stehen lassen. Dann die
Wirsingrollen auf einer heißen
Platte anrichten. Den Bratensatz aufkochen. Portwein oder
Madeira zugießen. Die Sauce
über die Rollen träufeln. Sofort auftragen. Dazu gratinierte Kartoffeln reichen (Seite
276).

Anmerkung: Diese Sauce können Sie noch mit etwas Sahne
aufkochen. Oder ganz zum
Schluß mit einem Stück Butter
verfeinern: Die eiskalte Butter flöckchenweise zufügen,
dabei kräftig mit dem Schneebesen schlagen. Dadurch bekommt die Sauce Glanz und
nußartiges Aroma.

Hasenkeulen

auf Linsen

Zutaten für 4 Personen:
300 g Linsen · 1 l Wasser
1 Lorbeerblatt · 2 Wachol-
derbeeren · 3 Hasenkeulen
Pfeffer aus der Mühle · Thy-
mian · 200 g grüner (fetter)
Speck · 1 große Zwiebel
1 Möhre · 2 Knoblauchze-
hen · 1 Petersilienwurzel
2 Stengel Bleichsellerie
¾ l herber Rotwein · Salz
Pfeffer aus der Mühle.

Die Linsen in eine Schüssel
füllen. Mit Wasser bedecken.
Lorbeerblatt und Wacholderbeeren zufügen. Über Nacht –
mindestens 12 Stunden – einweichen. Am nächsten Tag
die Hasenkeulen mit Küchenpapier abwischen. Rundum
mit Pfeffer und fein zerriebe-
nem Thymian einreiben. Den
Speck fein würfeln. In einem
flachen Schmortopf auslassen.
Die Hasenkeulen rundum darin kräftig anbraten. Herausnehmen und warm stellen.
Die Zwiebel, Möhre, Knob-
lauchzehen, Petersilienwurzel
und Bleichsellerie putzen und
sehr fein würfeln. In den heißen Speck geben und unter
Rühren weich dünsten. Die
Linsen zufügen. Mit Rotwein
auffüllen. Zugedeckt auf mittlerer Hitze etwa 40 Minuten
köcheln. Dann die Hasenkeulen obenauf legen. Den Topf
in den auf 180° C vorgeheizten
Ofen stellen. Etwa 80 bis 100
Minuten schmoren. Zum
Schluß die Linsen nochmals
mit Salz und Pfeffer ab-
schmecken. In einer Schüssel
anrichten. Die Hasenkeulen
auf einem Brett aufschneiden.
Das Fleisch auf dem Linsen-
bett dachziegelartig verteilen.
Sofort servieren. Dazu passen
Nudeln (Seite 266).

Anmerkung: Sie können die
Linsen mit dem Pürierstab des
Handmixers zu einem glatten
Mus zerkleinern und dieses
notfalls mit etwas Rotwein
verdünnen bzw. auf dem Herd
einkochen.

Die Knochen der Hasenkeu-
len nicht wegwerfen. Rösten
Sie sie statt dessen mit klein-
geschnittenem Wurzelwerk
rundum kräftig an, gießen Sie
mit Rotwein und/oder Wasser
an und kochen Sie sie zwei
Stunden lang zugedeckt aus.

Innereien

Sie spielen auf bundesdeutschen Speisezetteln eine geringe Rolle. Leider, denn ein zartes Bries, kurz gebratene Nieren oder ein saftiges Stück Leber gehören wahrlich zum Besten, was sich ein Feinschmecker auf den Teller wünschen kann.

Lediglich im Süden Deutschlands, in Bayern und auch im Badischen, versteht man sich darauf. Dort liegen auch die Preise dafür deutlich höher als beispielsweise in Hamburg.

Wenn man diese Produkte nur so kennt, wie sie die deutsche Bürgerküche bislang mißhandelt hat, dann ist die Abneigung gegen sie durchaus zu verstehen.

Deshalb müssen wir hier sehr deutlich sagen: Leber ist in der Tat saftig und muß beileibe nicht bröselig, trocken und zäh sein. Nieren duften verlockend und verbreiten nicht aufdringlichen Gestank. Und Bries ist von zartem Nußaroma, nicht gummiartig und fad. Vorausgesetzt, man sucht nach makelloser Qualität. Also Leber, Nieren, Bries nur von gesunden, jungen Tieren. Es sind Innereien, die dann auch sorgfältig und mit Liebe zubereitet werden wollen.

Leider muß man unseren Metzgern ein wenig die Schuld daran in die Schuhe schieben, daß Innereien ein so unappetitliches Aussehen haben, denn wie sie Bries, Hirn oder Nieren anbieten, das sieht wirklich häufig keineswegs verlockend aus. Daß das nicht so sein müßte, kann man auf Reisen durch Frankreich sehen, wo eine Triperie (ein Geschäft, das ausschließlich Innereien verkauft) eine ebenso dekorative Auslage bietet wie jede normale Metzgerei. Dort liegen schneeweiß gebrühte Kalbsfüße, die aussehen wie gemalt. Dort ist das Hirn kein blutiger Klumpen wie bei uns, sondern sauber, weiß gewaschen und in unzerteilter Form, wie gewachsen. Auch das Bries ist makellos vorbehandelt, so daß die größte Unappetitlichkeit beseitigt ist. Warum unsere Metzger dazu nicht imstande sind, ist unergründbar – schließlich wär's ein viel besseres Geschäft. Ich kann mir nur denken, daß sie das gar nicht wollen – weil sie diese Delikatessen am liebsten selber essen. Und das wiederum kann ich ihnen nachfühlen!

In jedem Fall muß man mit den empfindlichen Innereien schonend umgehen. Man verzehrt sie so frisch wie irgend möglich. Deshalb bestellt man sie entweder beim Metzger vor oder besorgt sie sich am Schlachttag. Einfrieren empfiehlt sich nicht. Lediglich Nieren können Sie gut auf diese Weise aufbewahren. Alle anderen Innereien sollten Sie sofort verzehren.

Beim Zubereiten stets auf milde Hitze achten. Sobald die stark eiweißhaltigen Innereien mit zu intensiver oder heftiger Hitze in Kontakt kommen, gerinnt das Eiweiß – die Innereien werden zäh.

Nieren

Als die zartesten und besten unter den Nieren gelten die Kalbsnieren. (Sie sind auch die teuersten Innereien.) Rindernieren – erkennbar an ihrer dunkelroten Farbe, während Kalbsnieren hellbraun bis rötlich sind – sind längst nicht der zarte Genuß. Schweinenieren sind wegen ihres ausgeprägten Eigengeschmacks nicht jedermanns Fall. Geheimtips für Schlemmer sind Lamm-, Kaninchen- oder Hahnennieren. Allesamt nur zu bekommen, wenn man das ganze Tier erwirbt. Das ist bei Kaninchen und Poularden oder Hähnchen nicht weiter schwierig. Aber beim Lamm durchaus.

Die Nieren, die man bei uns kaufen kann, sind immer schon von ihrem Fettmantel befreit. Das ist schade, weil man mit diesem Fett hervorragend kochen kann. Wenn der Metzger freundlich ist, hat er vielleicht sogar bereits die dünne Haut abgezogen. Falls nicht, ist das nicht weiter schwierig. Sie können das auch gut selbst erledigen. Nieren sind sehr wasserhaltig. Damit sie beim Braten nicht Saft ziehen und zäh werden, müssen sie bei hoher Temperatur und vor allem nebeneinander angebraten werden. Jede Scheibe muß Kontakt mit dem Pfannenboden haben und das Fett so heiß sein, daß es auch dann noch brutzelt, wenn alle Scheiben den Pfannenboden bedecken. Sie werden nur rasch auf beiden Seiten gebräunt, sofort herausgenommen, warm gestellt und erst wieder in die vollendete Sauce gelegt; so bleiben sie innen rosa. Die folgenden Rezepte passen für alle Arten von Nieren.

Kalbsnieren

in Knoblauchsahne

Zutaten für 4 bis 6 Personen:
2 Kalbsnieren (à 450 g) · 1 EL Öl · 3 EL
Butter · Salz · Pfeffer aus der Mühle
2 Schalotten · 4 Knoblauchzehen · ⅛ l trok-
kener Weißwein · 200 g Crème fraîche · eine
Spur Cayennepfeffer · 1 Bund Petersilie.

Die Nieren putzen, quer in Scheiben schneiden. Das Öl und einen Eßlöffel Butter in einer schweren Pfanne stark erhitzen. Die Nierenscheiben – wenn nötig portionsweise – darin auf beiden Seiten rasch anbraten. Salzen, pfef-

fern, herausnehmen und auf einem heißen Teller warm stellen. Das Bratfett wegschütten. Die restliche Butter in derselben Pfanne schmelzen. Die Schalotten und Knoblauchzehen schälen. Die Schalotten sehr fein hacken und darin andünsten. Den Knoblauch durch die Presse drücken und zufügen. Weich dünsten, aber keine Farbe annehmen lassen. Mit dem Wein ablöschen. Um die Hälfte einkochen. Die Crème fraîche und den aus den Nieren ausgetretenen Saft unterrühren. 5 Minuten sprudelnd kochen. Mit Salz, Pfeffer und Cayennepfeffer abschmecken. Die Petersilie fein hacken und hineingeben. Die Nieren in dieser Sauce nur noch erwärmen. Sofort auftragen. Dazu schmeckt Reis.

Kalbsnieren

in Senfsauce

Zutaten für 4 bis 6 Personen:
2 schöne Kalbsnieren (à 450 g) · 1 EL Öl
3 EL Butter · Salz · Pfeffer aus der Mühle
1 Zwiebel · ⅛ l Kalbsfond (Seite 85) · ¼ l
herber Rotwein · 2 gehäufte EL Rotisseur-
Senf (körniger Spezialsenf) · 3 EL
Crème fraîche · etwas Thymian.

Die Nieren putzen, häuten und quer in Scheiben schneiden. Mit einem spitzen Messer die Sehnenstränge aus dem Inneren herausschneiden, jedoch darauf achten, daß die Scheiben intakt bleiben. Das Öl und einen Eßlöffel Butter erhitzen. Die Scheiben darin, notfalls portionsweise, scharf anbraten. Herausnehmen, warm stellen, jetzt erst salzen und pfeffern. Das Bratfett wegkippen. Die restliche Butter erhitzen. Die Zwiebel schälen, sehr fein hacken und darin weich dünsten, aber keine Farbe annehmen lassen. Mit dem Kalbsfond und Rotwein ablöschen. Auf starkem Feuer um die Hälfte einkochen. Den Senf in die Sauce rühren. Den aus den Nieren ausgetretenen Saft zufügen und mit einem Schneebesen die Crème fraîche einarbeiten. Mit Salz, Pfeffer und Thymian abschmecken. Die Nierenscheiben in dieser Sauce erwärmen, auf keinen Fall kochen – sonst werden sie hart. Unverzüglich mit Weißbrot oder Kartoffeln auftragen.

1 Die Niere muß frisch sein, glänzend und von hell bräunlich-roter Farbe. Zunächst die dünne Haut abziehen, an der oft Fett sitzt.

2 Mit einem spitzen, scharfen Messer die Haut so auslösen, daß auch die Sehnen und weißen Stränge entfernt werden.

3 Die so gesäuberte Niere quer in Scheiben von etwa ½ Zentimeter Stärke schneiden. Dann mit Küchenpapier sorgfältig abtupfen.

4 Die Scheiben nebeneinander in einer gro-ßen Pfanne braten. Dafür eine Mischung aus Öl und Butter nehmen, die man stark erhitzt.

Kalbsnieren

mit Auberginen

Zutaten für 4 Personen:
1 schöne Kalbsniere (ca.
450 g) · Salz · Pfeffer · 6 EL
Olivenöl · 1 EL Butter
1 Aubergine (ca. 400 g)
1 große Gemüsezwiebel
2–3 Knoblauchzehen
1 Zucchino · 1 reife Fleisch-
tomate · einige Tropfen
trockener Weißwein · fri-
sches Basilikum.

Die Niere wie gezeigt putzen, häuten und in Scheiben schneiden. Einen Eßlöffel Öl mit der Butter erhitzen. Die Scheiben darin rasch auf beiden Seiten anbraten, heraus-nehmen, salzen und pfeffern. Auf einem heißen Teller mit Alufolie abgedeckt warm stellen. Unterdessen die Aubergi-ne waschen, das Stielende ent-fernen. Die Aubergine quer in dünne ½ Zentimeter starke Scheiben schneiden. Die Hälf-te des Öls in derselben Pfanne erhitzen. Die Auberginen-scheiben darin portionsweise auf beiden Seiten goldbraun braten. Salzen und pfeffern. Herausheben und ebenfalls warm stellen. Das restliche Öl in die Pfanne kippen. Die Zwiebel schälen, in sehr feine Ringe schneiden, im heißen Öl anbraten, wobei die Zwie-belringe nur schwach golden werden sollen. Die Knob-lauchzehen schälen, durch die Presse drücken und zufügen. Den Zucchino waschen und in Scheiben schneiden. Wie die Aubergine anbraten, dabei die Zwiebelringe an den Rand schieben. Die Tomate häuten, entkernen (siehe Seite 41) und fein hacken. In die Pfanne rühren. Dünsten. Damit nicht weiter gebraten, sondern eher

geschmort wird, mit einigen Tropfen Weißwein bespren-keln. Salzen und pfeffern. Die Auberginen zurück in die Pfanne geben und nochmals erhitzen. Das Basilikum fein schneiden und darüberstreu-en. Die Nierenscheiben mit-samt dem ausgetretenen Saft untermischen. Das sommerli-che Gericht sogleich auftra-gen. Dazu paßt Reis oder fri-sches Weißbrot.

Kalbsnieren

in Estragon-Sauce

Zutaten für 4 bis 6
Personen:
2 schöne Kalbsnieren
(à 450 g) · 1 EL Öl · 3 EL
Butter · Salz · Pfeffer aus
der Mühle · 2 Schalotten
⅛ l trockener Wermut
200 g Crème fraîche
1 Bund frischer Estragon
etwas Zitronensaft · ein
Spritzer Worcestersauce.

Die Nieren putzen, häuten, in Scheiben schneiden. Mit ei-nem spitzen Messer die Seh-nen und weißen Stränge ent-fernen. Das Öl und einen Eß-löffel Butter in einer großen, schweren Pfanne erhitzen. Die Nieren darin auf beiden Seiten scharf anbraten. Her-ausnehmen, salzen, pfeffern und warm stellen. Das Brat-fett wegkippen. Die restliche Butter in der Pfanne schmel-zen. Die Schalotten schälen, sehr fein hacken und darin weich dünsten. Dabei darauf achten, daß sie keine Farbe annehmen. Mit dem Wermut ablöschen. Um die Hälfte ein-kochen. Die Crème fraîche in die Pfanne rühren und den Saft aus den Nieren zufügen. Salzen und pfeffern. Die Estragonblättchen von den

Stielen zupfen und fein schnei-den. In die Sauce rühren. Die Nierenscheiben darin erwär-men. Sofort auftragen. Dazu grüne Nudeln reichen (siehe Seite 266).

Gegrillte Nieren

Zutaten für 4 bis 6
Personen:
2 schöne Kalbsnieren
2 EL Olivenöl · Pfeffer aus
der Mühle · Thymian
4 hauchdünne Scheiben
durchwachsener Speck
Salz.

Die Nieren, wie im Kurs ge-zeigt, säubern, jedoch nicht in Scheiben teilen. Das Olivenöl mit Pfeffer und Thymian ver-rühren. Die Nieren damit ein-pinseln. Jede Niere in je zwei Speckscheiben einwickeln. Diese mit Zahnstochern fest-stecken. Auf den Holzkohlen-rost oder unter den vorgeheiz-ten Grill legen. Unter ständi-gem Bepinseln mit dem ge-würzten Öl insgesamt 15 Mi-nuten grillen. In Alufolie wik-keln und weitere 10 Minuten ziehen lassen. Auspacken, quer in Scheiben von etwa ei-nem Zentimeter Stärke auf-schneiden. Auf einer heißen Platte anrichten. Salzen und mit dem in der Folie entstan-denen Saft beträufeln. Sofort servieren. Dazu schmecken Salat und Folienkartoffeln mit saurer Sahne.

Lecker sind auch *Sahnekartof-feln:* Rohe Kartoffeln in dün-ne Scheiben schneiden, in ei-nen Topf füllen, salzen und pfeffern. Mit halb Sahne, halb Milch fast bedecken. Zuge-deckt auf milder Hitze 35 Mi-nuten köcheln. Anschließend gedünstete Zwiebelstücke und Petersilie untermischen.

Kalbsbries

Auch das Bries spielt auf deutschen Durchschnitts-Tafeln keine große Rolle – dagegen in den Küchen der feinen Restaurants eine um so bedeutendere. Denn Bries gilt vor allem bei Feinschmeckern als besondere Delikatesse. Bries (auch Milcher oder Schweser genannt) ist die Thymusdrüse, die das junge Kalb braucht, um die Milch, mit der es ernährt wird, zu verwerten. Später, sobald das Tier Kraftfutter bekommt, bildet sich die Drüse zurück und wird ungenießbar. Wenn also von Bries die Rede ist, handelt es sich stets um das vom Kalb. Kalbsbries ist zart, es wird jedoch hart und ledrig, wenn man es zu lange gart oder zu starker Hitze aussetzt. Lassen Sie es deshalb immer nur kurz in der Sauce ziehen. Dann bleibt es saftig und aromatisch. Zunächst jedoch muß Bries jedesmal auf die gleiche Weise vorbereitet werden (siehe Seite 225).

Kalbsbries

mit Champignons

Zutaten für 4 Personen:
2 Kalbsbriese · 2 Schalotten 3 EL Butter
250 g frische Champignons · 1 kleine
Möhre · 2 cl Cognac · ⅛ l trockener Weißwein · ¼ l Sahne · Salz · Pfeffer aus der Mühle · 1 Prise Cayennepfeffer · ½ TL getrockneter Thymian · etwas Zitronensaft 1 EL fein gehackte Petersilie.

Die Briese wie angegeben vorbereiten. In Würfel von etwa 3 bis 4 Zentimetern Kantenlänge schneiden. Die Schalotten schälen, sehr fein hacken. In einer Kasserolle 2 Eßlöffel Butter aufschäumen lassen, die Schalottenwürfel darin andünsten. Champignons putzen, nur wenn unbedingt nötig rasch – damit sie sich nicht vollsaugen – unter fließendem Wasser waschen. In feine Blättchen schneiden. Zu den Schalotten geben und ebenfalls andünsten. Mit dem Schaumlöffel herausheben und beiseite stellen. Möhre schaben, in streichholzdünne Stäbchen (siehe Seite 36) schneiden, in die Kasserolle zu dem Pilzsaft geben und unter Rühren dünsten. Erst wenn sämtlicher Pilzsaft verkocht ist, mit dem Cognac ablöschen. Sofort anzünden und abbrennen lassen. Mit

dem Wein auffüllen. So lange auf starker Hitze einkochen, bis nur noch etwa die Hälfte vorhanden ist. Mit der Sahne auffüllen und weitere 10 Minuten köcheln. Mit Salz, Pfeffer, Cayennepfeffer und Thymian würzen. Die vorbereiteten Brieswürfel und die Champignons in die Sauce geben. Auf schwacher Hitze darin etwa 5 Minuten mehr ziehen als köcheln lassen. Mit dem Zitronensaft leicht säuerlich abschmecken. Petersilie unterheben. Die restliche Butter auf der Oberfläche zerschmelzen lassen. Dazu schmeckt frisches Weißbrot.

Kalbsbries

mit Kräutersauce

Zutaten für 4 Personen:
2 Kalbsbriese · 1 Kräutersträußchen aus
½ Lauchstange, 3 Petersilienstengeln,
1 Zweig Thymian, 1 Lorbeerblatt.
Für die Sauce: 1 Schalotte · 2 EL Butter
1 Knoblauchzehe · 50 g Spinatblätter
2 Bund Petersilie · 2 Bund Dill · 1 Bund
frischer Estragon · 1 Zweig frischer Liebstöckel · 50 g Kerbel · 2 cl herber Wermut
3 EL Quark · 4 EL Sahne.

Die Briese, wie auf Seite 225 gezeigt, vorbereiten, jedoch dem Kochwasser das Kräutersträußchen zufügen. Nach dem Aufkochen auf schwacher Hitze die Briese etwa 20 Minuten ziehen lassen. Wie angegeben abschrecken und säubern. In etwa 3 Zentimeter dicke Scheiben schneiden. Wieder in die Brühe geben und warm stellen. Unterdessen die Schalotte schälen, fein hacken. In einer Kasserolle die Butter aufschäumen lassen. Die Knoblauchzehe durch die Presse drücken und zufügen. Spinatblätter, Petersilienblätter, Dill, Estragon, Liebstöckel und Kerbel von den Stielen zupfen und ebenfalls in den Topf geben. Den Topf sofort vom Feuer nehmen. Wermut, Quark und Sahne zufügen. Alles mit dem Mixstab (oder im Mixer) fein pürieren. Mit Salz und Pfeffer abschmecken. Nach Belieben noch mit etwas Zitronensaft würzen. Die Kräutersauce auf ganz schwacher Hitze sehr vorsichtig erwärmen. Die Briesscheiben auf heißen Tellern anrichten. Die Sauce daneben geben.

Kalbsbries
im Salatmantel

Zutaten für 4 Personen:
2 Kalbsbriese (je ca. 450 g)
Salz · 1 Zwiebel · 2 EL
Butter · ¼ l Fleischbrühe
350 g frische Champignons
180 g Kalbsleber · Pfeffer
aus der Mühle · ½ TL Pa-
stetengewürz · Delikateßpa-
prika · Thymian · 1 Kopf-
Salat · Öl zum Bepinseln.

Die Briese, wie im Kurs gezeigt, vorbereiten. Die Zwiebel schälen, sehr fein hacken.
In der heißen Butter andünsten. Mit Brühe auffüllen. Zugedeckt 30 Minuten lang
weich kochen. Unterdessen
die Pilze putzen, klein schneiden und in den Topf füllen.
Nunmehr ohne Deckel kö-
cheln, bis fast alle Flüssigkeit
verdampft ist. In den Mixer
füllen und mit der in Stücke
geschnittenen Leber so lange
pürieren, bis eine feste,
streichfähige Farce entstanden
ist. Mit den angegebenen Gewürzen abschmecken. Die Sa-
latblätter ablösen. Kurz in
sprudelnd kochendes Salzwasser tauchen, sofort abschrekken. Abtropfen lassen. Die
Blätter auf der Arbeitsfläche
so ausbreiten, daß sie jeweils
ein Bries aufnehmen und umhüllen können. Jeweils ein
Viertel der vorbereiteten
Farce darauf verstreichen. Die
Briese je auf ein solches Bett
setzen. Mit der restlichen
Farce abdecken. Die Blätter
darüber zusammenschlagen –
dabei darauf achten, daß die
Briese vollständig eingehüllt
sind. Mit Küchenzwirn verschnüren. Die beiden Rollen
jeweils auf Alufolie setzen,
diese großzügig mit Olivenöl
einpinseln. Die Folie darüber
zusammenschlagen und die
Pakete gut zukniffen.
Auf den Rost in den auf
220° C vorgeheizten Ofen setzen. 20 Minuten garen. Vor
dem Anschneiden noch weitere 10 Minuten ziehen lassen.
Die Pakete öffnen. Die Bries-
rollen quer in zentimeterdicke
Scheiben schneiden. Auf einer
heißen Platte anrichten und
mit dem in der Folie entstandenen Saft beträufeln. Sofort
servieren.

Kalbsbries
auf gedünsteten Endivien

Zutaten für 4 Personen:
2 schöne Kalbsbriese (je ca.
450 g) · Salz · 1 Lorbeer-
blatt · 5 Pfefferkörner
1 Gewürznelke · 1 Thy-
mianzweig · 1 großer Endi-
viensalat (oder zwei kleine-
re) · 1 EL Butter · ¼ l kräf-
tig eingekochter Kalbsfond
(siehe Seite 85) · Pfeffer aus
der Mühle · frisch geriebene
Muskatnuß · 4 EL Crème
fraîche · 2 EL Kerbel.

Die Briese, wie im Kurs gezeigt, wässern, waschen und
mit kaltem, gesalzenem Wasser bedeckt in eine Kasserolle
geben. Die Gewürze zufügen.
Alles auf schwachem Feuer
15 Minuten ziehen, aber nicht
kochen lassen. Unterdessen
den Endiviensalat waschen.
Längs vierteln, so daß die
Blätter jeweils am Strunk
noch zusammenhängen. Eine
flache feuerfeste Form mit
Butter auspinseln. Die Endi-
vienstücke mit kochendem
Wasser übergießen, abtropfen
lassen und längs in die Form
schichten. Mit dem heißen
Kalbsfond übergießen. Im
vorgeheizten Ofen bei 220° C
30 Minuten schmoren. Dabei
öfter beträufeln, damit die Sa-
latblätter nicht austrocknen.
Unterdessen die Briese putzen. Quer in 1 Zentimeter
dünne Scheiben schneiden.
Mit Salz, Pfeffer und Muskat
bestreuen. Die Form aus dem
Ofen holen. Die Salatstücke
etwas beiseite schieben. Die
Briesscheiben dachziegelartig
in der Mitte anrichten. Mit der
Crème fraîche überziehen.
Für weitere 10 Minuten in den
Ofen schieben. Dabei gelegentlich an der Form rütteln,
damit sich Sahne und Kalbsfond mischen. Mit Kerbel-
blättchen bestreuen.

Briesschnitzel

Zutaten für vier Personen:
2 Kalbsbriese (je ca. 450 g)
Salz · Pfeffer aus der Müh-
le · 1 EL Öl · 2 EL Butter
frisch geriebene Muskatnuß
Zitronensaft · feingehackte
Petersilie.

Die Briese, wie im Kurs gezeigt, langsam aufkochen, abschrecken und sorgfältig säubern. Quer in Scheiben von
etwa 1½ Zentimeter Stärke
schneiden. Jede Scheibe auf
beiden Seiten pfeffern. Das Öl
und die Butter in einer großen, schweren Pfanne auf-
schäumen lassen. Die Scheiben einlegen und auf beiden
Seiten jeweils etwa 5 Minuten
bei milder Hitze braten. Herausnehmen, auf Küchenpa-
pier abtropfen lassen. Auf einer heißen Platte anrichten.
Mit Salz und Muskat bestreu-
en, mit Zitronensaft beträufeln und gehackte Petersilie
darübergeben. Heiß auftragen. Dazu paßt Tomatensauce
(Seite 137) oder Mayonnaise
(Seite 90/91).

1 Damit das Bries appetitlich weiß wird, gibt man es für etwa 2 Stunden in kaltes Wasser und wäscht es sorgfältig.

2 Dann das Bries in eine Kasserolle legen. Mit kaltem Wasser auffüllen. Nur ganz leicht salzen. Langsam auf mildem Feuer aufkochen.

3 Nur einmal aufwallen lassen, dann sofort abgießen. Das Bries soll nur in der äußeren Schicht fester, aber auf keinen Fall gar werden.

4 Unter kaltem Wasser abschrecken, dabei gründlich ausspülen. So lassen sich geronnenes Eiweiß und feste Häutchen gut entfernen.

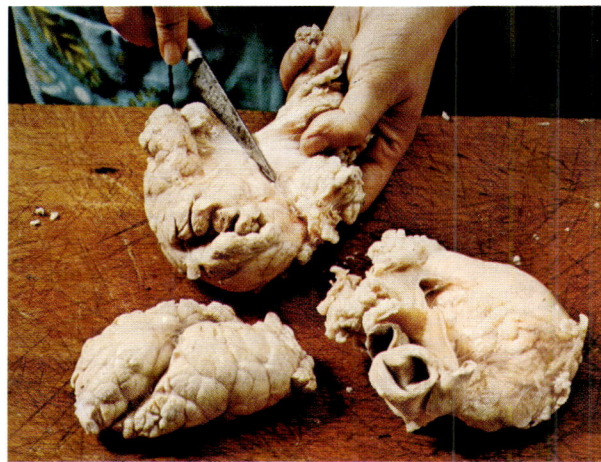

5 Nun das Bries putzen: Alle Sehnen, Häute und knorpeligen Teile abschneiden. Nach Rezept weiter verwenden.

In Süddeutschland wird Bries am Schlachttag in nahezu jeder Metzgerei angeboten. Vor allem in Baden, in Württemberg und in Bayern gehört es einfach auf den Speisezettel und ist davon nicht mehr wegzudenken. Aber nördlich der Mainlinie ist es keineswegs mehr selbstverständlich, daß ein Schlachter auch Bries anbietet. In Hamburg, so hört man, soll es selbst nach Vorbestellung nicht immer möglich sein, ein Bries zu ergattern. Vielleicht essen es dort die Fleischer selbst – oder sie schicken es nach Bayern, wo man wesentlich mehr dafür bezahlt bekommt. (Bösen Gerüchten zufolge sollen die Briese in Norddeutschland als Hunde- und Katzenfutter verwendet werden.)

In jedem Fall empfiehlt es sich, Bries vorzubestellen, schließlich gibt's pro Kalb nur eines.

Leber

Leber, die als Scheibe (von etwa 2 Zentimeter Stärke) gebraten werden soll, muß in sehr heißem Fett auf beiden Seiten scharf angebraten werden, dann neben dem Herd, in derselben Pfanne, nachziehen. So bekommt sie außen eine schöne, braune Kruste, bleibt innen jedoch saftig und rosa. Dann ist sie ein Genuß. Gesalzen wird sie in jedem Fall erst nach dem Braten. Noch besser allerdings schmeckt sie im Stück gegart, für vier Personen etwa eine dicke Scheibe (von etwa 600 Gramm). Dieses Stück wird gebraten, geschmort, gedämpft, gegrillt, ganz nach Belieben – aber immer nach dem Prinzip, daß neben der eigentlichen Kochzeit die Zeit zum Nachziehen das Wichtigste ist – und in hauchdünne Scheiben aufgeschnitten, sogenannte „Filets". Am besten ist natürlich die Leber von jungen Tieren: vom Kalb oder vom Lamm. Aber auch ein junges Schwein kann eine vorzügliche Leber liefern. Die Rindsleber ist schon ziemlich stark und deftig im Geschmack und nicht mehr so zart.

In den Fleischabteilungen großer Kaufhäuser (oder im Fachgeschäft) finden Sie häufig Hühner-, Hähnchen- oder Putenlebern. Auch sie sind zart und schmecken köstlich.

In jedem Fall ist Leber sehr gesund. Kaum ein anderes tierisches Nahrungsmittel ist so reich an wichtigen Vitaminen und Mineralstoffen.

Gebratene Leber

Zutaten für 4 Personen:
4 gleich dicke Scheiben Kalbs- oder Schweineleber (je ca. 150 g) · Pfeffer aus der Mühle · 1 EL Öl · 1 EL Butter · Salz Zitronensaft · 2 EL feingehackte Petersilie 2 cl Madeira · 4 EL Crème fraîche oder ⅛ l Sahne.

Die Leberscheiben mit einem spitzen Messer säubern, und zwar die dünne, bläulich schimmernde Haut rundherum abziehen. Dabei möglicherweise vorhandene Sehnen herausschneiden. Sie beeinträchtigen nämlich beim Essen den Genuß. Die Scheiben mit Küchenpapier sorgfältig abtupfen. Auf einer Seite mit Pfeffer bestreuen. Das Öl und die Butter in einer großen Pfanne erhitzen. Die Leberscheiben mit der gepfefferten Seite nach unten nebeneinander hineinlegen. Das Fett muß jetzt aufrauschen und brodeln. Nun die zweite Seite ebenfalls pfeffern. Die Scheiben nach einer Minute wenden. Auch auf der anderen Seite scharf anbraten. Die Pfanne vom Herd ziehen. Die Leberscheiben darin fünf Minuten ziehen lassen. Auf einer heißen Platte anrichten. Salzen. Mit Zitronensaft beträufeln und mit Petersilie bestreuen. Das Bratfett aus der Pfanne wegkippen. Den Bratensatz mit Madeira und Sahne loskochen. Mit Salz und Pfeffer abschmecken, über die Leberscheiben gießen und sofort servieren. Dazu paßt am besten Kartoffelpüree (siehe Seite 274).

Anmerkung: Nach diesem Grundrezept können Sie nun vielfach variieren.

Rotweinleber:
Die Leber nach Grundrezept braten. Den Bratensatz mit etwas Rotwein ablösen. Abgeriebene Zitronenschale zufügen. Mit dem Schneebesen 3 Eßlöffel eiskalte Butter einarbeiten, bis die Sauce dicklich und cremig wird.

Tomatenleber:
Die Leber nach Grundrezept braten. Vier Fleischtomaten häuten, entkernen (siehe Seite 41) und klein hacken. In die Pfanne rühren und mit etwas Weißwein oder Fleischbrühe ablöschen. Aufkochen. Mit Salz, Pfeffer und einigen Tropfen Olivenöl würzen. Feingehacktes Basilikum untermischen. Nach Belieben einige halbierte schwarze Oliven hineinrühren.

Apfel-Zwiebelleber:
Nach Grundrezept arbeiten. Bevor mit Madeira und Sahne abgelöscht wird, erneut ein Stück Butter schmelzen. Zwei Zwiebeln schälen und in hauchfeine Ringe schneiden. Zwei Äpfel quer in halbzentimeterdünne Scheiben schneiden, das Kerngehäuse rund ausschneiden. Beides in der Butter goldbraun braten. Dann wie im Grundrezept weiterverfahren.

Kräuterleber:
Die Leber nach Grundrezept braten. Das Fett wegkippen. Den Bratensatz mit Sahne loskochen. 3 Eßlöffel feingehackte Kräuter hineinrühren (Petersilie, Kerbel, Schnittlauch, Estragon, Liebstöckel, Pimpinelle). Abschmecken und über die Leberscheiben gießen.

1 Beim Einkaufen darauf achten, daß Ihnen der Metzger gleichmäßig dicke Scheiben gibt. Die Leber häuten, von Sehnen säubern.

2 In einer großen Pfanne Öl und Butter erhitzen. Die Leberscheiben nebeneinander – wenn nötig in zwei Etappen – anbraten.

3 Die Scheiben pfeffern. Die Pfanne vom Feuer ziehen. Die Leber etwa 5 Minuten nachziehen lassen, damit sie innen rosa bleibt.

4 Dann auf einer heißen Platte anrichten. Salzen, mit Zitronensaft beträufeln und mit feingehackter Petersilie bedecken.

5 Das Bratfett aus der Pfanne wegkippen. Den Satz mit Madeira ablöschen. Mit Sahne auffüllen, zu einer dicklichen Sauce kochen.

6 Nochmals mit Salz und Pfeffer abschmecken und über die warmgestellten Leberscheiben gießen. Dazu paßt Kartoffelpüree.

Kalbsleber

in Sahnesauce

*Zutaten für 4 Personen:
1 gleichmäßig dicke Scheibe
Kalbsleber (ca. 600 g)
1 EL Butter · 1 EL Olivenöl · 2 EL herber Rotwein
⅛ l kräftiger Kalbsfond (siehe Seite 85) · ⅛ l herber Rotwein · ⅛ l Sahne · Cayen-
nepfeffer · Thymian · einige
Rosmarinnadeln · einige
Tropfen Sherry-Essig · Salz
Pfeffer aus der Mühle.*

Die Leberscheibe gut säu-
bern. Butter und Öl in einem
kleinen Pfännchen erhitzen.
Die Leberscheibe darin rundum nicht anbraten, sondern
bei mittlerer Hitze nur außen
fest werden lassen. Herausnehmen und auf ein Stück
Alufolie setzen (glänzende
Seite nach innen). Die Folie
rundum hochkniffen, aber
nicht über der Leber ver-
schließen. Für 20 Minuten in
den auf 220° C vorgeheizten
Ofen schieben. Dabei die Leber mehrfach wenden. Dann
das Paket herausnehmen.
2 Eßlöffel Rotwein hineinträufeln. Die Folie nunmehr
verschließen. Das Paket zwischen zwei angewärmten Tellern beiseite stellen. Für die
Sauce den Kalbsfond in einem
Töpfchen aufkochen. Rotwein
und Sahne zufügen und auf
starker Hitze rasch zu einer
cremigen Sauce einkochen.
Mit Cayennepfeffer, Thy-
mian, Rosmarin, Sherry-Essig, Pfeffer und Salz ab-
schmecken. Das Leber-Paket
öffnen. Den Fond, der sich
darin gesammelt hat, in die
Sauce rühren. Die Leber quer
in hauchdünne Scheiben
schneiden. Auf vier heißen
Tellern dachziegelartig verteilen. Die Sauce durch ein Sieb
vorsichtig darumgießen. Dazu
gibt's frisches Weißbrot.

Kalbsleber

geschmort

*Zutaten für 6 bis 8
Personen:
1 halbe gespickte Kalbsleber
(ca. 1,5 kg; beim Metzger
rechtzeitig bestellen) · 4 cl
Cognac · 100 g Butter
100 g fetter, geräucherter
Speck · 1 Stück Ingwerwurzel (4 cm) · 2 Zwiebeln
2 Knoblauchzehen · Pfeffer
aus der Mühle · Salz · 1 TL
Delikateßpaprika · ¼ l
Weißwein · ¼ l Kalbsfond
175 g Crème fraîche.*

Die Leber sorgfältig häuten.
Mit dem Cognac kräftig einreiben. In einem Schmortopf
die Butter schmelzen. Den
Speck sehr fein würfeln und
darin auslassen. Die Leber
darin auf mildem Feuer rundum etwa 10 Minuten andün-
sten. Ingwer, Zwiebel und
Knoblauch schälen und sehr
fein hacken. Die Leber aus
dem Topf nehmen. Ingwer,
Zwiebel und Knoblauch im
heißen Fett weich dünsten,
aber keine Farbe annehmen
lassen. Die Leber wieder hineinsetzen. Mit Pfeffer, Salz
und Paprika bestäuben, dabei
drehen und wenden, damit sie
von allen Seiten gewürzt wird.
Mit Wein und Fond aufgie-
ßen. Den Topf mit einem
Deckel fest verschließen. Im
vorgeheizten Ofen bei 200° C
35 Minuten schmoren. Dann
den Ofen ausschalten. Den
Topf bei leicht geöffneter
Ofentür weitere 15 Minuten
ziehen lassen. Dann die Leber
herausheben. Auf einer heißen Platte mit Folie abgedeckt
warm stellen. Den Schmor-
fond entfetten und einkochen.
Mit Crème fraîche auffüllen.
Einkochen. Abschmecken
und die Petersilie hineinrühren. Die Leber in dünne
Scheiben aufschneiden. Mit
einem Teil der Sauce überziehen. Den Rest getrennt dazu
reichen.

Saure Leber

*Zutaten für 4 Personen:
500 g Kalbs- oder Schweineleber · 2 EL Öl · 1 EL
Butter · ⅛ l kräftige Fleischbrühe · ¼ l Sahne (oder
Crème fraîche) · Salz · Pfeffer aus der Mühle · etwas
fein zerriebener Thymian
1 Spritzer Worcestersauce
1 Schuß Obst-Essig · frisch
geschnittener Schnittlauch.*

Die Leber mit einem sehr
scharfen Messer in dünne
Scheiben schneiden. Öl und
Butter stark erhitzen. Die Leberscheiben darin blitzschnell
unter stetem Wenden höch-
stens eine Minute braten, herausheben, abtropfen und
warm stellen. (Dabei am besten partienweise arbeiten,
damit die Leberstücke stets
Kontakt mit dem Pfannenboden haben und braten und
nicht aufeinander zu liegen
kommen und dünsten.) Das
Fett abgießen. Den Bratensatz mit Brühe ablöschen und
um die Hälfte einkochen. Mit
der Sahne oder Crème fraîche
auffüllen. Aufkochen und mit
Salz, Pfeffer und Thymian abschmecken. Die Leberstücke
sparsam salzen. Die Sauce
vom Feuer ziehen. Mit Worcestersauce und Essig säuerlich abschmecken. Die Leberstücke darin erwärmen, dann
Schnittlauch unterrühren und
sofort servieren.

Zunge

Auch die Zunge gehört zu den Teilen von Schlachtvieh, die man entweder sehr liebt oder ganz und gar ablehnt. In einigen Gegenden Deutschlands schätzt man sie über die Maßen, anderswo verzieht man das Gesicht. Dabei ist sie bestimmt eines der zartesten und feinsten Stücke. Am bekanntesten ist wohl die Rinderzunge. Man bekommt sie frisch oder gepökelt, manchmal auch geräuchert. Die kleineren Kalbs- oder Schweinezungen hingegen werden meist am Schlachttag frisch angeboten. Seltener kann man bei uns die delikaten Lamm- oder Hammelzungen kaufen. Aber wenn Sie mal welche finden, dann greifen Sie zu!

Welche Zunge Sie wählen, in jedem Fall sollten Sie sie vor dem Zubereiten zwei, drei Stunden wässern und – vor allem die größere Rinderzunge – gründlich abwaschen. Dann mit einem scharfen Messer alle knorpeligen Teile am Schlund abschneiden. Häuten läßt sich die Zunge erst nach dem Brühen oder Kochen. Man kann sie dann aber kinderleicht regelrecht abschälen. Das ist unerläßlich, denn die zähe, fast ledrige dünne Haut, die jede Zunge umgibt, ist ungenießbar. Schweine-, Hammel- oder Lammzungen sind jeweils die richtige Portion für eine Person. Eine Kalbszunge reicht bereits für zwei, und eine stattliche Rinderzunge ergibt eine Mahlzeit für sechs bis acht Personen.

Eine gepökelte Zunge wird meist in einem Wurzelsud weich gekocht (bei einer Rinderzunge rechnet man etwa drei Stunden Garzeit bei sehr milder Hitze), dann entweder in einer heißen Sauce angerichtet oder nach Rezept weiterverarbeitet oder kalt aufgeschnitten und mit kalten Saucen gereicht, zum Beispiel Kräutermayonnaise (siehe Seite 90), Cumberlandsauce, rohe Tomatensauce oder Kräuterquarksauce.

Frische Zungen werden nach Rezept gekocht, gedünstet, geschmort. Aber stets zuvor, wie im Kurs gezeigt, gebrüht und gehäutet. Für Kalbs-, Schweine-, Hammel- und Lammzungen rechnet man je nach Größe zwischen 6 und 10 Minuten Brühzeit. Die großen Rinderzungen müssen etwa 20 Minuten lang abgekocht werden, bevor man die Haut gut abschälen kann.

Rinderzunge

geschmort

Sie wird genau wie der Rinderschmorbraten zubereitet, jedoch nicht mit Speckstreifen gespickt, sondern vielmehr mit dünnen Scheiben fetten Specks umwickelt. Sie können dafür eine frische wie auch eine gepökelte Zunge nehmen. Zuvor immer brühen und häuten!

Rinderzunge

in Madeirasauce

Zutaten für 6 bis 8 Personen:
1 gepökelte Rinderzunge · 3 EL Salz · 3 l Wasser · 100 g Butter · 1 große Zwiebel 1 kleine Möhre · 1 kleine Petersilienwurzel mit Grün · 1 Stück Sellerie · 4 zerdrückte Wacholderbeeren · 4 Pimentkörner · 500 g fleischige Kalbsknochen · ¼ l trockener Weißwein · ¼ l Fleischbrühe · 1 EL Mehl 1 EL Butter · Saft einer Zitrone · etwas abgeriebene Zitronenschale · ⅛ l Madeira · 1 TL Zucker · Salz · Pfeffer · 3 EL kalte Butter.

Die Zunge 2 bis 3 Stunden wässern. In stark gesalzenem Wasser etwa 3 Stunden köcheln. Herausnehmen und abschrecken. Sorgfältig säubern. Für die Sauce die Butter in einem großen Topf schmelzen. Zwiebel, Möhre, Petersilienwurzel und Sellerie putzen, sehr fein hacken und darin rundum unter Rühren golden dünsten. Wacholderbeeren und Pimentkörner zufügen. Die Kalbsknochen kurz mitrösten. Mit Wein und Brühe auffüllen, zugedeckt etwa 2 Stunden kochen. Durch ein feines Sieb filtern und in eine Kasserolle füllen. Das Mehl mit der Butter zu einem geschmeidigen Teig verkneten, in die Sauce rühren und auf milder Hitze dicklich einkochen. Den Zitronensaft zufügen. Die Zitronenschale hineinreiben und mit Madeira aufgießen. Mit Salz, Pfeffer und Zucker abschmecken. Den Topf vom Feuer ziehen. Mit einem Schneebesen die Butter hineinarbeiten. Die Zunge in dünne Scheiben schneiden und mit der Sauce übergießen.

Kalbszunge
in Kapernsauce

Zutaten für 4 Personen:
2 schöne Kalbszungen
2 EL Salz · 2 l Wasser
1 Möhre · 1 Zwiebel · 1 Petersilienwurzel · 1 Stück Sellerie · 1 l Fleischbrühe · ¼ l Sahne · 2 Eigelb · Salz Pfeffer aus der Mühle
2 EL Kapern · 1 EL Zitronensaft · 1 Spritzer Worcestersauce · Petersilie.

Die Zungen wässern, abbürsten. In dem stark gesalzenen Wasser 10 Minuten kochen. Abschrecken. Die Haut abziehen und alle knorpeligen Teile abschneiden. Möhre, Zwiebel, Petersilienwurzel und Sellerie putzen und klein schneiden. Mit der Fleischbrühe in einen Topf füllen. Die Zungen einlegen. Auf mildem Feuer etwa eine Stunde köcheln. In die dickste Stelle stechen; sobald sie gar sind, herausheben und warm stellen. Den Sud durch ein Sieb schütten. Mit einem Teil davon die Zungen beträufeln, damit sie nicht austrocknen. Gut ½ Liter Brühe in eine Kasserolle füllen und um die Hälfte einkochen. Mit zwei Dritteln der Sahne aufgießen und sprudelnd 5 Minuten kochen lassen. Die restliche Sahne mit den Eigelb verquirlen. In die Sauce rühren und langsam heiß und dicklich werden, aber auf keinen Fall kochen lassen. Die Sauce mit Salz und Pfeffer abschmecken. Die Kapern hineinrühren. Mit Zitronensaft und Worcestersauce würzen. Die Petersilie fein hacken und in die Sauce mischen. Die Zungen quer in dünne Scheiben aufschneiden. In einer tiefen Platte anrich-

ten. Mit der heißen Sauce übergießen. Sofort auftragen. Dazu Pell- oder Salzkartoffeln reichen (Seiten 272/273).

Anmerkung: Probieren Sie dieses Rezept auch mit anderen Zungen.

Zunge
in Rosinensauce

Zutaten für 4 Personen:
4 kleine Schweinezungen
1 EL Salz · 2 l Wasser
1 Möhre · 1 Zwiebel · 1 Petersilienwurzel · 3 Pimentkörner · 1 EL weiße Pfefferkörner · ½ l Fleischbrühe ¼ l trockener Weißwein ¼ l Sahne · 50 g blättrig geschnittene Mandeln · 100 g gewaschene Rosinen · abgeriebene Schale und 4 Scheiben einer unbehandelten Zitrone · 2 Eigelb · Salz · Pfeffer aus der Mühle · Worcestersauce.

Die Schweinezungen wässern, abbürsten und in stark gesalzenem Wasser 6 Minuten abkochen. Abschrecken. Häuten und von allen Knorpeln säubern. Möhre, Zwiebel und Petersilienwurzel schälen und klein schneiden. Mit den Piment- und Pfefferkörnern, der Fleischbrühe und dem Wein in einen Topf füllen. Die Schweinezungen darin etwa eine Stunde lang weich kochen. Herausnehmen und warm stellen. Den Sud durch ein Sieb filtern. In eine Kasserolle gießen. Mit der Sahne auffüllen. Mandeln, Rosinen, Zitronenschale und die sorgfältig entkernten Zitronenscheiben zufügen. Ohne Deckel auf mittlerem Feuer etwa 10 Minuten köcheln. Etwas von der Sauce abnehmen und abkühlen lassen. Mit den Eigelb ver-

quirlen. Wieder in die Sauce rühren, die jetzt zwar nicht mehr kochen darf, aber auf milder Hitze unter ständigem Rühren heiß und dicklich werden soll. Mit Salz, Pfeffer und Worcestersauce abschmecken. Die Schweinezungen in Scheiben schneiden. Auf vier heißen Tellern verteilen und mit der Sauce übergießen.

Heiße Pökelzunge

Zutaten für 8 Personen:
1 große gepökelte Rinderzunge · 3 EL Wasser
1 Stück frischer Meerrettich ⅛ l Weißweinessig · Salz Pfeffer aus der Mühle · ⅛ l aromatisches Olivenöl
2 Bund glattblättrige Petersilie.

Die Zunge wässern und gründlich abbürsten. In dem stark gesalzenen Wasser aufsetzen. 2 Stunden kochen. Herausnehmen und abschrecken. Die Haut abschälen und mit einem Messer die Knorpel abschneiden. Zurück in den Sud geben und eine weitere Stunde weich kochen. Den Essig mit Salz und Pfeffer verrühren. Mit einem Schneebesen oder Handmixer das Öl untermischen, bis eine cremige Sauce entstanden ist. Die gegarte Zunge quer in sehr dünne Scheiben schneiden. Dachziegelartig anrichten. Den Meerrettich reiben und als Häufchen in der Mitte der Platte anrichten. Die Sauce gleichmäßig über die Zungenscheiben träufeln. Sofort auftragen, damit die Zunge noch heiß auf den Tisch kommt. Dazu schmecken Pellkartoffeln, Butter und grobes Salz.

1 Vor allem gepökelte Zungen müssen vor dem Zubereiten gewässert werden. Auch bei frischen Zungen ist es gut.

2 Damit man sie säubern und häuten kann, werden die Zungen in stark gesalzenem Wasser gebrüht. Kleine 6 bis 10 Minuten.

3 Die großen Rinderzungen brauchen mindestens 20 Minuten. Besser ist es jedoch, sie erst nach 2 Stunden herauszuheben.

4 Nun sorgfältig die dünne, aber ledrig-feste Haut abziehen. Sie läßt sich regelrecht abschälen. Nun nach Rezept zubereiten.

Gemüse

Von den Bayern sagt man, daß sie unter allen Gemüsen gerade noch die Kartoffel gelten lassen. Aber auch nur dann, wenn sie von einem Schwein gefressen wurde, das anschließend als kerniger Braten auf den Tisch gelangt. Jedoch kann man eigentlich auch im übrigen Deutschland keineswegs von einer Gemüsekultur sprechen. Das ist verständlich, wenn man das meist geradezu sträflich kärgliche und vernachlässigte Gemüseangebot vieler Geschäfte betrachtet, das oft so vergammelt ist, daß man nicht begreifen kann, daß irgendwer dies widerspruchslos zu bezahlen gewillt ist. Dabei kann man auf den Märkten und in gut geführten Geschäften eine üppige Fülle finden. Es gibt hierzulande durchaus Bauern und Gärtner, die für frisches Gemüse sorgen, und es werden große Mengen aromatischer und sonnengereifter Gemüsesorten aus südlichen Ländern importiert. Aber offenbar haben deutsche Hausfrauen keinen Blick dafür, wohlschmeckendes Gemüse von fader Treibhausware zu unterscheiden.

Beim Gemüse ist also das allerwichtigste der Einkauf: Gehen Sie auf den Markt, und ziehen Sie sich Ihren Händler. Weisen Sie welken Salat, schlaffe Möhren, eingeschrumpelte Auberginen zurück. Monieren Sie ein solches Angebot auch im Supermarkt, in dem Sie täglich kaufen. Steter Tropfen höhlt den Stein, und der Ladenbesitzer wird sein Angebot ändern, wenn es ihm sonst liegen bleibt.

Kaufen Sie nur frisches, knackiges Gemüse, das jung ist und aus einer Gegend kommt, in der für sein Wachstum günstige Bedingungen herrschen. Deutsche Gärtnertomaten zum Beispiel sollten Sie nur im Juli oder August kaufen, im März oder Oktober dagegen nur solche aus südlichen Sonnenländern und keine aus nordischen Treibhäusern. Genauso ist Spargel, sofern er aus Deutschland kommt, eben nur ein Genuß zwischen Ende April bis Ende Juni. (Nach Johanni wird hierzulande nicht mehr gestochen.) Gurken schmecken am besten, wenn sie im Freiland wachsen durften. Sie sehen vielleicht nicht so glatt und gleichmäßig grün wie die massenproduzierten Treibhausbrüder aus – dafür schmecken sie noch richtig nach Gurken und nicht nur nach Wasser und Dünger.

Der zweite wichtige Punkt: Lassen Sie Gemüse bitte niemals zu jenem undefinierbaren Brei verkochen, der, tüchtig mit Mehl gebunden, leider immer noch häufig bei uns angeboten wird. Wer derart sein Gemüse mißhandelt, braucht tatsächlich keine makellosen, frischen Produkte. Sämtliche Vitamine, Mineral- und Geschmacksstoffe sind dann ohnehin ausgetrieben. Wie Sie Gemüse schonender behandeln können, entnehmen Sie den folgenden Seiten.

Gekochtes Gemüse

Für viele Gemüsearten ist es oft unerläßlich, es vor dem eigentlichen Zubereiten erst einmal abzukochen. Wenn dieses Abkochen nur kurz geschieht, ist es ein *Blanchieren*: ein kurzes Überbrühen, dem unbedingt das Abkühlen in eiskaltem Wasser folgen muß. Abkühlen, nicht nur abschrecken. So bleibt die leuchtende Farbe der Gemüse bewahrt. Voraussetzung ist allerdings, daß das Gemüse erst dann in den Topf geworfen wird, wenn darin reichlich Salzwasser brodelnd kocht – es muß so stark kochen, daß es nicht sofort abkühlt, wenn das Gemüse eingefüllt wird, beziehungsweise rasch wieder zum Kochen gebracht werden kann. Der Topf darf nicht mit einem Deckel verschlossen werden.

Natürlich muß Gemüse zuvor geputzt und zugerichtet werden (siehe die Seiten 36 bis 41). Manche Sorten sind dabei diffizil: Sie verfärben sich grau oder braun, sobald sie mit Luft in Berührung kommen, zum Beispiel Sellerie oder Schwarzwurzeln und Artischocken. Um das zu verhindern, reibt man sie entweder sofort mit Zitronensaft ein oder legt sie in Zitronenwasser. (Aber bitte nicht im Wasser liegen lassen, dann laugt das Gemüse aus und verliert alle Vitamine.) Diese Sorten werden dann auch in Zitronenwasser gegart oder – falls kein starker Zitronengeschmack erwünscht ist – in einem Sud aus (auf einen Liter gerechnet) Wasser, 1 Teelöffel Salz, dem Saft einer halben Zitrone und jeweils einem Eßlöffel Öl und Mehl. Das Öl und Mehl bilden dann während des Garens einen Schutzmantel, der weiteres Braunwerden verhindert.

Gekochtes Gemüse kann man nun „englisch", also nur mit etwas Butter überglänzt, servieren. Meist wird es jedoch weiter verarbeitet; so wird zum Beispiel Blumenkohl oder Brokkoli mit einer Béchamel- oder Sauce Hollandaise begossen, Sellerie zu Püree zerkleinert, Rote Bete als Salat angerichtet und Lauch mit Käse überbacken oder püriert. Wichtig in jedem Fall: das Gemüse nur so lange kochen, daß es den Zähnen noch deutlich Widerstand bietet. Wie lange Gemüse kochen muß, um gar zu sein und die richtige Konsistenz zu erreichen, hängt hauptsächlich von seinem Alter ab. Frisch gepflückte, junge Böhnchen, die gerade etwa 6 Zentimeter und nicht länger sind, müssen bereits nach 4 Minuten abgegossen werden, während Sie ältere Exemplare bis zu 30 Minuten und mehr kochen können – und dann sind sie möglicherweise immer noch zäh. Wenn Sie gekochtem Gemüse seine leuchtende Farbe erhalten wollen, müssen Sie es, wie gesagt, abkühlen. Damit es dann aber dennoch als heiße Beilage auf den Tisch gelangt, schwenken Sie es in heißer Butter. Bei dieser Gelegenheit versehen Sie es auch mit der nötigen Würze: Seien Sie mit Salz sparsam – es wurde ja in gesalzenem Wasser gegart –, dafür aber großzügig mit Pfeffer, frisch gemahlenem, versteht sich, und fügen Sie außerdem je nach Geschmack geriebene Muskatnuß, einen Hauch Cayennepfeffer oder Delikateßpaprika hinzu, oder streuen Sie verschwenderisch frische Kräuter darüber.

Pikanter und ungewöhnlicher sind gekochte Gemüse, mit einer leichten Vinaigrette angemacht: Salz, Pfeffer aus der Mühle und aromatischen Essig mit kaltgepreßtem Olivenöl kräftig verquirlen, bis eine cremige Emulsion entsteht. Das abgetropfte heiße Gemüse darin wenden. Sofort auftragen – der Kontrast zwischen heiß und kalt ist besonders reizvoll.

Eine erfrischende Vorspeise ist:

Gemüse
à la Grècque

Zutaten für 500 g Gemüse (Lauch, Champignons, Möhrenstreifen, Artischockenherzen, Blumenkohlröschen, junge kleine Zwiebeln usw.), geputzt gewogen:
⅛ l Olivenöl · ¼ l trockener Weißwein
½ Tasse kräftige Kalbsbrühe (siehe Seite 85) · Saft von 1–2 Zitronen · 1 TL Salz
1 EL weiße Pfefferkörner · ½ EL Korianderkörner · 1 kleiner Thymianzweig
einige Knoblauchzehen.

Dies alles in einen passenden Topf füllen und 10 Minuten kräftig kochen, bis sich das Öl mit der Flüssigkeit zu einer Emulsion verbindet. Dann das blanchierte, in Stücke geteilte Gemüse darin auf mittlerer Hitze al dente kochen. Im Sud abkühlen und durchziehen lassen.

1   Möglichst junge, dünne, frische Bohnen wählen (z. B. Kenia-Bohnen). An beiden Enden die Spitzen abknipsen. Waschen.

2   In einem großen Topf reichlich Wasser aufkochen. Dann erst kräftig salzen. Die Bohnen hineinwerfen. 6–8 Minuten kochen.

3   Abgießen. Sofort in eine Schüssel oder ins Spülbecken geben, das mit eiskaltem Wasser und Eisstückchen gefüllt ist.

4   Im selben Topf Butter schmelzen, aufschäumen, nicht braun werden lassen. Die Bohnen darin schwenken. Salzen und pfeffern.

Gedünstetes und geschmortes Gemüse

Dünsten ist Garen mit möglichst wenig Flüssigkeit. Es ist eine besonders schonende Zubereitungsart, weil die Vitamine und Mineralstoffe dabei weitgehend erhalten bleiben. Außerdem wird Aroma und Geschmack nicht nur bewahrt, sondern sogar verstärkt; denn das Dünsten geschieht in einem Topf, der mit einem genau passenden Deckel so dicht wie nur irgend möglich verschlossen wird, so daß nichts entweichen kann. Junges, zartes Gemüse ist hierfür ganz besonders geeignet.

Das geputzte, zerkleinerte Gemüse kommt in einen Topf, der einen dicken Boden haben soll und dadurch die Hitze gleichmäßig verteilt. Es wird in geschmolzener Butter unter vorsichtigem Wenden geschwenkt – angedünstet –, dabei soll langsam das im Gemüse enthaltene Wasser austreten, das später, sobald der Topf verschlossen wird, dafür sorgt, daß das Gemüse von Feuchtigkeit benetzt wird: Es steigt als Dampf hoch, kondensiert am Topfdeckel und tropft wieder herab. Die Hitze exakt zu dosieren, damit sich tatsächlich der erforderliche Dampf entwickelt und nicht zum Beispiel der Gemüsesaft am Boden karamelisiert und dadurch ansetzt, erfordert sicherlich einige Übung. Sie läßt sich nicht in genauen Herdeinstellungen angeben, weil jeder Herd anders reagiert. Aber Sie werden es selbst rasch herausfinden: Bei zu hoher Temperatur bäckt das Gemüse an und bei zu niedriger zerfällt es und wird breiig. Natürlich kann man zum Andünsten auch Olivenöl verwenden, Gänse- oder Schweineschmalz und – falls bei älterem, nicht mehr ganz so saftigem Gemüse nicht genügend Wasser austritt – es mit etwas Wein, Wasser oder Brühe besprenkeln. In jedem Fall das Salzen nicht vergessen. Sonst schmeckt jedes Gemüse fad. Selbstverständlich sind auch andere Gewürze erlaubt: Pfeffer aus der Mühle, etwas milder Paprika, für alle, die's schärfer mögen, Cayennepfeffer, Muskat, Thymian – je nach Gemüsesorte auch eine Prise Zucker.

Das gedünstete Gemüse kann, wie es ist – natürlich so gegart, daß es noch „Biß" hat, also al dente –, als Beilage zu Fleisch, Fisch oder Geflügel gereicht werden. Sie können es anschließend noch mit einem Schuß Sahne verfeinern oder Crème fraîche hineinrühren.

Eine Variation zum Dünsten ist das Schmoren von Gemüse. Hierfür gelten im Grunde die gleichen Regeln, wie für das Schmoren von Fleisch (siehe Seite 182): Das Schmoren erfordert Zeit und viel Fett. Man verwendet deshalb zum Schmoren kein zartes, junges Gemüse, sondern eher ausgewachsene, deftige Sorten: Kohl aller Art, vom Winter-Wirsing bis zum Weiß- und Rosenkohl, aber auch – und das schmeckt besonders gut – Salat. Hierzulande relativ unbekannt, aber bei unseren französischen Nachbarn sehr beliebt ist geschmorter Kopf- oder Endiviensalat.

In jedem Fall wird fürs Schmoren jegliches Gemüse zuvor blanchiert (siehe Seite 234). Dadurch werden bei älterem Gemüse vorhandene Bitterstoffe entzogen und das Gemüse behält so eine appetitlichere Farbe.

In einem schweren Schmortopf wird dann reichlich Fett erhitzt – Butter, Olivenöl, Schmalz oder ausgelassener Speck. Eine feingehackte Zwiebel wird angedünstet und – je nach dem, welches Gemüse geschmort werden soll – zusätzlich eine zerdrückte Knoblauchzehe oder sogar fein gewürfeltes Suppengrün. Das in Stücke geteilte Gemüse sodann darin anschwitzen. Nun reicht das im Gemüse enthaltene Wasser nicht mehr aus, man gießt mit Brühe (am besten mit einem kräftigen Kalbsfond, siehe Seite 85), Wein oder Wasser auf, jedoch nicht mehr, als nötig ist, damit das Gemüse zu einem Viertel davon bedeckt ist. Damit es oben nicht austrocknet, deckt man es mit Alufolie ab, und zwar mit einem kreisrund zugeschnittenen Stück, das dem Topfdurchmesser entsprechen sollte. In die Mitte schneidet man ein fünfmarkstückgroßes Loch. Dadurch kann dann beim Schmoren – nachdem der Topf wieder gut mit einem Deckel verschlossen wurde – die Flüssigkeit als Dampf emporsteigen und tropft nur an den Rändern auf den Topfboden zurück. Das Gemüse wird auf diese Weise nur von unten benetzt. Die Oberfläche bekommt eine goldbraune Farbe.

1 Für vier Personen zwei Endiviensalate gründlich waschen. Längs vierteln, so, daß die Blätter am Strunk zusammenhängen.

1 Den Spinat sorgfältig waschen, am besten mehrmals, damit garantiert kein Sand mehr dazwischen sitzt. Die Stiele abknipsen.

2 In einem Schmortopf Olivenöl und Butter erhitzen. Eine feingehackte Zwiebel und Knoblauchzehe andünsten. Endivie zufügen.

2 In einem geräumigen Topf 1 bis 2 Eßlöffel Butter aufschäumen lassen. Spinat hineingeben, salzen, pfeffern, mit Muskat würzen.

3 Brühe auffüllen. Mit einem Stück Folie abdecken, den Topf verschließen und im Ofen bei 180° C 40 Minuten schmoren.

3 Im gut verschlossenen Topf 5 Minuten zusammenfallen lassen. Vorsichtig wenden. Weitere 3 Minuten schonend dünsten.

Gemüsepürees

Der Gastrosoph und Feinschmecker Carl Friedrich von Rumohr, ein Zeitgenosse des auch zu seinen Lebzeiten immer berühmteren französischen Kollegen Brillat Savarin, hat bereits vor fast 200 Jahren gewettert: „Man pflegt heutzutage den meisten aus Pflanzenstoffen bereiteten Gerichten den Namen Gemüse zu geben. Ich denke, weil man sie meist in musartigem Zustande aufträgt." Damals wurde Gemüse stets so lange gekocht, bis ein gleichförmiger Brei entstanden war – der natürlich nur nach dem schmeckte, womit man ihn würzte.

Von solchen Pürees soll hier jedoch keine Rede sein. Heutzutage haben wir es besser: Uns stehen Mixer, Zerkleinerungsapparate und Fleischwolf zur Verfügung. Man muß deshalb Gemüse nicht mehr zum Püree zerkochen, sondern kann es roh fein zerkleinern.

Nun werden Sie fragen, warum Sie unbedingt Gemüse in winzige Stückchen hacken sollen, wo wir doch alle froh sind, daß endlich auch hierzulande beispielsweise Spinat als Blattspinat sich auf unseren Tischen Platz verschafft hat und nicht mehr als Brei serviert wird?

Antwort: Sie müssen keineswegs ab sofort sämtliche Gemüse pürieren! Aber für einige Sorten ist es eine reizvolle und oft auch bekömmlichere Zubereitung. Denn heutzutage, in der modernen gesundheits- und schlankheitsbewußten Küche, zerkochen wir kein Gemüse mehr zu Brei. Wir lassen es nicht zu weich werden, schätzen es mit „Biß". Jedoch liegen manche Gemüsesorten dann ein bißchen schwer im Magen. Sie sind wegen ihrer festen Struktur nicht sehr leicht verdaulich. Zerkleinert man sie nun im Mixer, mit dem Pürierstab des Handmixers oder indem man sie durch den Fleischwolf dreht, wird das Gewebe aufgeschlossen und sanfter in der Konsistenz. Zudem werden auf diese Weise die Aromastoffe besser freigesetzt: Das Gemüse schmeckt so viel voller und würziger nach dem, wonach es schmecken soll: nach Gemüse. Und ein dritter Punkt: Gemüsepüree wird als Beilage serviert. Wenn es nun beispielsweise zu einem kernigen Stück Fleisch gereicht wird, ergibt sich ein hübscher Kontrast.

Selbstverständlich sollten Sie zartes, junges Gemüse lieber kurz gedünstet oder rasch abgekocht essen. Aber Sellerie zum Beispiel, Rote Bete, die Stiele von Brokkoli, nicht mehr ganz junge Möhren oder Rosenkohl – all diese Sorten gewinnen sehr durchs Pürieren. In jedem Fall geht das so vor sich: Das geputzte, in Stücke geschnittene Gemüse wird in wenig gesalzenem Wasser sprudelnd knapp gar gekocht und abgetropft. Anschließend wird es im Mixer oder im Zerhacker so fein zerkleinert, daß noch ein bißchen Struktur erkennbar bleibt, dann mit Sahne aufgefüllt, bis es die gewünschte Konsistenz erreicht hat und mit Salz, Pfeffer aus der Mühle und, je nach Sorte, mit Cayennepfeffer oder Muskat abgeschmeckt. Zum Schluß können Sie mit dem Schneebesen noch ein Stück eiskalter Butter hineinarbeiten.

Aber nicht alle Gemüsesorten sind pur, also unvermischt als Püree ein Genuß. Lauch zum Beispiel ist zu wasserhaltig, als daß er genügend binden kann; Sellerie ist zu streng im Geschmack. Man vermischt sie dann entweder mit etwas gekochter Kartoffel oder Reis – und nimmt soviel davon, daß das Püree eine gebundene Konsistenz bekommt.

Sehr köstlich sind auch Pürees aus getrockneten Hülsenfrüchten, die sich durch ihre mehlige Beschaffenheit besonders gut aufschließen. Für ein Püree aus Linsen, weißen Bohnen und gelben oder grünen (getrockneten) Erbsen kocht man sie zunächst wie für jeden dicken Eintopf (siehe Seite 80 und 81) und püriert sie dann im Mixer oder mit dem Pürierstab des Handmixers. Ein solches Püree wird besonders mild, wenn man es nicht nur mit Sahne aufschlägt, sondern ganz zum Schluß noch ein Eigelb unterrührt.

Grüne Bohnen sind leider nicht immer so jung und frisch zu bekommen, wie man sich das wünscht. Bereiten Sie dann ein Püree daraus: zuerst in sprudelnd kochendem Salzwasser – je nach Alter – 8 bis 12 Minuten garen, abgießen und in eisgekühltem Wasser abschrecken. Anschließend durch die feine Scheibe des Fleischwolfs drehen und mit etwas Sahne oder Crème fraîche aufschlagen, kurz einkochen und abschmecken.

1 Für das Selleriepüree den geputzten, geschälten und in Stücke geschnittenen Sellerie mit geschälter Kartoffel (2:1) weichkochen.

2 Abgießen und gut ausdampfen lassen. In den Mixer füllen und auf hoher Geschwindigkeit fein zerkleinern. In eine Kasserolle geben.

3 Auf milder Hitze nochmals ausdampfen lassen. Mit Sahne oder Crème fraîche verrühren und einköcheln. Abschmecken.

1 Für ein Rosenkohlpüree den Rosenkohl putzen. In sprudelnd kochendem Salzwasser 10 Minuten garen, abgießen und abkühlen.

2 Durch die feinste Scheibe des Fleischwolfs drehen und in einen Topf füllen. Mit Crème fraîche auffüllen. Cremig einkochen.

3 Das Püree mit Salz, frisch gemahlenem Pfeffer, Muskatnuß und etwas Cayennepfeffer abschmecken. Eiskalte Butter einarbeiten.

Artischocken

Es handelt sich hierbei um die Blütenköpfe der Artischockenpflanze, einem Mitglied der weitverzweigten Distelfamilie. Ursprünglich waren Artischocken in Nordafrika zu Hause. Aber schon seit mehr als 300 Jahren sind sie in Italien und Frankreich ein beliebtes und keineswegs ungewöhnliches Gemüse, während sie hierzulande immer noch den Hauch des Luxuriösen tragen. Sie sind hier nur selten so preiswert wie in unseren Nachbarländern zu bekommen. Eßbar an dem stacheligen Blätterkopf sind nur die fleischigen unteren Enden der Blätter und der Boden. Alles übrige wird fortgeworfen. Eingeführt werden bei uns hauptsächlich zwei Sorten: die dicken, männerfaustgroßen Artischocken aus der Bretagne und aus Israel sowie die kleinen, länglich geformten aus Italien, Israel oder Südfrankreich. Von den bretonischen genügt ein Exemplar pro Person für eine üppige Vorspeise. Man serviert sie gekocht, kalt oder heiß. Die kalten mit einer kalten Sauce, die heißen mit einer heißen Sauce. Die klassischen Zubereitungsarten sind: kalt mit einer cremig aufgeschlagenen Vinaigrette (siehe Seite 257) und heiß mit Sauce Hollandaise, Béarnaise oder Mousseline (siehe Seite 87 ff.). Die kleinen Artischocken kann man natürlich genauso anrichten. Man rechnet zwei pro Person.

Man serviert die Artischocken auf einem Teller, und jeder Gast nimmt sich von der Sauce nach Belieben. Die Blätter werden dann von unten her abgezupft, in die Sauce gestippt und abgelutscht, wobei man mit den Zähnen das Fleisch abnagt. Zum Schluß bleibt der Boden zurück, der mit einer dichten „Heu"-Schicht bedeckt ist. Diese wird mit den Fingern oder – feiner – mit Messer und Gabel abgehoben, und dann wird der besonders leckere Boden mit Messer und Gabel verzehrt. Da man also auch mit den Fingern ißt, sind natürlich Fingerschalen und große Servietten unerläßlich. Außerdem sollte ein Teller für den Abfall, der sich beim Essen ansammelt, bereit stehen.

Wenn Sie Artischocken kaufen, seien Sie bitte wählerisch. Lassen Sie alles liegen, was welk und schlaff ist und was bereits braune oder gar angetrocknete, gedörrte Blätter hat. Artischocken müssen sich prall und fest anfühlen.

Sie müssen leuchtend grün, die kleinen an den Spitzen ins Lila spielend, sein, und sie müssen einen festen Stiel haben. Artischocken ohne Stiel sollten Sie nicht kaufen. An ihm läßt sich ihr Alter sehr gut ablesen. Er wird rasch schlaff und läßt sich biegen. Die Artischockenblätter sollten sich eng aneinanderliegend nach oben schließen. Bereits geöffnete, sich nach außen wölbende Blattspitzen deuten darauf hin, daß die Früchte zu spät geerntet wurden: Ihr Boden ist strohig geworden, die Blüte hat begonnen, sich zu entwickeln.

Vor dem Kochen werden Artischocken geputzt und zugerichtet. Daß man dabei mit einer Küchenschere die Blattspitzen kappt, ist heutzutage im Grunde nicht mehr nötig, denn diese Sitte stammt noch aus Zeiten, als sie dornig und so spitz waren, daß man sich beim Verspeisen daran verletzen konnte. Bei den modernen Züchtungen kommen diese Spitzen nicht mehr vor. Aber es sieht appetitlicher aus. Wir zeigen Ihnen deshalb im nebenstehenden Kurs trotzdem, wie man's macht. Ganz wichtig dabei ist, daß die Schnittstellen unverzüglich mit Zitronensaft bestrichen werden. Sonst färben sie sich dunkelbraun und das sieht weniger gefällig aus. Der Stiel wird herausgedreht – nicht abgeschnitten, denn dabei werden die festen Fasern, die in den Boden eingewachsen sind, ebenfalls herausgedreht.

Dann die Artischocken in leicht mit Zitronensaft und etwas Salz versetztem Wasser gar kochen. Aber bitte nicht zu lange. Es sollen sich die Blätter nicht – wie leider oft behauptet – leicht herausziehen lassen, sondern eher mit einem kurzem Ruck abgebrochen werden.

Kochen Sie Artischocken niemals in einem Aluminiumtopf! Nicht nur das Gemüse, sondern auch der Topf läuft kohlrabenschwarz an. Die Artischocken sind dann wahrlich kein Genuß mehr (sie schmecken nach Metall) und Ihr Topf ist ruiniert. Sie bekommen ihn mit dem stärksten Scheuersand nicht mehr blank. Natürlich werden Artischocken vor dem Zubereiten gründlich gewaschen. Das ist ein wenig schwierig, weil die Blätter ja dicht geschlossen sind. Lassen Sie kaltes Wasser in starkem Strahl von oben dazwischen laufen, und schütteln Sie es immer wieder nach unten aus.

1   Als erstes mit einer Drehbewegung den Stiel aus dem Boden herausbrechen. Mit einer Küchenschere die Blattspitzen kappen.

2   Dann mit einem großen Messer quer die Artischockenspitze abschneiden. Alle Schnittflächen sofort mit Zitronensaft gut einreiben.

3   Auch die Stielseite glatt beschneiden. Dabei die kleinsten untersten Blättchen ebenfalls entfernen, die ohnehin nicht fleischig sind.

4   Die Stielseite mit einer Zitronenscheibe abdecken. Mit Küchenzwirn festbinden. So kann sich auch diese Stelle nicht verfärben.

Artischocken-böden

Das Beste an der Artischocke ist ihr Boden: das, was übrigbleibt, wenn man alle Blätter entfernt hat. Er ist von einer grasigen Schicht bedeckt, die immer strohiger wird, je größer und älter die Artischocke ist. Man nennt dieses Gras „Heu". Es wird abgekratzt oder abgeschnitten, dann präsentiert sich der fleischige Boden. Bei den großen Artischocken aus der Bretagne sind sie oft bis zu handtellergroß – ideal geeignet, um gefüllt zu werden. Die Böden der kleineren Exemplare aus Italien dagegen erreichen meist nicht mehr als Fünfmarkstückgröße. Ihr Heu ist noch so zart, wie Flaum, daß man es unbesorgt mitessen kann. Man läßt deshalb beim Schälen die durch und durch fleischigen innersten Blättchen ebenfalls dran – der Boden wird dann seiner Form entsprechend „Herz" genannt.

Die geräumigeren Böden bieten viel Platz für ein kleines Ragout, zum Beispiel aus Brieswürfeln in einer sanften hellen Sauce oder Spargelspitzen mit jungen Erbsen in Sahne. Man kann gedünstete Champignons mit einer Farce aus püriertem Ochsenmark, mit Ei und Semmelbröseln vermischt und kräftig mit Salz, Pfeffer, Muskat und Cayenne gewürzt, darauf geben und unter dem Grill überbacken, bis das Mark schmilzt. Oder die Böden mit einem Püree aus Kalbshirn mit Eigelb, frischen Kräutern und etwas frisch geriebenem Parmesan bestreichen. Alles hübsche Ideen für eine Vorspeise oder ein kleines Zwischengericht. Oder man püriert die Böden und vermischt sie mit mehligen zerdrückten Kartoffeln. Dieses Püree mit einem Eigelb, etwas Sahne und einem Stück eiskalter Butter aufschlagen.

In jedem Fall werden dafür die Böden, wie im Kurs gezeigt, ausgelöst und gar gekocht. Artischockenherzen schmecken am besten in einem Fond aus trockenem Weißwein, Olivenöl und Koriandersamen, Fenchelsamen und Pfefferkörnern gekocht, zusammen mit dünnen Scheiben von Möhren, kleinen Zwiebeln oder Schalotten und Knoblauchzehen. Diese kleinen Artischocken werden im Prinzip ebenso geschält wie große, nur bleibt der Stiel daran.

1 Mit einem scharfen Messer alle Blätter abschälen. Abschneiden, so daß das Fleisch der Artischocke, der Boden, übrigbleibt.

4 Den Artischockenboden unverzüglich mit einer halbierten Zitrone rundum kräftig einreiben, damit er sich nicht braun verfärbt.

7 Die Böden darin je nach Größe 15 bis 20 Minuten garen. Herausheben und in klarem Wasser abspülen und kühlen.

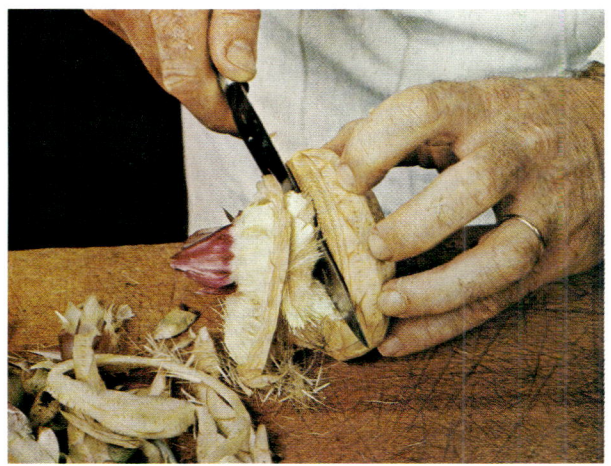

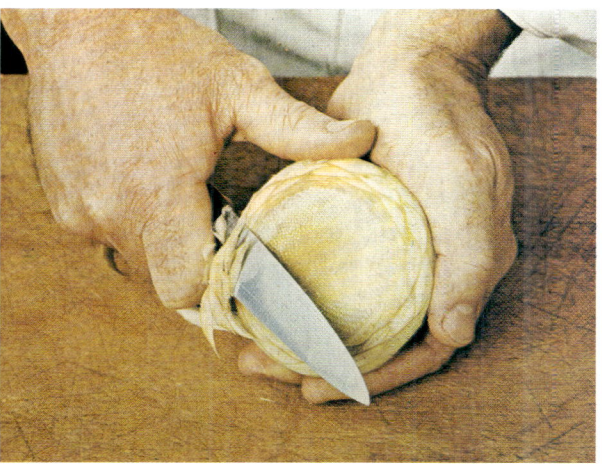

2 Nun auch die feinen, oft lila gefärbten und strohigen Herzblättchen mit einem Messer abschneiden, dabei auch das Heu entfernen.

3 Den so freigelegten Boden mit einem Messer sauber zurechtschneiden, damit er rundum eine gleichmäßige Form bekommt.

5 Anschließend bis zur Weiterverwendung in kräftig mit Zitrone gewürztem Wasser aufbewahren. Jedoch nicht zu lange darin lassen.

6 Für den Kochsud einen Liter Wasser, einen Teelöffel Salz, den Saft einer Zitrone und je einen Eßlöffel Öl und Mehl aufkochen.

Diesen hier beschriebenen Kochsud verwendet man auch, wenn man beispielsweise Schwarzwurzeln oder Selleriescheiben garen möchte und Wert darauf legt, daß sie schön weiß bleiben. Zwar bewirkt Zitronensaft allein schon, daß die durch den Kontakt mit der Luft unweigerlich entstehende Braunfärbung vermieden wird. Der Sud aus Mehl, Öl und Zitronensaft legt sich jedoch viel mehr noch wie ein schützender Mantel um das zu garende Gemüse und erhält es deshalb garantiert weiß (oder wie hier, im Fall der Artischocken, zartgrün).

8 Ein solcher Sud verhindert zusätzlich jegliches Verfärben und erhält den Artischockenböden beim Kochen ihre zart gelbgrüne Farbe.

Pilze

Früher galten Champignons als Delikatesse, die nur fürstliche Tafeln zierte. Das war zu Zeiten, als es dem Zufall überlassen blieb, ob man im späten Sommer auf den Wiesen welche fand. Inzwischen werden diese weißen, wohlschmeckenden Pilze in großen Mengen gezüchtet. In warmen, dunklen Kellern sprießen sie so üppig, daß sie heute ein wahrhaft preiswertes Gemüse geworden sind. Und langsam kommen auch zu uns die noch wohlschmeckenderen (ebenfalls gezüchteten) Vettern auf die Märkte: die Waldchampignons, auch Egerlinge oder Champignons de Paris genannt. Sie haben einen bräunlichen Hut und sehen deshalb nicht ganz so appetitlich aus. Aber das Aussehen trügt: Sie schmecken noch aromatischer und voller als die weißen. Champignons sind unendlich vielseitig: Man kann sie als Würze in Suppen und Saucen verwenden, sehr fein gehackt als Zutaten in einer Farce oder im Pasteten-Fleischteig. Man kann sie in einer Sahnesauce als Ragout, als Gemüsebeilage oder auch roh im Salat verwenden.

Anders dagegen die wilden Waldpilze, die nach warmem Sommerregen aus dem bemoosten Waldboden sprießen. Sie sind unberechenbar und bis heute nicht zu züchten. Man sagt vielerorts, die üppigen Vorkommen von früher seien durch Umweltverschmutzung reduziert. Wahrscheinlicher ist jedoch, daß heute eine viel größere Anzahl von Feinschmeckern hinter ihnen her ist, und deshalb bleibt das Angebot begrenzt. Waldpilze schmecken am besten pur, geputzt, große Exemplare in Stücke geschnitten, kleinere halbiert oder geviertelt und mit einer feingehackten Zwiebel in Butter gedünstet, mit etwas Sahne vollendet, mit Salz und Pfeffer gewürzt und mit frischer Petersilie bestreut – das ist der reinste Genuß. In jedem Fall werden Pilze etwa gleich vorbereitet: mit einem spitzen Messer den Stiel kappen und alle anhaftende Erde abkratzen. Älteren Pilzen zieht man die Haut ab. Diese Abfälle – bis auf die Erde – jedoch nicht wegwerfen; sie kommen in die Brühe und teilen dieser ihr Aroma mit. Pilze sollte man nur wenn unbedingt nötig waschen und wenn, dann rasch. Auf keinen Fall im Wasser liegen lassen, sie saugen sich voll wie ein Schwamm und verlieren jeglichen Geschmack. Besser ist es, wenn man die Pilze nur mit Küchenpapier abwischt und sauber tupft. Champignons verfärben sich, sobald sie aufgeschnitten mit Luft in Berührung kommen. Um das zu verhindern, beträufelt man sie sofort mit Zitronensaft.

Pilzkuchen

Zutaten für 4 bis 6 Personen:
1 kg Pilze, geputzt gewogen
3 Zwiebeln · 1 Knoblauchzehe · 2 EL Butter · 2½ Brötchen vom Vortag · Milch zum Einweichen · 2 Eier · 1 Eigelb · 3 EL frisch geriebener Parmesan · wenig Mehl
1 Bund Petersilie · 2 EL Kerbelblättchen abgeriebene Schale einer halben Zitrone Salz · Pfeffer aus der Mühle · frisch geriebene Muskatnuß · 1 TL Pastetengewürz Cayennepfeffer · Butter zum Einfetten.

Die Pilze fein hacken. Zwiebeln und Knoblauchzehe schälen und ebenfalls sehr fein zerkleinern. Die Butter in einer großen Pfanne aufschäumen lassen, die Zwiebeln und Knoblauchzehe darin weich dünsten, aber keine Farbe annehmen lassen. Die Pilze zufügen, so lange braten, bis alle ausgetretene Flüssigkeit verdampft ist. Abkühlen lassen. Unterdessen die Brötchen in Milch einweichen, dann gut ausdrücken und mit den Pilzen vermischen. Die Eier und das Eigelb zufügen und mit Parmesan zu einem geschmeidigen, aber nicht zu festen Teig verrühren. Falls der Teig zu flüssig sein sollte, mit wenig Mehl binden. Die Petersilie und Kerbelblättchen fein hacken. Unter den Teig heben. Mit Zitronenschale, Salz, Pfeffer, Muskat, Pastetengewürz und Cayennepfeffer kräftig abschmecken. Diese Masse in eine großzügig ausgebutterte Kastenform füllen und glattstreichen. Die Form in die mit kochendem Wasser gefüllte Fettpfanne stellen. Mit Alufolie (glänzende Seite nach unten) abdecken. Im auf 200° C vorgeheizten Backofen in etwa 40 Minuten fest werden lassen. Den Pilzkuchen etwas auskühlen lassen, stürzen und quer in Scheiben schneiden. Mit Madeirasauce (Seite 229) auftragen.

1 Beim Einkaufen darauf achten, daß die Pilze frisch sind und sich fest anfühlen. Dann mit einem Messer die Füßchen abschneiden.

2 Die Pilze mit Küchenpapier sauberreiben. Wenn nötig müssen sie allerdings gewaschen werden, in klarem kaltem Wasser.

3 Dabei die Pilze rasch zwischen den Händen reiben und unverzüglich in ein Sieb geben. Niemals im Wasser liegen lassen!

4 So werden Champignons „blättrig" geschnitten: die Pilze der Länge nach, also parallel zum Stiel, in sehr dünne Scheibchen teilen.

5 Die „Blätter" in eine Schüssel füllen und, damit sie sich nicht beim Kontakt mit der Luft verfärben, mit Zitronensaft beträufeln.

6 Um die Pilze in Stifte zu teilen, schneidet man die Hüte quer in Scheiben, diese längs in Stäbchen. Nach Rezept grob oder fein hacken.

Gefüllte Tomaten

Tomaten sind Sonnenfrüchte, der Inbegriff des Sommers. Prall müssen sie sein, leuchtend rot und fest- und dickfleischig. Deshalb ist es ein unbegreiflicher Unfug, warum ausgerechnet im sonnenarmen Holland in aufwendigen Treibhausanlagen mit viel Kosten produziert wird, was unter weitaus glücklicheren Bedingungen in südlicheren EG-Ländern schmackhafter anzubauen wäre. Jahrzehntelang überschwemmten den bundesdeutschen Markt jene wässrigen, sauren, kugelrunden Früchte, die nach nichts schmeckten, eine kunststoffartige Haut hatten und den Namen Tomate durch nichts verdienten. Es gibt sie immer noch – aber sie sind offenbar gottlob rückläufig in der Nachfrage. Denn sogar aus Holland werden allmählich Steigen mit sogenannten Fleischtomaten importiert. Aber Vorsicht: Auch sie haben nicht sehr viel gemein mit dem, was im August aus hiesigen Gärtnereien kommt oder aus Italien und Marokko eingeflogen wird. Ohne Sonne kann eine Tomate nicht jenes verlockend süße Aroma haben und nicht das kräftige, ganz dicke Fleisch, das nur wenig Kerne umschließt.

Das beste der Tomate ist ihr Fleisch. Kerne und Fruchtwasser werden stets vor dem Verarbeiten entfernt (siehe Seite 41). So entsteht Raum für ein schmackhaftes „Innenleben": eine Füllung aus Fleisch, Ei oder anderen Gemüsen. So wird aus Tomaten ein herrliches, vollständiges Gericht für eine leichte sommerliche Mahlzeit, ein Abendessen oder eine Vorspeise. Verwenden Sie für gefüllte Tomaten möglichst gleich große und gleichmäßig geformte Früchte. Rechnen Sie als Vorspeise eine pro Person und als Hauptmahlzeit zwei.

Zutaten für 4 Personen:
4 gleich große, reife Fleischtomaten · Salz
½ Brötchen · 250 g gemischtes Hackfleisch
1 Zwiebel · 1 Knoblauchzehe · 1 EL Butter · 1 Ei · Pfeffer aus der Mühle · Delikateßpaprika · Worcestersauce · abgeriebene Schale einer halben Zitrone · 2 EL fein gehackte Petersilie · Butter zum Einfetten der Form · Olivenöl zum Bepinseln.

Den Blütenkelch der Tomaten herausschneiden. Oben einen Deckel abschneiden. Mit einem Löffel Kerne und Zwischenwände herausheben. Das Innere mit Salz ausstreuen. Die Tomaten zum Abtropfen kopfüber auf ein Drahtgitter setzen. Unterdessen die Füllung vorbereiten. Dafür das Brötchen in Wasser einweichen, anschließend gut ausdrücken und mit dem Hackfleisch in eine Schüssel geben. Die Zwiebel und Knoblauchzehe schälen und sehr fein hacken. In der heißen Butter weich dünsten, keine Farbe annehmen lassen. Abgekühlt zum Hackfleisch geben. Mit dem Ei zu einem geschmeidigen Teig verarbeiten. Mit Salz, Pfeffer, Paprika, Worcestersauce und Zitronenschale würzen. Die Petersilie untermischen. Diese Farce in die vorbereiteten Tomaten füllen, dabei ruhig aufhäufen, aber gut zusammendrücken, damit die Füllung nicht beim Garen auseinanderfällt. Die Kappe wieder obenauf setzen. Eine passende feuerfeste Form großzügig mit Butter ausstreichen. Die Tomaten dicht nebeneinander hineinsetzen. Mit Olivenöl bepinseln. Im auf 200° C vorgeheizten Backofen etwa 30 Minuten backen.

Tomaten
mit Kräuterfüllung

Zutaten für 4 Personen:
4 gleich große, reife Fleischtomaten · Salz
2 große mehlige Kartoffeln · 6 EL frische gehackte Kräuter (Petersilie, Dill, Estragon, Basilikum, Kerbel) · 3 EL Sahne
Pfeffer aus der Mühle · 1 Eigelb · Cayennepfeffer · Worcestersauce · frisch geriebene Muskatnuß · Butter zum Ausfetten der Form · Olivenöl zum Bepinseln.

Die Tomaten, wie im Grundrezept gezeigt, vorbereiten und salzen. Für die Füllung die Kartoffeln in der Schale weich kochen. Schälen und mit einer Gabel zerdrücken. Die Kräuter und die Sahne unterrühren. Mit Salz und Pfeffer würzen. Erst wenn die Kartoffeln ein wenig ausgekühlt sind, das Eigelb unterziehen. Die Füllung mit Cayenne, Worcestersauce und Muskat abschmecken. Die Tomaten füllen. In eine gebutterte Form setzen. Mit Olivenöl bepinseln. Im auf 240° C vorgeheizten Ofen 10 bis 15 Minuten backen.

1 Den Blütenstrunk herausschneiden. Auf der gegenüberliegenden Seite eine Kappe abschneiden. Die Tomate aushöhlen.

2 Dabei sollten alle Kerne und Zwischenwände ausgelöst werden. Das Innere salzen. Die Tomaten kopfüber abtropfen lassen.

3 Die unterdessen vorbereitete Füllung in die Tomaten streichen, dabei gut festdrücken, damit sie beim Backen nicht auseinanderfällt.

4 Die zuvor abgeschnittene Kappe schützt die Fülle beim Backen vor dem Austrocknen. Die Tomaten sind in ½ Stunde gar.

Kohlrouladen

*Zutaten für 4 Personen (Riesenroulade):
1 großer Wirsingkopf · 2 Zwiebeln · 2 EL
Butter · 300 g Schweinefleisch aus der
Schulter · 300 g durchwachsener Schweinebauch · 100 g fetter (grüner) Speck
2 Bund krause Petersilie · 1 Brötchen vom
Vortag · Milch zum Einweichen · 1 Ei
Salz · Pfeffer aus der Mühle · Macis (Muskatblüte) · Cayennepfeffer · abgeriebene
Schale einer halben Zitrone · 1 Bund Suppengrün · 2 EL Schweineschmalz
½ l kräftige Fleischbrühe.*

Den Wirsing putzen, dabei vorsichtig die Blätter ablösen. In reichlich Wasser 2 Minuten
kochen, wieder herausfischen und sofort in eiskaltem Wasser abkühlen, damit sie ihre leuchtende Farbe behalten. Abtropfen lassen. Für
die Füllung die Zwiebeln schälen und sehr fein
hacken. In der heißen Butter weich dünsten,
aber nicht bräunen. Zum Abkühlen beiseite
stellen. Das Schweinefleisch in grobe Würfel
schneiden. Vom fetten Speck die Hälfte beiseite legen. Schweineschulter, -bauch und die
Hälfte des Specks mit der Petersilie (ohne
Stiele) in einen Zerhacker füllen und zerkleinern. Unterdessen das Brötchen mit Milch
übergießen und einweichen. Die inzwischen
abgekühlte Zwiebel, das gut ausgedrückte
Brötchen und das Ei zu der zerkleinerten
Fleischmasse geben sowie die aufgezählten
Gewürze. Nochmals kurz durchmixen, bis sich
alles gut vermischt hat und ein weicher Hackfleischteig entstanden ist. Noch einmal
abschmecken. Die Wirsingblätter auf einem
Tuch ausbreiten.
Die Füllung darauf geben. Die Blätter darüber
zusammenschlagen und das Paket mit Küchenzwirn fest verschnüren. Das Suppengrün putzen und klein schneiden. In einem passenden
Schmortopf das Schmalz und den fein gehackten restlichen Speck auslassen. Das Suppengrün darin andünsten. Die Kohlroulade darauf
setzen. Mit Fleischbrühe angießen. Mit Folie
abgedeckt, wie auf Seite 236 beschrieben, im
auf 180° C vorgeheizten Ofen 50 Minuten
schmoren. Auf einer heißen Platte anrichten.
Den Schmorfond um die Hälfte einkochen.
Durch ein Sieb filtern, abschmecken und ein
wenig davon über die Roulade träufeln.

1 Das sind die Zutaten: ein Wirsingkopf,
Zwiebeln, verschiedene Sorten Schweinefleisch, Ei, Petersilie, Brötchen und Gewürze.

4 Das gewürfelte Fleisch mit der Petersilie
im Zerhacker zerkleinern. Brot oder Brötchen
in Milch einweichen und ausdrücken.

7 Die Blätter darüber zusammenschlagen.
Mit Küchenzwirn zu einem Paket verschnüren,
so, daß die Füllung nicht herausquillen kann.

2 Zunächst die Kohlblätter ablösen. Dabei vorsichtig arbeiten, damit sie nicht einreißen. Waschen. Die dicken Rippen flach schneiden.

3 Die Blätter in reichlich sprudelnd kochendem Wasser 2 Minuten kochen, damit sie biegsam werden. Sofort eiskalt abschrecken.

5 Die gedünsteten Zwiebeln, das Brötchen und das Ei zur Hackfleischmasse geben, gut durchmixen und würzen.

6 Die abgetropften Wirsingblätter auf einer mit einem Tuch abgedeckten Arbeitsfläche ausbreiten. Die Füllung darauf geben.

8 In einem Schmortopf gehackten Speck und Schmalz erhitzen. Das Suppengrün andünsten. Die Roulade daraufgeben und begießen.

9 Die fertige Roulade auf einer heißen Platte anrichten. Den Schmorsud einkochen, durch ein Sieb filtern und dazu servieren.

Ob Sie nun eine Riesen-Kohlroulade zubereiten oder in einzelne Blätter etwas Füllung packen und kleine Portions-Rouladen daraus machen – das Prinzip ist stets das gleiche. Sie können natürlich mit den verschiedenen Kohlsorten variieren: Weiß- oder Rotkohl oder – im Frühsommer – zarter Spitzkohl. Das bleibt Ihnen überlassen.

In jedem Fall lohnt es sich, gleich eine doppelte Portion zuzubereiten. Das macht nicht viel mehr Mühe, und der Rest ergibt – eingefroren – später eine blitzschnell zubereitete Mahlzeit. Außerdem wird die Sauce, die hauptsächlich aus dem Schmorsud besteht, dann nur noch besser.

Geschmort wird bei milder Hitze im Ofen, wie auf Seite 236 beschrieben. Dann bleiben die Kohlrouladen saftig und bekommen eine schöne goldene Farbe. Die Sauce können Sie pur – nur etwas eingekocht und nachgewürzt – dazu reichen oder mit etwas Sahne zu cremiger Beschaffenheit einkochen.

Weißkohlrouladen

mit Champignonfarce

Zutaten für 4 bis 6 Personen:
1 großer Weißkohlkopf · 2 Zwiebeln · 2 Knoblauchzehen · 250 grüner (fetter) Speck · 200 g Schweinefilet 400 g Champignons · 1 Eigelb · Salz · Pfeffer aus der Mühle · 2 Wacholderbeeren 1 gestrichener TL Thymian · 1 TL Pastetengewürz Cayennepfeffer · 1 Suppengrün · 2 EL Butter · ½ l Fleischbrühe · ⅛ l Sahne.

Den Kohlkopf, wie im Kurs gezeigt, vorbereiten, die Blätter ablösen, blanchieren und abtropfen lassen. Für die Farce die Zwiebeln und Knoblauchzehen schälen. Grob zerteilt in den Zerhacker füllen und so lange mixen, bis alles zu Mus zerkleinert ist. Dann den Speck und das Filet zufügen. Durchmixen. Die Champignons putzen und ebenfalls in den Mixer geben. So lange pürieren, bis sich alles zu einer glatten Masse verbunden hat. Das Eigelb und die im Mörser zerdrückten Gewürze in das Gerät füllen. Durchmixen und abschmecken. Die Kohlblätter auf der Arbeitsfläche ausbreiten. So aufeinander legen, daß man entweder acht Portionsrouladen oder eine Riesen-Roulade formen kann. Die Füllung gleichmäßig verteilen. Die Blätter aufrollen und zusammenbinden.

Das Suppengrün putzen und fein hacken. Die Butter in einem Schmortopf aufschäumen lassen. Das Suppengrün darin andünsten. Die Rouladen anbraten. Mit Fleischbrühe auffüllen. Den Topf in den Ofen schieben. Bei 220° C etwa 35–40 Minuten schmoren (die Riesen-Roulade braucht ca. 50 Minuten). Die Rouladen dann herausnehmen und warm stellen. Den Schmorsud durch ein Sieb filtern und mit der Sahne in eine Kasserolle füllen. Bis zur gewünschten Konsistenz einkochen. Über die Rouladen gießen und sofort auftragen.

Anmerkung: Falls Sie keinen Zerhacker besitzen, müssen Sie das Fleisch durch die feinste Scheibe des Fleischwolfs drehen. Die Pilze sehr fein hacken und die Zwiebeln auf der feinen Reibe zerkleinern.

Rotkohlrouladen

mit Hasenfleischfarce

Zutaten für 4 bis 6 Personen:
1 Rotkohlkopf · 200 g grüner (fetter) Speck · 400 g Hasenfleisch (vom Rücken oder ausgelöste Keule) 200 g Champignons · 1 große Zwiebel · 1 Knoblauchzehe · 1 kleines Ei · 2 EL feingehackte Petersilie 1 TL Pastetengewürz · 1 TL Delikateßpaprika · 1 Messerspitze gemahlene Gewürznelke · 1 Suppengrün 2 EL Öl · ½ l kräftige Fleischbrühe.

Den Kohlkopf wie gezeigt vorbereiten. Die Blätter ablösen, blanchieren und abtropfen lassen. Für die Füllung den Speck und das Hasenfleisch im Zerhacker fein zerkleinern. In eine Schüssel füllen (weil nicht alles im Zerhacker Platz findet). Die Pilze putzen, ebenfalls zerkleinern und zum Fleisch in die Schüssel geben. Die Zwiebel und Knoblauchzehe schälen, pürieren und in die Schüssel füllen. Das Ei, die Petersilie und alle Gewürze zugeben. Mit den Händen oder einem Rührlöffel gründlich verkneten. Nach Belieben portionsweise nochmals in den Zerhacker geben und dort kräftig durchmischen. Diese Füllung auf den vorbereiteten Blättern verteilen. Zu Rouladen rollen. Mit Küchenzwirn zusammenbinden. Das Suppengrün putzen, klein schneiden. In einem Schmortopf das Öl erhitzen, das Suppengrün darin andünsten. Die Rotkohlrouladen darin rundum anbraten.

Mit Brühe auffüllen. Im auf 220° C vorgeheizten Ofen 30 Minuten schmoren. Die Schmorflüssigkeit durch ein Sieb schütten und rasch auf die gewünschte Menge einkochen. Die Rouladen in einer heißen Schüssel anrichten. Mit der Sauce übergießen. Dazu passen Nudeln.

Anmerkung: Feste Kohlköpfe, wie Weiß- oder Rotkohl, sind oft so fest gewachsen, daß sich die Blätter nur schwer ablösen lassen. Dafür gibt's einen Trick: den Kohlkopf am Strunk so abschneiden, daß die äußeren Blätter ebenfalls abgetrennt werden. Den Kopf nunmehr in einen Topf mit kochendem Wasser tauchen. Nach 3 bis 4 Minuten den Kopf herausholen, jetzt läßt sich die erste Blätterschicht abheben. Wiederum den Strunk ein Stück abschneiden und so weiterverfahren, bis genügend Blätter bereit liegen.

Spitzkohl- rouladen

mit Geflügelfarce

Zutaten für 4 Personen:
1 schöner Spitzkohl · 200 g grüner (fetter) Speck · 500 g Geflügelfleisch · 2 Zwiebeln 1 EL Butter · ½ Brötchen vom Vortag · Milch zum Einweichen · 1 Ei · Salz Pfeffer aus der Mühle frisch geriebene Muskatnuß 1 TL Delikateßpaprika abgeriebene Schale einer halben Zitrone · 1 Suppen- grün · 2 EL Butter · 1 EL Öl · ½ l Fleischbrühe (am besten Hühnerbrühe) · 4 cl trockener Sherry.

Den Spitzkohl wie gezeigt vorbereiten, die Blätter ablösen, blanchieren und abtropfen lassen. Für die Füllung den Speck und das Geflügelfleisch im Zerhacker fein pürieren und in eine Schüssel füllen. Die Zwiebeln schälen, sehr fein hacken und in heißer Butter weich dünsten, ohne daß sie bräunt. Das Brötchen in Milch einweichen und gut ausdrücken. Die abgekühlten Zwiebeln, das Brötchen, das Ei und die Gewürze zum Fleisch geben und alles zu einem geschmeidigen Teig vermischen. Nach Belieben portionsweise nochmals in den Mixer füllen und innig vermischen. Diese Farce in die vorbereiteten Kohlblätter wickeln und die Pakete gut verschnüren. Das Suppengrün putzen, klein hacken und im Schmortopf in heißer Butter und Öl andünsten. Die Rouladen darin rundum anbraten. Mit Brühe auffüllen. Im auf 220° C vorgeheizten Ofen 30 Minuten schmoren. Die Röllchen in einer heißen Schüssel warm stellen. Die Flüssigkeit durch ein Sieb filtern, rasch auf die gewünschte Menge einkochen. Zum Schluß den Sherry hineingießen und nochmals abschmecken. Über die Rouladen füllen. Mit Ölkartöffelchen auftragen (siehe Seite 274).

Wirsing- rouladen

mit provenzalischer Lammfarce

Zutaten für 4 bis 6 Personen:
1 großer Wirsingkopf 2 große Zwiebeln · 8 Knoblauchzehen · 500 g Lamm-

fleisch (aus der Schulter) 10 schwarze Oliven · 1 Ei ½ Brötchen vom Vortag Milch zum Einweichen Salz · Pfeffer aus der Mühle 1 TL Herbes de Provence (Kräutermischung) · Cayennepfeffer · abgeriebene Schale einer halben Zitrone 1 Suppengrün · 3 EL Olivenöl · ½ l Fleischbrühe.

Den Wirsing wie gezeigt vorbereiten: die Blätter ablösen, blanchieren und abtropfen. Die Zwiebeln und Knoblauchzehen schälen und im Zerhacker sehr fein pürieren. Das Lammfleisch würfeln und einen Teil davon zusammen mit den Zwiebeln fein zerkleinern. In eine Schüssel füllen. Das restliche Lammfleisch mit den entsteinten Oliven im Zerhacker pürieren. Mit dem übrigen Fleisch vermischen. Das Ei unterziehen. Das Brötchen einweichen, gut ausdrükken und zufügen. Mit den angegebenen Gewürzen abschmecken. Diese Farce sehr gründlich mit den Händen oder portionsweise im Mixer vermischen. Die Wirsingblätter damit füllen, aufrollen und mit Küchenzwirn festbinden. Das Suppengrün putzen und klein schneiden. Im Olivenöl andünsten. Die Rouladen im heißen Öl rundum anbraten. Mit der Brühe auffüllen. Im auf 220 °C vorgeheizten Ofen 35 Minuten schmoren. Die Rouladen in einer heißen Schüssel warm stellen. Die Schmorflüssigkeit durch ein Sieb filtern und einkochen. Abschmecken und über die Rouladen gießen. Dazu passen geröstete Kartoffeln.

Sauerkrauttopf mit Schweinefleisch

In der ganzen Welt gilt Sauerkraut als das deutscheste aller deutschen Gerichte. Die Amerikaner nennen uns „Krauts" und meinen dies beileibe nicht immer freundlich. Der Sauerkraut-Mief hängt an uns, so wie die dazugehörigen Lederhosen und das deutscheste aller deutschen Getränke, das Bier, zu uns gehören. Warum Sauerkraut einen solchen Geruch des Kleinbürgerlichen verbreitet, weiß der Himmel. Es ist ein herrlicher, deftiger Genuß, und es gibt eine Vielzahl von Nationen, die es mindestens ebenso gerne verspeisen wie wir.

Sauerkraut wird hierzulande meist in Dosen angeboten. Auch wenn Sie es beim Gemüsehändler lose kaufen, schöpft er es in der Mehrzahl der Fälle aus einem Fünf- oder Zehn-Kilo-Behälter, und es ist ebenso konserviert wie das in kleineren Dosen. Allerdings bieten viele Reformhäuser während der Saison (ab September) frisch eingesalzenes Sauerkraut an, das mit Wchaolderbeeren und Lorbeerblättern zusätzlich gewürzt ist. Probieren Sie es zuerst einmal dort, wenn Sie Sauerkraut zubereiten wollen. Denn frisches Sauerkraut schmeckt allemal besser als das, was Sie aus der Dose holen. Dieses frischeSauerkraut ist meist so mild, daß Sie es gar nicht wässern müssen.Die natürliche Säure, die durch Milchsäurebakterien entstanden ist, ist mild und hocharomatisch. Sie ist für Feinschmecker ein Genuß ganz besonderer Art.

Versuchen Sie solches Sauerkraut auch mal roh, als Salat angemacht, zum Beispiel mit Orangenstückchen, die Sie zuvor von ihrer sie umgebenden dünnen Haut befreien sollten, und groß gehackten Cashew- oder Walnüssen. Bereits beim berühmten Wilhelm Busch ist nachzulesen, daß ein Kenner für Sauerkraut „besonders schwärmt, wenn es wieder aufgewärmt". Tatsächlich bekommt es gerade dem Sauerkraut gut, mehrmals wieder aufgekocht zu werden. Dabei sollte man allerdings mit milder Hitze arbeiten, damit es am Topfboden nicht ansetzt. Durch dieses mehrfache Erwärmen können sich die Aromen der beigefügten Gewürze in konzentrierter Form einander mitteilen; das Schweinefett durchdringt alle Fasern – der Genuß wird so bei jedem Mal kräftiger und deftiger.

Es gibt Sauerkraut-Freunde, die das Gericht bereits eine Woche vor dem eigentlichen Essen zubereiten und es bis zu diesem Tag täglich einmal kurz durchwärmen, bis sie sich endlich am siebten Tag ihres Bemühens mit Vergnügen darüber hermachen.

Zu einem deftigen Sauerkrautgericht schmekct am besten ein kühles Bier, ein bitteres Pils etwa, oder auch ein trockener Riesling aus dem Elsaß.

Zutaten für 6 Personen:
1¼ kg Sauerkraut · 200 g Gänseschmalz
3 Zwiebeln · 3 Gewürznelken · 4 Möhren
1 EL Pfefferkörner · 4 Wacholderbeeren
2 Knoblauchzehen · 1 Kräutersträußchen
(siehe Seite 33) · 2 Lorbeerblätter
¼ l trockener Weißwein · Wasser · Salz
1 Schweinshaxe · 600 g durchwachsener
Schweinebauch · 750 g festkochende Kartoffeln.

Das Sauerkraut wenn nötig wässern, dann zerrupfen. In einem ausreichend großen Topf die Hälfte des Gänseschmalzes schmelzen. Den Topf damit ausstreichen. Eine Lage Sauerkraut auf dem Boden verteilen. Die geschälten, mit je einer Nelke gespickten Zwiebeln und geputzte Möhren zufügen. Pfefferkörner, Wacholderbeeren und geschälte Knoblauchzehen in ein Mulltuch einbinden. Mit dem Kräutersträußchen und den Lorbeerblättern obenauf legen. Das restliche Sauerkraut darüber verteilen. Mit dem restlichen Schmalz und Wein bedecken. So viel Wasser aufgießen, daß alles knapp bedeckt ist. Salzen. Die Schweinshaxe und den Schweinebauch drauflegen. Zugedeckt auf milder Hitze 2½ Stunden leise köcheln. Unterdessen die Kartoffeln schälen. Eine halbe Stunde vor Garzeitende obenauf geben. Falls zuviel Flüssigkeit verkocht sein sollte, mit Wasser auffüllen.

Auf einer heißen Platte anrichten. Mit scharfem Senf servieren.

1 Das sind die Zutaten: Sauerkraut, verschiedene Sorten Schweinefleisch, Schmalz, Möhren, Zwiebeln, Weißwein und Gewürze.

2 Falls das Sauerkraut sehr sauer sein sollte, in mehrfach gewechseltem Wasser waschen. Mit den Fingern auseinanderzupfen.

3 Einen ausreichend großen Topf mit dem Gänseschmalz dick ausstreichen. Die Hälfte davon jedoch für später kalt stellen.

4 Die Hälfte des Sauerkrauts auf dem Topfboden ausbreiten. Die Möhren und die mit einer Nelke gespickten Zwiebeln zufügen.

5 Die Gewürze in etwas Mull einbinden. Dann geben sie ihre Würze ab, und man muß sie hinterher nicht einzeln herausfischen.

6 Das Fleisch auf das Sauerkrautbett legen und mit dem restlichen Sauerkraut gut abdecken, damit es rundum davon eingehüllt ist.

Salate

Die Statistik entlarvt uns Deutsche als ausgesprochene Salatmuffel: nicht einmal 2 (in Worten: zwei) Köpfe Grünen Salat verspeist der durchschnittliche Bundesbürger – pro Jahr! Säuglinge und zahnlose Greise mit eingerechnet. Insgesamt werden nicht mehr als 100 Millionen Kopfsalate bei uns verzehrt.

Aber wenn man betrachtet, was in deutschen Gasthäusern als Salat oder gar als Salatteller angeboten wird, nimmt das nicht weiter wunder: einige lasche dunkelgrüne Außenblätter vom Kopfsalat (ich frage mich jedesmal: wer mag wohl all die Salatherzen essen?), einige Streifen geraspelter Weißkohl, drei Scheiben wäßrige Treibhaustomaten mit ledriger Haut, ein paar Gurkenscheiben, die durch zu langes Liegen gummiartig geworden sind, möglicherweise noch zwei, drei Scheiben von minderem Essig getränkte Rote Bete-Scheiben oder Dosenbohnen und – unvermeidlich – ein Schlag matschiger Kartoffelsalat. All das übergossen mit einer ,,Marinade", die aus reichlich Wasser, Essigessenz und einigen Fettaugen besteht. Habe ich übertrieben? Möglich, aber bestimmt nicht sehr!

Untersuchungen haben festgestellt, daß die deutsche Hausfrau sich nicht so recht an die Salatzubereitung traut. Da spielen Geschmacksmuster eine Rolle, die in der Familie Tradition haben: in Norddeutschland beispielsweise die unvermeidliche Prise Zukker. Im Süden dagegen der höhere Säureanteil. Es gibt eben keine absolut festen Regeln, sondern gerade beim Salat hängt alles, viel mehr noch als bei anderen Zubereitungen, vom persönlichen Geschmack ab. Und bei Salat kommt es sehr auf Qualität an: makellose, absolut frische Zutaten, erstklassiger Essig, bestes Öl, Salz, Pfeffer und Kräuter in der richtigen Dosierung.

Hierzulande wird Salat stets zum Hauptgericht gereicht. Das ergibt jedoch nur in den seltensten Fällen ein harmonisches Geschmacksbild. Denn die kalte Säure des Salats verträgt sich nicht mit dem heißen Fleischgang. Eine sanfte Sahnesauce zum Beispiel wird dadurch brutal beeinträchtigt. Besser ist es, den Salat zuvor, als Vorspeise oder als kleines Zwischengericht aufzutragen oder als Erfrischung nach dem Hauptgang zu servieren. Dann nämlich muntert die Säure die Magennerven auf, ihre Verdauungsarbeit aufzunehmen, und wirkt ungemein belebend. Probieren Sie's aus! Im Sommer, wenn man ohnehin auf größere Mahlzeiten keine Lust verspürt, ist ein Salat eine komplette, unbelastende Mahlzeit und für den kleinen Hunger zwischendurch allemal der passende Imbiß. Außerdem ist er immer dann das Richtige, wenn man Kummer mit der schlanken Linie hat: Salat sättigt, ohne den Kalorienetat allzu sehr zu strapazieren.

Salatmarinaden

Es gibt tausenderlei verschiedene und ganz unterschiedliche Salate: kalte und warme, süße, säuerliche, pikante, milde; aus rohen Zutaten, aus gekochten, aus Fisch, Fleisch, Geflügel, Blattgemüsen oder Wurzelgemüsen und, und, und. Deshalb ist die Frage: Was macht einen Salat eigentlich zu einem Salat? Oder anders gefragt: Wann ist ein Salat wirklich ein Salat? Der vielseitige Kochbuchautor Ulrich Klever hat die Antwort in seinem „Großen Buch der Salate" sehr treffend so formuliert: „Salat ist ein Gericht, vornehmlich kalt, manchmal warm, aus verschiedenen Zutaten, . . . die durch eine besondere Sauce (Dressing) ihren Charakter bekommen."

Die Marinade also ist das Wichtigste. Und damit sind wir auch schon bei dem, wovor sich die deutsche Hausfrau so fürchtet. Die Industrie hat dies erkannt und greift ihr deshalb mit einer unglaublichen Fülle von Fertigmarinaden und Salatsaucen-Hilfen unter die Arme – was nicht notwendigerweise zu einer Verbesserung der Salatkultur führt. Dabei ist das Anrühren von Salatsaucen keineswegs schwierig oder gar von unergründlichen Geheimnissen umgeben. Machen Sie doch einmal selbst die Probe aufs Exempel: Nehmen Sie ein paar Blätter vom Kopfsalat, bitte frische knackige und nicht die äußersten, bereits hart und fest gewordenen, sondern die gelblichen Innenblätter. Essen Sie sie pur, ohne jeden Zusatz. Wenn Sie Glück und keinen Treibhaussalat erwischt haben, dann schmecken sie „grün", „salatig" – aber etwas fad. Bereiten Sie dann eine Salatsauce aus irgendeinem Öl, einem beliebigen Essig, Salz und Pfeffer (nach nebenstehendem Vorbild) zu und wenden Sie die Blätter darin. Wie schmeckt's? Nach dem belanglosen Essig und dem geschmacksneutralen Öl! Und nun verwenden Sie für die Marinade ein aromatisches Olivenöl, zu gleichen Teilen Zitronensaft oder einen erstklassigen Weinessig. Nun, wie finden Sie diesen Salat? Das Aroma der Marinade rundet den salatigen Geschmack ab, hebt ihn und bildet mit ihm eine Einheit.

Deshalb ist es niemals gleichgültig, welches Öl und welchen Essig Sie verwenden. Und: mit verschiedenen Öl- und Essigsorten können Sie aus denselben Zutaten immer wieder andere, vollkommen neue Salate zubereiten. Richten Sie sich eine eigene Salat-Marinaden-Zutaten-Bar ein und machen Sie sich dann ans Ausprobieren.

Zu diesen Zutaten gehören mehrere Ölsorten:

1. *Olivenöl:* Kaufen Sie „kaltgepreßtes" oder „kaltgeschlagenes", auch „Jungfernöl" oder italienisch „Olio vergine" genannt. Es ist das Öl, das durch die allererste Pressung gewonnen wird, hat eine grünliche Farbe, fließt schwer aus der Flasche und ist sehr aromatisch. Bewahren Sie es dunkel, aber nicht im Kühlschrank auf, dort wird es trübe und flockig.

2. *Geschmacksneutrales Öl:* Für alle Salate, die für den starken Geschmack von Olivenöl zu empfindlich sind (Feldsalat, Rettichsalat), nehmen Sie ein *Erdnuß-* oder *Maiskeimöl, Traubenkernöle* oder *Sonnenblumenöl*.

3. *Spezialöle:* Zum Beispiel das leicht bittere *Distelöl*, das besonders reich an ungesättigten Fettsäuren ist, oder *Leinsamenöl*, ebenfalls sehr eigen im Geschmack. Das nussige *Walnußöl* oder *Haselnußöl* ist köstlich. Kaufen Sie aber stets nur kleine Mengen: es wird rasch ranzig. Eine besondere Delikatesse ist das *Kürbiskernöl*, das man ganz selten in Delikateßläden findet; es schmeckt gut zu Kartoffelsalat, Weißen Bohnen oder Ochsenmaulsalat. Auch beim Essig gibt es mittlerweile bei uns eine große Auswahl.

1. *Weißwein- und Rotweinessig:* Beides gehört in jede Salatbar. Achten Sie darauf, daß es sich um Essig handelt, der tatsächlich aus Wein, nicht nur mit einem Zusatz davon hergestellt ist. Diese Essige gibt es mit verschiedenen Kräutern aromatisiert zu kaufen: *Estragon-Essig, Schalotten-Essig, Basilikum-Essig* usw.

2. *Obstessig:* Er wird meist aus Apfelwein hergestellt und ist besonders mild.

3. *Sherry-Essig:* Ihn gibt es hierzulande nur in Delikateßläden. Sie finden ihn aber auch – meist viel preiswerter – in den Geschäften, wo sich Gastarbeiter (Spanier) versorgen. Er wird aus gutem Sherry hergestellt und ist besonders aromatisch.

4. *Spezial-Essige:* Zum Beispiel der süßlich vollaromatische *Aceto Balsamico di Modena* aus Trockenbeerenausleseweinen oder *Apfelessig mit Honig* usw.

1 Die Grundmarinade besteht aus Essig, Öl, Salz und Pfeffer. Das Salz in die Salatschüssel geben und dann in Essig auflösen.

2 Etwa die gleiche Menge Öl hinzufügen und mit dem Schneebesen oder mit der Gabel so kräftig schlagen, bis eine Creme entsteht.

3 Zum Schluß nach Belieben aus der Mühle pfeffern und Senf, feingehackte Kräuter, geriebene Zwiebel oder Knoblauch zufügen.

4 Wer lieber sahnige Salatsaucen mag, rührt etwas saure Sahne, Joghurt oder Crème fraîche unter oder auch Mayonnaise.

5 Herzhaft wird die Salatsauce, wenn man sie mit zerdrücktem Gorgonzola, Roquefort oder anderem Edelschimmelkäse mischt.

6 Außerdem können Sie hinzufügen: feingehacktes Ei, Worcestersauce, Tabasco, fertige Würzsaucen, Tomatenmark und Nüsse.

257

In jedem Fall ist bei Zubereitung von Salatsaucen Sparsamkeit eine Zier. Ein Salat, der in Sauce ertrinkt, ist scheußlich, und zarte Blattsalate werden dadurch schlaff und die Aromen können sich gegen die Übermacht der Saucenwürze nicht mehr behaupten. Die Zutaten müssen von einem dünnen Saucenfilm überzogen sein, nicht dick davon umhüllt. Außerdem dürfen die meisten Salate erst unmittelbar, bevor sie verzehrt werden sollen, angemacht werden. Sie fallen sonst zusammen, werden matschig, ziehen Saft und verlieren ihre Frische und Festigkeit. (Auch hier bestätigen die Ausnahmen wieder die Regel: Kartoffelsalate, Nudelsalat usw. brauchen eine Weile zum Durchziehen, damit sich die Aromen einander mitteilen können.) Wie Sie das Mischungsverhältnis von Säure (Essig) und geschmackstragendem Öl halten, ist Ihrer persönlichen Vorliebe überlassen. Es läßt sich da schwer ein exaktes Verhältnis angeben. Die einen mögen Salate lieber ölig, die anderen eher säuerlich.

Tatsache jedenfalls ist, daß ein säuerlicher Salat weitaus erfrischender wirkt als ein öliger, der dafür mehr sättigt. Ein ideales Verhältnis ist gleiche Teile Essig wie Öl. Wenn Sie die Salatmarinade mit saurer Sahne, Joghurt oder Crème fraîche anrühren, können Sie die Ölmenge reduzieren oder sogar völlig weglassen. Damit ein Mayonnaise-Dressing nicht zu schwer wird, sollten Sie auf Öl sowieso verzichten und die Sauce statt dessen lieber mit etwas Joghurt strecken.

Woraus kann man Salat bereiten?

Nahezu aus allem! Sie kennen Kopfsalat, Endiviensalat, Chicoréesalat, Gurkensalat, Tomatensalat usw., und Sie wissen, daß man all diese Zutaten auch miteinander mischen kann. Aber bevor man sich überlegt, woraus man Salate herstellen möchte, sollte man wissen, wie und wann der Salat gegessen werden soll. Als Vorspeise serviert man andere Salate als zum oder besser nach dem Essen, und als Hauptmahlzeit sieht ein Salat wieder anders aus.

Deshalb zunächst zu den Vorspeisen: Sie sind ein eigenes kleines Gericht, das den Esser auf das folgende Menü einstimmen, ihn aber nicht belasten oder sättigen soll.

Hier einige Anregungen:

Bohnensalat

Stricknadeldünne Prinzeßbohnen (Haricots Verts) „al dente" kochen und eiskalt abschrecken, rohe Champignons blättrig schneiden, reife Fleischtomaten häuten, entkernen, das Fleisch in Würfel teilen, Radicchio und krause Endivie in Stücke reißen. Alles mit einer Marinade aus Sherry-Essig, Oliven- oder Walnußöl, Salz und Pfeffer anmachen und erst unmittelbar vor dem Servieren vorsichtig mischen. Nach Belieben pro Person mit einem gekochten Krebsschwanz dekorieren.

Bunter Kopfsalat

Zerpflückter Kopfsalat, Tomatenwürfel (gehäutet, entkernt), rote Zwiebel, in hauchfeinen Ringen, einige Spinatblätter, Radieschen in dünnen Scheiben, frischer Kerbel, Schnittlauchröllchen, mit einer Marinade aus Apfelessig, Olivenöl, Pfeffer und Salz anmachen. Nach Belieben pro Person je eine rasch in Butter gebratene Hähnchenleber obenauf legen. Oder geröstete Brotwürfelchen darüberstreuen.

Löwenzahn-salat

Gebleichter Löwenzahn (oder im Frühjahr selbst auf den Wiesen gestochene Löwenzahnpflänzchen) mit winzigen, ausgebratenen Speckwürfelchen und aromatischem Weinessig, Salz und Pfeffer anmachen. Das Speckfett heiß darübergießen. In Knoblauchbutter geröstete Weißbrotwürfel darüberstreuen.

Gemüsesalat

Möhren, weiße Rübchen, Sellerie, Kartoffeln, Kohlrabi – jeweils mit dem Kartoffelbohrer Kugeln ausstechen und mit ein paar ganzen, kleinen Schalotten in Kalbsbrühe weichkochen. Lauwarm mit Obstessig, Olivenöl, Salz und Pfeffer anmachen. Schinkenwürfel, Kerbel oder gehackte Petersilie untermischen.

Gurkensalat
mit Brieswürfeln

Salatgurke schälen, in Scheiben hobeln. Bries garen, putzen und in Würfel teilen (siehe Seite 225). Mit einer Marinade aus Honig, Apfelessig, Joghurt oder Crème fraîche, Salz und Pfeffer anmachen.

Sojasprossen-salat

mit Hühnerwürfelchen

Frische Sojakeime, Lauch und Möhren in feine Julienne schneiden (siehe Seite 37) und blanchieren (siehe Seite 234), Hühnerbrustwürfel rasch auf starker Hitze braten (siehe Seite 312). Mit einer heißen Marinade aus Öl, Sojasauce, Sherry (zu gleichen Teilen), einigen Tropfen Sesamöl und Pfeffer, einmal aufgekocht, heiß übergießen.

Spinatsalat

Frische Spinatblätter, Spargelspitzen, kurz abgekocht, Kerbelblättchen und feingehackte Schalotten mit einer Marinade aus Zitronensaft, Olivenöl, Salz und Pfeffer anmachen.

Eissalat

mit Melone

Eissalat, in Blätter zerzupfen, 1 reife Honigmelone halbieren, mit einem Löffel die Kerne ausschaben; mit einem Kartoffelbohrer oder Kartoffellöffel Kugeln oder Halbkugeln ausstechen, 1 gelbe Paprikaschote entkernen und in sehr feine Streifen schneiden. Schalotten fein hacken, Nordseekrabben gut abtropfen. Alles in einer Sauce aus Zitronensaft, Sherry-Essig (zu gleichen Teilen), Olivenöl, saurer Sahne, Salz und Pfeffer wenden.

Zucchinisalat

Zucchini längs in Julienne schneiden (siehe Seite 37) sowie Sellerie, der jedoch vorher kurz in Zitronenwasser

blanchiert wurde (siehe Seite 234); nach Belieben schwarze Trüffel als Julienne oder Champignons blättrig schneiden. Mit einer Sauce aus Sherry-Essig, Walnußöl, Salz und Pfeffer anmachen und rasch in heißer Butter gebratene Geflügellebern, in Würfel geteilt und rundum gesalzen und gepfeffert, obenauf geben.

Rote Bete-Salat

mit Gurkenkugeln

Gekochte Rote Bete schälen und in dünne Scheiben schneiden, Salatgurke schälen, entkernen (Seite 40), mit einem Kartoffelbohrer Kugeln ausstechen oder quer in dünne Scheibchen schneiden und frische Minzeblätter, Walnußkerne und Knoblauch zerdrücken. Mit einer Marinade aus Schalottenessig, Walnußöl, Senf, Salz und Pfeffer anmachen.

Champignon-salat

Champignons blättrig schneiden, magere Schinkenwürfel, glattblättrige Petersilie (unzerteilt) und gehackte Schalotten in einer Sauce aus Joghurt oder saurer Sahne, Zitronensaft und Oliven- oder geschmacksneutralem Öl anmachen; nach Belieben auch mit einigen Würfeln von hartgekochtem Ei bestreuen.

Endiviensalat

Endivie, die Blätter in 5 Zentimeter lange Stücke teilen (nur die gelben inneren Blätter verwenden), Haselnüsse

grob hacken, Champignons blättrig schneiden, Zwiebeln fein hacken. Eine Marinade aus zerdrücktem Gorgonzola, mit etwas saurer Sahne und etwas aromatischem Weinessig, Salz, Pfeffer und einer Spur Cayennepfeffer darübergeben.

Chicoréesalat

Die einzelnen Blätter von Chicoréestangen auslösen und quer in 2 Zentimeter lange Stücke schneiden, Orangenspalten (siehe Seite 151) und Zwiebeln in sehr dünne Ringe schneiden, Knoblauch zerdrücken. Mit Marinade aus Mayonnaise, Joghurt, Tomatenmark, Salz, Pfeffer und Zitronensaft anmachen.

Feldsalat

mit Walnüssen

Feldsalat putzen, aber *nicht* am kleinen Strunk abschneiden, Walnüsse grob zerkleinern, 1 Zwiebel fein hacken. Marinade aus aromatischem Essig, neutralem Öl, Salz und Pfeffer darübergeben.

Gemischter Blattsalat

Jeweils gleiche Mengen von folgenden geputzten, in Blätter gezupften und notfalls in Stücke zerkleinerten Blattsalatsorten: Kopfsalat, Romanasalat, krause und glatte Endivie, Radicchio, außerdem frischer Estragon. In einer Marinade aus wenig Olivenöl, aromatischem Essig, Salz und Pfeffer wenden. Hauchdünne Streifen von durchwachsenem Speck rasch in einer Pfanne ausbraten und mitsamt dem Fett über den Salat gießen.

Kartoffelsalat

Zutaten für 4 Personen:
800 g festgekochte Kartof-
feln · 200 g gekochter Schin-
ken · 1 Zwiebel · 1 Bund
Petersilie · 3 EL Weißwein-
essig · Salz · Pfeffer aus der
Mühle · 3 EL Olivenöl · ein
Spritzer Worcestersauce.

Die Kartoffeln weich kochen.
Etwas auskühlen lassen, jedoch noch warm pellen und in
Scheiben schneiden. Den
Schinken würfeln. Die Zwiebel schälen und sehr fein hakken. In einer Schüssel mischen. Mit der aus den angegebenen Zutaten gerührten
Marinade übergießen. Kurz
durchziehen lassen. Noch lauwarm servieren.

Anmerkung: Selbstverständlich können Sie den Salat auch
aus Kartoffeln zubereiten, die
bereits am Vortag gekocht
wurden. Die heißen Kartoffeln aber reagieren völlig anders: Sie nehmen die Sauce
viel besser auf und vermischen
sich besser mit ihr. Das ergibt
eine andere Salatkonsistenz
und einen anderen Ge-
schmack. Beides schmeckt jedoch hervorragend!

Variationen: Mischen Sie in
dünne Scheiben geschnittene
Avocado unter.
Statt der Schinkenwürfel blutig gebratenes Steak, quer in
hauchfeine Scheiben geschnitten, lauwarm zufügen.
Zusätzlich in feine Ringe geschnittenen Stangensellerie
sowie blättrige Champignons
hineingeben. Mit Zitronensaft
anmachen.
Mit saurer Sahne und etwas
Créme fraîche übergießen.

Einen säuerlichen Apfel, in
feine Blättchen geschnitten,
beifügen.
Verschiedene, gehackte Kräuter und Frühlingszwiebeln untermischen.

Bauernsalat

griechische Art

Zutaten für 6 Personen:
1 Romanasalat · 1 grüne Pa-
prikaschote · 2 reife Fleisch-
tomaten · 1 kleine Gärtner-
gurke · 2 Fenchelknollen
2 rote Zwiebeln · 150 g
schwarze Oliven · 1 TL
Origano.
Für die Marinade:
4 EL Rotweinessig · Salz
Pfeffer aus der Mühle
1 TL scharfer Senf · 4 EL
Olivenöl.
Außerdem: 200 g Schafskä-
se · nach Belieben 200 g ge-
gartes Lammfleisch.

Alle Salatgemüse waschen
und putzen. Die Romanasa-
latblätter quer in 3 Zentimeter breite Stücke schneiden,
die Paprikaschote in feine
Streifen. Die Tomaten häuten, entkernen und grob würfeln. Die Gurke schälen, entkernen (Seite 40) und ebenfalls würfeln. Fenchel halbieren. Jede Hälfte quer in feine
Streifen schneiden, die Zwiebeln in hauchfeine Ringe.
Alles dekorativ auf einer großen, flachen Platte anrichten.
Mit Origano bestreuen. Die
Marinade aus den angegebenen Zutaten anrühren und
gleichmäßig darüber träufeln.
Den Käse in mundgerechte
Würfel schneiden und auf dem
Salatteller verteilen. Das
Lammfleisch in schmale Streifen zerkleinern und ebenfalls
darüber geben. Mit frischem
Weißbrot auftragen.

Reissalat

Zutaten für 4 Personen:
100 g Langkornreis · Salz
2 reife Fleischtomaten
1 grüne und 1 gelbe Papri-
kaschote · 1 Fenchelknolle
1 rote Zwiebel · 2 gebratene
Hühnerbrüste · 1 Bund fri-
sches Basilikum.
Für die Marinade:
2 EL Weißweinessig · 1 EL
Zitronensaft · Salz · 1 TL
scharfer Senf · 3 EL Oliven-
öl · Pfeffer aus der Mühle.

Den Reis gar kochen (siehe
Seite 269). Unterdessen die
Tomaten häuten, entkernen
(siehe Seite 41) und in Würfel
schneiden. Die Paprikaschoten putzen, die Kerne entfernen. Die Schoten quer in sehr
schmale Steifen teilen, diese
auf 4 Zentimeter kürzen. Fenchel putzen, halbieren und
quer in feine Ringe schneiden.
Die Zwiebel schälen und fein
hacken. Die Hühnerbrüste
würfeln. Das Basilikum grob
hacken. Aus den angegebenen
Zutaten eine Marinade rühren. Alle vorbereiteten Zutaten darin wenden. 15 Minuten
ziehen lassen. Zimmerwarm
servieren.

Anmerkung: Probieren Sie
diesen Salat auch mit Nudeln
statt mit Reis.

Wurstsalat

schwäbische Art

Zutaten für 4 Personen:
600 g frische Kalbfleisch-
wurst (Lyoner) · 2 rote
Zwiebeln · 1 Bund Schnitt-
lauch · 1 Bund Petersilie
(möglichst glattblättrige)
4 EL Obstessig · Salz · Pfef-
fer aus der Mühle · 4 EL ge-
schmacksneutrales Öl.

Die Wurst vom Metzger dünn aufschneiden lassen. Diese Scheiben in ca. 3 Zentimeter breite Streifen teilen. Die Zwiebel schälen, in hauchfeine Ringe schneiden. Schnittlauch und Petersilie hacken. Aus Essig, Salz, Pfeffer und Öl eine cremige Marinade rühren. Alles darin wenden.

Bohnensalat

aus weißen Bohnen

Zutaten für 4 Personen:
1 große Dose weiße Bohnen naturel (oder 200 g weiße Bohnen nach der Anweisung auf Seite 80 weich gekocht) · 1 Zwiebel · 4 Knoblauchzehen · Saft 1 Zitrone (ca. 4 EL) · Salz · Pfeffer 4 EL Olivenöl · 2 Bund Petersilie.

Die Bohnen aus der Dose kurz abtropfen lassen. Die gegarten Bohnen abkühlen. Die Zwiebel schälen und sehr fein hacken. Die Knoblauchzehen schälen und, durch die Presse gedrückt, über die Bohnen geben. Aus Zitronensaft, Salz, Pfeffer und Öl eine cremige Marinade rühren. Bohnen, Zwiebeln, Knoblauch und feingehackte Petersilie in einer Schüssel mischen. Mit der Marinade übergießen, gut mischen und 15 Minuten ziehen lassen.

Nudelsalat

mit grünen Erbsen

Zutaten für 4 Personen:
250 g zerbrochene Makkaroni · Salz · 1 Paket tiefgekühlte Erbsen (Petit Pois) 250 g Kalbfleischwurst, in ½ Zentimeter dicke Scheiben geschnitten · 1 große
weiße Zwiebel · 2 Knoblauchzehen · 1 Bund Petersilie.
Für die Marinade: ⅛ l saure Sahne · ½ Becher Joghurt 1 EL Olivenöl · 1 EL Mayonnaise · 4 EL Zitronensaft · Salz · Pfeffer aus der Mühle · Cayennepfeffer Worcestersauce.

Die Nudeln „al dente" gar kochen (Seite 264), abtropfen lassen. Die Erbsen nach Vorschrift auf der Packung garen. Die Wurst in ½ Zentimeter große Würfel schneiden. Die Zwiebel und Knoblauchzehen schälen und sehr fein hacken. Nudeln, Erbsen, Wurst und Zwiebel mit der gehackten Petersilie in der aus den angegebenen Zutaten gerührten Marinade wenden. 15 Minuten durchziehen lassen.

Rindfleisch-salat

Zutaten für 4 Personen:
300 g gekochtes Rindfleisch (zum Beispiel Reste vom Tafelspitz, siehe Seite 158) 250 g gekochte Kartoffeln 2 Tomaten · 1 Zwiebel 100 g Gouda · 1 rote Paprikaschote · 1 kleine Fenchelknolle · 2 EL Kapern.
Für die Marinade:
2 EL Mayonnaise · ⅛ l saure Sahne · Saft einer Zitrone 1 TL scharfer Senf · Salz Pfeffer aus der Mühle ½ TL Delikateßpaprika.

Das Rindfleisch in sehr dünne Scheiben, diese in 2 Zentimeter breite Streifen schneiden. Die Kartoffeln in Scheiben teilen. Die Tomaten häuten, entkernen (siehe Seite 41), das Fleisch grob würfeln. Die Zwiebel schälen und hacken.
Den Käse in 1 Zentimeter große Würfel schneiden. Die Paprikaschote putzen, die Kerne herausstreifen, die Schote in schmale Steifen teilen. Alles mit den Kapern in der aus den Zutaten angerührten Marinade wenden.

Salat Niçoise

Zutaten für 4 Personen:
250 g festkochende Kartoffeln · 250 g stricknadeldünne grüne Bohnen (Haricots verts) · 2 große, reife Fleischtomaten · das gelbe Herz eines schönen Kopfsalats · 1 rote Zwiebel · 100 g schwarze Oliven · 2 hartgekochte Eier · 1 Dose Thunfisch (in Olivenöl!) · 1 TL scharfer Senf · 4 EL aromatischer Weinessig Salz · Pfeffer aus der Mühle 5 EL Olivenöl · 2 EL Kerbelblättchen.

Die Kartoffeln in der Schale garen, abgießen und pellen. Die Bohnen 6 bis 8 Minuten blanchieren (siehe Seite 234). Tomaten häuten, entkernen (siehe Seite 41) und ihr Fleisch in Streifen teilen. Die Kopfsalatblätter zerpflücken und waschen. Die Zwiebel schälen und in hauchfeine Ringe schneiden. Die Oliven entsteinen. Die Eier vierteln. Den Thunfisch abtropfen lassen, das Öl dabei auffangen. Alle diese Salatzutaten auf einer geräumigen Platte oder in einer flachen Schüssel dekorativ anrichten. Aus Senf, Essig, Salz, Pfeffer und Olivenöl (auch das vom Thunfisch) eine cremige Sauce rühren. Gleichmäßig über den Salat gießen. Mit Kerbelblättchen bestreuen. Erst bei Tisch wenden. Mit frisch aufgebackenem Weißbrot servieren.

Beilagen

Darunter versteht man gemeinhin das, was zur eigentlichen Hauptsache, beispielsweise zum Fleischgang, nebenbei gereicht wird. Diese Sitte ist bei uns weitaus mehr eingebürgert als etwa bei den Franzosen oder Italienern, für die Beilagen eigenständige Gerichte sind, die gesondert, vor dem Fleischgang, aufgetragen werden. Gibt es bei uns einen Schmorbraten, dann gehören Nudeln oder Kartoffeln unbedingt dazu, damit man die herrliche Sauce aufstippen kann.

Allerdings sind Nudeln, Reis, Kartoffeln nicht nur zum Schattendasein als Beilage verdammt. Man kann daraus durchaus eigenständige Gerichte herstellen, die keinerlei zusätzliche Hauptgerichte mehr erforderlich machen. Die übliche Beilage in der bürgerlichen Küche sind tagaus, tagein immer wieder dieselben Pell- oder Salzkartoffeln. Natürlich ist nichts gegen gekochte Kartoffeln einzuwenden, aber man kann so unendlich viel daraus zaubern, daß es wirklich schade ist, wenn man sie stets in gleicher Form auf den Tisch bringt. Ideen dafür finden Sie ab Seite 272. Auch Nudeln müssen nicht immer gleich schmecken. Vor allem sollten sie niemals zu lange gekocht werden. Matschige Nudeln sind unverzeihlich, sie schmecken unangenehm. Außerdem können sie keine Sauce aufnehmen, also ihre Aufgabe als Beilage gar nicht mehr erfüllen. Mit einer passenden Sauce werden Nudeln im Handumdrehen eine komplette Mahlzeit. Sie kann, muß aber beileibe nicht mit Fleisch bereichert werden. Einige Vorschläge dafür finden Sie auf den nächsten Seiten.

Was den Reis angeht, so ist das wichtigste, daß man die richtige Sorte erwischt. Man unterscheidet zwei Gruppen: den schlanken, spitzen Langkornreis und den runden, mehligen Rundkornreis. Für einen Risotto, der ruhig ein wenig suppig sein sollte, ist der Rundkornreis unerläßlich. Lockerer Reis, den Sie als Beilage zu verschiedenen Gerichten reichen wollen, gelingt nur mit Langkornreis. Die besten Langkornsorten sind Siam- oder Patnareis. Als Risotto-Reis verwenden Sie den italienischen Reis, der speziell für diesen Zweck angebaut wird. Seien Sie vorsichtig mit den vorbehandelten, sogenannten „parboiled" Sorten aus Amerika. Dieser Reis kann zwar niemals aneinanderkleben und pappig werden. Aber er schmeckt völlig anders als unbehandelter Reis. Es ist wie mit dem Unterschied zwischen poliertem und Reis mit Silberhäutchen: Der normalerweise hier gehandelte Reis ist poliert und abgeschliffen – daher auch die nach dem Garen strahlend weiße Farbe. Unpolierter Reis wird in Reformhäusern geführt, ist grau bis bräunlich und trägt noch alle Vitamine und Mineralstoffe in dem ihn umgebenden „Silberhäutchen". Er schmeckt viel intensiver.

Nudeln

Natürlich können Sie Nudeln in bester Qualität und in zahllosen Varianten kaufen. Das werden Sie sicher auch normalerweise tun. Aber wenn's mal etwas ganz Besonderes sein soll, dann sollten Sie Ihre Nudeln einmal selber machen. Sie werden zugeben müssen, so sind Nudeln tatsächlich ein Festtagsgenuß. Wir zeigen Ihnen deshalb auf den nächsten beiden Seiten, wie man sie herstellt, und zwar Nudeln besonderer Art: in drei Farben – rot gefärbt mit Tomatenmark, grün mit Spinat und gelb mit Eigelb. Das ist eher eindrucksvoll fürs Auge als für die Zunge – man schmeckt die Farbe nämlich kaum. Es sieht jedoch wunderschön aus und wird jeden Gast beeindrucken. Wenn Sie eine Nudelmaschine besitzen, sind Sie natürlich fein heraus; sie schneidet Ihnen die Nudeln gleichmäßig zu.

Wie man Nudeln richtig kocht

Nudeln müssen in reichlich Wasser gekocht werden, sonst kleben sie aneinander und werden matschig. Beim Kochen müssen Sie unbedingt einen Unterschied machen zwischen getrockneten Nudeln und frisch zubereiteten. Die frischen sind nämlich nach 1 bis höchstens 3 Minuten gar, während die getrockneten (gleich, ob gekauft oder selbstgemacht) je nach Alter zwischen 8 und 10 Minuten brauchen. Eine exakte Zeit läßt sich nicht sagen, Sie müssen es probieren: Die Nudel sollte innen einen festen Kern haben, der den Zähnen Widerstand bietet (al dente nennen diesen Zustand die Italiener: etwas für die Zähne). Für ein Pfund Nudeln rechnen Sie etwa 2 Liter Wasser. Bringen Sie es zugedeckt zum Kochen. Geben Sie dann erst Salz hinein (1 Teelöffel pro Liter) und werfen Sie die Nudeln ins heftig aufsprudelnde Wasser. Rühren Sie nach einer Minute um und lassen Sie die Nudeln ohne Deckel auf mittlerer Hitze heftig wallend kochen. Wenn Sie kurz vor Garzeitende einen Schuß Öl ins Kochwasser geben, umhüllt es die Nudeln wie ein feiner Film und gibt ihnen Glanz. Die garen Nudeln in ein großes Sieb abgießen. Falls Sie sie mit einer Sauce vermischt auftragen wollen, brauchen Sie sie nicht weiter abtropfen zu lassen, sondern geben sie naß in die Sauce. Falls Sie sie nur mit Butter überglänzen wollen, sollten Sie sie mit heißem Wasser abbrausen und abtropfen lassen.

Womit Nudeln am besten schmecken

Tomatensauce

Zutaten für 4 Personen:
1 große Zwiebel · 2 Knoblauchzehen
2 EL Olivenöl · 1 große Dose geschälte Tomaten · 1 kleines Döschen Tomatenmark · 1 Lorbeerblatt · 1 Bund Petersilie 1 Liebstöckelblatt · ½ kleine Möhre · ¼ l trockener Weißwein · Salz · Pfeffer aus der Mühle · 1 TL Origano · 1 EL Butter.

Die Zwiebel und Knoblauchzehen schälen und fein hacken. Das Öl in einer tiefen, großen Pfanne erhitzen. Zwiebel und Knoblauch darin weich dünsten, aber keine Farbe annehmen lassen. Die geschälten Tomaten mitsamt dem in der Dose befindlichen Saft sowie das Tomatenmark in die Pfanne schütten. Lorbeerblatt und die gebündelten Petersilienstiele sowie das Liebstöckelblatt zufügen. Die Möhre schaben und auf der feinen Reibe in die Sauce reiben. Mit Wein auffüllen. Salzen, pfeffern und mit Origano würzen. Ohne Deckel etwa 40 Minuten auf milder Hitze köcheln. Falls dabei zuviel Flüssigkeit verdampft, mit Wasser auffüllen. Es soll eine dickflüssige, aromatische Sauce werden. Zum Schluß die Butter hineinrühren.

Sahnesauce

mit Gorgonzola

Zutaten für 4 Personen:
⅜ l Sahne · 150 g reifer Gorgonzola ¼ TL fein zerriebener Thymian · eine Spur Cayennepfeffer · Salz · Pfeffer aus der Mühle · 100 g gekochter Schinken.

Die Sahne in einem passenden Töpfchen erhitzen. Den Gorgonzola bröckchenweise hineingeben und unter Rühren auf milder Hitze schmelzen. Mit Thymian, Cayennepfeffer, Salz und Pfeffer abschmecken. Den Schinken in feine Würfelchen schneiden und in die Sauce rühren. Einmal kurz aufkochen.

Eiersauce

mit Speck

Zutaten für 4 Personen:
125 g durchwachsener
Speck · 1 EL Butter · 3 Eier
⅛ l Sahne · reichlich frisch
gemahlener Pfeffer · Salz.

Den Speck in sehr schmale Streifen schneiden. Die Butter in einer Pfanne schmelzen. Die Speckstreifen darin ausbraten, aber nicht zu knusprig werden lassen. Die Eier mit der Sahne verquirlen und in die Pfanne schütten. Auf milder Hitze unter Rühren erwärmen. Dabei mit Pfeffer und Salz würzen. Die abgetropften Nudeln darin wenden.

Anmerkung: Die Eier dürfen nicht richtig stocken und wie beim Rührei flockig werden. Deshalb die Hitze regulieren.

Champignon-Sahnesauce

Zutaten für 4 Personen:
250 g frische Champignons
1 Zwiebel · 2 EL Butter
⅜ l Sahne · 200 g Erbsen
(tiefgekühlt) · 100 g gekoch-
ter Schinken · Salz · Pfeffer
aus der Mühle · frisch gerie-
bene Muskatnuß · eine Spur
Cayennepfeffer · Petersilie.

Die Pilze putzen und blättrig schneiden. Die Zwiebel schälen und sehr fein hacken. In einer großen Pfanne die Butter aufschäumen lassen, die Zwiebel darin weich dünsten. Die Pilze zufügen und 5 Minuten braten. Mit der Sahne auffüllen und aufkochen. Die Erbsen unaufgetaut in die Sauce geben und unter gelegentlichem Rühren in 8 Minuten auftauen und garen. Nach

5 Minuten den feingewürfelten Schinken zufügen. Mit Salz, Pfeffer, Muskat würzen.

Basilikumsauce

Zutaten für 4 Personen:
Je 3 Bund frisches Basili-
kum und Petersilie
4 Knoblauchzehen · 2 EL
Pinienkerne · 6 EL frisch
geriebener Parmesan
4–6 EL Olivenöl · Salz
Pfeffer aus der Mühle · eini-
ge Tropfen trockener Weiß-
wein.

Basilikum- und Petersilienblättchen von den Stielen zupfen. Knoblauchzehen schälen. Alles in einen Mixer füllen und zu einem glatten Mus pürieren (oder im Mörser fein zerkleinern), den Parmesan untermischen und nach und nach soviel Öl zufügen, bis eine dicke cremige Sauce entstanden ist. Mit Salz und Pfeffer abschmecken. Falls die Sauce zu dick geraten sein sollte, mit etwas Wein verdünnen.

Gemüsesauce

kalt

Zutaten für 4 Personen:
2 große, reife Fleischtoma-
ten · 1 Möhre · ¼ Sellerie-
knolle · 1 dünne Lauchstan-
ge · 3 Schalotten · 2 EL ge-
hackte Petersilie · 4 EL Oli-
venöl · 4 EL Sherry-Essig
1 TL scharfer Senf · Salz
Pfeffer aus der Mühle.

Die Tomaten häuten, entkernen (siehe Seite 41), das Fleisch grob hacken. Möhre und Sellerie putzen, in Stücke schneiden. Die Lauchstange längs aufschlitzen, unter fließendem Wasser waschen.

Quer in Ringe teilen. Schalotten schälen und grob zerkleinern. Alles in einen Mixer füllen. Petersilie, Essig und Öl ebenfalls zufügen. Bei hoher Geschwindigkeit so lange mixen, bis eine glatte Sauce ohne jegliche Bröckchen entstanden ist. Mit Salz und Pfeffer abschmecken. Über die heißen Nudeln gießen.

Thunfisch-sauce

Zutaten für 4 Personen:
2 Zwiebeln · 2 Knoblauch-
zehen · 1 EL Olivenöl
500 g reife Tomaten · 1 EL
Tomatenmark · 1 Lorbeer-
blatt · 2 Petersilienstengel
2 Sellerieblätter · ⅛ l trocke-
ner Weißwein · 1 TL Origa-
no · 1 Dose Thunfisch
(150 g) · 100 g schwarze
Oliven · gehackte Petersilie
Salz · Pfeffer.

Die Zwiebeln und Knoblauchzehen schälen und sehr fein hacken. Das Öl in einer großen Pfanne erhitzen. Zwiebeln und Knoblauch darin weich dünsten, aber nicht bräunen. Die Tomaten häuten und entkernen (siehe Seite 41), das Fleisch hacken und zufügen. Das Tomatenmark in die Pfanne rühren, die Gewürze zufügen und mit Weißwein auffüllen. Ohne Deckel auf milder Hitze 30 Minuten köcheln. Falls dabei zuviel Flüssigkeit verdampfen sollte, mit dem Wasser verdünnen. Den Thunfisch abtropfen lassen und zerpflücken. Mit den Oliven in die Sauce geben. Langsam durchwärmen, aber nicht mehr kochen. Petersilie darüberstreuen. Mit Salz und Pfeffer abschmecken. Über die heißen Nudeln gießen.

1 Für sechs Personen rechnen Sie 600 g Mehl und 6 Eier. Für jede Farbe also 200 g Mehl auf 2 Eier. Zuerst das Mehl durchsieben.

2 Für strahlend gelbe Nudeln: in das Mehl eine Vertiefung drücken, die Eier hineinschlagen, die Eigelb mit Salz bestreut stehen lassen.

5 Die Teige kneten, zu einem Kloß formen und mit Folie abgedeckt im Kühlschrank eine Stunde ruhen und fest werden lassen.

6 Jede Teigsorte nochmals in drei Teile schneiden. Jedes Teigstück auf der bemehlten Arbeitsfläche hauchdünn ausrollen.

9 Mit einem scharfen Messer die Rollen quer in schmale Ringe schneiden. Auseinanderschütteln und ausgebreitet trocknen.

10 Die Nudeln, wie auf Seite 264 beschrieben, nicht zu weich kochen. Je frischer die Nudeln, desto rascher sind sie gar.

3 Für grüne Nudeln: 100 g tiefgekühlten Spinat auftauen, gründlich abtropfen und ausdrücken. Durch ein Sieb streichen oder mixen.

4 Und so werden die Nudeln rot: Mischen Sie unter den Teig aus Mehl und Eiern zwei Eßlöffel konzentriertes Tomatenmark.

7 Diese Teigplatten immer wieder beim Ausrollen reichlich mit Mehl bestäuben, damit sie auf keinen Fall aneinanderkleben.

8 Die Teigplatten nun längs aufrollen, damit man gleichmäßige Nudeln abschneiden kann. Rasch arbeiten, damit's nicht trocknet.

11 In ein Sieb schütten und heiß abbrausen. Oder mit einer Schaumkelle herausheben und sofort mit der Sauce mischen.

12 Butterflöckchen obenauf setzen. Nach Belieben mit frisch gemahlenem Pfeffer würzen. Gründlich mischen und heiß auftragen.

Grüne Nudeln

in Sahne

Zutaten für 4 Personen:
400 g Mehl · 4 Eier · 150 g
tiefgekühlter Spinat · Salz
4 EL Butter · 2 Eigelb
6 EL frisch geriebener Par-
mesan · 6 EL Crème fraîche
Salz · Pfeffer aus der Mühle
frisch geriebene Muskatnuß.

Aus Mehl, Eiern, sehr gut ausgedrücktem und fein püriertem Spinat und Salz, wie im Kurs gezeigt, schmale Bandnudeln herstellen. In reichlich sprudelnd kochendem Salzwasser nicht zu weich kochen. Unterdessen die Butter in einer geräumigen Pfanne schmelzen. Die Eigelb, den Käse und die Crème fraîche hineinrühren. Diese Sauce langsam erwärmen, aber auf keinen Fall zu heiß werden lassen, weil das Eigelb sonst gerinnt und flockig wird. Die nicht sehr gründlich abgetropften, sehr heißen Nudeln in die Pfanne schütten. Vorsichtig wenden und mischen. Unverzüglich servieren.

Anmerkung: In Piemont, wo weiße Trüffeln gefunden werden, reibt man über diese Nudeln die frischen, rohen Trüffeln auf der hauchfein hobelnden Reibe. Eine Delikatesse! Das Gericht schmeckt jedoch auch ohne diese Zutat!
Meist wird man es sich nur ohne weiße Trüffel leisten, denn sie sind noch teurer als schwarze. Die besten stammen aus der Gegend um Alba (im Piemont), wo sie von dafür abgerichteten Hunden unter Eichenbäumen aufgespürt werden. Hauptsaison ist von Oktober bis Anfang Januar, und nur in dieser Zeit sollte man sie essen.

Nudelauflauf

mit Hühnerfleisch

Zutaten für 6 Personen:
400 g Mehl · 4 Eier · Salz
1 fleischiges Hähnchen (ca.
1200 g) · 1 Zwiebel
2 Knoblauchzehen · 1 Möh-
re · ¼ Sellerieknolle
1 Lauchstange · 1 Lorbeer-
blatt · 3 Petersilienstengel
1 EL Pfefferkörner · 1 EL
Butter · 1 TL Mehl · ⅛ l
Sahne · Pfeffer aus der
Mühle · frisch geriebene
Muskatnuß · 2 Eigelb
300 g frische Champignons
2 EL Butter · 2 EL Peter-
silie · 3 EL frisch geriebener
Gruyère oder Parmesan.

Aus Mehl, Eiern und Salz, wie im Kurs gezeigt, einen Nudelteig herstellen. Schmale Bandnudeln daraus schneiden und etwas trocknen lassen. Das Hähnchen waschen. Zwiebel, Knoblauch, Möhre, Sellerie und Lauch putzen und in Stücke schneiden. In einen ausreichend großen Topf füllen. Mit einem Liter Wasser bedecken und 10 Minuten kochen. Das Hähnchen, Lorbeerblatt, Petersilienstengel und Pfefferkörner zufügen. Ohne Deckel bei milder Hitze 40 Minuten ziehen lassen. Das Hähnchen in der Brühe auskühlen lassen. Sobald es nur noch lauwarm ist, herausnehmen, das Fleisch von den Knochen lösen und in mundgerechte Würfel teilen. Knochen und Haut zurück in die Brühe geben. Auf mittlerer Hitze um die Hälfte einkochen. Durch ein Sieb filtern. Jetzt sollte ungefähr ⅜ Liter sehr kräftige Hühnerbrühe übrig sein. In einer Kasserolle die Butter schmelzen, das Mehl darin andünsten. Mit

der Brühe auffüllen und zu einer dicklichen Sauce kochen. Sahne mit Pfeffer, Muskat, Salz und Eigelb verquirlen. In die Sauce rühren. Langsam auf milder Hitze heiß und dicklich werden, aber auf keinen Fall kochen lassen. Diese Sauce, die sehr cremig sein sollte, abschmecken.
Die Pilze putzen, blättrig schneiden, in einem Eßlöffel Butter anbraten, bis alle ausgetretene Flüssigkeit verdampft ist. Mit der restlichen Butter eine Auflaufform einfetten. Die Nudeln in sprudelnd kochendem Salzwasser nicht zu weich kochen, abgießen und heiß abspülen. Gut abtropfen lassen. Nudeln, Hühnerfleisch und Champignons abwechselnd in die Form schichten, dabei jede Schicht mit etwas Petersilie bestreuen. Alles mit der Sauce übergießen. Den geriebenen Käse darüber geben. Die Form in den auf 250° C vorgeheizten Ofen schieben. Den Auflauf 10 Minuten überbakken. Heiß servieren.

Anmerkung: Natürlich können Sie den Auflauf auch mit gekauften Bandnudeln herstellen. Es genügen etwa 250 Gramm.

TIP

Mit einer Nudelmaschine sind Nudeln im Handumdrehen hergestellt: einfach die Teigzutaten lose vermengen und portionsweise zwischen den Walzen solange durchdrehen, bis sie sich zu einem homogenen, glatten Teigband verbunden haben. Dabei die Walzenstärke immer enger einstellen.

Reis

Perfekt gekochter Reis ist schneeweiß, locker, ganz trocken und duftig. Er darf nicht aneinanderkleben und matschig weich sein, sollte aber auch nicht in einzelne Körner zerfallen. Die Reiskörner müssen als einzelne zwar erkennbar sein, sollen sich aber berühren. Damit er so wird, muß man beim Kochen folgendes beachten: Reis wird vor dem Kochen nur gewaschen, wenn er lose gekauft wurde und deshalb voll Staub und anderen feinen Schmutzpartikeln sein kann. Ansonsten ist das Waschen überflüssig, dadurch wird nämlich die Stärke herausgespült, die den Reis so flockig macht.
Es gibt zwei Methoden, Reis zu kochen:
Pilaw-Reis: Den Reis mit nur so wenig Flüssigkeit ansetzen, wie er im Stande ist, aufzunehmen, und ihn auf milder Hitze langsam aufquellen lassen. Man rechnet als Beilage pro Person ½ Tasse Reis und füllt mit ganz wenig mehr als einer randvollen Tasse Wasser auf. Damit sich die Reisstärke besser aufschließt, röstet man den Reis zunächst im trockenen Topf an, bis er glasig ist, füllt dann mit der nötigen Menge Wasser auf, bringt alles zum Kochen und schaltet bereits nach einer Minute das Feuer auf die kleinste Einstellung. Salz hineinrühren. Gut zudecken. 20 Minuten lang quellen lassen. Währenddessen den Deckel nicht lüften, damit der Dampf, der sich im Innern bildet, nicht entweichen kann. Zum Schluß den fertigen Reis mit einer Gabel auflockern – das Ergebnis ist duftig und flockig.
Kreolenreis: Bei dieser Methode wird der Reis wie Nudeln in reichlich sprudelnd kochendem Salzwasser gegart, abgegossen, auf ein Backblech gebreitet und im mäßig warmen Ofen bei etwa 150° C getrocknet.
Für beide Methoden nimmt man den länglichen, schlanken Patna- oder Karolinenreis, keinesfalls Rundkornreis.
Übrig gebliebener Reis hält sich im Kühlschrank, gut zugedeckt, etwa eine Woche. Man kann ihn in Öl oder Butter aufbraten und ihn mit verquirltem Ei, blättrig geschnittenen Pilzen, Krabben, Fleischresten und gegartem Gemüse anreichern. Oder man dämpft ihn: den kalten Reis in einen Topf füllen. Mit etwas Wasser besprenkeln und fest zugedeckt auf mildem Feuer 10 Minuten wärmen.

1 Für zwei Personen rechnet man eine Tasse Reis. Im trockenen Topf ohne Fett unter Rühren glasig, nicht braun werden lassen.

2 Mit 1½ Tassen Wasser auffüllen. Aufkochen, salzen. Gut zugedeckt auf mildester Einstellung mehr ziehen und quellen als kochen.

3 Deckel dabei nicht abheben, damit kein Dampf entweicht. Nach 20 Minuten den Reis mit der Gabel auflockern.

Risotto

Das größte Reisanbaugebiet Europas liegt in Oberitalien. Von dort kommt der weiche, ein bißchen klebrige Rundkornreis. Dieser Reis ist stärkehaltiger als die Langkornsorten. Er wird beim Kochen niemals flockig und duftig. Rundkornreis kocht stets ein bißchen zu Brei. Aber das darf einen nicht verleiten, ihn zu lange zu garen, denn dann ist ein Risotto kein Genuß mehr. Auch wenn Risotto etwas suppig sein soll, so darf er auf keinen Fall matschig werden. Die Reiskörner müssen auf der Zunge durchaus einzeln spürbar sein und Biß haben. Risotto ist in Italien mehr als nur eine Beilage – auch wenn er manchmal zum Fleisch serviert wird –, aber meistens reicht man ihn als eigenständiges Gericht, als ersten Gang, vor Fleisch oder Fisch. Der Reis wird nicht in Wasser, sondern immer in Brühe gegart und meistens durch weitere Zutaten angereichert. In jedem Fall gehört vor dem Auftragen frisch geriebener Parmesan und etwas Butter hinein.

Man rechnet ebenfalls pro Person etwa ½ Tasse Reis auf 1¼ Tassen Flüssigkeit – wobei die Flüssigkeitsmenge stets auch davon abhängig ist, was außerdem im Risotto mitgekocht werden soll. Mitkochen darf natürlich nur etwas, was eine gleich lange Garzeit beansprucht oder was bereits fast gar ist und nicht durch weiteres Köcheln zu weich oder fast zerkocht würde.

Grundrezept

Zutaten für 4 Personen:
1 Zwiebel · 1 Knoblauchzehe · 2 EL Olivenöl · 2 Tassen Reis · 5 Tassen kräftige Fleischbrühe.

Die Zwiebel und Knoblauchzehe schälen und sehr fein hacken. Das Öl in einer Kasserolle erhitzen. Zwiebel und Knoblauch darin weich dünsten, aber keine Farbe annehmen lassen. Den Reis zufügen und so lange dünsten, bis er rundum von einem Ölfilm überzogen ist. Mit der Brühe auffüllen. Aufkochen. Den Topf mit einem Deckel verschließen. Auf kleinster Einstellung 20 Minuten quellen lassen. Dann mit einer Gabel auflockern; falls der Reis alle Flüssigkeit aufgesogen haben sollte, mit einigen Tropfen Brühe befeuchten. Frisch geriebenen Parmesan und etwas Butter hineinrühren.

1 Eine gehackte Zwiebel und Knoblauchzehe in Olivenöl andünsten, nicht bräunen. Den Reis hineinschütten; darin wenden.

2 Mit Brühe aufgießen. Zugedeckt auf milder Hitze 20 Minuten garen. Dabei den Deckel nicht lüften, damit kein Dampf entweicht.

3 Zum Schluß, wenn nötig, mit etwas zusätzlicher Brühe befeuchten. Frisch geriebenen Parmesan und Butter darunter mischen.

Pilaw-Reis

mit Hühnerfleisch und Pilzen

Zutaten für 4 Personen:
1 große Zwiebel · 2 EL Butter · 250 g Hähnchenbrust
200 g frische Champignons
2 Tassen Langkornreis
4 Tassen Hühnerbrühe
2 EL gehackte Petersilie.

Die Zwiebel schälen und sehr fein hacken. Die Butter in einer Kasserolle aufschäumen, die Zwiebel darin weich dünsten. Das Hähnchenfleisch in kleine Würfel schneiden und mitbraten. Die Pilze putzen, blättrig schneiden und ebenfalls in den Topf füllen. Unter Rühren rösten, bis alle ausgetretene Flüssigkeit verdampft ist. Den Reis in den Topf schütten und so lange darin wenden, bis er rundum glasig geworden ist. Mit der Brühe auffüllen. Aufkochen. Den Topf mit einem Deckel verschließen. Auf milder Hitze etwa 20 Minuten ziehen lassen. Den Pilaw-Reis mit einer Gabel auflockern. Die Petersilie darüber streuen.

Paprika-Reis

mit Speck

Zutaten für 4 Personen:
100 g durchwachsener Speck · 1 EL Butter · 1 große Zwiebel · 2 Tassen Langkornreis · 1 TL Delikateßpaprika · 1 fleischige, rote Paprikaschote · 4 Tassen Fleischbrühe.

Den Speck in feine Würfel schneiden. Mit der Butter in einen Topf füllen und langsam ausbraten, dabei aber nicht knusprig werden lassen. Die Zwiebel schälen, sehr fein hacken und unter Rühren weich dünsten, ohne sie Farbe annehmen zu lassen. Den Reis zufügen und rundum im heißen Fett wenden. Das Paprikapulver hineinstreuen und durchschwitzen, aber nicht anrösten. Die Paprikaschote putzen, die Kerne herausstreifen. Das Fleisch in winzige Würfelchen schneiden und in den Topf geben. Sofort mit Fleischbrühe auffüllen und aufkochen. Zugedeckt 20 Minuten auf milder Hitze quellen lassen. Erst zum Schluß mit einer Gabel auflockern. Als Beilage servieren.

Pilaw-Reis

mit Hühnerlebern

Zutaten für 4 Personen:
1 Zwiebel · 2 EL Gänseschmalz · 2 Tassen Langkornreis · 2 Fleischtomaten
4 Tassen Hühnerbrühe
400 g Hühnerlebern
1 Zwiebel · 1 Knoblauchzehe · 2 EL Butter · ⅛ l herber Rotwein · Salz · Pfeffer
2 EL Kerbelblättchen.

Die Zwiebel schälen, sehr fein hacken und im heißen Gänseschmalz weich dünsten. Den Reis hineinschütten und unter Rühren glasig werden lassen. Die Tomaten häuten, entkernen (siehe Seite 41), ihr Fleisch hacken und in den Reistopf mischen. Mit der Brühe auffüllen, aufkochen und zugedeckt 20 Minuten quellen lassen. Unterdessen die Lebern sorgfältig säubern, dabei alle Sehnen, Blutreste und Häutchen entfernen. Die Zwiebel und Knoblauchzehe schälen und sehr fein hacken. Die Butter in einer Pfanne aufschäumen lassen, die Hühnerlebern darin auf allen Seiten rasch anbraten – sie sollen innen noch blutig sein –, herausheben und warm stellen. Die Zwiebel und Knoblauchzehe im verbliebenen Fett weich dünsten. Mit dem Rotwein ablöschen. Die Lebern halbieren, mitsamt dem ausgetretenen Saft wieder in die Pfanne geben und erwärmen. Salzen und pfeffern, aber nicht mehr kochen. Den fertigen Reis in die Pfanne rühren und vorsichtig alles mischen. Zum Schluß den Kerbel darüber streuen.

Risotto

Mailänder Art

Zutaten für 4 Personen:
1 große Zwiebel · 2 EL Olivenöl · 2 EL gehacktes Ochsenmark · 2 Tassen Rundkornreis · 5 Tassen kräftige Fleischbrühe · 1 Döschen Safran · Pfeffer aus der Mühle · 4 EL frisch geriebener Parmesan · 2 EL Butter.

Die Zwiebel schälen und sehr fein hacken. Das Öl in einer Kasserolle erhitzen, das Mark darin schmelzen. Die Zwiebel hineinrühren und weich dünsten, ohne daß sie Farbe annimmt. Den Reis in den Topf schütten und darin wenden, bis er überall von Fett überglänzt ist. Die Fleischbrühe erhitzen, den Safran darin auflösen. In den Reistopf gießen und aufkochen. Zugedeckt 20 Minuten auf milder Hitze quellen lassen. Zum Schluß den Parmesan und die Butter in den Risotto rühren. Falls er zu trocken geworden sein sollte, mit Brühe verdünnen.

Kartoffeln

Kartoffeln gelten bei uns als Grundnahrungs-
mittel, nicht als das, was sie eigentlich sind, als
Delikatesse. Deshalb sieht leider das Angebot
beim Gemüsehändler entsprechend kläglich
aus. Oft weiß er nicht einmal, welche Sorte er
anbietet, ob sie fest oder mehlig kocht. (Ich
habe schon Gemüsehändler erlebt, die deshalb
auf die entsprechende Frage kurzerhand ant-
worten, diese Sorte sei mehlig-festkochend.
Eine geradezu lächerliche Antwort. Etwa dem
vergleichbar, wenn der Metzger sagen würde,
das Fleisch stamme vom Rindschwein). Aber
man kann nicht jede Kartoffelsorte für alle
Gerichte verwenden. Wenn Sie beispielsweise
Kartoffelklöße aus jungen (festkochenden)
Salatkartoffeln zubereiten, wird daraus eine
schmierige, wäßrige Angelegenheit, die hauptsächlich nach dem reichlichen Mehl schmeckt,
das Sie brauchen, damit der Kloß überhaupt
zusammenhält. Seit fast niemand mehr Kartoffeln einkellert (was zugegebenermaßen in den
modernen Neubaukellern auch nicht möglich
ist), kann man eigentlich kaum mehr gute
Klöße selber herstellen – dafür braucht man
nämlich mehlig-kochende Kartoffeln vom Vorjahr. Die Produkte der Industrie sind deshalb
dafür wirklich zu empfehlen.
Wenn Sie jedoch die Möglichkeit haben, pak-
ken Sie sich im Herbst einen ausreichenden
Kartoffelvorrat in den Keller – bewahren Sie
sie kühl, trocken und dunkel auf. Dann halten
sie sich bis in den Mai, bis langsam die neue
Ernte aus Italien eintrifft. Versorgen Sie sich
auf alle Fälle mit zwei verschiedenen Sorten:
für Pürees, Aufläufe, Pommes frites und Grillkartoffeln eine von den mehlig-kochenden,
zum Beispiel Bintje, Datura und Irmgard. Als
festkochende Kartoffel die Sieglinde. Daraus
bereitet man Salate, kocht sie in der Schale als
Pellkartoffeln oder Salzkartoffeln und bereitet
daraus Bratkartoffeln, roh oder gekocht, in
Scheiben oder nur grob in Stücke geschnitten.
Wenn Sie Kartoffeln im Supermarkt im Folien-
beutel kaufen, achten Sie darauf, daß sie trokken und nicht durch Feuchtigkeit schimmelig
geworden sind. Außerdem sollten Kartoffeln
keine grünen Stellen aufweisen, die darauf hin-
deuten, daß sie zuviel mit Licht in Kontakt
gekommen sind.

1 Direkt unter der Schale sitzen die meisten
Vitamine. Deshalb ist es bekömmlicher, Kartoffeln ungeschält zu kochen. Dafür abbürsten.

2 Mit Wasser in einen Topf füllen und je
nach Größe der Kartoffeln in 30 bis 40 Minuten zugedeckt gar kochen. Abschütten.

3 Die Kartoffeln sind gar, wenn man sie
leicht mit einem Messer durchstechen kann.
Vor dem Servieren die Schale abziehen.

Salzkartoffeln

Kein Mensch weiß, warum – aber wenn hierzulande Kartoffeln serviert werden, dann handelt es sich meistens um sogenannte Salzkartoffeln. Dabei schmecken sie in der Schale, als Pellkartoffel gekocht, viel kartoffeliger und besser. Meistens handelt es sich dabei um eine ziemlich verkochte und matschige Angelegenheit, was wahrscheinlich auch zu dem nicht gerade feinen Ruf der armen Kartoffel noch beigetragen hat. Fehler Nummer eins: Man schält die Kartoffeln und wirft sie sodann in eine Schüssel mit Wasser. Dagegen ist weiter nichts einzuwenden, wenn es wirklich nur ganz kurze Zeit ist. So lange, bis alle Kartoffeln geschält sind. Denn auch Kartoffeln haben die Eigenschaft, an der Luft zu oxydieren, sich braun zu färben. Das wird verhindert, indem man sie in Wasser – also von Luft abgeschlossen – aufbewahrt. Läßt man sie jedoch zu lange liegen, dann wird die ganze Stärke herausgezogen, die sich oben als weiße Schicht absetzt. Will man diese Kartoffeln dann kochen, zerfallen sie zu Brei.

Fehler Nummer zwei: Man kocht die Kartoffeln in leicht gesalzenem Wasser so lange, bis sie keine Konturen mehr haben, sondern aufgequollen und weich sind.

Um perfekte Salzkartoffeln zu kochen, muß man lediglich folgendes beachten: die Kartoffeln dünn (wegen der Vitamine) schälen. Man nimmt am besten ein Kartoffelschälmesser zu Hilfe, das garantiert, daß nicht zu viel weggeschnitten wird. Dann halbiert oder viertelt man die Knollen, so daß sie alle etwa die gleiche Größe haben. Sonst sind die kleinen Stücke bereits gar, wenn die größeren Exemplare noch glasig sind. Die vorbereiteten Stücke in einen Topf füllen und mit frischem Wasser knapp bedecken, salzen und zugedeckt je nach Größe 20 bis 30 Minuten weich kochen. Die Kartoffeln sind gar, wenn man sie durchstechen kann, ohne auf Widerstand zu stoßen. Dann das Wasser abgießen, über den Topf ein zusammengefaltetes, sauberes Küchentuch breiten und den Deckel darauf setzen. Auf der ausgeschalteten Herdplatte etwa fünf Minuten ausdampfen lassen. Auf diese Weise werden die Kartoffeln schön trocken, aber sie zerfallen dabei nicht.

1 Für Salzkartoffeln eine festkochende Sorte verwenden. Mit dem Kartoffelschäler dünn schälen. Nur kurz in Wasser liegen lassen.

2 Mit Wasser bedeckt in einen Topf füllen, salzen und je nach Größe 20 bis 30 Minuten weichkochen. Dann das Wasser abgießen.

3 Den Topf mit einem sauberen Tuch abdecken. Den Deckel aufsetzen. Die Kartoffeln auf der warmen Platte ausdampfen lassen.

Kartoffelpüree

Zutaten für 4 Personen:
1000 g mehlig kochende
Kartoffeln · ¼ l Milch
2 EL Butter · Salz · frisch
geriebene Muskatnuß.

Die Kartoffeln in der Schale
30 Minuten gar kochen. Schälen. Durch die Kartoffelpresse
in einen Topf drücken, in dem
die Milch mit der Butter erwärmt wurde. Vorsichtig vermischen, dabei nicht zu stark
rühren, weil das Püree leicht
schmierig wird. Mit Salz und
Muskat würzen.

Anmerkung: Noch besser wird
das Püree, wenn Sie die Hälfte
der Milch durch Sahne ersetzen und außerdem ein Eigelb
untermischen.

Bratkartoffeln

Zutaten für 4 Personen:
800 g gekochte festkochende
Kartoffeln (vom Vortag)
2 EL Butter · 2 EL Öl (oder
Gänse- oder Schweine-
schmalz) · Salz · Pfeffer aus
der Mühle · 1 EL frische
Majoranblättchen.

Die Kartoffeln pellen und in
dünne Scheiben schneiden. In
einer großen Pfanne die Butter und das Öl (oder das
Schmalz) erhitzen. Die Kartoffelscheiben hineingeben.
Auf milder Hitze unter gelegentlichem Wenden mit dem
Bratenwender knusprig braun
braten. Salzen und mit Pfeffer
würzen. Zum Schluß den gehackten Majoran darüber-
streuen.

Anmerkung: Falls Sie getrockneten Majoran verwenden,
ihn fein zerreiben und während des Bratens über die
Kartoffelscheiben streuen.
Je milder die Hitze, desto

schöner wird die Kruste der
Kartoffelscheiben. Allerdings
müssen sie zunächst ins stark
erhitzte Fett, damit es die
Kartoffeln gleich umschließt.

Variationen: In etwas Butter
feine Speckwürfelchen ausbraten. Oder hauchfeine
Zwiebelringe mitrösten.

Ölkartöffelchen

Zutaten für 4 Personen:
800 g möglichst kleine fest-
kochende Kartoffeln (wal-
nußgroß) · 5 EL Olivenöl
1 Tasse Fleischbrühe · Salz.

Die Kartoffeln schälen. Das
Öl in einem flachen, großen
Topf erhitzen. Die Kartoffeln
hineingeben und unter ständigem Rütteln am Topf rundum
kräftig anbraten. Erst, wenn
sie überall eine goldene Farbe
bekommen haben, mit der
Fleischbrühe auffüllen, salzen. Sofort den Topf mit einem gut schließenden Deckel
abdecken. Die Ölkartöffelchen auf milder Hitze etwa
20 Minuten garen.

Kartoffel-
scheiben

ausgebacken

Zutaten für 4 Personen:
750 g mehlig kochende Kar-
toffeln · Fett zum Ausbak-
ken (Palmin, Erdnußöl)
Salz.

Die Kartoffeln schälen. In
Scheiben von etwa 3 Millime-
tern Stärke schneiden. Mit
Küchenpapier sorgfältig abtrocknen. Das Fett in einem
Fritiertopf auf etwa 170° C erhitzen. (Wenn Sie einen hölzernen Kochlöffel hineinhal-
ten, sollen die Bläschen nicht
zu heftig daran emporstei-

gen.) Die Kartoffelscheiben
portionsweise darin etwa
8 Minuten ausbacken. Dabei
darauf achten, daß die Scheiben nicht aneinanderkleben.
Nach 8 Minuten sind sie blaß-
gelb geworden. Mit einer
Schaumkelle herausheben und
auf Küchenpapier abtropfen.
Nunmehr das Feuer unter
dem Topf verstärken. Die
Kartoffelscheiben in 190° C
heißem Fett (es soll jetzt rauchen!) ein zweites Mal goldbraun ausbacken. Wieder auf
Küchenpapier abtropfen, mit
Salz bestreuen und sofort auftragen.

Anmerkung: Nach genau diesem Prinzip stellt man auch
Pommes frites her. Dafür
müssen Sie jedoch die Kartoffeln in 1 Zentimer breite Stäbchen schneiden. Falls Sie keinen Pommes-frites-Schneider
haben, ist das mühsam.

Béchamel-
kartoffeln

Zutaten für 4 Personen:
1000 g festkochende Kartof-
feln · 2 EL Butter · 1 Zwie-
bel · 100 g gekochter Schin-
ken · 1 gestrichener EL
Mehl · ¾ l Milch · ¼ l Sah-
ne · Salz · Pfeffer aus der
Mühle · frisch geriebene
Muskatnuß · eine Spur
Cayennepfeffer · ein Sprit-
zer Worcestersauce · etwas
Zitronensaft · 3 EL feinge-
schnittener Dill · 2 EL
Butter.

Die Kartoffeln in der Schale
weich kochen, abgießen und
etwas auskühlen lassen. Für
die Sauce die Butter in einem
geräumigen Topf schmelzen.
Die Zwiebel sehr fein hacken
und darin weich dünsten, aber

nicht bräunen. Den Schinken winzig klein würfeln und mitdünsten. Das Mehl hineinstreuen und durchschwitzen. Mit Milch und Sahne auffüllen. Auf mildem Feuer unter gelegentlichem Rühren 20 Minuten köcheln. Die Sauce mit Salz, Pfeffer, Muskat, Cayennepfeffer, Worcestersauce und Zitronensaft abschmekken. Die Kartoffeln pellen, in dünne Scheiben schneiden und in die Sauce rühren. Den Dill darüberstreuen. Die Butter darauf schmelzen und unter vorsichtigem Wenden hineinarbeiten. Die Kartoffelscheiben dürfen nicht zerfallen.

Kartoffelknödel

Zutaten für 4 Personen:
1000 g mehlig kochende Kartoffeln (roh) · 1 EL Essig · ⅛ l Milch · 350 g gekochte Kartoffeln (ebenfalls mehlige Sorte) · 1 Ei · Salz Pfeffer aus der Mühle frisch geriebene Muskatnuß 1 Brötchen · 2 EL Butter.

Die rohen Kartoffeln schälen und auf der feinen Reibe feinreiben. Dabei sofort in eine Schüssel fallen lassen, die mit Essigwasser gefüllt ist. Anschließend die Kartoffeln mit den Händen kräftig ausdrükken. In eine zweite Schüssel füllen, mit kochender Milch übergießen und quellen lassen. Die in der Essigwasserschüssel abgesetzte Stärke abschöpfen und zufügen. Die gekochten Kartoffeln ebenfalls fein reiben und mit den rohen Kartoffeln vermischen. Das Ei hineinarbeiten. Den Kartoffelteig mit Salz, Pfeffer und Muskat abschmecken. Das Brötchen in 1 Zentimeter große Würfel schneiden. In der

heißen Butter goldbraun rösten. Aus dem Kartoffelteig tennisballgroße Klöße formen, in die Mitte einige Brotwürfel setzen. Die Klöße in reichlich leicht gesalzenem, siedendem Wasser 20 Minuten gar ziehen lassen. Dabei soll das Wasser nicht kochen, weil sonst die Knödel auseinanderfallen. Sie sind gar, wenn sie an der Wasseroberfläche schwimmen.

Anmerkung: Um zu sehen, ob der Kartoffelteig die richtige Konsistenz hat, sollten Sie einen kleinen Probeknödel formen und im Salzwasser gar ziehen lassen. Wenn er zu fest ist, fehlt im Teig etwas Ei, Milch oder Butter. Fällt er dagegen auseinander, sollten Sie den Teig mit etwas Mehl oder Semmelbröseln festigen.

Kartoffelpuffer

Zutaten für 4 Personen:
750 g mehlig kochende Kartoffeln · 2 große Zwiebeln 3 Eier · Salz · Pfeffer aus der Mühle · Öl.

Die Kartoffeln schälen. Auf der feinen Reibe reiben. Gut ausdrücken. Die Zwiebeln schälen und musig reiben. Mit den Kartoffeln vermischen und dabei die Eier unterziehen. Diesen Kartoffelteig mit Salz und Pfeffer abschmekken. In einer großen Pfanne etwas Öl erhitzen. Eine Schöpfkelle Teig hineingeben und verstreichen. Auf milder Hitze goldbraun backen. Den Puffer umdrehen und auch auf der zweiten Seite golden backen. Nach diesem Muster verfahren, bis aller Teig aufgebraucht ist. Die Kartoffelpuffer schmecken am besten frisch aus der Pfanne.

Anmerkung: Sie können auch feingehackte Kräuter unter den Teig mischen oder in hauchfeine Ringe geschnittenen Lauch oder in kleine Würfel gehackte Zucchini.

Kräuterknödel

mit Schinken

Zutaten für 4 Personen:
1000 g gekochte mehlig kochende Kartoffeln · 2 Eier 120 g Mehl · 4 EL fein gehackte Kräuter: Petersilie, Dill, Kerbel, Pimpinelle, Borretsch, Liebstöckel, Schnittlauch · 100 g gekochter Schinken · Salz · Pfeffer aus der Mühle · Muskat.

Die Kartoffeln in der Presse zerdrücken oder fein reiben. Eier und Mehl hinzufügen. Mit kühlen Händen rasch einen geschmeidigen Kartoffelteig kneten. Die Kräuter untermischen. Den Schinken winzig klein würfeln und ebenfalls in den Teig arbeiten. Falls der Teig zu flüssig sein sollte, Semmelbrösel unterziehen. Falls er zu fest sein sollte, etwas Butter hineinkneten. Den Kartoffelteig mit Salz, Pfeffer und Muskat würzen. Mit den Händen zu tennisballgroßen Klößen formen. In leise siedendem Salzwasser 20 bis 25 Minuten garen, bis die Knödel oben schwimmen. Mit einer Schaumkelle herausheben und auf einer heißen Platte anrichten.

Anmerkung: Man kann aus diesem Kartoffelteig auch männerdaumengroße Röllchen formen, diese in Semmelbröseln wenden und anschließend in heißem Fett schwimmend in der Fritüre ausbacken.

Kartoffelauflauf

Aufläufe sind besonders praktisch, weil man nicht viel Mühe mit ihnen hat, weil sie einem den Abwasch leicht machen und weil sie obendrein nicht teuer sind.

Gratinierte Kartoffeln

in Sahne

Zutaten für 4 Personen:
800 g mehlig kochende Kartoffeln · 2 EL Butter · Salz · Pfeffer aus der Mühle · Muskat · ½ l Sahne · Butterflöckchen.

Die Kartoffeln schälen und in sehr dünne Scheiben schneiden. Eine flache, feuerfeste Form dick mit Butter ausstreichen. Die Kartoffeln einschichten, dabei jede Lage mit Salz, Pfeffer und Muskat würzen. Mit der Sahne auffüllen, die obersten Kartoffelscheiben sollen gerade noch herausschauen. Mit Butterflöckchen besetzen. Im auf 220° C vorgeheizten Backofen etwa 70 Minuten backen. Falls sich dabei die Oberfläche zu dunkel färben sollte, mit Alufolie abdecken.

Anmerkung: Die Form darf nicht zu klein bemessen sein. Die Sahne steigt nämlich beim Backen in großen Blasen hoch und würde sonst am Rand auf den Herdboden heruntertropfen, wo sie verbrennen würde. Es muß also ein etwa 2 bis 3 Zentimeter hoher Rand frei gelassen werden, damit dies nicht geschieht.

Gratinierte Kartoffeln

mit Speckstreifen

Nach dem vorherigen Rezept verfahren, jedoch hauchdünn geschnittene Scheiben von durchwachsenem Speck rasch ausbraten und dazwischen schichten.

Kartoffelauflauf

mit Zwiebeln und Rinderfilet

Zutaten für 4 Personen:
750 g mehlig kochende Kartoffeln · 600 g milde Gemüsezwiebeln · 300 g Rinderfilet 2 EL Butter · Salz · Pfeffer aus der Mühle ½ l Sahne oder Crème fraîche.

Die Kartoffeln schälen, in sehr dünne Scheiben schneiden. Die Zwiebeln schälen und in hauchfeine Ringe teilen. Das Rinderfilet in Würfel von 2 Zentimeter Kantenlänge schneiden. Eine hohe feuerfeste Form (zum Beispiel eine Pastetenterrine oder eine Souffléform) mit Butter ausstreichen. Zuunterst eine Schicht Kartoffeln legen, salzen, reichlich pfeffern. Dann mit einer Schicht Zwiebeln abdecken – auch diese pfeffern. Die Rinderfiletwürfel mit Salz und Pfeffer würzen und darauf verteilen. Mit Kartoffeln bedecken und so weiter, bis alle Zutaten verbraucht sind. Die oberste Schicht sollte aus Kartoffeln bestehen. Dabei salzen, vor allem aber Pfeffer nicht vergessen. Es soll ruhig sehr pfeffrig schmecken. Mit der Sahne auffüllen. Die Form mit Alufolie gut abdecken. Wenn vorhanden, zusätzlich mit einem Deckel verschließen. In eine mit Wasser gefüllte Fett- oder Bratenpfanne stellen. Im auf 220°C vorgeheizten Backofen 3 bis 4 Stunden langsam garen. Dabei darauf achten, daß die Fettpfanne stets ausreichend mit Wasser gefüllt ist. Zu diesem Auflauf paßt am besten sehr säuerlich angemachter Endiviensalat.

Käsekartoffeln

mit Schinken

Zutaten für 4 Personen:
800 g mehlig kochende Kartoffeln · 3 EL Butter · Salz · Pfeffer aus der Mühle · frisch geriebene Muskatnuß · 300 g gekochter Schinken in dünnen Scheiben · 100 g frisch geriebener Gruyère · ½ l Sahne · Butterflöckchen.

Die Kartoffeln schälen, in sehr dünne Scheiben schneiden. Eine flache, feuerfeste Form mit Butter ausstreichen. Den Boden mit einem Drittel Kartoffeln auslegen. Salzen, mit Pfeffer und Muskat würzen. Den Schinken quer in 2 Zentimeter breite Streifen schneiden. Das zweite Drittel Kartoffeln mit den Schinkenstreifen vermischt in die Form betten. Dabei salzen, pfeffern und mit Muskat würzen. Diese Schicht mit der Hälfte des geriebenen Käses bedecken. Obenauf den Rest der Kartoffeln geben und wiederum mit Käse bestreuen. Mit der Sahne auffüllen und mit Butterflöckchen besetzen. Den Auflauf im vorgeheizten Backofen bei 200° C 60 bis 70 Minuten backen. Falls sich dabei die Oberfläche zu dunkel färben sollte, mit Alufolie abdecken.

1 Das sind die Zutaten: mehlig kochende Kartoffeln, Butter, Sahne, Gewürze. Außerdem brauchen Sie eine flache Auflaufform.

2 Die Kartoffeln dünn schälen. Die Form dick mit Butter einpinseln. Den Boden leicht salzen und pfeffern.

3 Die Kartoffeln in hauchfeine Scheiben schneiden. Lagenweise in die vorbereitete Form schichten. Dabei salzen und pfeffern.

4 Mit Sahne auffüllen – so daß die oberste Schicht gerade eben herausschaut, denn die Sahne steigt beim Backen und braucht Platz.

5 Die Oberfläche mit Butterflöckchen besetzen. Im auf 220° C vorgeheizten Ofen garen. Notfalls mit Alufolie abdecken.

6 Der fertige Auflauf. Mit einer goldenen, nur wenig knusprigen Oberfläche. Dazu schmeckt kurzgebratenes Fleisch und Salat.

Spezialitäten

Die Welt ist klein geworden. Mit dem Flugzeug sind selbst die fernsten und exotischsten Ziele in erreichbare Nähe gerückt. Zu verreisen, das ist fast schon Selbstverständlichkeit.

Seither haben sich unsere Eß- und Kochgewohnheiten verändert: Wir sind nicht mehr mit Schweinebraten, Gulasch und gekochtem Eisbein zufrieden, wir schauen neugierig unseren Nachbarn in die Töpfe.

Wer in den letzten zehn Jahren ein bißchen das Angebot in den Supermärkten verfolgt hat, der staunt über die unsagbare Fülle von exotischen, fremden Produkten, die heute im Regal zu finden sind. Heutzutage ist es kein Problem mehr, eine original italienische Pizza herzustellen: Wir können süße Fleischtomaten ebenso kaufen wie grünliches Olivenöl aus der allerersten Pressung. Und selbst den ausgefallenen Mozzarella-Käse gibt es überall in den großen Kaufhäusern. Die Lebensmittelabteilungen der großen Kaufhäuser waren da sozusagen Wegbereiter. Sie haben schon frühzeitig ihr Angebot auf die erweiterten Bedürfnisse eingestellt. Sie haben zum Beispiel sehr bald Abteilungen eingerichtet, in denen speziell für Gastarbeiter deren heimische Produkte verkauft werden. Dort sollten Sie mal stöbern. Selbstverständlich auch in den Geschäften, die von Gastarbeitern für Gastarbeiter geführt werden. Dort finden Sie manches weitaus preiswerter, was Sie sonst in feinen Delikateßgeschäften teuer bezahlen müssen. Sherry-Essig zum Beispiel, im Feinkostladen nur teuer zu bekommen, ist im Gastarbeiterladen für Spanier eine Selbstverständlichkeit und weit billiger. Erstklassiges Olivenöl (Jungfernöl oder Olio vergine), für Spanier, Griechen oder Italiener eine unerläßliche Zutat, ist in ihren Spezialgeschäften leicht zu bekommen.

Schauen Sie dort auch gleich ins Weinregal: diese Völker sind Weintrinker. Deshalb werden Sie eine ganze Reihe hervorragender trockener Weißweine oder fruchtiger Rotweine finden, die gut zum Essen passen und nicht zu teuer sind. Falls Sie sich nicht ganz sicher sind: Versuchen Sie mit den Ladeninhabern ins Gespräch zu kommen, die sich bestimmt freuen, Ihnen einiges darüber beibringen zu können. Oder probieren Sie's aus. Falls es nicht anders auf der Flasche vermerkt ist, handelt es sich meistens um trockene, also zum Essen geeignete Weine. Ansonsten ist auf dem Etikett zu lesen: dolce oder dulce.

Auch Gemüse und Obst finden Sie in von Südländern geführten Geschäften in oft besserer Qualität als in einem ,,normalen" Gemüseladen, weil man dort viel mehr Wert auf makellose Frische und aromatischen Geschmack legt – während bei uns stets das Aussehen die wichtigere Rolle spielt.

Schweizer Käsefondue

Die oder das Fondue – darüber streiten sich schon ganze Generationen von Feinschmekkern. In der Schweiz heißt es „die", auch die Franzosen sprechen von „la" Fondue; und nur bei uns hat der kulinarisch eigentlich ganz und gar nicht informierte Duden festgelegt, es müsse „das" heißen, weil es sich ja um „das Geschmolzene" handelt. Nun wird ja in der Tat beim Käsefondue der Käse geschmolzen (fondre = französisch für schmelzen). Allerdings haben sich mittlerweile unendlich viele Variationen von Fondues entwickelt, bei denen keineswegs auch nur das Mindeste geschmolzen wird. Sie haben allesamt nur eines gemeinsam: Man ißt aus demselben Topf. Das kam so:

Die Bergbauern in der Westschweiz waren in den langen Wintern oft bis zu einem halben Jahr von der übrigen Welt abgeschnitten. Natürlich brachte man zu Beginn des Winters Lebensmittel und Vorräte hinauf. Aber das einzige, was davon lange im Keller einigermaßen hielt, war Käse. Doch wenigstens eine warme Mahlzeit am Tage mußte man haben. Und so kamen die Bauern eines Tages auf die gute Idee, den Käse zu schmelzen und Brotbröckchen hinein zu tunken. Da man alles aus einem Topf verspeiste, aß man natürlich auch das Fondue aus einem Geschirr. Auf dem Weg von den hohen Bergen hat das Fondue einige luxuriöse Zutaten bekommen, von denen die Bergbauern niemals zu träumen gewagt hätten – man mischte ein bißchen Kirschwasser und Wein hinzu, rieb die Schüssel mit Knoblauch aus, damit ein zarter Duft davon den Käse würze, und machte daraus ein gemütliches, geselliges Essen, das in einer Runde bis zu sechs Personen am meisten Spaß macht. So viele können, ohne sich einzuengen, um den Rechaud sitzen und ihre Brotwürfel an langen Gabeln in die duftende Käsecreme tauchen. „Sieger" ist natürlich, wer möglichst viel Käse mit möglichst wenig Brot aufstippt. Und wer sein Brot im Caquelon (so nennt man den feuerfesten Topf mit Deckel aus Keramik, Steingut, Glas oder Gußeisen) verliert, der muß für alle eine Runde Kirschwasser ausgeben.

1   Das alles brauchen Sie für ein Käsefondue: je nach Rezept zwei bis drei Sorten Käse; außerdem Wein, Kirschwasser und Gewürze.

4   Den Wein auf dem Herd knapp zum Kochen bringen, in den Caquelon füllen und unverzüglich den Rechaud anzünden.

7   Mit dem Kirschwasser parfümieren. Auch dabei das Rühren nicht vergessen, damit die Creme geschmeidig bleibt.

2 Als erstes wird der Käse zerkleinert, entweder auf der mittelfeinen Reibe raffeln oder in einem geeigneten Mixer hacken oder reiben.

3 Falls Sie Knoblauch nur als Duft spüren wollen, den Caquelon (Form aus Glas, Keramik, Gußeisen, Steingut) damit ausreiben.

5 In kleinen Portionen den geriebenen Käse in den köchelnden Wein werfen, dabei ständig rühren, bis der Käse sich langsam auflöst.

6 Dabei muß ganz gleichmäßig und darf nicht zu hastig gerührt werden, in Form einer Acht, bis eine dicke Creme entstanden ist.

8 Mit sehr viel frisch gemahlenem Pfeffer abschmecken. Nach Belieben auch mit Muskat und zusätzlich etwas zerdrücktem Knoblauch.

9 Das fertige Käsefondue auf dem Rechaud auf den Tisch stellen. Lange Gabeln und in Würfel geschnittenes Weißbrot dazu servieren.

Käsefondue

*Zutaten für 4 Personen:
300 g Gruyère · 300 g
Schweizer Emmentaler
1 Knoblauchzehe · 200 ccm
(etwas weniger als ¼ Liter)
trockener Weißwein · 1 Glas
Kirschwasser (2 cl) · ½ TL
Speisestärke · Pfeffer aus
der Mühle · frisch geriebene
Muskatnuß · eine Knob-
lauchzehe · Weißbrot*

Die beiden Käsesorten reiben, raffeln oder im Mixer zerkleinern. Den Caquelon mit der halbierten Knoblauchzehe ausreiben. Den Wein fast zum Kochen bringen, in den Caquelon füllen und weiterhin knapp am Siedepunkt halten. Portionsweise den Käse hineingeben, dabei mit einem hölzernen Kochlöffel gleichmäßig rühren, damit sich der Käse cremig auflöst und keine Klümpchen bildet. Sobald aller geriebener Käse verbraucht ist und eine glatte Creme entstanden ist, das Kirschwasser mit der Stärke mischen und in die Creme mengen. Das Fondue mit reichlich frisch gemahlenem Pfeffer würzen. Nach Belieben mit Muskat abschmecken. Und die zusätzliche Knoblauchzehe durch die Presse hineindrücken. Das Weißbrot in mundgerechte Würfel teilen. Getrennt zum Fondue servieren. Die Gäste spießen einen Brotwürfel auf ihre lange Gabel, tauchen ihn in die Käsecreme und verspeisen ihn, bevor der Käse hart wird.

Anmerkung: Es gibt eine Fülle von verschiedenen Rezepten für Käsefondue, die sich allesamt nur in der Zusammensetzung des Käses unterscheiden.

TIP

Die Säure im Wein erleichtert dem Käse die Bindung zur Creme. Deshalb eignet sich ein sehr trockener und zugleich säurehaltiger Wein am besten. Neben den Schweizer Weinen (die leider bei uns nur selten und dann recht teuer zu bekommen sind) sind auch Rieslinge aus dem Elsaß, aus Baden oder von der Mosel gut. Achten Sie bei deutschen Weinen stets auf das gelbe Weinsiegel. Manchmal finden Sie auf der Rückseite die Analyse, die über Säure- und Zuckergehalt genau Aufschluß gibt. Wenn Sie nicht ganz sicher sind, fügen Sie einige Tropfen Zitronensaft hinzu. Die Zitronensäure wirkt unterstützend.

Fonduta

*Zutaten für 4 Personen:
500 g Fontina (italienischer
Käse) · 4 EL Butter · 3 Eigelb · ⅛ l trockener Weißwein · reichlich weißer Pfeffer aus der Mühle · 1 Spur
Cayennepfeffer.*

Den Käse entrinden. Mit einem Messer in kleine Würfel schneiden. Die Butter in einer Kasserolle aufschäumen lassen, den Käse bröckchenweise hineingeben und unermüdlich auf mildem Feuer rühren, so lange, bis der Käse geschmolzen ist. Die Eigelb unter ständigem Rühren untermischen und bevor sie in der Käsecreme zu stark erhitzt werden, eßlöffelweise den Wein zufügen. Auf mildem Feuer dicklich und cremig werden lassen, aber auf keinen Fall kochen. Dabei ständig mit dem hölzernen Rührlöffel schlagen. Mit Pfeffer und einem Hauch Cayennepfeffer abschmecken. Zu gerösteten Toastbrot-Schnitten reichen oder über einen Risotto geben.

Anmerkung: Fonduta ist eine Spezialität aus dem Piemont, dort ißt man sie auf Risotto und mit weißen Trüffeln.

Raclette-Kartoffeln

*Zutaten für 4 Personen:
1000 g mehlig kochende
Kartoffeln (Bintje, Desirée)
2 Stengel frischer Thymian
oder 1 TL getrockneter
2–3 EL Butter · Salz · Pfeffer aus der Mühle · Delikateßpaprika oder Kümmel
350 g Gomser Käse (oder
junger Gouda).*

Die Kartoffeln waschen und sauber bürsten. Mit dem Thymian in einen Topf füllen, mit Wasser bedecken. 30 Minuten lang kochen. Abgießen und abtropfen lassen. Noch heiß pellen und längs halbieren. Eine ausreichend große, feuerfeste Form mit Butter dick ausstreichen und mit Salz, Pfeffer und Paprika oder Kümmel ausstreuen. Die Kartoffelhälften, Schnittfläche nach unten, nebeneinander in der Form verteilen. Salzen, pfeffern und mit etwas Paprika oder Kümmel bestreuen. Den Käse in ½ Zentimeter dicke Scheiben schneiden und über die Kartoffeln breiten. Die Form in den auf 220° C vorgeheizten Ofen schieben. Die Kartoffeln 15 Minuten überbacken, bis der Käse zu verlaufen beginnt. Sofort servieren. Dazu Mixed Pickles, Senffrüchte, Essiggürkchen und Perlzwiebeln reichen.

Italienische Pizza

Das, was hierzulande und mittlerweile in der ganzen Welt als Original-Import aus Italien als das italienischste aller italienischen Gerichte serviert wird, ist eigentlich gar keine italienische Erfindung. Pizza war früher in Italien etwas ganz anderes: ein nur männerhandtellergroßer dicker Teigfladen, auf dem etwas Pizzaiola (Tomatensauce) und allenfalls noch ein Stück Mozzarella plaziert war. Nicht mehr. Weitaus mehr Teig als Belag.

Das war es auch, was die ersten Pizzabäcker Ende der fünfziger Jahre in ihren bei uns neu eröffneten Restaurants servierten. Recht bald aber hatten sie sich auf unseren Geschmack eingestellt und immer mehr auf den Teigfladen gepackt, der unter der reichen Last immer dünner und größer wurde. Inzwischen bekommen Sie selbst in Italien nur noch Pizza mit wenig Teig und viel drauf.

Wie viel drauf sein darf, das hängt ganz von Ihrer Phantasie und Ihren Vorräten ab. Es darf so üppig wie nur möglich sein. Hauptzutat, die niemals fehlen darf – höchstens wenn sie durch frische Tomatenscheiben ersetzt wird –: Pizzaiola, eine dick eingekochte Sauce aus geschälten Tomaten, die dem Teigfladen ihren Namen gab (sie dürfen ausnahmsweise auch aus der Dose sein, sogenannte Pelati). Das ausführliche Rezept finden Sie auf Seite 264, im Nudelkapitel, und eine einfachere Version im Kurs auf Seite 286/287; denn die Pizzaiola ist auch die klassische Sauce zu Spaghetti und anderen Nudeln. Zweitens gehört auf eine Pizza Origano – wir müssen uns hierzulande mit dem getrockneten behelfen, denn der frische, der unter dem Namen Dost als wilder Majoran auch bei uns wächst, schmeckt vollkommen anders: Ihm fehlt die Hitze der südlichen Sonne.

Weitere Zutaten, mit denen man eine Pizza anreichern und belegen kann, sind: Wurst, Schinken, Käse, Krabben, Thunfisch, Gemüse – kurz, alles, was Ihnen schmeckt und einfällt. Außerdem ist wichtig, daß Sie alles, bevor das Blech in den vorgeheizten Ofen wandert, mit aromatischem Olivenöl beträufeln – das gibt nicht nur zusätzliche Würze, sondern bewahrt den Belag davor, auszutrocknen und an den Rändern zu verbrennen.

Pizzateig

Zutaten für ein Backblech (40×35 cm):
1 Würfel frische Hefe · 1 Prise Zucker
5 EL lauwarmes Wasser · 300 g Mehl
1 TL Salz · ⅛ l lauwarmes Wasser · 6 EL
Olivenöl · Mehl zum Bestäuben der
Arbeitsfläche · Öl.

Die Hefe mit dem Zucker in einer kleinen Schüssel zerkrümeln und mit dem lauwarmen Wasser beträufeln. Mit etwas Mehl gut verrühren und 15 Minuten an einem lauwarmen Ort gehen lassen. Das Mehl auf die Arbeitsfläche schütten, in die Mitte eine Vertiefung drücken, die Hefe, das Salz, das lauwarme Wasser und das Olivenöl dort hineingeben. Alles vermischen und zu einem Teig rühren. Gehen lassen, bis sich der Teig nach 15 Minuten verdoppelt hat. Dann rasch sehr kräftig zu einem elastischen Teig kneten. In eine Schüssel füllen und zugedeckt etwa 30 bis 50 Minuten gehen lassen, bis sich der Teig erneut um sein Volumen vergrößert hat. Auf die bemehlte Arbeitsfläche kippen und mit beiden Händen wieder durchwalken, dabei den Teig auf die Arbeitsfläche werfen, daß es klatscht. Ein Backblech mit Öl einpinseln. Den Teig auf der gut eingemehlten Arbeitsfläche dünn ausrollen und auf das Backblech heben. An den Rändern rundum hochkniffen, damit ein kleiner Rand entsteht, der verhindert, daß der Belag später herunterfallen kann. Das Blech mit einem sauberen Tuch abdecken. Den Teig im auf 50° C vorgeheizten Backofen erneut gehen lassen, dabei jedoch die Ofentür unbedingt offen lassen. Dann erst mit den Zutaten nach Wahl belegen und wie angegeben backen.

Anmerkung: Es handelt sich hierbei um einen Hefeteig, der statt mit Butter mit Olivenöl zubereitet wird. Natürlich können Sie statt frischer Hefe auch Trocken- oder Instanthefe verwenden. In jedem Fall ist jedoch sehr wichtig, daß Sie in einer wohltemperierten Küche arbeiten und jeglichen Zug vermeiden. Hefebakterien sind empfindlich und können ihre den Teig aufplusternde Wirkung nur bei Temperaturen um 30° C entfalten. Sonst fällt der Teig zusammen und bleibt flach wie ein Brett.

Pizza Tonno

Zutaten für 4 Personen:
1 Pizzateig (siehe Seite 283)
1 Pizzaiola (siehe Seite 264) · 2 Dosen Thunfisch (naturel) · 4 reife Fleischtomaten · 4 Artischocken-herzen (Dose oder wie auf Seite 242 beschrieben herge-stellt) · 50 g grüne Oliven 2 EL Kapern · Salz · Pfeffer aus der Mühle · 1 EL ge-trockneter Origano · Öl zum Beträufeln.

Den Teig wie angegeben vor-bereiten und dünn auf einem eingefetteten Blech auslegen. Die Pizzaiolasauce nach Re-zept herstellen, etwas ausküh-len lassen und den Teigboden damit gleichmäßig bestrei-chen. Den Thunfisch in einem Sieb abtropfen lassen. Die Ar-tischockenherzen vierteln und ebenfalls abtropfen lassen. Die Oliven entsteinen. Den zerpflückten Thunfisch auf dem Tomatenbett verteilen. Die Fleischtomaten häuten und in Scheiben schneiden. Auf dem Teigboden gleichmä-ßig auslegen. Die geviertelten Artischockenherzen dazwi-schen legen. Oliven und Ka-pern darüber streuen. Alles salzen, pfeffern und mit Ori-gano bestreuen. Zum Schluß die Pizza mit Olivenöl beträu-feln. Im auf 250° C vorgeheiz-ten Ofen 10 bis 15 Minuten backen, bis der Belag brodelt.

Pizza Marinara

Zutaten für 4 Personen:
1 Pizzateig (siehe Seite 283)
1 Pizzaiola (siehe Seite 264) · je eine kleine Dose Krabben, Muscheln (Natur) und Tintenfisch · Zitronen-saft · Salz · Pfeffer aus der Mühle · 1 gehäufter EL

Origano · Olivenöl zum Beträufeln.

Den Teig wie beschrieben vor-bereiten und auf dem einge-fetteten Blech auslegen. Die Tomatensauce nach Rezept zubereiten und auf der Teig-platte gleichmäßig verstrei-chen. Die Krabben, Muscheln und Tintenfische gut abtrop-fen lassen. Auf der Tomaten-sauce verteilen. Mit Zitronen-saft beträufeln, salzen und pfeffern. Gleichmäßig mit Origano bestreuen und mit Olivenöl beträufeln. Im auf 250° C vorgeheizten Ofen 10 Minuten backen.

Pizza

mit Schinken

Zutaten für 4 Personen:
1 Pizzateig (siehe Seite 283)
1 Pizzaiola (siehe Seite 264) · 200 g magerer ge-kochter Schinken, in dün-nen Scheiben · 75 g schwar-ze Oliven · 150 g Mozza-rella · 4 reife Fleischtomaten 150 g große Champignon-köpfe · Zitronensaft · Salz Pfeffer aus der Mühle · 1 ge-trockneter EL Origano · Öl zum Beträufeln.

Den Teig wie angegeben vor-bereiten. Ein eingefettetes Blech damit auslegen. Mit der nach Rezept vorbereiteten Pizzaiola gleichmäßig bestrei-chen. Den Schinken in schma-le Streifen schneiden und dar-auf verteilen. Die Oliven ent-steinen und darüberstreuen. Den Käse in Scheiben schnei-den und gleichmäßig vertei-len. Die Tomaten häuten, ebenfalls in Scheiben schnei-den und dazwischen legen. Die Pilzköpfe putzen, rasch waschen und abtrocknen. In dünne Blätter schneiden und

über der Pizza verteilen. Alles mit Salz, Pfeffer und Origano bestreuen. Zum Schluß mit Öl beträufeln. Im auf 250° C vor-geheizten Ofen 15 Minuten backen, bis der Belag leicht brodelt.

Pizza

alla Norma

Zutaten für 4 Personen:
1 Pizzateig (siehe Seite 283)
1 Pizzaiola (siehe Seite 264) · 1 große Aubergine Salz · Olivenöl zum Aus-backen · Pfeffer aus der Mühle · 3 Knoblauchzehen 70 g italienische Salami, hauchfein in Scheiben ge-schnitten · 150 g Mozzarella 1 gehäufter EL getrockneter Origano · etwas Olivenöl zum Beträufeln.

Den Teig wie angegeben vor-bereiten und auf einem einge-fetteten Blech auslegen. Die nach Rezept vorbereitete Piz-zaiola darauf verstreichen. Die Aubergine waschen, den Stiel entfernen. Die Aubergi-ne quer in ½ Zentimeter dün-ne Scheiben schneiden. In hei-ßem Olivenöl braten, salzen, pfeffern und gut abtropfen. Auf dem Pizzaboden neben-einander auslegen. Die Knob-lauchzehen schälen und durchgepreßt darüber vertei-len. Die Salami als zweite Schicht über die Auberginen-scheiben legen. Den Käse in ½ Zentimeter dicke Scheiben schneiden und alles damit ab-decken. Salzen, pfeffern und mit Origano bestreuen. Zum Schluß mit Olivenöl beträu-feln. Die Pizza im auf 250° C vorgeheizten Ofen 10 bis 15 Minuten so lange backen, bis der Belag leicht zu brodeln begonnen hat.

Pizza

mit Anchovis und Mozzarella

Zutaten für 4 Personen:
1 Pizzateig (siehe Seite 283) · 3–4 Knob-
lauchzehen · 750 g reife Fleisch- oder Gärt-
nertomaten · 3 EL Olivenöl · 1 Zwiebel
1 Knoblauchzehe · 1 TL Origano
Salz · Pfeffer aus der Mühle · 150 g in Öl
eingelegte Anchovis (Sardellen) · 100 g
schwarze Oliven · 150 g Mozzarella · 1 EL
Origano · Olivenöl zum Beträufeln.

Den Teig, wie im Grundrezept angegeben und
im nebenstehenden Kurs gezeigt, vorbereiten
und gehen lassen. Ein mit Olivenöl eingefettetes Blech damit auslegen. Die Knoblauchzehen
schälen, in hauchfeine Blättchen schneiden.
Mit etwas Öl beträufelt beiseite stellen. Die
Tomaten mit kochendem Wasser überbrühen,
häuten und entkernen (siehe Seite 41), dabei
den Stielansatz herausschneiden. Das Tomatenfleisch grob hacken. Das Öl in einer großen
Pfanne erhitzen. Die Zwiebel und die Knoblauchzehe schälen und sehr fein hacken. Im
heißen Öl andünsten. Mit den Tomaten auffüllen. Auf milder Hitze zu einer dicklichen Sauce
einkochen, mit Origano, Salz und Pfeffer kräftig abschmecken. Je länger die Sauce kocht,
desto würziger wird sie. Diese Sauce etwas auskühlen lassen und auf dem Teigboden gleichmäßig verstreichen. Die Anchovis, falls sie
sehr salzig sind, in lauwarmem Wasser wässern, dabei das Wasser mehrfach wechseln. Je
nach Salzgehalt kann das bis zu 6 Stunden dauern. Dann die Anchovis gut abtropfen lassen.
Die Oliven entsteinen. Den Käse in ½ Zentimeter dünne Scheiben schneiden und dekorativ auf der Pizzaiola-Sauce verteilen. Dazwischen die gewässerten Anchovis plazieren und
die Knoblauchscheibchen streuen. Die Oliven
auf der Pizza hübsch anrichten. Alles salzen
und pfeffern. Mit Origano bestreuen und zum
Schluß mit Olivenöl beträufeln. Die Pizza in
den auf 250° C vorgeheizten Ofen schieben
und 10 bis 15 Minuten backen, bis die Oberfläche brodelt, der Käse geschmolzen ist und eine
goldene Kruste bekommen hat und der Teig
sich braun gefärbt hat.
Für Partys Pizza blechweise schon am Tag vorbereiten und am Abend nacheinander in den
Ofen schieben. Während die Gäste essen,
bäckt im Ofen schon das nächste Blech.

1 Das sind die Zutaten: sommerreife Tomaten, schwarze Oliven, Anchovis (falls sie
sehr salzig sind: wässern!), Mehl und Hefe.

2 Die Hefe mit einer Prise Zucker zerkrümeln und in einer Schüssel oder einer Mehl-
mulde mit etwas Wasser zum Vorteig mengen.

3 Sobald dieser Vorteig sich etwa um das
Doppelte vergrößert hat, mit dem restlichen
Mehl, Salz und Wasser gründlich mischen.

4   Das Öl zufügen. Mit den Händen oder einem Rührlöffel einen elastischen Teig herstellen. Kräftig kneten und gehen lassen.

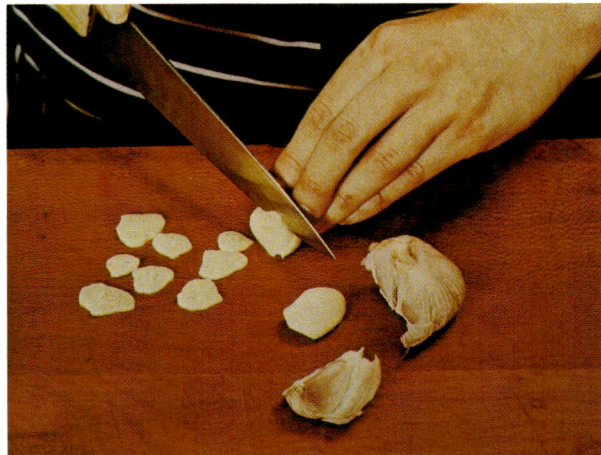

5   Für den Belag die Knoblauchzehen schälen und in hauchdünne Blättchen schneiden. Mit Olivenöl beträufelt beiseite stellen.

8   Mit Salz, Pfeffer und Origano würzen. So lange unter gelegentlichem Rühren schmoren, bis alle überschüssige Flüssigkeit verdampft ist.

9   Das Backblech großzügig mit Olivenöl einpinseln. Falls Sie das ganze Blech mit Teig bedecken wollen, die ganze Fläche einfetten.

12   Den Mozzarella in ½ Zentimeter dünne Scheiben schneiden. Den Pizzaboden damit, wie hier gezeigt, dekorativ auslegen.

13   Die gewässerten Anchovis mit Küchenpapier trocken tupfen. Wie hier gezeigt, zu einer Schleife formen und dazwischen setzen.

6 Für die Pizzaiola die Tomaten überbrühen, häuten, die Kerne sowie die Kammerwände entfernen, das Fleisch hacken.

7 In einer geräumigen Pfanne Zwiebel und Knoblauch andünsten. Mit dem Tomatenmus auffüllen und bei milder Hitze köcheln.

10 Den Teig nochmals kräftig durchwalken. Dann entweder auf Backblechgröße ausrollen oder eine runde Teigplatte formen.

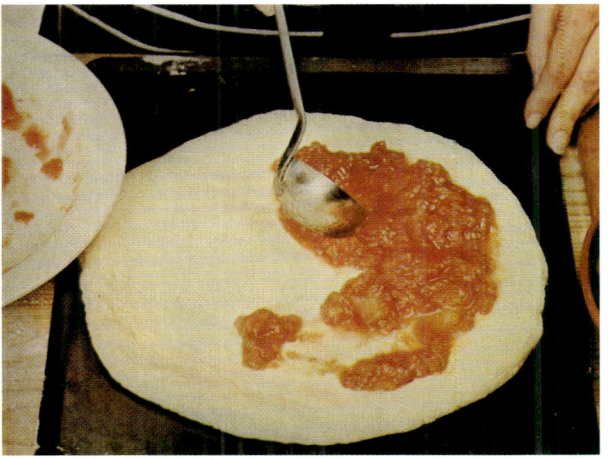

11 Auf das eingefettete Blech setzen. Den Teig an den Rändern ein bißchen hochdrükken. Gleichmäßig mit Pizzaiola bestreichen.

14 Überall in die Zwischenräume die vorbereiteten Knoblauchscheibchen verteilen. Darauf achten, daß es ein hübsches Bild gibt.

15 So sieht die fertige Pizza aus. Sie braucht nicht lange: der Teig muß gebräunt sein, der Belag heftig brodeln und der Käse schmelzen.

Steak und Kidney Pie

Wie der Name bereits vermuten läßt, eine englische Spezialität. Ein Pie (sprich Pai) ist im Grunde nichts anderes als eine Schüssel-Pastete, wie sie unsere Großeltern noch gerne und häufig gegessen haben. Bei uns ist sie ein wenig in Vergessenheit geraten. Niemand weiß, warum, denn es ist nicht nur ein äußerst wohlschmeckendes, sondern außerdem ein ungemein praktisches Gericht: Man bereitet am Morgen alles vor – und schiebt dann, kurz vor dem Servieren, die Form in den Ofen.

Das Prinzip ist kinderleicht: Man bereitet ein kleines Ragout (siehe Kurs) und füllt es perfekt abgeschmeckt in eine gebutterte, feuerfeste Form. Diese wird mit ausgerolltem Blätterteig abgedeckt – so daß der Teig am Schüsselrand Halt findet. Das Ganze wird im Ofen gebacken, bis die Teighaube goldbraun geworden ist. Der Pie wird erst bei Tisch angeschnitten. Man gibt jedem Gast ein Teigstück und mit dem Löffel Ragout. Die Teighaube dient also nicht nur als Aromaschutz beim Backen, sondern auch als Beilage.

Eine Pieform (englisch: Pie dish) ist stets rund, hat einen geraden Rand von etwa 4 bis 6 Zentimetern Höhe und ist aus hitzebeständigem Glas, Keramik oder Steingut.

Wichtig für die Vorbereitung der Füllung: Man muß stets daran denken, daß das Ragout unter der Teigdecke im Ofen gart – in einer Sauce oder im eigenen Saft; das bedeutet, daß die Zutaten keinesfalls bereits gegart eingefüllt werden dürfen. Sonst sind sie möglicherweise kein Genuß mehr, weil sie trocken und zäh geworden sind. Deshalb das Fleisch, die Pilze, das Gemüse oder was immer Sie als Füllung vorgesehen haben lediglich kurz anbraten oder so lange schmoren wie unbedingt nötig.

Zutaten für 4 Personen:
500 g Rindfleisch aus der Huft (Huftsteak)
300 g Lammnieren · 2 Zwiebeln · 1 Knoblauchzehe · 2 EL Butter · Salz · Pfeffer aus der Mühle · ⅛ l kräftige Fleischbrühe
3 EL gehackte Petersilie · 1 Spritzer Worcestersauce · 100 g Crème fraîche · 1 Lorbeerblatt · ½ Gewürznelke · ½ TL Majoran
1 Paket tiefgekühlter Blätterteig · Mehl
Butter · 1 Ei · 4 cl trockener Sherry.

Das Rindfleisch von Flachsen und möglicherweise vorhandenen Sehnen säubern und in Würfel von zwei Zentimeter Kantenlänge schneiden. Die Lammnieren putzen wie gezeigt und in kleine Stücke schneiden. Die Zwiebeln und die Knoblauchzehe schälen. Die Zwiebel in sehr feine Halbringe schneiden (siehe Seite 38), die Knoblauchzehe hacken oder durch die Presse drücken. Die Butter in einer Kasserolle erhitzen, die Zwiebeln und Knoblauch darin andünsten. Die Rindfleischwürfel zufügen und rasch rundum anbraten. Salzen und pfeffern. Die Nieren in den Topf geben und nach kurzem Umrühren mit der Brühe auffüllen. Aufkochen, die Petersilie hineinstreuen und mit Worcestersauce würzen. Die Crème fraîche in das Ragout rühren, das Lorbeerblatt, die Nelke und den Majoran zufügen. Das Ragout zum Abkühlen beiseite stellen.

Unterdessen den Blätterteig nach Vorschrift auf der Packung antauen lassen. Auf einer bemehlten Arbeitsfläche auslegen. Die Platten aneinanderschieben, die Nahtstellen festdrücken. Die Teigplatte auf Messerrückenstärke ausrollen. Einen 3 Zentimeter breiten Streifen abschneiden. Eine feuerfeste Schüssel mit Butter ausstreichen. Den Rand rundum mit dem Teigstreifen belegen. Das Ragout in die Schüssel füllen. Das Ei verquirlen und den Teigrand damit einpinseln. Die Schüssel mit der restlichen Teigplatte sorgfältig abdecken. Dabei den Teig nicht zu sehr spannen, sondern besser etwas durchhängen lassen, damit er aufgehen kann. Am Teigrand festdrücken. Den Rand mit dem Finger oder einer Zuckerzange verzieren. Aus Alufolie ein Röllchen formen. In die Mitte in den Teig stecken, so daß dabei ein Loch entsteht. Das ist der sogenannte Kamin, der ermöglicht, daß überschüssiger Dampf aus der Form entweicht. Die Teigplatte mit dem restlichen Ei bepinseln. Mit einer Gabel nach Belieben Verzierungen anbringen. Die Form in den auf 200° C vorgeheizten Ofen schieben. 35 bis 45 Minuten backen, bis die Oberfläche goldbraun geworden ist. Die Form herausholen. Durch den „Kamin" den Sherry in die Form gießen. Sofort auftragen. Erst bei Tisch anschneiden.

1 Nehmen Sie ein Rindfleisch, das zart mit Fettadern durchzogen ist, es bleibt besonders saftig. Schneiden Sie es in kleine Würfel.

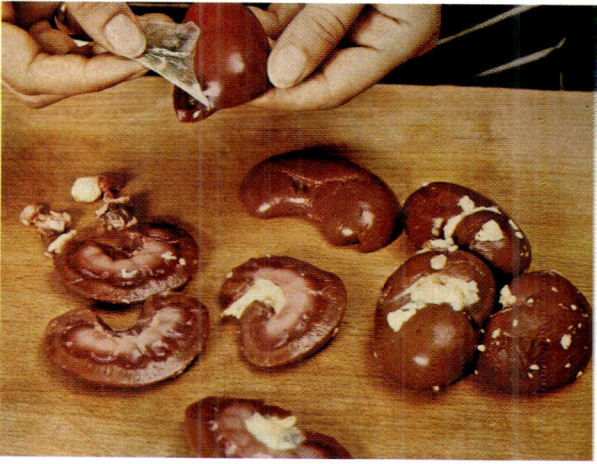

2 Die Lammnieren putzen: die äußere Haut abziehen, mitsamt den Fettpartikeln. Dann halbieren und alle Stränge entfernen.

3 In kleine Würfel schneiden. Falls Sie keine Lammnieren bekommen, nehmen Sie Kalbs- oder Schweinenieren.

4 Die Zwiebeln in feine Halbringe schneiden. In einer Kasserolle die Butter erhitzen. Die Zwiebelringe unter Rühren andünsten.

5 Das Rindfleisch in den Topf geben und unter Wenden rasch rundum anbraten. Dann erst die Nieren zufügen. Salzen und pfeffern.

6 Mit Fleischbrühe auffüllen und aufkochen. Die gehackte Petersilie in das Ragout rühren. Mit Worcestersauce abschmecken.

7 Die Sahne (Crème fraîche) zufügen. Nochmals aufkochen und abschmecken. Die Gewürze zufügen. Ragout abkühlen lassen.

8 Eine feuerfeste Schüssel oder Pieform mit Butter ausstreichen. Vom Teig einen Streifen abtrennen und auf den Rand legen.

10 Die Schüssel mit der restlichen Teigplatte locker aber sorgfältig abdecken. Platte gut am Schüsselrand festdrücken.

11 Mit einer Zuckerzange oder auch mit den Fingern den Rand wellenförmig eindrücken, damit er nach dem Backen hübsch aussieht.

13 Mit einer Gabel auf der Oberfläche durch Einritzen Verzierungen anbringen. Dabei nicht zu tief ritzen, die Fläche soll intakt sein.

14 Den Pie im auf 200° C vorgeheizten Backofen etwa 35 bis 45 Minuten backen, bis sich die Teigoberfläche golden gefärbt hat.

9 Das Ragout einfüllen. Den Teigrand mit verquirltem Ei bestreichen. Dann bleibt später die Teigdecke besser haften und dichtet ab.

12 Aus Alufolie ein Röllchen formen und damit in der Teigdeckelmitte ein kleines Loch durchstoßen, den sogenannten Kamin.

15 Erst bei Tisch anschneiden. Jedem Gast ein Stück Teig als Beilage auf den Teller legen und mit dem Löffel das Ragout ausschöpfen.

Bauern-Piefüllung

Zutaten:
2 große Zwiebeln · 2 Knoblauchzehen
500 g Hackfleisch · 2 EL Butter · 1 EL Öl
1 große Möhre · 1 Döschen Tomatenmark
⅛ l kräftige Fleischbrühe · 6 EL herber
Rotwein · Salz · Pfeffer aus der Mühle
4 EL frische feingehackte Kräuter · 1 TL
Worcestersauce.

Die Zwiebeln und Knoblauchzehen schälen und fein hacken. In einer großen Pfanne in Butter und Öl andünsten, das Hackfleisch zerpflücken und zufügen. Unter Rühren so lange braten, bis es seine rote Farbe verloren hat. Die Möhre putzen, auf der feinen Reibe zerkleinern und mit dem Tomatenmark unter das Hackfleisch mischen. Mit Brühe und Wein auffüllen. Salzen und pfeffern. 5 Minuten köcheln, die Kräuter und Worcestersauce hineinrühren. Nochmals abschmecken und, wie bei Kidney Pie beschrieben, weiterverarbeiten.

Füllung für Kalbfleisch-Pie

Zutaten:
1 große Zwiebel · 600 g Kalbfleisch (Schulter oder Hals) · 2 EL Butter · 1 EL Öl
300 g frische Champignons · 1 EL
Delikateßpaprika · ⅛ l kräftiger Kalbsfond
(siehe Seite 85) · ⅛ l süße Sahne · Salz
Pfeffer aus der Mühle · 1 EL gefriergetrockneter grüner Pfeffer · Worcestersauce
½ TL zerriebener Thymian · 2 EL feingehackte Petersilie · 4 cl trockener Sherry.

Die Zwiebel schälen und fein hacken. Das Kalbfleisch in zwei Zentimeter große Würfel schneiden. Butter und Öl in einer Kasserolle erhitzen, die Zwiebel darin andünsten. Die Fleischwürfel zufügen und rundum anbraten. Die Pilze putzen, blättrig schneiden und mitbraten. Sobald der ausgetretene Saft etwas eingekocht ist, das Paprikapulver darüberstäuben. Mit Brühe und Sahne auffüllen. Salzen, pfeffern, den grünen Pfeffer in das Ragout streuen. Mit Worcestersauce und Thymian würzen. Die Petersilie einrühren und nochmals abschmecken. Wie bei Kidney Pie beschrieben in die Pieform füllen, mit Teig abdecken und backen. Nach dem Backen den Sherry durch den Schornstein hineinträufeln.

Curry

Ein Curry ist eine indische Spezialität. Man schätzt Currys aber auch in Thailand und in Malaysia – überall da, wo vorwiegend subtropische oder sogar tropische Temperaturen herrschen.

Verstehen Sie bitte unter Curry nicht ausschließlich jenes leuchtend gelbe Würzpulver gleichen Namens. Curry ist vielmehr der Begriff für eine Zubereitungsweise. Das Wort stammt aus der Tamilsprache, der Hochsprache Indiens. Dort heißt „Kari": viel Sauce. Und genau das ist mit Curry auch gemeint: ein Gericht mit reichlich Sauce, also das, was wir normalerweise mit Ragout oder Gulasch bezeichnen. Aus Kari haben die Engländer Curry gemacht. Sie haben während ihrer Kolonialzeit die leichten, erfrischenden Currys kennen und schätzen gelernt und auch gleich eine fertige Gewürzmischung nach Europa mitgebracht. Diese Würzmischung hat allerdings kaum Ähnlichkeit mit der Originalmischung, der Garam Masala, die indische Hausfrauen verwenden. Es gibt verschiedene Möglichkeiten, eine solche Garam Masala herzustellen. Fast jede indische Hausfrau stellt sich ihre Masala selbst her. Man kann auf Vorrat gleich eine größere Menge davon produzieren. Allerdings empfiehlt es sich nur dann, wenn man häufiger Currys bereitet. Denn die pulverisierten Gewürze verlieren rasch an Aroma und sollten deshalb bald verbraucht werden.

In ländlichen indischen Haushalten zerkleinern die Hausfrauen die für die Masala nötigen Gewürze auf einem zentnerschweren Granitstein mit Hilfe einer Granitwalze. Dabei beträufeln sie die Gewürze mit einigen Wassertropfen, damit sie sich zu einer glatten Paste verbinden. Man kann jedoch auch alle Würzzutaten in einen gut funktionierenden Mixer füllen und auf hoher Geschwindigkeit zu Pulver mahlen. Eine dritte Möglichkeit besteht darin, die Gewürze im Mörser zu zerdrücken. Wichtig für Curries ist außerdem sogenannte Kokosmilch oder Kokossahne. Man stellt sie ganz leicht her: Frische Kokosraspel, mit heißem Wasser aufgießen, nach kurzem Ziehen durch ein Tuch filtern und gut ausdrücken. Allerdings: das ist nur mit frisch ausgelöstem Kokosfleisch möglich.

1 Als erstes wird die Würzmischung hergestellt: die Gewürze mit geschälten Knoblauchzehen und etwas Öl im Mörser zerkleinern.

4 Unter Rühren auf nunmehr mittlerer Hitze die Fleischwürfel etwa 5 Minuten schmoren und mit Zucker karamelisieren.

7 Die in feine Julienne geschnittene Möhre und die feingehackte Petersilie zufügen und untermischen. 5 Minuten zugedeckt köcheln.

2 Für die Kokossahne das Fleisch aus der Kokosnuß lösen, fein raspeln und mit Wasser überbrühen. 20 Minuten ziehen lassen.

3 Das gut durchwachsene Lammfleisch in gulaschgroße Würfel schneiden. In rauchend heißem Öl auf allen Seiten kräftig anbraten.

5 Die Zwiebeln in kleine Würfel schneiden und zum Fleisch geben. So lange dünsten, bis sie glasig geworden sind, dabei stets rühren.

6 Die Gewürze aus dem Mörser zum Fleisch geben. Auf milder Hitze halten, damit die Gewürze nicht verbrennen. Umrühren.

8 Die Kokosflocken mitsamt der Flüssigkeit durch ein Tuch filtern und gut ausdrücken. In den Topf füllen. 90 Minuten köcheln.

9 Dabei den Deckel nur halb auflegen und die Hitze so einstellen, daß der Curry leise schmort. Zum Schluß mit Salz abschmecken.

Lamm-Curry

mit Kokosmilch

Zutaten für 4 Personen:
Für die Gewürzmischung:
4 Knoblauchzehen · 1 Stück
frischer Ingwer (ca. 4 cm)
1 TL Kreuzkümmel (Ku-
min) · 1 TL helle Senfsamen
1 TL Korianderkörner
1 Gewürznelke · 1 TL
schwarze Pfefferkörner
1 TL Kardamomkapseln
1 TL Kurkuma (Gelbwurz,
gemahlen) · Cayennepfeffer
1 EL Öl.
Für die Kokosmilch: das
ausgelöste Fleisch einer klei-
nen Kokosnuß (200 g) · ½ l
kochendes Wasser.
Außerdem: 750 g durch-
wachsenes Lammfleisch
(Schulter oder Hals) · 3 EL
Erdnuß- oder Keimöl
1 TL Zucker · 2 große
Zwiebeln · 2 Möhren
1 Bund Petersilie · Salz.

Die Knoblauchzehen und die Ingwerwurzel schälen, grob hacken und mit den Gewürzen in einen Mörser oder Mixer füllen. Fein zerkleinern, um die Gewürzpaste geschmeidiger zu machen, einige Tropfen Öl zufügen. Das Kokosfleisch fein raspeln. Mit dem kochenden Wasser übergießen und 20 Minuten ziehen lassen. Unterdessen das Fleisch in mundgerechte Würfel schneiden. In einem Topf das Öl stark erhitzen, die Fleischwürfel darin rundum anbraten. Die Hitze herunterschalten, das Fleisch mit dem Zucker bestreuen und unter gelegentlichem Wenden kurz durchschmoren. Die Zwiebeln schälen und würfeln. Zum Fleisch geben. Dabei auch die Gewürzmischung zufügen und alles gut vermischen. Die Möhren

schälen und zu feinen Juliennes schneiden (siehe Seite 36). Die Petersilie hacken. Unter das Fleisch rühren. Die Kokosmilch abgießen, dabei die Flocken gut ausdrücken und damit das Fleisch ablöschen. Auf mildem Feuer mit nur halb aufgelegtem Deckel etwa 1½ Stunden leise köcheln. Zum Schluß mit Salz abschmecken. Dazu Reis servieren (siehe Seite 269).

Anmerkung: Falls Sie sich in der Cayennepfeffer-Dosis vergriffen haben und der Curry zu scharf geworden ist, reichen Sie Naturjoghurt dazu, mit dem man „löschen" kann. Ebenfalls gut als „Feuerwehr" geeignet sind: Bananen- oder Gurkenscheiben. Wenn Sie es im Gegenteil scharf lieben, dann können Sie in die Gewürzmischung eine sorgfältig von Kernen und Stiel befreite, zerkleinerte, frische Chillischote geben. Dabei so lange mixen, bis alles zu einer glatten Paste geworden ist. Aber waschen Sie sich, wenn Sie mit Chilli hantiert haben, anschließend gründlich die Hände: Die Säure dieser Früchte bleibt lange daran haften und ätzt. Das ist gefährlich, wenn Sie sich etwa in die Augen fassen.

Poularden-Curry

Zutaten für 4 Personen:
Für die Würzmischung:
1 Stück frischer Ingwer (ca. 3 cm) · 3 Knoblauchzehen
2 frische, grüne Chillischoten · 1 Zwiebel · 1 TL
Bockshornklee · 1 TL Koriandersamen · 1 TL gemahlene Kurkum (Gelbwurz) · 1 Gewürznelke

Saft einer halben Zitrone
1 EL Öl · 1 schöne Poularde (ca. 1200 g) · 1000 g reife Fleischtomaten · 1 Zwiebel
1 Knoblauchzehe · 3 EL Öl Salz.

Den Ingwer, die Knoblauchzehen, die Chillischoten und die Zwiebel für die Gewürzmischung schälen oder putzen und grob zerkleinern. Mit den übrigen Gewürzen in einen Mixer füllen, Zitronensaft und Öl zufügen. Auf hoher Geschwindigkeit zu einem glatten Püree mixen. Die Poularde – wie auf Seite 147 beschrieben – in acht Teile zerlegen. Rundum mit der Gewürzmischung einreiben und in einer Schüssel zugedeckt 20 Minuten marinieren. Unterdessen die Tomaten häuten, entkernen und grob hakken. In einem Sieb abtropfen lassen. Die Zwiebel und die Knoblauchzehe schälen und fein hacken. In einem flachen Topf mit schwerem Boden das Öl erhitzen. Die Geflügelstükke darin rundum scharf anbraten. Die Zwiebeln und Knoblauch zufügen und mitdünsten. Die Tomaten in den Topf geben und mit der Marinadenflüssigkeit auffüllen. Ohne Deckel etwa 15 Minuten köcheln. Salzen.

TIP

Stellen Sie eine solche Gewürzmischung für Currys in größeren Mengen her. In luftdichten Gläsern und an einem dunklen, kühlen Ort halten sich Würzmischungen mit frischen Zutaten einige Tage und Mischungen aus getrockneten Gewürzen mehrere Monate.

Chili con Carne

Dies ist ein Gericht aus Südamerika, das – vielleicht der Nachbarschaft wegen – auch die Nordamerikaner mit Vergnügen essen. Bei uns ist Chili con Carne auch kein sehr exotisches Essen mehr. Man bereitet es am liebsten in größeren Mengen zu, wenn man auf einer Party viele hungrige Mäuler stopfen muß. Denn Chili con Carne macht nicht viel Arbeit und ist obendrein nicht teuer. Wörtlich übersetzt heißt es: Chillischoten mit Fleisch. In der Originalversion kommen auch eine Menge Chillischoten vor. Allerdings sind diese nicht ganz so höllisch scharf wie diejenigen, die man bei uns auf den Märkten kaufen kann. Man kann jene deshalb als eine Art Gemüsebeilage verspeisen. Allerdings auch nur dann, wenn man schon an Schärfe gewöhnt ist. Wir schärfen deshalb ein Chili con Carne nach eigenem Geschmack mit Cayennepfeffer, der aus getrockneten Chillies hergestellt wird.

Hier nun das Rezept:

Zutaten für 8 Personen:
200 g rote Bohnen · 1 Kräutersträußchen (siehe Seite 133) · 1 Zwiebel · 2 Gewürznelken · 1½ l Wasser · 1 TL Salz
1000 g reife Fleischtomaten · 3 große Zwiebeln · 1000 g Hackfleisch · 4 EL Olivenöl · 1 Knoblauchzehe · Salz · Pfeffer aus der Mühle · 1 TL Thymian · Cayennepfeffer nach Geschmack (ca. 1–2 TL)
1–1½ l Brühe.

Die Bohnen mit Wasser bedeckt in einer Schüssel über Nacht einweichen. Am andern Tag durch ein Sieb schütten, in einen Topf füllen, das Kräutersträußchen, die geschälte, mit Nelken gespickte Zwiebel zufügen und mit Wasser auffüllen. Salzen und zugedeckt leise etwa 2 Stunden köcheln. Unterdessen die Tomaten häuten, entkernen (siehe Seite 41) und das Fleisch grob hacken. Die Zwiebeln schälen, in feine Ringe schneiden. Das Hackfleisch zerpflücken. In einem ausreichend großen Topf (am besten aus Steingut oder Keramik, weil dieses Material die Hitze langsam und sehr gleichmäßig verteilt) das Öl erhitzen. Die Zwiebeln darin andünsten. Dann das Hackfleisch zufügen und unter Rühren auf mil-

der Hitze so lange braten, bis es überall seine rote Farbe verloren hat. Die Knoblauchzehe schälen, auf einen Zahnstocher stecken und unter das Fleisch mischen (dann läßt sie sich am Schluß leicht wieder herausfischen und wegwerfen. Wenn Sie jedoch Knoblauch lieben, dürfen Sie selbstverständlich mehr davon verwenden und die gehackten oder durch die Presse gedrückten Zehen mitdünsten). Mit den Tomaten auffüllen. Umrühren und mit Salz, Pfeffer, Thymian und Cayennepfeffer würzen. Mit der Fleischbrühe auffüllen. Ohne Deckel 10 Minuten köcheln. Die Bohnen prüfen; sobald sie weich sind, mit der Schaumkelle herausheben und unter das Fleisch mischen. Die Knoblauchzehe entfernen. Das Chili con Carne nochmals aufkochen, kräftig abschmekken und nach Geschmack schärfen. Heiß servieren.

Anmerkung: Wie jedes Grundrezept läßt sich auch dieses vielfältig variieren und abändern: Fügen Sie zum Schluß in schmale Streifen geschnittene Paprikaschoten zu, gelbe, rote und grüne – das macht den Eintopf schön bunt. Schmoren Sie 2 bis 3 Eßlöffel Tomatenmark mit und würzen Sie zum Schluß mit frischen, fein gehackten Kräutern; Petersilie, Estragon oder Basilikum passen besonders gut.
Statt roter Bohnen sind auch weiße Bohnenkerne erlaubt – dünsten Sie die gargekochten Bohnen jedoch vor dem Einfüllen in den Topf in Schweineschmalz und Delikateßpaprika an; das gibt dem Eintopf Farbe und Aroma.
Verwenden Sie statt des normalen Rinderhackfleischs gemischtes Hack oder Hackfleisch vom Schwein und braten Sie es in ausgelassenem durchwachsenem Speck an, den Sie fein gewürfelt haben. Würzen Sie mit Majoran.
Sehr gut ist auch Chili con Carne mit durchgedrehtem Lammfleisch. Kaufen Sie dafür Lammfleisch aus der Schulter oder vom Hals. Lassen Sie es gleich vom Metzger durch den Wolf drehen, falls Sie keinen Fleischwolf oder Mixer besitzen. Würzen Sie dieses Chili con Carne mit sehr viel Knoblauch und Thymian, und sparen Sie nicht mit aromatischem Olivenöl. Zum Schluß bestreuen Sie das fertige Gericht mit frischem, in feine Streifen geschnittenem Basilikum.

1 Das sind die Zutaten für ein Chili con Carne: rote Bohnen, reife, süße Fleischtomaten, Hackfleisch, Zwiebeln und Gewürze.

2 Am Abend zuvor daran denken, die Bohnen einzuweichen: mit Wasser bedeckt in einer Schüssel kühl stellen, etwa 12 Stunden lang.

5 Die Zwiebeln schälen, in feine Halbringe schneiden oder fein hacken. In heißem Öl andünsten, aber keine Farbe annehmen lassen.

6 Das Hackfleisch zufügen und unter Rühren auf mittlerer Hitze so lange braten, bis es seine leuchtend rote Farbe verloren hat.

9 Mit Salz, Pfeffer, Thymian und Cayennepfeffer würzen. Mit der Fleischbrühe auffüllen. Ohne Deckel 10 Minuten köcheln.

10 Sobald die Bohnen weich sind, entweder durch ein Sieb abgießen oder mit einer Schaumkelle herausheben und zufügen.

3 Am anderen Tag mit frischem Wasser in einen Topf füllen, ein Kräutersträußchen zufügen sowie eine Zwiebel. 2 Stunden garen.

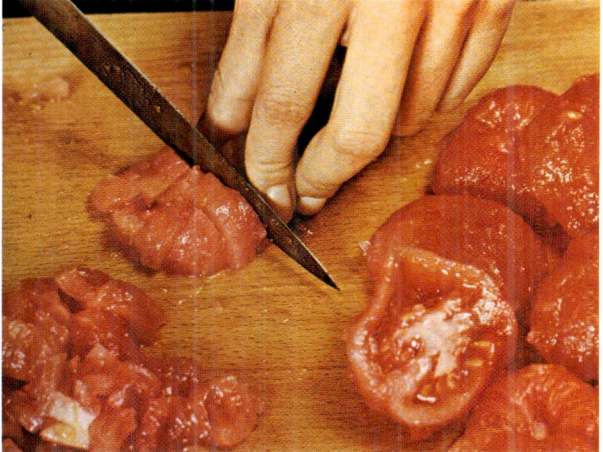

4 Unterdessen die anderen Vorbereitungen erledigen: die Tomaten überbrühen, häuten, die Kerne herausstreifen, das Fleisch hacken.

7 Damit man sie später nicht mühsam suchen muß, die geschälte Knoblauchzehe auf einen Zahnstocher spießen.

8 Die gehackten Tomaten in den Topf füllen. Etwa 5 Minuten lang dünsten, dabei gelegentlich umrühren, damit nichts ansetzt.

11 Die Knoblauchzehe herausfischen und wegwerfen. Das Chili con Carne nochmals abschmecken und nach Geschmack schärfen.

12 Den fertigen Eintopf heiß servieren. Dazu paßt frisch aufgebackenes französisches Weiß- oder kräftiges Bauernbrot.

Cassoulet

Jeder Franzose weiß bei diesem Wort sofort, daß es sich dabei um einen ganz speziellen Eintopf handelt: um das Cassoulet Languedocien, um den Eintopf aus dem Languedoc also, aus jener Gegend im Südwesten Frankreichs, wo es die besten Gänse gibt.

Ein Cassoulet ist nicht im Handumdrehn gemacht. Es gehört viel Zeit und viel Liebe dazu. Und – leider muß man es sagen – es ist heutzutage beileibe kein billiges Gericht mehr, aber dafür ein besonders köstliches. Es lohnt sich allerdings nur, es für eine größere Runde herzustellen. Acht bis zehn Personen sollten sich darüber hermachen. Aber bitte mit gewaltigem Hunger. Sonst laden Sie lieber noch mehr Gäste ein. Es ist allerdings nicht schlimm, wenn etwas übrig bleibt; ein Cassoulet läßt sich besonders gut wieder aufwärmen, ohne an Geschmack zu verlieren. Einfrieren sollten Sie es nicht. Es ist sehr fett und hält sich deshalb selbst im Kälteschlaf nicht sehr lange. Wichtig sind für jedes Cassoulet die weißen Bohnen. Am besten schmecken sie, wenn sie noch frisch, also vom selben Jahr sind. Ältere Bohnen, vom Vorjahr, sind zwar nicht schlecht geworden, aber man muß sie sehr lange, etwa zwölf Stunden, einweichen. Dabei quellen sie auf und werden schwerer verdaulich, als es die jungen Bohnenkerne nach nur zwei Stunden Einweichzeit sind. Außerdem bleiben bei den jungen Bohnen die für Bohnen typischen Nachwirkungen aus. Selbstverständlich können Sie auch weiße Bohnen aus der Dose verwenden. Damit sparen Sie Zeit und Mühe. Rechnen Sie eine 800 g Dose statt 100 g getrockneter Bohnenkerne.

Außerdem gehört unerläßlicherweise in ein stilechtes Cassoulet ein Confit d'oie, eine in ihrem eigenen Fett eingemachte Gans. Diese sollten Sie als erstes herstellen, unbedingt bereits einige Tage zuvor. Denn die Gans muß nicht nur vorher gepökelt werden und in ihrem eigenen Fett garen, sondern soll auch im erstarrenden und fest gewordenen Fett durchziehen. Sie merken schon: eine durchaus aufwendige Sache, die außerdem eine ganz schöne Belastung im Kalorien-Etat darstellt. Vergessen Sie bitte bei einem Cassoulet jeden Gedanken an Schlanksein und Diät. Denn eine Portion bringt leicht mehr, als Sie normalerweise über einen Tag hinweg zu sich nehmen. Deshalb ist ein Gläschen Schnaps hinterher als Verdauungshilfe nicht nur erlaubt, sondern regelrecht empfohlen.

Beginnen wir also mit dem Confit d'oie.

Confit d'oie

Eingemachte Gans

Zutaten: 1 fette, ausgenommene, küchenfertige Gans · 250 g Meersalz 1,5 g Salpeter (gibt's in der Drogerie) 125 g Zucker · 1 Gewürznelke · ¼ Lorbeerblatt · 1 kleiner Zweig Thymian (oder ¼ TL getrockneter) · 250 g Gänseschmalz · Schweineschmalz zum Auffüllen.

Die Gans mit Küchenkrepp auswischen. Das Fett auslösen. Den Vogel mit der Geflügelschere halbieren. Beide Hälften in der Mitte nochmals durchschneiden. Die Leber für ein anderes Rezept vorsehen. Herz und Magen reinigen. Das Salz mit dem Salpeter, dem Zucker, der Nelke, dem Lorbeerblatt und dem Thymian im Mörser fein zerstoßen. Die vier Gänsestücke rundum kräftig damit einreiben, dabei das Würzsalz fest einmassieren. Die Gänsestücke in eine irdene Schüssel legen, mit dem restlichen Salz bedecken. Zugedeckt an einem kühlen Ort (etwa 8° C) 24 Stunden durchpökeln. Die Stücke herausnehmen, das Salz abklopfen; mit Küchenkrepp abwischen. Das ausgelöste Fett mit dem Gänse- und reichlich Schweineschmalz in einem ausreichend großen Topf schmelzen. Die gepökelten Gänseviertel einlegen und bei milder Hitze etwa 2 Stunden gar kochen, nicht braten – deshalb die Hitze stets auf mäßiger Temperatur halten. Dann die Stücke herausnehmen, auskühlen lassen und das Fleisch von den Knochen lösen. In eine irdene Schüssel schichten. Mit dem flüssigen Fett, durch ein Sieb gefiltert, zudecken. Zum Abkühlen kalt stellen. Dabei darauf achten, daß alle Fleischteile von Fett bedeckt sind. So hält sich das Gänsefleisch etwa ein Jahr. Falls Sie Teile davon herausschneiden, stets wieder mit flüssigem Gänse- oder Schweineschmalz abdecken. Confit d'oie schmeckt gut auf kernigem Bauern- oder Vollkornbrot.

Anmerkung: So bereitet Paul Bocuse in seinem Buch „Die Neue Küche" ein Confit d'oie zu. Sie können selbstverständlich die Prozedur des Pökelns unterlassen und die Gänseviertel ohne jede weitere Vorbereitung im leise siedenden Gänsefett garen. Das schmeckt köstlich, aber es ist etwas anderes. Ein solches Confit d'oie hat ein anderes Aroma. Aber es läßt sich natürlich ebenso zu einem originalen Cassoulet verwenden.

Cassoulet

(Zum Kurs auf Seite 300)

Zutaten für 10 bis 12 Personen:
750 g getrocknete weiße Bohnen · 2 l Wasser · 300 g magerer durchwachsener Speck · 3 große Möhren 3 Zwiebeln · 6 Gewürznelken · 4 Knoblauchzehen 1 Kräutersträußchen (siehe Seite 33) · 2 l Wasser · 1 TL Salz · 800 g magerer Schweinehals · 500 g reife Fleischtomaten · 4 große Zwiebeln · 4 Knoblauchzehen · 1 Confit d'Oie · Salz Pfeffer aus der Mühle 5 EL Tomatenmark · 300 g Knoblauchwurst · 3 EL Semmelbrösel.

Die Bohnen – je nach ihrem Alter – 2 bis 12 Stunden lang einweichen. Die eingeweichten Bohnen abgießen. In einen ausreichend großen Topf füllen. Vom Speck die Schwarte glatt abschneiden, zusammenrollen und mit Küchenzwirn fest verschnüren. Die Möhren putzen oder schälen, längs vierteln. Die Zwiebeln schälen und je mit 2 Nelken spicken. Die Knoblauchzehen schälen und unzerteilt lassen. Alles zu den Bohnen in

den Topf geben und mit dem Wasser auffüllen. Salzen. Zugedeckt auf milder Hitze garen, bis die Bohnen weich, aber nicht aufgeplatzt oder aus der Form geraten sind. In der Zwischenzeit das Schweinefleisch mit Küchenpapier abtupfen. Die Tomaten mit kochendem Wasser überbrühen, häuten, entkernen, das Fleisch grob hacken (siehe auch Seite 41). Die 4 Zwiebeln und die Knoblauchzehen schälen und sehr fein hacken. Vom Confit d'Oie 4 Eßlöffel Schmalz abnehmen und in einem geräumigen Schmortopf erhitzen. Das Schweinefleisch darin rundum kräftig anbraten. Herausnehmen und warm stellen. Die Zwiebeln im verbliebenen Bratfett weich dünsten, ohne es Farbe annehmen zu lassen. Das Fleisch wieder in den Topf füllen und den Knoblauch zufügen. Die Tomaten in den Topf geben. Alles salzen und das Tomatenmark hineinrühren, pfeffern. ¼ l von der Bohnenflüssigkeit abmessen und damit ablöschen. Zugedeckt auf milder Hitze ungefähr 15 Minuten schmoren. Unterdessen die Knoblauchwurst in etwas erhitztem Gänseschmalz (vom Confit) auf allen Seiten rasch anbraten und beiseite stellen. Eine große, feuerfeste Auflaufform großzügig mit Gänseschmalz ausstreichen. Die Bohnen abgießen, die Flüssigkeit jedoch auffangen. Die Form mit einem Teil der Bohnen auslegen, dabei jedoch die Möhre, die Zwiebeln und das Kräutersträußchen herausfischen und wegwerfen. Die Knoblauchzehen dürfen getrost drin bleiben, sie verkochen nachher zur Unkenntlichkeit. Das Schweinefleisch

und den Speck in mundgerechte Stücke schneiden. Ebenso die Wurst aufteilen. Die Gänsestücke aus dem Confit d'Oie in Scheiben zerlegen. Die zusammengerollte Schwarte in Streifen schneiden, dabei den Bindfaden entfernen. Auf dem Bohnenbett nebeneinander und aufeinander ausbreiten. Dabei die restlichen Bohnen und das Fleisch abwechselnd einschichten. Als oberste Schicht Speck und Wurst darauf geben. Mit der Bohnen-Kochflüssigkeit nur soweit auffüllen, daß die Zutaten nicht bedeckt sind. Die Oberfläche mit Semmelbröseln bestreuen und mit Flöckchen von Gänseschmalz besetzen. Die Form in den auf 180° C vorgeheizten Ofen schieben und 3 Stunden langsam schmoren und backen. Damit die Oberfläche nicht austrocknet, zunächst die Form mit Alufolie sorgfältig verschließen. Nach 2 Stunden jedoch abnehmen, damit sich eine Kruste bilden kann. Falls diese sich dennoch zu dunkel färben sollte, wiederum mit Alufolie abdecken. Die Flüssigkeit sollte während des Garprozesses langsam sowohl verdunsten, als auch von den aufquellenden Bohnen aufgesogen werden. Falls das Cassoulet bei dieser Gelegenheit zu trocken werden sollte, eßlöffelweise weitere Bohnenkochflüssigkeit darüberträufeln. Das Cassoulet sollte eine sämige Konsistenz haben, die Bohnen dürfen jedoch nicht zerfallen. Sie müssen prall und saftig sein. Zum Cassoulet serviert man entweder Weißbrot, Bauern- oder Vollkornbrot und anschließend gibt's als Verdauungshilfe einen kleinen Schnaps.

1 Das sind die Zutaten für ein deftiges Cassoulet: weiße Bohnen, Schweinefleisch, Speck, Confit d'oie, Knoblauchwurst, Tomaten.

2 Die Bohnen müssen – je nachdem, ob es junge, diesjährige sind oder solche vom Vorjahr, 2 oder 12 Stunden lang einweichen.

5 Das Schweinefleisch in große Würfel teilen. Dabei das Fett nicht wegschneiden. Es erhält das Fleisch saftig und macht es zart.

6 In einem Schmortopf Gänseschmalz erhitzen. Die Schweinefleischwürfel darin auf hoher Hitze unter stetem Rühren anbraten.

9 Die Knoblauchwurst rasch in der Pfanne in heißem Gänseschmalz rundum anbraten. Beiseite stellen und in Stücke schneiden.

10 Bohnen und in Scheiben oder in Stücke geschnittenes Fleisch schichtweise in eine mit Gänseschmalz ausgestrichene Form einfüllen.

3 Damit die Bohnen beim Garen bereits Würze kriegen, gibt man ihnen Möhren, Kräutersträußchen und die Speckschwarte zu.

4 Auch mit Gewürznelken gespickte Zwiebeln dürfen nicht fehlen. Alles mit Wasser bedeckt in einem großen Topf garen.

7 Die gehackten Zwiebeln und den fein zerkleinerten Knoblauch zufügen und ebenfalls anbraten, aber nicht bräunen.

8 Die gehäuteten, entkernten und grob gehackten Tomaten in den Topf füllen. Salzen und pfeffern. Bohnenflüssigkeit zugießen.

11 Als oberste Schicht Speck und Wurstscheiben daraufgeben. Mit Semmelbröseln bestreuen, mit Gänseschmalz besetzen.

12 Im sehr milde eingestellten Backofen, mit Folie abgedeckt, 3 Stunden garen. Dann die Folie entfernen, damit eine Kruste entsteht.

Paella

Jeder Spanienreisende kennt dieses üppige Reisgericht. Jedesmal schmeckt es anders, jedesmal sieht eine Paella anders aus. Es gibt etwa ebenso viele Rezepte dafür wie in Spanien Hausfrauen. Paella heißt die blecherne (in ärmeren Haushalten) oder Edelstahl-Pfanne (wo man sie sich leisten kann), in der das gleichnamige Gericht zubereitet wird. In Spanien kann man sie in allen Größen – von zehn Zentimetern Durchmesser für eine Portion bis zu einem Meter für ganze Parties – bekommen. Falls Sie keine solche Pfanne haben, ist das nicht schlimm: eine tiefe Pfanne tut's auch.
Dieses Grundrezept soll nur Anleitung sein. Sie werden sicher Schwierigkeiten haben, manche Zutaten zu bekommen. Aber Sie können sie getrost durch andere Fisch-, Fleisch- oder Muschelsorten ersetzen.

Zutaten für 8 Personen:
1 mittelschweres Hähnchen (ca. 1100 g)
1 große Zwiebel · 3 Stengel Bleichsellerie
5 Knoblauchzehen · 1 dicke Lauchstange
1 Kräutersträußchen (siehe Seite 33) · 2 EL
Delikateßpaprika · 1 guter Liter Wasser
2 Zwiebeln · 3 grüne Paprikaschoten
8 reife Fleischtomaten · 300 g Kabanossi
(Knoblauchwurst) · 800 g kleine Tintenfi-
sche (tiefgekühlt) · 400 g Langkornreis
16 Miesmuscheln · 8 Herzmuscheln (Von-
gole) · 8 Langustinen · 8 Garnelen · 150 g
tiefgekühlte Erbsen · 200 g stricknadel-
dünne grüne Bohnen (Keniabohnen oder
Haricots verts) · Salz · Pfeffer aus der
Mühle · 4 EL Olivenöl · 2 Döschen Safran.

Das Hähnchen innen und außen mit Küchenpapier auswischen. Mit einer Geflügelschere in 8 Teile zerlegen. (Siehe Seite 147.) Rückgrat, Hals, Magen, Herz und Brustknochen in einen geeigneten Topf füllen. Die geschälte Zwiebel, die geputzten, in Stücke gehackten Selleriestangen, die geschälten Knoblauchzehen und die geputzte, längs geviertelte Lauchstange sowie das Kräutersträußchen zufügen. Das Paprikapulver hineinrühren. Alles mit Wasser bedecken. Auf milder Hitze eine Stunde lang köcheln lassen.
Die beiden Zwiebeln schälen und fein hacken. Die Paprikaschoten putzen, die Kerne und die pelzigen Kammernwände herausstreifen, das Paprikafleisch in feine Streifen schneiden, diese auf 3 Zentimeter kürzen. Die Tomaten häuten, entkernen und fein hacken (siehe auch Seite 41). Die Knoblauchwurst schräg in ½ Zentimeter dünne Scheiben teilen. Die Tintenfische unter fließendem Wasser abspülen. Die Fangarme packen und mit einer Drehbewegung aus dem Körper lösen. Die Fangarme vom Kopf abschneiden, die Innereien entfernen. Körper und Fangarme in eine Kasserolle geben, mit kaltem Wasser bedecken. Langsam aufkochen und sofort wiederum in kaltem Wasser abschrecken. Den Körper quer in schmale Ringe schneiden. Die Fangarme, nur wenn nötig, kürzen. Alle Muscheln unter fließendem Wasser abspülen und abbürsten. Wenn erforderlich, mit einem Messer anhaftende Algen- und Kalkreste abkratzen. Die Langusten und Garnelen ebenfalls säubern. Die Erbsen in sprudelnd kochendem Salzwasser 6 Minuten auftauen, gar kochen, abgießen und sofort in eiskaltem Wasser abkühlen. Die Bohnen ebenfalls auf diese Weise blanchieren. Die Hühnerstücke rundum mit Salz und Pfeffer einreiben. In einer Paella oder einer großen tiefen Pfanne das Öl erhitzen. Die Hühnerstücke darin rasch auf allen Seiten anbraten. Herausnehmen und warm stellen. Im verbliebenen Fett die Wurstscheiben anbraten, die dabei viel von ihrem Fett verlieren sollen. Die vorbereiteten Tintenfische zufügen, die Zwiebeln unter Rühren auf milder Hitze glasig dünsten. Dann die Paprikastreifen in die Pfanne füllen. Die Tomaten hineinschütten. Nach kurzem Umrühren den Reis in die Pfanne streuen. Salzen und pfeffern. Gut verrühren, so daß alles von der mittlerweile ausgetretenen Flüssigkeit bedeckt ist. Die Hühnerstücke am Pfannenrand entlang einschichten. Mit etwa ¾ Liter Hühnerbrühe auffüllen. Den Safran mit etwas Brühe auflösen und in die Pfanne gießen. Auf milder Hitze mit Alufolie abgedeckt etwa 15 Minuten köcheln. Dann die Muscheln und die Langustinen auf dem Reisbett anrichten. Mit der restlichen Brühe auffüllen. Weitere 15 Minuten köcheln. Der Reis muß jetzt luftig und locker aufgequollen und leuchtend gelb geworden sein.

1   Im Hintergrund die Paella, die spezielle Pfanne – selbstverständlich tut's auch jede andere große Pfanne. Vorn alle Zutaten.

2   Zunächst wird die Brühe gekocht, die man für den Reis benötigt, aus den Geflügelabfällen, Zwiebel, Bleichsellerie und Lauch.

3   Dann die Paprikaschoten, Tomaten und Zwiebeln putzen, schälen und zerkleinern. Die Wurst schräg aufschneiden.

4   Die Tintenfische kalt abspülen. Die Fangarme durch eine Drehbewegung aus dem Körper lösen, den Kopf entfernen.

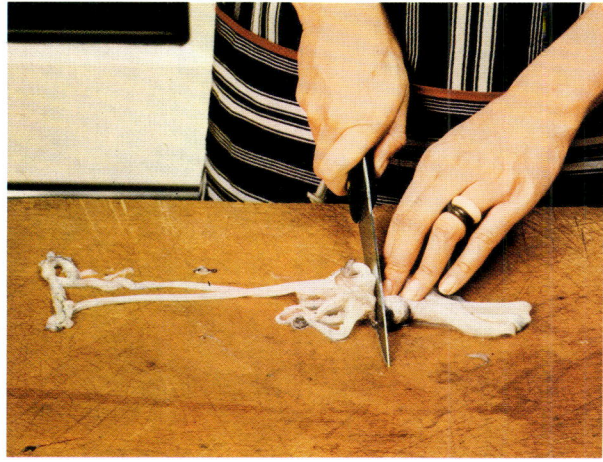

5   Die Innereien herausstreifen und abschneiden. Die Fangarme und die Körper nochmals unter Wasser sauber ausspülen.

6   Mit kaltem Wasser bedeckt aufsetzen. Langsam zum Kochen bringen. Nach einem Aufwallen sofort wieder kalt abschrecken.

7 Nunmehr lassen sich die Tintenfische leichter zerteilen. Den Körper quer in schmale Ringe schneiden. Die Fangarme halbieren.

8 Die übrigen Meeresfrüchte ebenfalls gründlich säubern: Muscheln schrubben und bürsten, Langustinen und Garnelen abspülen.

11 Im verbliebenen Bratfett die Wurstscheiben braten. Sie sollen dabei eine Menge Fett verlieren. Die Scheiben an den Rand schieben.

12 Zwiebeln und Tintenfische in die Pfanne geben und kurz andünsten. Die Paprikastücke und das Tomatenfleisch hineinrühren.

15 Die Hühnerbrühe durch ein Sieb filtern. ⅔ davon mit dem Safran vermischen und in die Pfanne gießen. Auf milder Hitze köcheln.

16 Nach 15 Minuten die Meeresfrüchte, Muscheln, Garnelen und Langustinen dekorativ auf dem Pfanneninhalt verteilen.

9 Die Hühnerstücke rundum mit Salz und Pfeffer kräftig einreiben. Die Brüste wie Rouladen einrollen, damit sie nicht austrocknen.

10 In der großen Pfanne oder Paella das Olivenöl erhitzen. Die Hühnerstücke rasch auf allen Seiten anbraten und beiseite stellen.

13 Den Reis in die Pfanne geben und mit den übrigen Zutaten mischen. Alles sollte in der ausgetretenen Flüssigkeit schwimmen.

14 Die warm gestellten Hühnerstücke am Pfannenrand entlang auf das Reis-Gemüse-Bett setzen. Alles salzen und pfeffern.

17 Mit der restlichen Brühe auffüllen. Weiterhin auf sehr mildem Feuer zugedeckt (Alufolie) noch etwa 15 Minuten ziehen lassen.

18 Die fertige Paella – sie duftet herrlich und ist ein angenehm leichtes Gericht. Dazu schmeckt ein herber spanischer Rotwein.

Couscous

Es ist das Nationalgericht in ganz Nordafrika. Eigentlich ist Couscous nichts weiter als Hirse. Man versteht jedoch darunter stets ein ganzes Gericht, also alles, was zur Hirse serviert und angerichtet wird. Man kann nicht vom einzigen, echten und originalen Grundrezept für Couscous sprechen, da es viele Variationen gibt.

Eines allerdings bleibt immer gleich: die Zubereitung der Hirse. Dieses Getreide muß zu allererst mit Wasser befeuchtet werden und aufquellen. Dann wird es mit Öl getränkt, und nach einer weiteren Quellzeit rubbelt und reibt man es zwischen den Händen, damit keine Klümpchen zurückbleiben und die Hirse locker und körnig wird. Gegart wird die Hirse im Dampf. Meist über einem Ragout, das gleichzeitig der Hirse Aroma und Würze verleiht. Deshalb benötigt man für Couscous eigentlich einen Spezialtopf. Er besteht aus einem bauchigen großen Topf für das Ragout und einem zweiten Topf mit durchlöchertem Boden, der auf den Ragouttopf gesetzt und mit einem Deckel verschlossen wird. So steigt der sich im Ragout entwickelnde Dampf hoch, die Hirse quillt darin auf – vergleichbar dem Reis, der ja ebenfalls am besten schmeckt, wenn man ihn quellen läßt.

Unbedingt erforderlich ist ein solcher Topf aber nicht, wenn Sie einen Dampftopf besitzen, wie man ihn früher zum Kartoffelkochen benutzte, oder wenn Sie einen Dampfdrucktopf haben. Das Druckventil brauchen Sie in diesem Fall nicht. Schrauben Sie es heraus oder setzen Sie es außer Kraft. Das Ragout wird dann im eigentlichen Topf vorbereitet. Die Hirse füllen Sie in den Siebeinsatz, den Sie auf den Dreifuß darüber setzen. Natürlich werden Sie keine großen Portionen im Dampftopf herstellen können. Wer hat schon einen Zehnliter-Dampfdrucktopf?

Die Zutaten gibt es mittlerweile in allen großen Kaufhäusern zu kaufen. Hirse finden Sie auch im Reformhaus; und falls Sie trotzdem kein Harissa, jenes höllische scharfe Chillipüree, das unbedingt zum Couscous gehört, bekommen können, dann behelfen Sie sich mit Sambal Oelek, der bekannten indonesischen Chillipaste.

Zutaten für 8 Personen:
200 g getrocknete Kichererbsen (oder 2 400-g-Dosen) · 100 g Rosinen · 400 g Hirse 8 EL Olivenöl · 2 große Zwiebeln · 800 g Möhren · 500 g weiße Rübchen · 2 Stengel Bleichsellerie · 800 g Zucchini · 500 g Lauch · ½ Knoblauchknolle · 4 grüne Paprikaschoten · 800 g reife Fleischtomaten 3 Fenchelknollen · 8 kleine Artischocken Saft einer Zitrone · 1,5 kg Lammschulter 1 Poularde (ca. 1300 g) · 1 Kräutersträußchen (siehe Seite 33) · 2 EL Tomatenmark Salz · Pfeffer aus der Mühle · 100 g Butter 1 kleines Döschen Harissa · Hackfleischbällchen (siehe weiter unten im Rezept!) 4–6 Knoblauchwürstchen.

Die Kichererbsen mit reichlich Wasser bedeckt in einer Schüssel über Nacht 12 Stunden lang einweichen. Am anderen Tag abgießen, in einem Sieb unter fließendem Wasser abspülen, mit 2 Litern Wasser in einen ausreichend großen Topf füllen. 3 Stunden bei schwacher Hitze weich kochen. Die Rosinen waschen, mit klarem Wasser bedeckt ebenfalls über Nacht einweichen und aufquellen lassen. Die Hirse mit ½ Liter Wasser in einer Schüssel übergießen. 10 Minuten quellen lassen, dabei gelegentlich rühren, damit alles vom Wasser befeuchtet wird. Die Hälfte des Olivenöls darüberträufeln und salzen. Mit den Händen die Hirse wenden und vermengen, damit sie überall vom Öl und vom Salz erreicht wird. Nach etwa 30 Minuten zwischen den Handflächen reiben, damit keinerlei Klümpchen und Bröckchen bleiben. Die Hirse soll locker und körnig sein. Nunmehr das Gemüse putzen: die Zwiebeln schälen und fein hacken. Die Möhren schaben und längs vierteln. Diese Streifen auf 5 Zentimeter kürzen. Die weißen Rübchen schälen, vierteln oder – je nach Größe – achteln. Bleichsellerie putzen, in Stücke schneiden. Die Zucchini so schälen, daß Streifen der grünen Schale als Muster sichtbar bleiben. In 3 Zentimeter lange Stücke hacken. Den Lauch putzen, das dunkle Grün entfernen. Die Stangen längs aufschlitzen, gründlich waschen und mit Küchenzwirn zu einem Bündel schnüren. Die Knoblauchzehen schälen, unzerteilt lassen. Die Paprikaschoten putzen, die Kerne und pelzigen Kammerwände herausstreifen. Die Schoten quer in feine Streifen schneiden, diese auf 3 Zentimeter kürzen. Die Tomaten häuten, entkernen (siehe Seite 41) und das Fleisch fein hacken. Die Fenchelknollen putzen, das Grün entfernen. Die Knollen – je nach Größe – vierteln oder achteln. Die Artischocken von allen Blättern befreien. Den Boden oder das Herz sauber zurecht schneiden, sofort mit Zitronensaft einreiben, damit sie sich nicht verfärben. Das Lammfleisch in mundgerechte Würfel schneiden. Das Huhn in 8 Teile zerlegen (siehe auch Seite 147). In einem Couscous- oder einem anderen geeigneten Topf das restliche Olivenöl erhitzen. Das Lammfleisch darin auf allen Seiten kräftig anbraten. Herausnehmen. Im verbliebenen Fett die Hühnerstücke anbraten. Ebenfalls herausnehmen. Die gehackten Zwiebeln im selben Fett andünsten. Die Lammwürfel zufügen und nun der Reihe nach, je nach Garzeit, die Gemüse in den Topf geben. Das Lammfleisch sollte insgesamt 2 Stunden schmoren. Also hält man sich etwa an folgende Zeiten: Lammfleisch mit den Zwiebeln und nach Belieben einem Teil der Paprikaschoten 10 Minuten dünsten. Dann die Kichererbsen zufügen, dabei soviel von der Kochflüssigkeit auffüllen, daß alles bedeckt ist. Salzen und pfeffern und das Tomatenmark einrühren. Den Siebeinsatz mit der Hirse sowie einen Deckel aufsetzen. Etwa 1¼ Stunden auf leisem Feuer köcheln. Dann den Siebeinsatz abnehmen. Die Hirse mit etwas kaltem Wasser übergießen, um sie abzukühlen. Unterdessen die Tomaten, die Möhren, den Lauch, die Knoblauchzehen und das Kräutersträußchen in das Ragout geben. Die Hirse zwischen den Handflächen nochmals reiben, um alle Krümelchen zu zerdrücken. Wieder auf den Topf setzen und mit einem Deckel verschließen. Nach 10 Minuten die Fenchelstücke, die Zucchini und die Artischockenböden in den Topf füllen. Weitere 20 Minuten köcheln. Dabei natürlich wieder den Hirsetopf obenauf setzen. Zwischendurch immer mal wieder prüfen und umrühren. Die Gemüse sollen nicht zu weich werden und dürfen auf keinen Fall verkochen. Für die letzten 10 Minuten die beiseite gestellten Hühnerstücke und die restlichen Paprikastücke ins Ragout geben. Nochmals alles mit Salz und Pfeffer abschmecken. Die nunmehr

locker aufgequollene Hirse in eine vorgewärmte Schüssel füllen. Mit den abgetropften Rosinen vermischen. Dabei Butterflöckchen zufügen, die in der heißen Hirse sofort schmelzen. Sorgfältig wenden, damit alles von Butter benetzt ist. Die Form mit Folie abdecken und, bis alle weiteren Vorbereitungen erledigt sind, im auf 50° C vorgeheizten Ofen warm stellen.

In der Zwischenzeit die *Hackfleischbällchen* vorbereiten.

1000 g gemischtes Hackfleisch · 1½ Brötchen vom Vortag · Milch zum Einweichen 3 EL feingehackte Petersilie 1 große Zwiebel · 2 Knoblauchzehen 1 EL Butter · 2 kleine Eier · Salz · Pfeffer aus der Mühle · 1 TL Delikateßpaprika 1 TL gemahlener Kreuzkümmel · Mehl 2 EL Öl · 1 EL Butter.

Das Hackfleisch mit den eingeweichten, gut ausgedrückten Brötchen und der Petersilie in eine Schüssel geben. Zwiebel und Knoblauch schälen, fein hacken und in der heißen Butter weich dünsten. Abgekühlt mit den Eiern und Gewürzen in die Schüssel geben. Zu einem geschmeidigen Fleischteig kneten. Kräftig abschmecken. Tennisballgroße Bouletten daraus formen, in Mehl wenden, daß sie von einem hauchzarten Film überzogen sind. Öl und Butter in einer Pfanne erhitzen. Die Bouletten darin auf beiden Seiten braun braten. Auf Küchenpapier abtropfen lassen.

Die Knoblauchwürste in wenig zusätzlichem Fett so lange braten, bis viel von ihrem eigenen Fett ausgetreten ist. Abtropfen lassen. Das fertige Ragout nochmals abschmecken. Sie können jetzt schon nach Belieben, aber nur mild, mit Harissa schärfen. Fleisch, Geflügel und Gemüse mit einer Schaumkelle herausheben, abtropfen lassen und auf einer großen, tiefen Platte dekorativ anrichten. Die Kochflüssigkeit rasch etwas einkochen lassen. In zwei Saucieren verteilen. Die eine Sauce sehr scharf mit Harissa würzen. Die andere milder lassen. Für Ängstliche die noch ganz von Harissa verschonte Kochflüssigkeit auftragen. Wem's nicht scharf genug sein kann, der kann mit Harissa pur bei Tisch nachwürzen. Die Hackfleischbällchen und die Würste auf der Hirse in einer zweiten Schüssel anrichten.

1   Für dieses Gericht braucht man exotische Zutaten. Suchen Sie sie in Gastarbeitergeschäften oder in den großen Kaufhäusern.

2   Kichererbsen gibt's getrocknet oder in der Dose. Die getrockneten müssen über Nacht in klarem Wasser eingeweicht werden.

5   Ebenso wird die Hirse zunächst mit etwas klarem Wasser benetzt, damit sie aufquellen kann. Anschließend mit Olivenöl beträufeln.

6   Nach etwa 30 Minuten die Hirse kräftig zwischen den Handflächen reiben, damit keinerlei Bröckchen bleiben. Gleichzeitig salzen.

9   Das Lammfleisch für das Ragout in mundgerechte Stücke schneiden. Das Hähnchen in 8 Teile zerlegen (siehe Seite 147).

10   In einem speziellen Couscoustopf (oder in einem Dampftopf) die Lammwürfel und Hühnerstücke rundum anbraten.

3 Anschließend muß man sie in reichlich frischem Wasser etwa 3 Stunden kochen. Gesalzen wird erst ganz zum Schluß.

4 Für den Couscous (die Hirse) werden die Rosinen einige Stunden oder ebenfalls über Nacht eingeweicht, damit sie aufquellen.

7 Nunmehr das Gemüse putzen. Die Artischocken von allen Blättern befreien. Es wird nur der Boden oder das zarte Herz benötigt.

8 Die Tomaten häuten, entkernen, hacken. Möhren, Lauch, Fenchel putzen und zerkleinern. Zwiebeln hacken. Knoblauch schälen.

11 Nach und nach die gehackten Zwiebeln, die unzerteilten Knoblauchzehen, den Paprika in den Topf füllen und gleichmäßig andünsten.

12 Mit den Kichererbsen auffüllen, dabei soviel Kochflüssigkeit zugießen, daß alles gerade bedeckt ist. Die Tomaten hinzufügen.

13 Ebenso die vorbereiteten Möhren, den Lauch und das Kräutersträußchen in den Topf füllen. Nach Geschmack salzen und pfeffern.

14 Nach etwa 10 Minuten die geputzten, geviertelten Fenchelknollen in das Ragout geben. Darauf achten, daß alles bedeckt ist.

17 Die Hirse gart so im vom Ragout aufsteigenden Dampf. Dabei immer wieder auflockern. Nach ½ Stunde nochmals durchreiben.

18 Der fertige Couscous: Die Hirse mit den abgetropften Rosinen und Butterflöckchen vermischen und in einer Schüssel anrichten.

21 In heißem Olivenöl auf beiden Seiten auf milder Hitze braun braten. Mit einer Schaumkelle herausheben und abtropfen.

22 Scharfe Knoblauchwürste (Kabanossi) in etwas Öl anbraten, dabei soll einiges vom Fett herausbraten. Ebenfalls abtropfen.

15 Zum Schluß die Zucchinistücke (so geschält, daß hübsche grüne Streifen entstehen) und Rübchen zufügen. 20 Minuten köcheln.

16 Die Hirse in den Dampfeinsatz füllen. Jedesmal, wenn der Topf gerade zugedeckt wird, auf den Topf setzen und den Deckel aufsetzen.

19 Für die Hackfleischbällchen, wie im Rezept angegeben, einen Fleischteig vorbereiten. Sehr würzig und kräftig abschmecken.

20 Tischtennisballgroße Kugeln formen, etwas flach drücken und rundum in Mehl wenden. Überschüssiges Mehl abschütteln.

23 Das Lammragout mit dem Gemüse auf einer großen Platte anrichten. Die Kochflüssigkeit einkochen und mit Harissa schärfen.

24 Die Hackfleischbällchen und die Würste auf dem Couscous (der Hirse) anrichten. Das Gemüse-Fleischragout getrennt reichen.

Chop Suey

Chinesisches Pfannenrühren

Die chinesische Küche ist einerseits die älteste der Welt – ihre Tradition reicht mehr als 4000 Jahre zurück – zugleich ist sie aber die modernste, denn sie entspricht in allem genau dem, was die Ernährungsphysiologen fordern: Frische Zutaten werden so schonend wie möglich und so kurz wie nötig gegart. Der eigene Geschmack wird bewahrt und erhalten und nicht durch schwere Saucen überdeckt. Es wird viel Gemüse verwendet, wenig Fett und magerer Fisch und saftiges Fleisch.

Chinesisches Essen unterscheidet sich von unseren abendländischen Mahlzeiten grundlegend. Alle Zutaten werden vor dem Zubereiten so zerkleinert, daß man auf bei uns übliches Besteck wie Messer und Gabel verzichten kann. Man ißt mit zwei meist aus Holz gefertigten Eßstäbchen. Niemals wird, wie bei uns, ein Hauptgericht nach einer oder mehreren Vorspeisen aufgetragen; man serviert etwa ebenso viele verschiedene Gerichte, wie Gäste um den Tisch sitzen. Zugleich oder nacheinander. Alle bedienen sich mit Hilfe ihrer Stäbchen von den in der Mitte stehenden Platten. Man tut sich nichts auf den Reis, wie wir das aus hiesigen China-Restaurants gewöhnt sind. Der Reis bleibt weiß.

Und hierin liegt nämlich der Trick für das chinesische Kochen: Alle Zutaten müssen vor dem eigentlichen Kochen fix und fertig zerkleinert bereit stehen. Dann ist das Kochen selbst nur eine Frage von wenigen Minuten. Wichtig ist nur: Arbeiten Sie auf der auf höchster Stufe eingestellten Herdplatte (möglichst keine Automatikplatte, diese schaltet sich bereits ab, bevor sie die nötige Temperatur erreicht hat). Verwenden Sie eine Pfanne, die einen hochgezogenen Rand hat. Einen echten Wok, die halbkugel-förmige chinesische Pfanne, können Sie nur gebrauchen, wenn Sie glückliche Besitzerin eines Gasherds sind. Es werden zwar immer wieder angeblich funktionierende Auf- oder Untersätze angeboten, mit denen man auch auf einem Elektroherd mit einem Wok arbeiten können soll, aber dies mag für englische und amerikanische Herde stimmen, für deutsche Fabrikate trifft es leider nicht zu.

Also, für ein Chop Suey nehmen Sie eine Pfanne mit schwerem Boden und hohem Rand. Darin muß Erdnuß- oder Keimöl so stark erhitzt werden, bis es raucht – dann erst fügen Sie die vorbereiteten Zutaten hinzu. Und zwar stets nur so viel, wie sie Kontakt mit dem Pfannenboden haben können. Unter raschem Rühren nur kurz rundum anbraten, sofort herausnehmen und warm stellen. So weiter verfahren, bis alle Zutaten angebraten sind. Dann erst mit Flüssigkeit (Hühnerbrühe, Sherry, Reiswein, Sojasauce) auffüllen, alles in der Pfanne mischen, würzen und servieren. Es wird also nichts gekocht und dadurch weich, sondern alles – auch Gemüse – bleibt frisch und knackig und behält außerdem seine schöne Farbe. Deshalb sieht chinesisches Essen auch hübsch aus.

Damit das Fleisch beim Anbraten zart und saftig bleibt, verwenden die Chinesen einen Trick: Das in schmale Streifen geschnittene Fleisch (Schweinefilet, Rinderlende, Kalbsfilet oder Hühnerbrust) wird mit einem Eiweiß und einem Teelöffel Speisestärke gründlich vermischt. Man läßt es im Kühlschrank eine halbe Stunde ziehen und brät es dann wie beschrieben kurz an, bis es seine rote Farbe verliert. Dabei umschließt das Eiweiß es wie ein schützender Mantel. Kein Saft kann austreten. Das Fleisch ist zart und mürbe. Für ein chinesisches Chop Suey beispielsweise können Sie jede beliebige Fleischsorte und als Gemüse alles verwenden, vorausgesetzt, es ist in Julienne geschnitten (siehe Seite 37) oder in Röschen und Stückchen geteilt (z. B. Blumenkohl).

Dann gießt man mit folgender Sauce auf: 2 Tassen Hühnerbrühe, 3 EL Sojasauce, 3 EL Sherry oder Reiswein, 1 TL Speisestärke, ½ TL frisch gemahlener Pfeffer, 1 TL Sesamöl (ein Würzöl, das Sie in der Fernostabteilung des Supermarkts finden oder selbst herstellen: 3 EL Sesamsamen in ¼ l Erdnußöl langsam dunkelbraun rösten. Durch ein Sieb filtern. In dunkler Flasche aufbewahren. Nicht zum Braten, nur zum Würzen verwenden). Alle Saucenzutaten verquirlen. Auf einmal in die Pfanne gießen, den Bratensatz damit loskochen. Die angebratenen Zutaten darin erwärmen. Sofort servieren. Dazu paßt Reis.

1 Gleich, welches Fleisch Sie bevorzugen, nehmen Sie mageres. Quer in feine Scheiben und längs in schmale Streifen schneiden.

2 Mit Eiweiß und Speisestärke gründlich vermischen. Im Kühlschrank 30 Minuten ziehen lassen. Unterdessen Gemüse vorbereiten.

3 Champignons blättern. Lauch in feine Ringe, Möhren in Julienne und Chinakohl in Streifen schneiden. Bohnen blanchieren.

4 Nacheinander alle Gemüse – portionsweise – rasch unter Rühren braten, bis alles gleichmäßig von einem Ölfilm überzogen ist.

5 In einer großen, tiefen Pfanne das Öl rauchend heiß erhitzen. Zuerst das Fleisch darin, notfalls portionsweise, anbraten.

6 Zum Schluß mit der vorbereiteten Sauce ablöschen. Alle Zutaten darin mischen und vorsichtig erwärmen. Abschmecken.

Desserts

Sie sind der krönende Abschluß eines jeden Menüs und dürfen natürlich niemals fehlen. Selbst wenn man gerade peinlich genau auf seine Linie achten muß, ist ein fruchtiges, erfrischendes Sorbet allemal erlaubt. Vor allem dann, wenn man bei der Zubereitung weitgehend auf Zucker verzichtet und mit kalorienfreiem Süßstoff süßt.

Bei Nachspeisen wird fast jeder schwach. Auch diejenigen, die stets behaupten, sie könnten Süßem gut widerstehen. Sobald man diese Aussage auf ihren Wahrheitsgehalt überprüft, indem man eine verlockende Süßspeise kredenzt, schmilzt erfahrungsgemäß jede Ablehnung dahin.

Trotzdem – viele Hausfrauen scheuen sich, sagen, ihnen fiele zu diesem Thema nichts ein und servieren deshalb den immer wieder gleichen Pudding (möglicherweise sogar aus der Tüte). Dabei gehört weder viel Aufwand dazu, ein Dessert herzustellen, noch macht es Mühe oder kostet viel Geld.

Ein Obstsalat oder kurz in Wein pochiertes Obst ist im Handumdrehn hergestellt und macht viel Eindruck (und ist außerdem erfreulicherweise kalorienarm). Sahneeis oder Fruchteis (Sorbets) sind ganz leicht zu machen, vor allem dann, wenn Sie sich für wenig Geld eine Eismaschine zulegen.

Ob Sie ein aufwendiges, üppiges Dessert servieren oder lieber nur eine fruchtige, erfrischende Kleinigkeit, hängt natürlich von dem vorausgegangenen Essen ab. Handelte es sich um ein mehrgängiges Menü, ist man sicher froh, wenn man zum Schluß nicht noch mit einer allzu umfangreichen Sache belastet wird. Wenn's vorher nur einen kräftigen Eintopf gab, freut man sich über eine gefüllte Crêpe oder – im Winter – über einen saftigen Bratapfel mit verlockendem neuen „Herz" aus gehackten Mandeln, Honig und Rosinen. Eigentlich gehört der Käse – falls Sie ihn nach dem Essen überhaupt schätzen – in der klassischen Menüfolge vor die Nachspeise. Aber es gibt Leute, die sich nach dem Hauptgang so auf die Nachspeise freuen, daß sie den Käse lieber ganz ans Ende der Mahlzeit schieben. Dann können sie auch noch eine Weile am zum Käse servierten Rotwein nippen.

Zum Dessert selbst paßt am besten ein sehr trockener Sekt oder ein Champagner brut. Die Nachspeise selbst ist süß genug; sie würde sich mit einem lieblicheren Getränk nicht recht vertragen. Probieren Sie einmal einen sehr trockenen, schweren Wein – als betonten Kontrast zur Süße des Desserts, einen trockenen Tokayer zum Beispiel oder auch einen Sherry Fino. Anschließend gibt's dann einen starken Kaffee, einen Mokka oder einen Espresso. Dazu dürfen Sie einen alten Cognac, Armagnac oder einen edlen Obstbrannt genießen.

Sorbets

Sie waren lange Jahre völlig in Vergessenheit geraten. Unsere Großeltern pflegten Sorbets gerne bei großen Menüs vor dem Fleischgang als Erfrischung zu sich zu nehmen. Erst die jungen Köche der Neuen Küche holten das Sorbet aus der Versenkung empor und brachten es zu neuen Ehren. Man verspeist es heute ebenfalls gerne im Verlauf des Menüs, schätzt es aber auch als kalorienarmes Dessert. Sorbet ist eigentlich nichts weiter als gefrorener Fruchtsaft oder zu Eis erstarrtes Fruchtmark (Püree). Vollreife, süße Früchte brauchen nicht einmal Zucker – man kann ihr Püree ohne jeden Zusatz gefrieren.

Allerdings: Ein perfektes Sorbet hat eine sanfte Konsistenz, ist weich und schmilzt sahnig auf der Zunge – obwohl kein Tröpfchen Sahne drin sein darf. Um diese Zartheit zu erreichen, muß man einiges beachten:

Ließe man Fruchtsaft oder -püree in einer metallenen Schale zu Eis gefrieren, so würde das Ergebnis möglicherweise schmecken, aber es wäre unangenehm zu essen. Das in den Früchten enthaltene Wasser ist zu harten Kristallen gefroren, die wie Nadeln in die Zunge picken. Um das zu verhindern, muß die Masse während des Gefriervorgangs in regelmäßigen Abständen mit einem Schneebesen tüchtig durchgerührt werden. Das zerschlägt die Eiskristalle und macht die Eismasse homogen. Diese etwas mühsame Prozedur, die viel Aufmerksamkeit und ständiges Dabeisein erfordert, kann man sich allerdings abnehmen lassen. In allen guten Haushalts- und Elektrogeschäften gibt es mittlerweile sogenannte Sorbétièren oder Eisbereiter zu kaufen. Sie funktionieren ganz einfach: Die Masse wird in den Behälter gefüllt, die Rührarme eingesetzt. Nun stellt man die Maschine ins Gefrierfach des Kühlschranks. Dort rühren die Arme so lange, bis das Sorbet die gewünschte cremige Beschaffenheit erreicht hat, schalten sich ab und klappen selbsttätig hoch.

Eine zweite unendlich einfache und fixe Methode, rasch ein Sorbet herzustellen, ist diese: Sehr gut gekühlte Eiswürfel (aus dem Tiefkühlfach mit mindestens minus 18, besser noch minus 32°C in einen Zerhacker oder ein Zerkleinerungsgerät füllen. Dann je nach Geschmack Zitronensaft, Fruchtpüree, Marmelade und/oder Zuckersirup oder auch frische Kräuter zufügen. Rasch durchmixen, bis eine schneeige Masse entstanden ist. In Gläser füllen und sofort servieren. Einfacher und billiger geht's wirklich nicht.

Durchaus ebenfalls nicht neu, aber sehr beliebt bei den ,,Neuen" Köchen sind Gemüse- und Kräutersorbets. Man reicht sie bevorzugt zwischen den Gängen bei einer langen Speisenfolge. Sie wirken dann belebend und erfrischend und beeinträchtigen den Gaumen und verwirren die Zunge nicht durch obstige Süße. Man nimmt dafür natürlich frische Kräuter, die man kurz in Wein oder Champagner brüht. Der Sud wird abgegossen und in der Eismaschine ,,gedreht" – wie der Fachausdruck dafür heißt. Man kann zur Stütze ein Eiweiß unterrühren, dann wird's cremiger.

Die Güte eines Sorbets hängt ab von der Ausgewogenheit zwischen Zucker und Fruchtmasse. Ein Sorbet, das mit zu wenig Zucker hergestellt wurde, wird krümelig und bröckelt. Eines, das mit zuviel Zucker zubereitet wurde, ist hart und ganz steif.

Bei dem Abmessen muß man jedoch auch den in der Frucht enthaltenen Zucker beachten. Sehr reifes Obst, mit viel eigenem Fruchtzucker, kann mit weitaus weniger Zucker zum Sorbet verarbeitet werden als unreife Früchte, denen die Süße fehlt.

Bei wirklich vollreifem Obst gibt's noch eine dritte Möglichkeit, auf die einfachste Weise ein cremiges Sorbet zu zaubern: Die Früchte – Himbeeren, Erdbeeren, Pfirsiche, Aprikosen, Mango usw. – putzen, nur wenn nötig waschen – aber selbstverständlich schälen und in Stücke schneiden. Im Tiefgefrierfach steinhart gefrieren lassen. Kurz vor dem Servieren in den Mixer (Zerhacker) füllen und durchmixen, bis ein cremiger Schnee entstanden ist. Wenn nötig, nach Geschmack mit Zuckerlösung oder flüssigem Süßstoff süßen. Sofort in Gläser füllen und auftragen.

Noch sanfter wird das Sorbet, wenn Sie die gefrorenen Früchte mit ganz wenig Eiweiß stützen: Rechnen Sie auf 250 g Obst (geputzt gewogen) einen Eßlöffel Eiweiß und mixen alles miteinander kurz durch.

1 Die Orangen schälen, dabei auch die pelzige Innenhaut entfernen. Die Frucht in Schnitze teilen; in grobe Stücke hacken.

2 In eine Gemüse- oder Fruchtmühle füllen und den Saft auspressen. Natürlich können Sie Früchte auch anders entsaften.

3 Den Saft abmessen: ½ Liter Orangensaft, vermischt mit dem Saft ½ Zitrone, auf 150 bis 180 g Zucker für 4–6 Personen.

4 Den Zucker in den Saft kippen. So lange mit dem Schneebesen rühren, bis sich der Zucker völlig aufgelöst hat und kein Kristall bleibt.

5 In die Sorbétière füllen. Diese in das auf Hochtouren eingestellte Tiefgefrierfach stellen. Gefrieren, bis sich der Motor abstellt.

6 Das fertige Sorbet mit einem Löffel aus der Metallschale holen und entweder in Portionsgläsern oder einer Schüssel anrichten.

317

Zitronensorbet

Zutaten für 4 bis 6 Personen:
⅛ l frisch gepreßter Zitronensaft · 200 g Zucker 0,2 l Wasser · ⅛ l Mineralwasser · ½ Eiweiß.

Den Zitronensaft durch ein Sieb filtern, um alle Fruchtfleischstückchen aufzufangen. Den Zucker mit dem Wasser in eine Kasserolle füllen. Unter stetem Rühren auf schwacher Hitze auflösen. Sobald das Wasser einmal aufgekocht hat, den Topf vom Feuer ziehen, den Sirup abkühlen lassen. Mit dem Zitronensaft und Mineralwasser mischen. Das halbe Eiweiß hineinrühren. Die Masse in der Sorbétière bis zur gewünschten Beschaffenheit fest werden lassen.

Anmerkung: Versuchen Sie auch mal ein Sorbet aus den kleinen, dunkelgrünen *Limonen* nach demselben Rezept. Jedoch müssen Sie hier etwas weniger Limonensaft (sie sind konzentrierter im Geschmack als Zitronen) als oben angegeben nehmen, dafür etwas mehr Zucker, Wasser und Mineralwasser. Sonst wie angegeben arbeiten.

Erdbeersorbet

Zutaten für 4 bis 6 Personen:
400 g reife Erdbeeren 200 g Zucker · 0,2 l Wasser Saft einer halben Zitrone.

Die Erdbeeren entstielen. (Nur wenn unbedingt nötig, zuvor waschen. Sie verlieren in jedem Fall dadurch an Aroma. Besser mit Küchenpapier abwischen.) In der Flotten Lotte (Gemüsemühle) oder im Mixer fein pürieren. Den Zucker mit dem Wasser in eine Kasserolle füllen. Auf milder Hitze unter ständigem Rühren den Zucker völlig auflösen. Sobald das Wasser einmal aufgekocht hat, den Topf vom Feuer ziehen und den Sirup auskühlen lassen. Dann mit dem Erdbeerpüree und dem Zitronensaft gut vermischen. In der Sorbétière bis zur gewünschten Konsistenz gefrieren lassen.

Anmerkung: Nach demselben Rezept bereiten Sie auch ein Himbeersorbet zu. Falls Sie mit tiefgekühlten Früchten arbeiten, kochen Sie zuerst den Sirup und geben die unaufgetauten Himbeeren in den abgekühlten Sud. Dann können sie keinen kostbaren Saft verlieren. Im Mixer fein zerkleinern und wie beschrieben weiterverarbeiten.

Mangosorbet

Zutaten für 4 bis 6 Personen:
2 schöne, reife Mangofrüchte (à etwa 400 g) · Saft einer halben Zitrone · 100 g Zucker · 0,1 l Wasser.

Die Mangofrüchte mit dem Gurkenschäler dünn schälen. Quer das Fruchtfleisch vom flachen, breiten Stein abschneiden. Im Mixer fein zerkleinern. Den Zucker mit dem Wasser in eine Kasserolle füllen, unter Rühren auf milder Hitze auflösen. Sobald das Wasser einmal aufgekocht hat, den Topf vom Feuer ziehen und den Sirup abkühlen lassen. Mangopüree, Zitronensaft und Sirup im Mixer mischen. In der Sorbétière gefrieren lassen.

Melonensorbet

Zutaten für 4 bis 6 Personen:
400 g ausgelöstes Melonenfleisch (Honigmelone; das entspricht etwa einer Melone von 600 g) · 180 g Zucker ⅛ l Wasser.

Das Melonenfleisch im Mixer fein pürieren. Den Zucker mit dem Wasser in eine Kasserolle füllen, bei milder Hitze unter stetem Rühren auflösen. Sobald das Wasser einmal aufgekocht hat, den Topf vom Herd ziehen. Den Sirup abkühlen lassen. Mit dem Melonenpüree gründlich mischen. In der Sorbétière wie gewünscht fest werden lassen.

Pfirsichsorbet

Zutaten für 4 bis 6 Personen:
500 g reife, süße Pfirsiche 150 g Zucker · 0,1 l Wasser einige Tropfen Zitronensaft.

Die Pfirsiche kurz in kochendes Wasser tauchen, sofort unter kaltem Wasser abschrecken. Die Haut abziehen. Die Früchte halbieren. Mit der Spitze eines Messers den Kern herausholen. Das Fruchtfleisch im Mixer zerkleinern. Den Zucker mit dem Wasser in einer Kasserolle auf milder Hitze unter stetem Rühren auflösen. Sobald das Wasser einmal aufgekocht hat, den Topf vom Feuer ziehen. Den Sirup abgekühlt gut mit dem Pfirsichpüree vermischen. Mit einigen Tropfen Zitronensaft abschmecken. In die Sorbétière füllen und nach Wunsch fest werden lassen.

Eiscreme

Eiscreme wird stets aus Milch, Sahne und Ei zubereitet. Dadurch bekommt das Eis eine cremige, sahnige Konsistenz und eine festere Beschaffenheit als ein Sorbet, dem eine solche Stütze ja fehlt. Auch für Sahne-Eis-Herstellung empfiehlt sich die elektrische Sorbétière, die kleine Eismaschine, die in das Gefrierfach jedes Kühlschranks paßt. Läßt man die Eismasse gefrieren, ohne sie unterdessen zu rühren, entstehen auch im Sahneeis störende Kristalle. Deshalb muß man die Eisschale immer wieder aus dem Gefrierfach holen und mit einem Schneebesen oder dem Handmixer kräftig durchschlagen. Sobald das Eis fest zu werden beginnt, kann man es bis zum endgültigen Gefrierstatus im Kühlfach belassen – denn dann ist die Gefahr, daß sich Kristalle absetzen, vorüber.

Niemals sollte man fest gefrorenes Eis, das möglicherweise bereits Tage im Tiefkühlfach aufbewahrt wurde, direkt aus der Kälte auf den Tisch bringen. Das Eis ist steinhart gefroren, läßt sich kaum portionieren und nicht mit Genuß verspeisen. Deshalb sollten Sie das Eis entweder so spät (aber rechtzeitig) in das Gefrierfach geben, daß es die richtige Konsistenz erreicht, wenn Sie in der Menüfolge beim Dessert angelangt sind (normalerweise dauert das Gefrieren etwa 2 bis 2½ Stunden); oder Sie nehmen das bereits am Vortag zubereitete Eis vor dem Essen aus dem Gefrierfach und lassen es im *Kühlschrank* langsam antauen. Bitte nicht bei Zimmertemperatur, denn dabei schmilzt das Eis an den Außenschichten, während es im Inneren immer noch hart gefroren ist.

Richten Sie das Eis in Portionsschalen an, dann stechen Sie mit einem Löffel Halbkugeln ab; oder formen Sie mit einem speziellen Eisportionierer fachmännisch richtige Kugeln. (Solche Portionierer gibt's in Haushaltsfachgeschäften. Man kann mit ihnen beispielsweise auch ein Gemüsepüree portionieren und als Kugel auf den Teller setzen.)

Eiscreme kann man in unterschiedlichsten Geschmacksrichtungen herstellen, mit Fruchtpüree, mit Nüssen, Honig oder sogar Mohn und anderen Zutaten. Man kann jedoch aus schlichtem Vanilleeis ganz verschiedene, immer wieder neue Eisbecher und Eiskreationen zaubern, sei es mit Früchten, heißen oder kalten Saucen. Die einfachste Möglichkeit ist, das Vanilleeis in Portionsschalen anzurichten und mit einer Fruchtsauce zu übergießen. Zum Beispiel mit:

Erdbeersauce

Zutaten für 4 bis 6 Personen:
400 g reife Erdbeeren · 2–3 EL Zucker
einige Tropfen Zitronensaft.

Die Erdbeeren, nur wenn wirklich nötig, waschen – sie verlieren leicht dadurch an Frische und Aroma. Lieber mit Küchenpapier abwischen. Dann erst den Blütenkelch entfernen. Die Erdbeeren im Mixer zerkleinern, dabei den Zucker zufügen und so lange mixen, bis sich der Zucker vollständig aufgelöst hat. Mit etwas Zitronensaft aromatisieren.

Anmerkung: Nach demselben Prinzip kann man selbstverständlich auch eine Himbeersauce herstellen.

Aprikosensauce

Zutaten für 4 bis 6 Personen:
6 schöne, vollreife Aprikosen · 75 g Zucker
⅛ l Wasser · 1 Gläschen Aprikosenschnaps.

Die Aprikosen mit kochendem Wasser überbrühen, häuten, halbieren und den Stein auslösen. Mit Zucker und Wasser in eine Kasserolle füllen. Etwa 8 bis 10 Minuten leise köcheln. Durch ein Sieb streichen oder im Mixer pürieren. Abkühlen lassen und mit Aprikosenschnaps parfümieren.

Anmerkung: Nach demselben Prinzip kann man eine Johannisbeersauce zubereiten. Die Beeren dafür von den Rispen streifen, in der Zuckerlösung weich kochen und durch ein festes Sieb oder die Flotte Lotte drücken. Abgekühlt mit etwas Crème de Cassis (schwarzem Johannisbeerlikör) nach Geschmack aromatisieren.

1 Zunächst die Milch mit etwas Zucker und der Vanilleschote aufkochen und ziehen lassen. Portionsweise zum Eigelb gießen.

2 Dabei muß die Milch tatsächlich kochen; damit die Eigelb jedoch nicht gerinnen, unermüdlich mit dem Handmixer kräftig rühren.

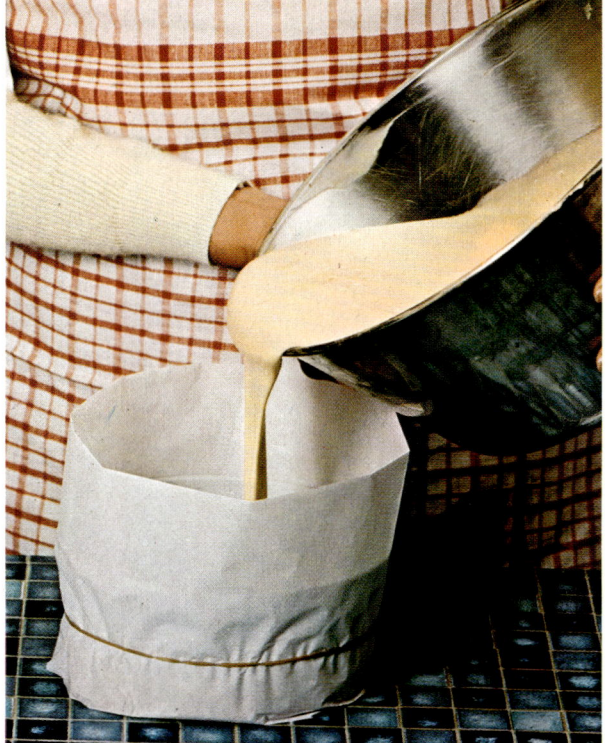

5 Die Eimasse mit Grand Marnier (Orangenlikör) parfümieren. Dabei nur vorsichtig umrühren, damit die Creme schaumig bleibt.

6 Die Eimasse in die mit Kragen versehenen Förmchen füllen. Vorsicht, damit nichts kleckert und der Kragen sauber bleibt.

3 Die Eimasse so lange rühren, bis sie nur noch schwach lauwarm ist. Dann die Schlagsahne steif schlagen. Nach Belieben zuckern.

4 Die vorbereitete Eicreme mit der steifgeschlagenen Sahne vorsichtig vermischen. Die Sahne darf dabei nicht zusammenfallen.

7 Das Soufflé Glacé muß etwa 2 Stunden lang im Gefrierfach fest werden. Vor dem Servieren den Kragen entfernen.

8 So sieht das fertige Soufflé Glacé au Grand Marnier aus. Selbstverständlich können Sie es auch in einer großen Form gefrieren.

Eine noch feinere Eiscreme-Art ist das *Eisparfait*. Es wird manchmal mit noch mehr Eigelb zubereitet als herkömmliches Eis, ist deshalb noch sanfter und zarter. Der Hauptunterschied besteht jedoch darin, daß man vor dem Gefrieren steif geschlagene Sahne unterzieht. Deshalb braucht man ein Parfait nicht in der Sorbétière zu „drehen".

Das wohl bekannteste Eisparfait ist das Soufflé Glacé au Grand Marnier; man serviert es tatsächlich in Souffléförmchen. Die Eismasse übersteigt wie bei einem echten, warm aufgetragenen Soufflé die Form. Deshalb muß man zunächst die Förmchen vorbereiten. Sie bekommen einen Kragen aus Pergamentpapier oder Alufolie, damit man mehr Eismasse einfüllen kann, als eigentlich in das Förmchen paßt. Man wickelt um den Förmchenrand einen festen Streifen, der etwa fünf Zentimeter breit und so lang sein muß, daß er die Form mehr als einmal umrundet. Mit Küchenzwirn oder einem Gummiband festknüpfen. Und nun vorsichtig arbeiten, damit der Papierkragen nicht verrutscht oder die Eismasse herausfließt.

Soufflé Glacé

au Grand Marnier

(Zum Kurs auf Seite 320)

Zutaten für 8 Personen:
¼ l Milch · 1 Vanilleschote · 200 g Zucker
6 Eigelb · ¼ l süße Sahne · 1 EL Grand
Marnier (Orangenlikör).

Die Milch mit der längs aufgeschlitzten Vanilleschote und der Hälfte des Zuckers in einer Kasserolle langsam zum Kochen bringen. Sofort vom Feuer nehmen. Die Schote 10 Minuten lang ziehen lassen, dann das Mark herauskratzen und in die Milch rühren. Die Eigelb mit dem restlichen Zucker in einer Schüssel mit dem Handrührer oder Schneebesen schaumig rühren. Die Milch nochmals aufkochen, ein Drittel davon zu den Eiern gießen, dabei unermüdlich rühren, damit genügend Luft unter die Eimasse kommt und die Eigelb nicht zu stark erhitzt werden. Die restliche Milch noch einmal aufkochen und langsam unter ständigem Rühren unter die Eimasse geben. Sie muß dicklich und schaumig werden. So lange rühren, bis die Eimasse nur noch lauwarm ist. Die Sahne nunmehr sehr steif schlagen. Vorsichtig, aber gleichmäßig unter die Eiscreme heben. Mit dem Orangenlikör aromatisieren. Die Parfaitmasse in die vorbereiteten Förmchen füllen. Im Gefrierfach 2 bis 3 Stunden lang fest werden lassen. Vor dem Auftragen den Kragen vorsichtig abnehmen. In der Form servieren.

Erdbeersahneeis

Zutaten für 6 Personen:
600 g reife Erdbeeren · 100 g Zucker · 0,1 l
Wasser · ¼ l Schlagsahne.

Die Erdbeeren mit Küchenpapier sauber wischen. Die Blütenkelche entfernen. Die Erdbeeren im Mixer pürieren oder durch ein Sieb streichen. Den Zucker im langsam erhitzten Wasser unter stetem Rühren auflösen. Sobald das Wasser einmal aufgekocht hat, den Topf vom Feuer ziehen. Den Sirup abgekühlt mit dem Erdbeerpüree vermischen. Die Sahne sehr steif schlagen und vorsichtig unter die Erdbeermasse heben. In eine Eisschale füllen und im Gefrierfach etwa 2 Stunden lang fest werden lassen.

Vanilleeis

Zutaten für 6 Personen:
½ l Milch · 1 Vanilleschote · 5 Eigelb
200 g Zucker.

Die Milch mit der aufgeschlitzten Vanilleschote in einer Kasserolle aufkochen. Den Topf vom Feuer ziehen, die Schote 10 Minuten ziehen lassen, herausnehmen, das Mark herauskratzen und in die Milch rühren. Die Eigelb in einer Schüssel mit dem Zucker weißlich und schaumig rühren. Die Milch nochmal aufkochen und unter stetem Rühren zu den Eiern gießen. Wenn die Milch heiß genug war, genügt die Hitze, um die Eigelb zum Binden zu bringen. Sonst die ganze Masse in den Topf füllen und auf sehr schwachem Feuer unter stetem Rühren langsam dicklich werden, aber auf keinen Fall kochen lassen. Die Creme ist richtig, wenn sie einen Rührlöffel überzieht und nicht flüssig daran heruntertropft. Die Masse in eine Eismaschine füllen und im Gefrierfach fest werden lassen.

Anmerkung: Je mehr Eigelb Sie verwenden, desto geschmeidiger wird das Eis. Sie können die Milch zur Hälfte durch Sahne ersetzen, dann wird es cremiger und sahniger.

Crêpes und Pfannkuchen

Pfannkuchen waren bei uns immer sehr beliebt. Deshalb hatten die eleganteren, hauchdünnen Geschwister aus Frankreich, die Crêpes, es so leicht, sich auf unseren Speisezetteln zu etablieren.

Früher backte man Pfannkuchen stets in derselben schweren Pfanne aus Eisen, die nur für diesen Zweck hergenommen werden durfte. Allenfalls war noch erlaubt, sie für andere Eiergerichte, wie Omeletts, zu verwenden. Noch besser geeignet sind jedoch die modernen, mit Kunststoff beschichteten Pfannen, die sehr leicht sind und einen nur schmalen, nach oben gezogenen Rand haben. Darin kann man äußerst sparsam mit Fett umgehen, ohne daß zarteste Pfannkuchen oder Crêpes anbacken. Französische Köche pflegen sie lediglich mit einer Speckschwarte(!) auszureiben. Außerdem gibt es eine Reihe von elektrischen Crêpespfannen, die man mit ihrer Oberfläche in den Teig taucht, um die dünnsten Crêpes der Welt zu backen. Allerdings backen sie nur auf einer Seite: Man zieht die fertigen Pfannkuchen vorsichtig von der Pfanne ab und verwendet sie, wie im Rezept angegeben.

Es gibt eine Fülle von verschiedenen Teigrezepten. Der klassische Pfannkuchen besteht aus Ei, Mehl und soviel Milch, daß der Teig einen Kochlöffel dick überzieht und schwerflüssig daran heruntertropft, während Crêpesteig sehr dünnflüssig, ja beinahe schon wäßrig ist. Man rührt ihn aus Ei, Mehl und Milch an. Dann wird die Crêpe füllig und kräftig. Ersetzt man die Milch durch Wasser (Mineralwasser) oder halb Wasser, halb Milch, wird sie zarter. Um den Teig geschmeidiger zu machen, rührt man noch etwas Butter oder Öl unter. Wer's mag, kann ihn natürlich mit etwas Cognac, Portwein oder Orangenwasser aromatisieren. Beim Backen gibt man nur so wenig Teig in die Pfanne, daß sie nach Drehen und Schwenken dünn am Boden davon überzogen ist. Dann kippt man alles Überschüssige weg, damit der Pfannkuchen nicht zu dick wird. Man arbeitet auf mittlerer Hitze, damit der Teig sofort stockt, aber nicht verbrennt. Die fertigen Pfannkuchen oder Crêpes stapelt man auf einem vorgewärmten Teller. Damit sie nicht abkühlen, deckt man sie mit Alufolie zu oder

man hält sie im auf 70°C vorgeheizten Backofen warm. Eine weitere Möglichkeit besteht darin, den Teller auf einen Topf zu setzen, in dem Wasser leise kocht. Natürlich ebenfalls mit Alufolie zudecken.

Crêpes Suzette

(Zum Kurs auf Seite 324)

Zutaten für 6 Personen:
Für den Teig: 180 g Mehl · 2 EL Zucker
1 Prise Salz · 2 Eier · 1 Eigelb · ⅛ l Wasser
⅛ l Milch · 2 EL Butter · außerdem
Butter zum Ausbacken oder eine Speckschwarte zum Ausreiben der Pfanne.
Für die Sauce: 1 große, unbehandelte
Orange · 8 Stückchen Würfelzucker
150 g Butter · 100 g Zucker
4 cl Grand Marnier.

Für den Teig das Mehl in eine Schüssel sieben. Den Zucker zufügen. Salzen. Die Eier sowie das Eigelb hineingeben. Wasser und Milch zuschütten. Mit dem Schneebesen zu einem glatten und sehr dünnflüssigen Teig verrühren. Die Butter zerlassen und etwas abgekühlt untermischen. Den Teig im Kühlschrank 2 Stunden ruhen und quellen lassen. Dann wenig Butter in einer geeigneten Pfanne erhitzen oder die Pfanne mit einer Speckschwarte ausreiben. Eine halbe kleine Schöpfkelle Teig hineingeben. Die Pfanne sofort drehen und kippen, damit sich der Teig gleichmäßig verteilt. Sobald die eine Seite goldbraun geworden ist, den Pfannkuchen wenden. Auf diese Weise weiter verfahren.

Für die Sauce die Orange mit Küchenpapier abwischen. Die Zuckerstückchen fest an ihrer Schale abreiben, bis sie von ihrem Öl durchdrungen sind. Den Orangensaft auspressen. Mit der Butter und dem Zucker in einer Kasserolle aufkochen. Den Likör hineinträufeln. Die Crêpes zu Vierteln zusammenlegen und dicht nebeneinaner in eine große Pfanne oder metallene Servierplatte setzen. Mit der heißen Sauce übergießen. Erwärmen und dabei immer wieder mit der Sauce begießen. Um sie zu flambieren, etwas Grand Marnier erwärmen, über die Crêpes schütten und sofort anzünden.

1   Damit das Mehl wirklich fein ist und keinerlei Bröckchen aufweist, sollte man es direkt in die Schüssel oder auf ein Tuch sieben.

2   In eine Schüssel füllen. Den Zucker hineinstreuen. Alle übrigen Zutaten sollten bereits abgemessen griffbereit daneben stehen.

5   Mit Wasser und Milch aufgießen. Dabei unermüdlich mit dem Schneebesen rühren, damit sich keine Klümpchen bilden können.

6   Zum Schluß die flüssige Butter, die jedoch nicht kochend heiß sein sollte, untermischen. Den Teig 2 Stunden kühl ruhen lassen.

9   Sobald die eine Seite goldbraun gebacken ist und sich an den Rändern leicht zu wellen beginnt, die Crêpe vorsichtig wenden.

10   Die fertigen Crêpes zunächst halb, dann zu Vierteln zusammenlegen und mit Puderzucker (mit durchgesiebtem) bestreuen.

3 Die Eier einzeln in eine Tasse schlagen. So ist es kein Malheur, wenn mal ein Ei verdorben oder nicht ganz taufrisch sein sollte.

4 In die Schüssel geben. Eine Prise Salz zufügen, um den Teig herzhafter zu machen. (Für herzhafte Crêpes stärker salzen.)

7 Eine geeignete Pfanne (am besten geht's in einer beschichteten) mit Butter auspinseln. Eine kleine Kelle voll Teig hineingießen.

8 Dabei die Pfanne sofort drehen und kippen, damit sich der Teig gleichmäßig und sehr dünn auf dem heißen Boden verteilt.

11 Die Sauce, wie im Rezept angegeben, vorbereiten. Über die auf einer Platte angerichteten Crêpes gießen. Die Platte erhitzen.

12 Dabei die Crêpes immer wieder mit der Sauce benetzen. Zum Schluß mit erwärmtem Grand Marnier begießen und rasch anzünden.

Die einfachste Weise allerdings, Crêpes zu servieren, ist, sie mit etwas Grand Marnier zu beträufeln und mit Marmelade oder Konfitüre bestrichen zusammenzurollen. Das macht kaum Arbeit und schmeckt köstlich.

Sehr gut paßt dazu auch jede Art von Kompott (siehe Seite 333 bis 336) oder eine Eiskugel, die man in die Mitte des des Pfannkuchens placiert, den man anschließend darüber zusammenschlägt.

Hier nun einige Vorschläge. Sie können eine kleine Portion solcher gefüllter Crêpes als Dessert servieren. Die doppelte Menge kann man als süßes Hauptgericht genießen.

Crêpes

mit Himbeerquark

Zutaten für 4 Personen:
Für den Teig: 180 g Mehl
2 EL Zucker · 1 Prise Salz
2 Eier · ½ l Milch (oder
halb Mineralwasser, halb
Milch) · 2 EL Öl · Butter
zum Ausbacken.
Für den Quark:
200 g Magerquark · ⅛ l
Milch · 2 EL Zucker
einige Tropfen Zitronensaft
300 g frische Himbeeren
(oder tiefgekühlte)
1 Fläschchen Vanille-
Aroma.

Aus Mehl, Eiern, Zucker, Salz und Milch (oder Mineralwasser und Milch) und Öl einen dünnflüssigen Teig rühren. Im Kühlschrank 2 Stunden ruhen lassen. Wie gezeigt, nacheinander dünne Pfannkuchen ausbacken. Aufeinandergestapelt auf einem vorgewärmten Teller warm halten. Für die Füllung den Quark mit der Milch und dem Zucker gut verrühren, am besten im Mixer oder auch mit dem Schneebesen oder Handrührgerät. Mit Zitronensaft abschmecken. Die Himbeeren verlesen, wenn nötig, waschen und gut abtropfen lassen. Einige zum Garnieren übrig behalten. Die restlichen durch ein Sieb streichen oder im Mixer pürieren. Mit dem Quark verrühren. Die Füllung mit Vanille-Aroma aromatisieren. Die Crêpes mit diesem Himbeerquark füllen und zusammenklappen. Sofort servieren.

Crêpes

mit Erdbeerpüree

Zutaten für 4 Personen:
Teig wie im vorherigen
Rezept.
Für die Füllung: 500 g Erd-
beeren · 100 g Zucker · 2 cl
Cognac · ¼ l Sahne · 1 EL
Zucker · 1 Päckchen Vanil-
linzucker.

Die Crêpes, wie zuvor beschrieben, nacheinander ausbacken und warm stellen. Für die Sauce die Erdbeeren, nur wenn nötig, waschen. Die Blütenkelche abzupfen. Die Beeren im Mixer pürieren oder fein hacken und durch ein Sieb streichen. Mit dem Zucker in eine Kasserolle füllen und langsam unter stetem Rühren aufkochen. Sobald der Zucker aufgelöst ist, den Topf vom Feuer ziehen und den Cognac hineinrühren.
Die Sahne sehr steif schlagen. Dabei den Zucker und den Vanillinzucker untermischen. Die Crêpes mit dem Erdbeerpüree füllen und zusammenklappen. Die Sahne daneben setzen oder mit dem Erdbeerpüree mischen.

Crêpes

mit exotischen Früchten

Zutaten für 4 bis 6 Personen:
Teig wie für das Rezept
„Crêpes mit Himbeer-
quark“.
Für die Füllung: 1 Kiwi
1 Mango · 1 Pfirsich
1 Aprikose · 2 cl weißer
Rum · 1 EL Zucker
2 Zweige frische Minze.

Die Crêpes, wie vorher gezeigt, nacheinander ausbakken. Rechtzeitig die Füllung vorbereiten: Die Kiwi schälen, die Frucht quer in dünne Scheiben schneiden. Die Mango dünn abschälen, am besten mit einem Gurkenschäler. Mit einem großen, breitschneidigen Messer entlang des flachen Steins das Fleisch abschneiden. In kleine Stücke teilen. Den Pfirsich mit kochendem Wasser überbrühen. Die Haut abziehen. Den Pfirsich halbieren und den Stein auslösen. Das Fleisch in schmale Schnitze teilen. Die Aprikose ebenso überbrühen, häuten, entsteinen und klein schneiden. Das Obst in einer Schüssel mischen. Mit dem Rum beträufeln und mit Zucker bestreuen. ½ Stunde ziehen lassen. Die Crêpes zu Vierteln zusammenfalten. Die Früchte in ein Sieb schütten, die Flüssigkeit jedoch auffangen. Die Früchte auf den Crêpes verteilen. Den Saft in einer Kasserolle einmal aufkochen und darüber gießen. Die Minzeblättchen von den Stielen zupfen. In sehr feine Streifen schneiden. Über die Crêpes streuen. Sofort auftragen.

Cremespeisen

Die Grundlage für eine Menge von Nachspeisen und Füllungen für feines Gebäck ist die klassische Konditorcreme. Sie wird aus Eiern, mit Vanille aromatisierter Milch und etwas Mehl auf milder Hitze gekocht, bis sich die Eier mit der Milch zu einer dicken Creme verbinden. Dabei muß natürlich unermüdlich mit dem Schneebesen kräftig geschlagen werden, damit genügend Luft unter die Masse gerät und die Eier nicht allzusehr erhitzt werden, sonst flocken sie aus und können keine Bindung mehr eingehen. Andererseits darf nicht zu vorsichtig erhitzt werden, denn auch dann kann die Masse nicht binden – sie bleibt flüssig.

Auf der Basis der Konditorcreme kann man auch die berühmten Desserts der klassischen Küche aufbauen: die Crème Caramel, ein sahniger Vanillepudding mit Karamelsauce und die Crème Bavaroise, die bayerische Creme, eine mit Gelatine gestützte Creme, die man meistens mit frischen Früchten, Obstsaucen oder Kompott serviert.

Das Prinzip ist stets dasselbe. Man verwendet mal mehr, mal weniger oder gar kein Mehl – was die Creme bekömmlicher macht. Je weniger Mehl, desto mehr Eier sind vonnöten.

Die Grundsubstanz – die aus Eiern und Milch oder Sahne gekochte Creme – läßt sich mit vielfältigen Zutaten aromatisieren und variieren: mit Kaffee, Kakao, Schokolade, Mandeln, allen Arten von Nüssen, Erdbeeren, Heidelbeeren und mit jedem reifen Obst.

Die Konditorcreme verwendet man häufig ohne weiteres Aroma als Unterlage für die Früchte bei einem Obstkuchen oder bei Obsttörtchen. Man nimmt sie auch anstelle der mächtigen und schweren Buttercreme als Füllung für große Torten. Man kann sie in Portionsförmchen füllen und im Wasserbad stocken lassen – dieser Pudding läßt sich stürzen und ist mit frischem Obst ein leckeres Dessert.

Konditorcreme

(Zum Kurs auf Seite 328)

Zutaten für ca. ¾ Liter:
½ l Milch · 1 kleine Vanilleschote
4 Eigelb · 125 g Puderzucker · 40 g Speisestärke oder feines Mehl · etwas Butter.

Die Milch in einer Kasserolle aufkochen, die Vanilleschote hineinlegen und neben dem Feuer 10 Minuten ziehen lassen. Die Schote herausnehmen, mit einem spitzen Messer das Mark auskratzen und in die Milch rühren. Die Eier in eine Rührschüssel geben. Den Zucker zufügen. Mit dem Schneebesen oder dem Handrührgerät schaumig rühren, bis die Masse hellgelb und cremig geworden ist. Die Stärke oder das Mehl untermischen. Die Milch nochmals aufkochen. Unter ständigem Rühren sehr heiß in die Eiercreme gießen und gründlich mischen. Alles zurück in den Topf füllen. Dann auf schwacher Hitze die Creme langsam heiß und dicklich werden lassen. Dabei kräftig mit dem Schneebesen schlagen, damit die Eigelb nicht gerinnen. Sobald die Creme die gewünschte Konsistenz hat und dicke Blasen wirft, den Topf vom Feuer nehmen und weiterhin so lange rühren, bis sie sich so weit abgekühlt hat, daß die Eier nicht mehr ausflocken können. In eine Schüssel füllen. Die Oberfläche mit dem Gummischaber glatt streichen. Ein ausreichend großes Stück Alufolie mit Butter einpinseln. Die Creme damit abdecken. Dabei darauf achten, daß sie überall mit dem gebutterten Papier bedeckt ist. So kann sich keine unangenehme Haut bilden.

Die Konditorcreme wie im Rezept angegeben weiterverarbeiten. Zum Beispiel:

Erdbeertörtchen

Kleine, fertig gekaufte Tortelettböden 1 Zentimeter dick mit abgekühlter Konditorcreme bestreichen. Halbierte oder geviertelte Erdbeeren, mit wenig Puderzucker bestreut, 15 Minuten ziehen lassen. Abgetropft hübsch auf den Tortelettböden verteilen. Nach Belieben mit Aprikosenmarmelade hauchdünn überziehen.

Anmerkung: Nach genau demselben Prinzip können Sie z. B. auch Heidelbeer-, Brombeer-, Himbeer- und Johannisbeertörtchen herstellen. Andere Obstsorten schmecken besser, wenn man sie zuvor mit etwas Zucker kurz aufkocht und dann abgekühlt und sehr gut abgetropft auf den Tortelettböden anrichtet.

1 Die Eier einzeln in eine Tasse aufschlagen. So kann man verdorbene aussortieren. Das Eiweiß für ein anderes Rezept vorsehen.

2 Die Eigelb in eine Rührschüssel füllen. Den Zucker zufügen (Puderzucker löst sich besser auf) und dick schaumig rühren.

3 Sobald eine hellgelbe cremige Masse entstanden ist, das abgewogene Mehl oder die Speisestärke hineinschütten und mischen.

4 Die Milch mit der Vanilleschote aufkochen. Kurz ziehen lassen. Das Vanillemark auskratzen und in die Milch rühren.

5 Die kochende Milch zur Eiercreme gießen, dabei unermüdlich mit dem Schneebesen rühren, damit die Eier nicht gerinnen.

6 Alles zurück in den Topf geben. Auf milder Hitze unter fleißigem Rühren langsam heiß und dicklich werden lassen. Dann abkühlen.

Crème Bavaroise

Zutaten für 4 Personen:
¼ l Milch · ½ Vanillescho-
te · 4 Eigelb · 75 g Zucker
4 Blatt weiße Gelatine
½ Tasse lauwarmes Wasser
¼ l Sahne.

Die Milch aufkochen. Die Vanilleschote einlegen. Neben
dem Feuer 10 Minuten ziehen
lassen. Dann das Mark aus-
kratzen und in die Milch rühren. Die Eigelb in einer Rührschüssel mit dem Zucker
schaumig rühren. Die kochende Milch aufgießen, dabei unermüdlich mit dem Schneebesen oder Handrührer schlagen. Alles zurück in den Topf
füllen und auf mildem Feuer
heiß und dicklich werden lassen. Die Gelatine in lauwarmem Wasser auflösen, aus-
drücken und in die heiße Creme rühren. Den Topf in ein
mit Eiswasser gefülltes Gefäß
stellen. Die Creme unter häufigem Rühren abkühlen. Sobald sie beginnt, fest zu werden, die Sahne sehr steif schlagen und vorsichtig, aber
gleichmäßig unterheben. Im
Kühlschrank endgültig fest
werden lassen. Mit Kompott,
Fruchtsaucen oder frischem
Obst gestürzt servieren.

Crème Caramel

Zutaten für 8 Personen:
100 g Zucker · 2 ganze Eier
4 Eigelb · ¼ l Milch
¼ l Sahne · 2 EL Zucker
2 EL Wasser.

Den Zucker und die ganzen
Eier sowie die Eigelb in einer
Schüssel dick schaumig rühren. Milch und Sahne aufkochen, zugießen, dabei kräftig
mit dem Schneebesen rühren.
Es soll jedoch kein Schaum
entstehen. Den Zucker mit
dem Wasser in einem kleinen
Pfännchen aufkochen so lange, bis sich der Zucker aufgelöst hat und goldbraun geworden ist. Sofort in die Portionsförmchen oder in eine geeignete Schüssel gießen. Diese
drehen und schwenken, damit
auch die Wände von diesem
Karamel überzogen werden.
Die Eiermilch durch ein Sieb
gießen (um Eiweißfäden aufzufangen) und in die Förmchen füllen. In eine mit heißem Wasser gefüllte Fett-
oder Bratenpfanne stellen. Im
auf 190° C vorgeheizten Backofen schieben und 20 (Portionsförmchen) bis 35 Minuten (große Form) stocken lassen. Den richtigen Garpunkt
erkennen Sie ganz leicht:
Drücken Sie mit dem Finger
auf die Oberfläche; wenn sich
deutlich Widerstand bietet, ist
die Creme gar. Die Förmchen
auskühlen lassen und erst unmittelbar vor dem Auftragen
stürzen. Der Karamel hat sich
in der Zwischenzeit verflüssigt
und übergießt die Creme nunmehr als hellbraune Sauce.

Anmerkung: Läßt man das Eiweiß weg und ersetzt es durch
zwei weitere Eigelb, schmeckt
die Creme noch zarter und
sahniger. Dann allerdings
müssen Sie sie in den Förmchen zu Tisch bringen, sonst
fällt sie auseinander.

Schokoladen- creme

Zutaten für 8 Personen:
100 g Zucker · 6 Eigelb
½ l Milch · ½ Vanillescho-
te · 75 g beste Vollmilch-
schokolade.

Den Zucker und die Eier miteinander zu einer hellgelben,
dicken Creme rühren. Die
Milch aufkochen, die Vanilleschote einlegen und 10 Minuten neben dem Feuer ziehen
lassen, herausnehmen, das
Mark herauskratzen und in
die Milch rühren. Wieder zurück auf den Herd stellen. Die
Schokolade hineinbröckeln
und vorsichtig auf mildem
Feuer auflösen. Die heiße
Schokoladenmilch in die Eiercreme rühren. Vorsichtig mischen, damit kein Schaum entsteht. Diese Masse in Portionsförmchen füllen. Falls
sich bei aller Vorsicht doch
Schaum gebildet hat, diesen
gründlich abschöpfen. Die
Förmchen in eine mit heißem
Wasser gefüllte Fettpfanne
stellen. Jedes Förmchen mit
einem genau zugeschnittenen
Stück Alufolie oder Pergamentpapier abdecken, damit
sich die Creme nicht verfärbt.
Im auf 180° C vorgeheizten
Ofen etwa 18 Minuten stok-
ken lassen. Die Creme ist gar,
wenn die Oberfläche einem
Daumendruck sanft Wider-
stand bietet. Abkühlen lassen
und gut gekühlt servieren.

Zitronencreme

Zutaten wie zuvor angegeben,
jedoch ohne Schokolade. Statt
dessen in der Milch die abgeriebene Schale einer Zitrone
aufkochen und 15 Minuten
ziehen lassen. Die Milch
durch ein feines Sieb filtern.
Wie oben beschrieben weiterverfahren. Vor dem Einfüllen
in die Portionsförmchen einige Tropfen Zitronensaft in die
Eiermilch rühren – vorsichtig,
damit sie nicht gerinnt.

Bratäpfel

Wer denkt da nicht unwillkürlich an Weihnachten und an gemütliche Winterabende.

Am besten eignen sich Äpfel dafür, die eine nicht ausgeprägt feste Zellstruktur haben und beim Backen ihren Saft darin halten können, damit das Fruchtfleisch weich und locker wird und nicht zu musigem Brei zerkocht.

Im Erntekalender als erste empfehlen sich die grüngelben Gravensteiner, die, sobald ihre Backen von roten Streifen gefärbt sind, ab September geerntet werden. Anschließend kommen die goldfarbenen Goldparmänen in Frage. Ab Oktober reifen die rotbackige Sorte Ingrid Marie und die graugrünen Cox Orange – beide sehr gut als Bratäpfel geeignet. Und zur Weihnachtszeit gibt's dann die klassischen Boskoop; ganz leicht zu erkennen an ihrer bräunlich grünen oder auch roten Farbe und an der rauhen Schale. In jedem Fall werden die Äpfel zuvor gewaschen und mit Küchenpapier sauber und trocken gewischt. Um sie von ihrem Kerngehäuse zu befreien, benutzt man am besten einen speziellen Apfelausstecher (siehe Photos), den es für wenig Geld in jedem Haushaltsgeschäft zu kaufen gibt. Man durchsticht damit einfach den Apfel vom Blütenende Richtung Stiel – durch eine knappe Umdrehung mit dem Gerät wird das Kerngehäuse abgeschnitten und herausgeholt. Damit sich diese Höhlung nicht durch den Kontakt mit der Luft verfärbt, bestreicht man sie sofort mit Zitronensaft.

Der Apfel bekommt nun ein neues Herz, aus Zucker, Mandeln, Rum, Sahne, Rosinen – es gibt eine Fülle von Ideen (siehe Seite 332). Man kann nun die Äpfel entweder einzeln in ein mit Butter eingepinseltes und mit Zucker bestreutes Stück Alufolie wickeln (glänzende Seite nach innen) oder sie dicht nebeneinander in eine ausgebutterte feuerfeste Form setzen. Damit die Äpfel beim Backen nicht platzen, empfiehlt es sich, sie mit einem Messer rundum, entlang ihrer dicksten Stelle, einzuschneiden. Die Äpfel mit Butterflöckchen besetzen und mit einigen Tropfen Wasser, Wein oder Sahne beträufeln. Im heißen Backofen schmoren, bis sie bis in den Kern hinein gar und weich sind. Zum Schluß werden sie nochmals mit Puderzucker bestäubt und unter dem heißen Grill oder im Ofen überglänzt. Der Zucker bildet einen zarten Überzug.

Bratäpfel

nach Hausfrauen-Art (zum nebenstehenden Kurs)

Zutaten für 6 Personen:
6 gleichmäßig große, schöne Äpfel (Sorten siehe oben) · etwas Zitronensaft
6 TL Zucker · 6 TL Butter · 4 EL Wasser
Butter · Zucker.

Die Äpfel waschen und gut abtrocknen. Mit einem Ausstecher das Kerngehäuse entfernen. Die Schnittstellen mit Zitronensaft einpinseln. Die Äpfel rundum einkerben. Dicht nebeneinander in eine eingefettete, passende Form setzen. In jede Öffnung einen Teelöffel Zucker und Butter füllen. Alles mit Wasser beträufeln. Die Form in den auf 220°C vorgeheizten Ofen schieben. 30 Minuten backen. Dann die Äpfel mit etwas Zucker bestreuen und mit Butterflöckchen besetzen. Nochmals für 10 Minuten in den 250°C heißen Backofen oder unter den Grill schieben. Sofort servieren.

Bratäpfel

mit Mandeln

Zutaten für 6 Personen:
6 gleichmäßig große Äpfel · Zitronensaft
6 TL Mandelstifte · 2 EL Preiselbeermarmelade · 2 EL Crème fraîche · 1 TL Zucker
2 EL Cognac · 6 EL trockener Weißwein
Butter · Zucker.

Die Äpfel, wie zuvor beschrieben, vorbereiten. Für die Füllung die Mandelstifte mit der Preiselbeermarmelade, Crème fraîche und Zucker verrühren. Mit dem Cognac aromatisieren. In die vorbereiteten Äpfel stopfen. Nebeneinander in eine ausgebutterte Form setzen. Mit dem Wein beträufeln. Im vorgeheizten Ofen 30 Minuten backen. Dann mit Zucker bestäuben und mit Butterflöckchen bedekken. Für weitere 10 Minuten in den jetzt 250°C heißen Ofen schieben, bis sie glänzen.

1 Die Äpfel waschen und mit Küchenpapier (oder mit einem Tuch) sauber und trocken wischen. Gleich große Früchte nehmen.

2 Mit einem speziellen Apfelausstecher (gibt es im Haushaltsgeschäft) die Kerngehäuse entfernen. Mit Zitronensaft einreiben.

3 Damit die Äpfel beim Backen nicht platzen, sondern Platz zum Ausdehnen haben, rundum mit einem spitzen Messer einkerben.

4 Nebeneinander in eine mit Butter ausgestrichene feuerfeste Form setzen. In jede Apfelhöhlung einen Teelöffel Zucker füllen.

5 Darauf jeweils einen Teelöffel frische Butter setzen. Die Butter soll schräg auf dem Rand liegen, sonst fließt sie gleich hindurch.

6 Alles mit einigen Eßlöffeln Wasser besprenkeln, damit die Äpfel beim Backen nicht ansetzen. Im vorgeheizten Ofen schmoren.

Bratäpfel

mit Pistazienmarzipan

Die nach Grundrezept vorbereiteten Äpfel mit folgender Füllung stopfen:
2 Eßlöffel Rohmarzipan mit 3 Eßlöffeln Portwein glattrühren. 1 gehäuften Eßlöffel Himbeermarmelade untermischen. 2 Eßlöffel zerdrückte Pistazienkerne hinzufügen und wie beschrieben backen.

Bratäpfel

mit Rosinen

2 Eßlöffel Rosinen in heißem Wasser gründlich waschen. Mit 4 Eßlöffeln Rum beträufeln und eine Stunde quellen lassen. 2 Eßlöffel gehackte Mandeln, 1 Eßlöffel Puderzucker sowie 2 Eßlöffel Crème fraîche verrühren. Die Rosinen abtropfen lassen und untermischen. In die vorbereiteten Äpfel füllen und mit dem aufgefangenen Rum beträufeln. Wie im Grundrezept angegeben backen.

Bratäpfel

mit Aprikosen und Honig

4 getrocknete Kuraprikosen in ⅛ l Rotwein aufkochen und 30 Minuten ziehen lassen. Herausnehmen und abtropfen. In sehr kleine Stückchen hacken. 2 schöne, getrocknete Feigen ebenfalls fein hacken. Mit 4 Eßlöffeln Honig die Aprikosen und Feigen gut vermischen. 2 Eßlöffel gehackte Mandeln unterziehen. Diese Masse in die vorbereiteten Äpfel füllen. Wie angegeben in eine feuerfeste Form setzen. Mit dem Rotwein beträufeln. Im vorgeheizten Ofen 30 Minuten backen. Nicht mehr überglänzen, sondern während des Backens immer wieder mit dem Saft begießen.

Bratäpfel

mit Orangenmarmelade

3 Eßlöffel Orangenmarmelade mit je einem Eßlöffel fein gewürfeltem Zitronat und Orangeat und 2 Eßlöffeln blättrig geschnittenen Mandeln verrühren. Wenn nötig, mit Puderzucker nach Geschmack süßen. Mit 1 Eßlöffel Orangenwasser oder Orangenlikör parfümieren. In die vorbereiteten Äpfel füllen. Vor dem Backen mit noch etwas Orangenlikör und Orangensaft beträufeln.

Bratäpfel

mit Backpflaumen und Marzipan

3 große Kurpflaumen entsteinen, fein hacken und mit 3 Eßlöffeln Sliwowitz (Pflaumenschnaps) leicht beträufelt 30 Minuten quellen lassen. Mit 2 Eßlöffeln Rohmarzipan gut verkneten. Damit das Marzipan weich genug ist, zusätzlich einige Tropfen Sliwowitz untermischen. In die vorbereiteten Äpfel füllen. Obenauf ein Butterflöckchen setzen und die Äpfel mit Zucker bestreuen. Mit etwas Wasser und Pflaumenschnaps beträufeln. Wie angegeben im vorgeheizten Ofen schmoren.

Bratäpfel

im Schlafrock

Zutaten für 4 Personen:
1 Paket tiefgekühlter Blätterteig · Mehl zum Bestäuben · 4 gleich große Äpfel Zitronensaft · 3 EL geriebene Haselnüsse · 3 EL Johannisbeermarmelade ½ TL Zimt · 1 EL Zucker Butterflöckchen · 1 Ei 4 Gewürznelken.

Die Teigplatten aus dem Paket nehmen und nebeneinander liegend auftauen lassen (es dauert etwa 15 bis 20 Minuten). Auf der bemehlten Arbeitsfläche ausrollen. 4 ausreichend große Quadrate ausschneiden. Die Äpfel mit dem Ausstecher von ihrem Kerngehäuse befreien, sofort innen mit Zitronensaft ausstreichen. Die Nüsse mit der Johannisbeermarmelade mischen, in die Äpfel füllen. Zimt und Zucker vermischen. Die Äpfel jeweils auf ein Teigstück in die Mitte setzen. Mit Zimtzucker bestreuen und mit Butterflöckchen besetzen. Den Teig über den Äpfeln so zusammenschlagen, daß sich die Teigzipfel oben geldstückgroß decken. Die Ecken mit verquirltem Ei festkleben und mit einer Gewürznelke feststecken. Die Teigkugeln mit dem restlichen Ei überall einpinseln. Auf ein gewässertes Backblech setzen. Zunächst im auf 220°C vorgeheizten Ofen 15 Minuten goldbacken, dann den Ofen auf 180°C herunterschalten. Die Äpfel im Schlafrock noch weitere 15 Minuten backen, damit sie im Inneren schön weich werden. Heiß, mit geschlagener Sahne rasch servieren.

Obstsalate und Kompotts

Das sind immer noch die schönsten Desserts: Früchte als Obstsalat oder als Kompott, so vorsichtig pochiert, daß sie noch Biß haben und nicht zu Mus zerkocht sind.

Voraussetzung dazu ist makelloses Obst, reife, süße Früchte. Sie zu bekommen, ist leider nicht immer so einfach, wie man meinen sollte. Meist werden die Früchte bereits im unreifen Zustand geerntet, damit sie lange Transportwege unbeschadet überstehen. Bis sie beim Verbraucher angelangt sind, sind sie fad und geschmacklos. Deshalb achten Sie beim Einkaufen auf Qualität und testen Sie um so gründlicher: Reife Aprikosen zum Beispiel haben eine leuchtende orange Farbe und sind mit dunkelroten Pünktchen gefleckt. All die blaßgelben Aprikosen, die man so häufig bei uns verkauft, sind steinhart und schmecken nach nichts. Für Pfirsiche dagegen gilt: Die weißen sind die besten. Sie dürfen ruhig klein sein und müssen nicht aussehen wie gemalt; dann ist ihr Aroma am allerbesten. Beeren, wie Erdbeeren, Himbeeren, Johannisbeeren, Heidelbeeren oder Brombeeren, ißt man meist roh; man vermeidet es möglichst, sie zu waschen, weil sie dadurch unweigerlich an Aroma verlieren, sondern bürstet sie vielleicht mit einem Pinsel ab oder reibt sie mit Küchenpapier sauber. In eine Schüssel gefüllt (nur Erdbeeren werden zerteilt) und mit Zucker bestreut, reicht man allenfalls noch flüssige Sahne, Schlagsahne oder die herrliche, säuerliche Crème fraîche dazu.

Exotische Früchte, wie Mango, Kiwi, Ananas, Papaya usw., schmecken köstlich als Obstsalat. Man schält das Obst, schneidet es in Scheiben oder Stücke und mischt es mit Zucker bestreut in einer Schüssel. Nach kurzem Durchziehen hat sich ein schmelzend süßer Saft gebildet, der als alleinige Marinade für den Salat völlig genügt. Wer mag, kann nun noch mit Likör oder Cognac aromatisieren. Aber ohne alles ist ein Obstsalat der reinere Genuß.

Die dritte Möglichkeit, Früchte für einen Nachtisch zu verarbeiten, ist besonders für Stein- oder Kernobst geeignet: nämlich Birnen, Äpfel, Pfirsiche, Aprikosen oder Kirschen in Sirup aus Zucker und Wasser schonend zu pochieren. Das Obst soll gar, aber noch bißfest und kernig sein, bitte nicht zu Mus oder Brei zerkochen. Der Zuckersirup hat gleichzeitig konservierende Funktion. Darin gegarte Früchte kann man im Kühlschrank ruhig drei bis vier Tage aufbewahren. Sie müssen allerdings vollkommen vom Sirup bedeckt sein.

Birnen, auch Äpfel oder Pfirsiche, schmecken besonders gut, wenn man sie im Ganzen pochiert. Zuvor allerdings müssen sie geschält werden. Dafür taucht man Pfirsiche und Aprikosen blitzschnell in kochendes Wasser. Dann läßt sich die Haut leicht ablösen. Wenn Sie das Steinobst zerteilt pochieren, sollten Sie einige Steine knacken und die darin befindlichen Mandeln im Sirup mitkochen lassen. Das gibt zusätzliches Aroma. Natürlich ist auch eine mitgekochte Vanilleschote gut oder andere aromatische Zugaben (siehe Rezepte Seite 336).

Diese Kompotts auf jeden Fall bereits am Vortag zubereiten. Damit die Früchte durchziehen.

Kompott

Zutaten für ca. 500 g Obst (Aprikosen, Pfirsiche, Birnen, Pflaumen, Stachelbeeren, Kirschen usw. – jeweils geputzt gewogen) · ¾ – 1 l Wasser · 500 bis 700 g Zucker · 1 Vanilleschote.

Die Wasser- und Zuckermenge richtet sich nach dem Volumen der Früchte. Sie müssen bei Kochbeginn von Flüssigkeit bedeckt sein. Wasser und Zucker in eine passende Kasserolle füllen. Langsam unter Rühren aufkochen, bis der Zucker aufgelöst ist. Die Vanilleschote einlegen. Sich oben absetzende Unreinheiten des Zuckers mit einer Schaumkelle abschöpfen. Die Früchte in den Sirup legen. Auf mildem Feuer 10 bis 20 Minuten knapp unter dem Siedepunkt halten. Der Sirup darf auf keinen Fall kochen, sonst dickt er ein und Sie finden zum Schluß Konfitüre oder Marmelade im Topf vor. Im Sirup auskühlen lassen und über Nacht im Kühlschrank kalt stellen. Vor dem Servieren die Vanilleschote entfernen.

1 Ananas gibt's so preiswert bei uns zu kaufen, daß man sie sich öfter leisten kann. Zuerst quer den Strunk abschneiden.

2 Dann die Frucht wie eine Orange mit einem scharfen Messer schälen. Dabei die Außenschicht großzügig abtrennen.

5 Die Ananas nunmehr quer in ½ bis 1 Zentimeter dicke Scheiben schneiden. Je nach Rezept in Stücke schneiden.

6 Oder als Scheiben weiter verarbeiten. Zuvor jedoch mit einem runden Ausstecher den harten, inneren Kern auslösen.

9 Dann jedoch mit einem langen, spitzen Messer das Fruchtfleisch von innen vorsichtig von der dicken Außenschale lösen.

10 Die Frucht an der unteren Seite quer gerade abschneiden, so daß das Fruchtfleisch sich nun fast von selbst aus der Schale löst.

3 Mit einer Messerspitze die „Augen" ausstechen. Sie sind sehr hart und stören beim Essen. Auch das untere Ende kappen.

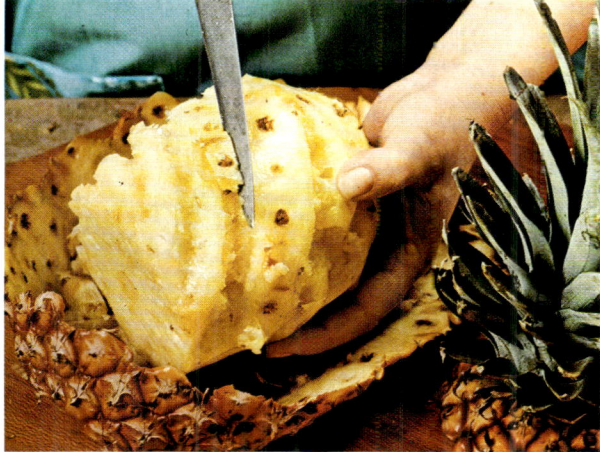

4 Um den Scheiben eine hübsche Kante zu geben, kann man die Frucht schräg so einkerben, daß die „Augen" entfernt werden.

7 So sehen die hergerichteten Ananasscheiben aus. Man kann sie als Kuchenbelag, mit Cremes oder Fruchtsaucen servieren.

8 Eine andere Möglichkeit: Die Ananas aushöhlen, um sie mit einem Obstsalat zu füllen. Auch hierfür den Strunk abtrennen.

11 So ist ein Gefäß (ohne Boden) entstanden. Das Fruchtfleisch in Stücke für den Salat schneiden. Den harten Kern entfernen!

12 Mit Mandarinen, Kirschen, Pfirsichen und Aprikosen (alles klein geschnitten) und Zucker mischen. In die Frucht füllen.

Birnen

in Rotwein

Zutaten für 6 Personen:
6 gleichmäßig große, reife
Birnen (Williams Birne,
Gute Luise oder Butterbir-
ne) · ½ l bis ¾ l herber
Rotwein · 200 g Zucker
2 EL Honig · 2 Lorbeer-
blätter · 1 Gewürznelke
1 kleines Stück Zimtstange
1 EL Pfefferkörner.

Die Birnen dünn schälen, die Stiele jedoch dran lassen. In eine Kasserolle setzen, Stiel nach oben, mit Rotwein auffüllen, bis sie bedeckt sind. Den Zucker hineinstreuen. Den Honig unterrühren. Lorbeerblätter, Nelke, Zimtstange und Pfefferkörner zufügen. Langsam einmal kurz aufkochen, sofort die Hitze herunterschalten. Die Birnen unter dem Siedepunkt 20 Minuten pochieren. Sie sind gar, wenn sie sich mit einem Messer leicht anstechen lassen. Im Sirup abkühlen und im Kühlschrank einen Tag durchziehen lassen. Vor dem Servieren die Gewürze herausfischen.

Rhabarber-kompott

Zutaten für 6 Personen:
1000 g Rhabarber · 200 g
Zucker · 1 Vanilleschote.

Die Rhabarberstangen putzen, alles Grün entfernen. Die Stangen von oben nach unten abziehen und in Stücke schneiden. Abwechselnd mit dem Zucker in einen emaillierten oder Edelstahltopf schichten. Die Vanilleschote obenauf legen. Den Topf mit einem Deckel verschließen.

Langsam aufkochen. Zugedeckt auf milder Hitze 30 Minuten köcheln. Die Vanilleschote entfernen. Am nächsten Tag gekühlt servieren.

Kompott

aus Backpflaumen

Zutaten für 6 Personen:
¾ l halbtrockener Weiß-
wein (grünes Weinsiegel)
200 g Zucker · 1 Orange
1 Zitrone (jeweils nicht ge-
spritzt) · 800 g Kurpflau-
men (getrocknet, mit Kern).

Den Wein mit dem Zucker in eine Kasserolle füllen und langsam aufkochen. Die gesäuberte Orange und Zitrone quer in dünne Scheiben schneiden und zufügen. Die Pflaumen in den Sud legen. Ohne Deckel auf mildem Feuer 30 Minuten knapp unter dem Siedepunkt ziehen lassen. Im Sud abkühlen. Am nächsten Tag servieren.

Ananas-kompott

Zutaten für 6 Personen:
1 reife Ananas · ½ l Wasser
¼ l weißer Rum · 250 g
Zucker · 1 Vanilleschote.

Die Ananas, wie im Kurs gezeigt, in Scheiben, diese in Stücke schneiden. In einer geeigneten Kasserolle das Wasser mit dem Rum und Zucker aufkochen. Die Vanilleschote einlegen. Die Ananasstücke darin unter dem Siedepunkt 15 Minuten ziehen lassen. In diesem Sirup abkühlen.

Obstsalat

mit warmer Sauce

Zutaten für 6 Personen:
100 g Rosinen · 4 cl Rum
1 Grapefruit · 1 Orange
2 Clementinen · 1 Banane
1 Apfel · 1 Birne · 2 Zitro-
nen · 100 g Weintrauben
50 g grob gehackte Mandeln
100 g Zucker · 1 EL Honig
2 cl Cointreau.

Die Rosinen unter heißem Wasser waschen, abtropfen und mit dem Rum in eine Schüssel füllen. 3 Stunden – oder noch länger – quellen lassen. Grapefruit, Orangen und Clementinen schälen, dabei auch die dünne Innenhaut entfernen. Die Früchte filieren (siehe Seite 151). Die Banane schälen, quer in dünne Scheiben schneiden. Den Apfel und die Birne schälen, vierteln, das Kerngehäuse herausschneiden. Die Viertel in Scheibchen zerkleinern. Bananen-, Birnen- und Apfelscheiben sofort mit Zitronensaft beträufeln, damit sie sich nicht verfärben. Die Trauben abspülen. Die Beeren halbieren. Mit einer Messerspitze die Kerne herausheben. Grapefruit-, Orangen- und Clementinenfilets mit dem übrigen Obst in eine Schüssel füllen, mit dem restlichen Zitronensaft, den Rosinen mitsamt dem Rum, den Mandeln und dem Zucker vorsichtig, aber gründlich mischen. Eine Stunde kühl gestellt ziehen lassen. Dann den ganzen mittlerweile entstandenen Saft in eine kleine Kasserolle abgießen. Den Honig hineinrühren und so lange unter Rühren kochen, bis sich der Honig aufgelöst hat. Cointreau hineinrühren. Alles über den Salat gießen.

Charlotten

Ein altmodisches Dessert, dessen Vorzüge man gerade wieder zu entdecken beginnt: Eine Charlotte läßt sich nämlich in Ruhe bereits am Vortag zubereiten und braucht dann nur noch aufgetragen zu werden. Ideal also für vielbeschäftigte Gastgeberinnen, die damit garantiert immer guten Erfolg haben.

Eine Charlotte – ihren Namen trägt sie zu Ehren der Königin Charlotte, der Frau Georgs III. von England, die sie angeblich besonders gerne zu verspeisen pflegte – ist eine Süßspeise aus Löffelbiskuits und Cremes, Fruchtpürees, Eis oder Gelees. Man kleidet dafür eine zylindrische oder sich nach unten verjüngende Form (aus Metall oder Porzellan) mit Löffelbiskuits aus (fertig gekauft oder selbst gemacht) und füllt beispielsweise eine Crème Bavaroise (siehe Seite 329), ein Fruchtpüree, mit Gelatine versteift und Sahne aufgelockert, oder ein Sahneeis (siehe Seite 322) hinein. Die Speise wird mit Biskuits abgedeckt, man läßt sie im Kühlschrank erstarren und fest werden. Dann stürzt man den Biskuit-Pudding auf eine Platte, garniert und verziert mit Schlagsahne und Früchten. Um die Süßspeise aus der Form zu lösen, taucht man sie blitzschnell in heißes Wasser, deckt sie mit der Platte, auf der sie angerichtet werden soll, ab – rüttelt ein wenig an der Form und stürzt sie auf die Platte.

Pflaumen-Charlotte

mit Aprikosen

Zutaten für 6 Personen:
20 Löffelbiskuits (fertig gekauft oder aus Biskuitteig selbstgebacken – siehe Teigrezept Seite 352) · 4 EL Zucker · 6 EL Wasser · 4 EL Pflaumenschnaps · Butter zum Auspinseln der Form.
Für die Pflaumencreme: 600 g Pflaumen
150 g Puderzucker · 4 Eigelb
150 g Zucker · ¼ l Milch
1 Vanilleschote · 8 Blatt Gelatine
¼ l Sahne · Schlagsahne
3 reife Aprikosen.

Wenn Sie die Löffelbiskuits selber backen, halten Sie sich an das Grundrezept für Biskuitteig und spritzen Sie mit Hilfe der Spritztüte Kat-

zenzungen auf ein mit Backtrennpapier ausgelegtes Backblech. Kalt weiterverwenden.

Die Löffelbiskuits mit einem sehr scharfen Messer, am besten mit Sägeschliff, damit sie nicht zerbröseln, in Form schneiden, damit man mit ihnen gleichmäßig die Form auskleiden kann. Aus Zucker und Wasser einen Sirup kochen. Den Pflaumenschnaps hineinrühren. Diesen Sud in einen flachen Teller füllen. Die Form mit Butter auspinseln. Die Biskuitstücke im Sirup tränken und die Form damit auskleiden. Für die Creme die Pflaumen entsteinen, grob in Stücke schneiden und im Mixer sehr fein pürieren. Die Eier in einer Rührschüssel mit dem Zucker dick und schaumig rühren. Die Milch aufkochen, die Vanilleschote darin neben dem Feuer 10 Minuten ziehen lassen, aufschlitzen, das Mark herauskratzen und in die Milch rühren. Die Schote wegwerfen. Die kochende Milch zur Eiercreme schütten, dabei unermüdlich und kräftig mit dem Schneebesen schlagen, damit diese nicht gerinnt. Die Gelatine in lauwarmem Wasser auflösen, gut ausdrücken und in die heiße Creme rühren. Die Schüssel in ein mit Eiswasser gefülltes Becken stellen. Das Pflaumenpüree einrühren. Und nun so lange die Creme mit dem Kochlöffel schlagen, bis sie abgekühlt ist und beginnt, steif zu werden. Die Schlagsahne sehr steif schlagen. Vorsichtig unter die Masse heben, darauf achten, daß keine Inseln von Sahne bleiben, sondern alles gründlich vermischt ist. In die vorbereitete Charlottenform füllen. Die Form einige Male auf der Arbeitsplatte aufstoßen, damit sich die Creme gut setzt. Mit den übrigen Löffelbiskuits abdecken. Die überstehenden Enden abschneiden. Die Form mit einem Teller abdecken. Im Kühlschrank etwa 12 Stunden lang fest werden lassen. Vor dem Servieren die Charlotte aus der Form auf eine Platte stürzen. Die Oberfläche mit Schlagsahne aus der Spritztülle garnieren. Die Aprikosen mit kochendem Wasser überbrühen, die Haut abziehen. Die Früchte halbieren, entsteinen. Die Hälften auf der Oberfläche anrichten.

Anmerkung: Ein üppiges Dessert, das man fast schon als süßes Hauptgericht reichen kann. Davor sollte es dann eine kräftige Gemüsesuppe geben oder einen Salat.

1   Zunächst aus Zucker und etwas Wasser einen Sirup kochen. In einen Teller füllen und mit Pflaumenschnaps verrühren.

2   Die Löffelbiskuits (fertig gekauft oder selbstgebacken) entsprechend der Form zuschneiden. Ein scharfes Messer verwenden.

5   Es soll alles vollkommen bedeckt sein. Sonst sieht die fertige Charlotte nicht so hübsch aus und die Creme kann ausfließen.

6   Die Creme nach Rezept vorbereiten und kurz bevor sie fest zu werden beginnt, in die Form füllen und gleichmäßig verteilen.

9   Zum Schluß wird die Creme mit Biskuits sorgfältig abgedeckt. Auch hier darauf achten, daß nirgendwo noch Creme herausschaut.

10 Das Gefäß mit einem genau passenden Deckel verschließen. Dadurch wird die Creme zusammengedrückt und behält ihre Form.

3   Die Biskuitstücke im vorbereiteten Sirup tränken. Jedoch nur ganz leicht benetzen, damit sie sich nicht auflösen.

4   Die mit Butter ausgepinselte Charlottenform (mit geraden Wänden) gleichmäßig mit den Biskuitstücken auskleiden.

7   Wenn Sie mögen, können Sie die Creme abwechselnd mit Stücken von Löffelbiskuits einschichten. Sie saugen sich dann damit voll.

8   Verwenden Sie dazu am besten die Enden der Biskuits, die über den Rand der Form ragen und deshalb abgeschnitten werden.

11   Im Kühlschrank, am besten über Nacht, erstarren und durch und durch fest werden lassen. Dann auf eine Servierplatte stürzen.

12   Mit steifgeschlagener Sahne aus der Spritztülle garnieren und mit gehäuteten, entsteinten Aprikosenhälften dekorieren.

Pudding

Heute versteht man darunter eigentlich nur noch die cremeartige Speise, die man aus dem entsprechenden Pulver anrührt. Möglichst sogar „ohne Kochen" – denn das macht am wenigsten Arbeit. Schade, denn ein richtiger Pudding ist etwas unvergleichlich Köstliches. Und damit er nicht ganz in Vergessenheit gerät, hier ein Grundrezept.

Die Grundsubstanz für einen Pudding ist im Grunde die Konditorcreme (siehe Seite 327). Man fügt jedoch etwas mehr Mehl, gekochten Milchreis oder Grieß hinzu, zur Stütze, und richtet den Pudding mit Sahne und frischem oder knapp pochiertem Obst an.

Gekocht wird der Pudding in einer speziellen Puddingform aus Weißblech, emailliertem Metall, feuerfestem Glas oder Keramik. Die Form muß mit einem gut schließenden Deckel abgedeckt werden können, denn der Pudding wird im Wasserbad gegart; und so kann kein Wasser eindringen. Ein Pudding kann warm, frisch aus der Form gestürzt, serviert werden oder auch gut gekühlt. In jedem Fall sollte man auf die Garnitur (Fruchtpürees und -saucen, Kompotts) großen Wert legen. Ein Pudding braucht Begleitung.

Grießpudding

Zutaten für 6 Personen:
¼ l Milch · ¼ l Sahne · 75 g Zucker
1 Prise Salz · 125 g Weizengrieß
140 g Butter · 4 Eigelb · 2 EL gehackte
Mandeln · 3 Eiweiß.
Für das begleitende Kompott: 250 g Herz-kirschen · 250 g reife Aprikosen
250 g Erdbeeren · ¼ l Wasser · 150 g
Zucker · ¼ l Weißwein · 1 Vanille-stange · 1 Gewürznelke.

Die Milch und Sahne in eine Kasserolle füllen, Zucker und Salz zufügen und vorsichtig auf milder Hitze aufkochen. Den Grieß hinein-streuen. Zugedeckt langsam 30 Minuten gar-köcheln. Dabei aufpassen, daß der Grieß nicht ansetzt. Den Grieß in eine Rührschüssel umfüllen. Die Butter in Stücken einarbeiten. Dann einzeln die Eigelb kräftig untermischen. So lange mit dem Rührlöffel schlagen, bis eine glatte, weiche Masse entstanden ist. Die gehackten Mandeln hineinrühren. Die Eiweiß sehr steif schlagen und gleichmäßig unterhe-ben. Die Puddingmasse in eine mit Butter aus-gestrichene Puddingform füllen und glatt strei-chen. Die Form sollte nur bis zu zwei Dritteln gefüllt sein. Die Form verschließen und ins Wasserbad stellen. Den Pudding 30 Minuten garen.

Unterdessen für das Kompott die Kirschen entstielen. Die Aprikosen in kochendes Was-ser tauchen, häuten und entsteinen. Die Erd-beeren entstielen und halbieren. In einer Kas-serolle Wasser, Zucker und Wein langsam auf-kochen. Die Vanillestange und Nelke einle-gen. Die Früchte zufügen. Auf mildem Feuer 10 Minuten köcheln. Die Vanilleschote aus-kratzen, das Mark in den Sud rühren. Die Schote und die Nelke wegwerfen. Den Pud-ding auf eine vorgewärmte Platte stürzen. Mit dem warmen, abgetropften Kompott umkrän-zen und füllen. Wenn Sie mögen, zusätzlich geschlagene Sahne dazu reichen.

Brotpudding

Zutaten für 6 Personen:
150 g altbackenes Graubrot · ½ l dunkles Bier · 100 g Zucker · 5 Eier · ½ TL Zimt 100 g Butter · Semmelbrösel · Butter.

Das Brot in Scheiben schneiden. Mit dem Bier übergießen und aufweichen lassen. Anschlie-ßend durch ein feines Sieb streichen. Zwei Eier zufügen. Die restlichen Eier trennen. Die Eigelb zum Brot geben. Die Eiweiß sehr steif schlagen. Brot und Eier mit dem Zucker gründlich verrühren. Mit Zimt würzen. Flöck-chenweise die weiche Butter zufügen. Alles zu einer dicken Creme mischen. Den Eischnee unterheben. Die Form mit Butter ausstrei-chen. Mit Semmelbröseln ausstreuen, so daß alle Wände dünn davon überzogen sind. Über-schüssige Semmelbrösel wieder aus der Form kippen. Die Brotmasse hineinfüllen. Die Form auf der Arbeitsfläche aufstoßen, damit sich der Teig gut absetzt. Die Form verschließen. Den Pudding im Wasserbad 30 bis 40 Minuten garen. Unmittelbar vor dem Servieren auf eine heiße Platte stürzen. Dazu ein Fruchtpüree nach Geschmack oder ein Kompott servieren.

1 Für die Puddingmasse Milch und Sahne mit Zucker und einer Prise Salz aufkochen. Den Grieß einstreuen. 30 Minuten garen.

2 Alles in eine Rührschüssel füllen. Die Butter flöckchenweise zugeben. Die Eigelb mit dem Rührlöffel kräftig schlagend einarbeiten.

3 Die Mandeln in die Creme rühren. Notfalls nochmal nachsüßen. Das Eiweiß sehr steif schlagen und vorsichtig unterheben.

4 Die Masse in eine mit Butter ausgestrichene Puddingform füllen. Sie soll die Form nur bis zu zwei Dritteln füllen. Verschließen.

5 Im Wasserbad garen. Dafür die Puddingform in einen mit kochendem Wasser gefüllten, ausreichend großen Topf setzen.

6 Den fertigen Pudding auf eine vorgewärmte Platte stürzen. Das begleitende Kompott in der Mitte und rundherum anrichten.

Fruchtgrützen

Sie sind im Sommer herrlich erfrischend. Sie machen wenig Arbeit, können im voraus zubereitet werden und sind unglaublich vielseitig. Es gibt eine Menge verschiedener Rezepte. Und es kann die sanftmütigsten Menschen in Rage bringen, wenn es darum geht, die allein seligmachende Zubereitung zu propagieren.

In jedem Fall gehört in Fruchtgrütze Obst, und zwar hauptsächlich Beeren: Johannisbeeren, Himbeeren und Sauerkirschen – das sind die Zutaten für die klassische rote Grütze. Man reicht sie vorwiegend in Norddeutschland. Dort hat man sie wahrscheinlich den Dänen abgeguckt, die wahre Meister im Grützebereiten und -verspeisen sind. Dazu gehört unabdingbar flüssige Sahne. Obwohl auch hier schon die ersten Differenzen auftauchen: In Süddeutschland schwört man beispielsweise auf Vanillesauce. Ob man die Früchte für die Grütze passiert, ob man sie zerkleinert, aber drin läßt, darüber läßt sich wie gesagt streiten. Ich finde es schade, wenn die Früchte durchpassiert sind, habe allerdings auch schon ganz wunderbare Grützen aus Fruchtpürees gegessen. Das Grundprinzip: Die Früchte werden in einem Zuckersirup kurz pochiert – wie für ein Kompott – und anschließend mit Gelatine, Maisstärke, Sago oder Gries angedickt und zum Erstarren gebracht. Welche Methode des Andickens man wählt, ist auch wiederum häufig Ursache für langwierige Diskussionen. Die einen halten Gelatine für Barbarei. Andere wiederum finden, daß Mehl oder Stärke nichts darin zu suchen haben. Ich tendiere zur Gelatine, weil sie den Geschmack nicht beeinträchtigt. Ich zeige Ihnen jedoch hier zur Auswahl beide Möglichkeiten.

Rote Grütze

mit Speisestärke

Zutaten für 6 Personen:
300 g Himbeeren · 300 g rote Johannisbeeren · 300 g Sauerkirschen · 200 g Zucker 1 l Wasser · 70 g Speisestärke · frische, ungeschlagene Sahne.

Die Himbeeren, Johannisbeeren und Sauerkirschen mit Küchenpapier sauberwischen. Die Johannisbeeren von den Rispen streifen. Die Kirschen entstielen und entsteinen. Den Zucker im Wasser auf leisem Feuer unter Rühren aufkochen. Die Früchte hineingeben. Etwa 10 Minuten köcheln. Nach 5 Minuten die Speisestärke in einem kleinen Glas kalten Wassers verquirlen und zum Obst geben. Die rote Grütze in eine mit kaltem Wasser ausgespülte Schüssel füllen und erstarren lassen. Mit flüssiger Sahne servieren.

Rote Grütze

mit Gelatine

Zutaten für 6 Personen:
Wie oben, jedoch statt der Speisestärke 6 Blatt weiße oder rote Gelatine.

Das Obst im Sirup 10 Minuten kochen. Unterdessen die Gelatine in lauwarmem Wasser einweichen und 8 Minuten später in den kochenden Sirup rühren. Eine Minute aufkochen, damit sich die Gelatine vollkommen auflöst und gleichmäßig verteilt. Die Grütze in eine mit kaltem Wasser ausgespülte Schüssel füllen. Abkühlen und im Kühlschrank erstarren lassen.

Anmerkung: Im Gegensatz zu einer weitverbreiteten Meinung darf man Gelatine kochen!

Brombeergrütze

Zutaten für 6 Personen:
1000 g reife Brombeeren · 250 g Zucker 2 EL Zitronensaft · 8 Blatt Gelatine flüssige Sahne.

Die Brombeeren entstielen, wenn nötig waschen und abtropfen. Den Zucker in 1 Liter Wasser aufkochen, den Zitronensaft hineinträufeln. Die Früchte in diesem Sirup 10 Minuten kochen. Eine Minute vor Garzeitende die in lauwarmem Wasser eingeweichte und gut ausgedrückte Gelatine hineinrühren, bis sie vollständig aufgelöst ist. Die Grütze in eine mit kaltem Wasser ausgespülte Schüssel füllen. Abkühlen und im Kühlschrank fest werden lassen. Mit flüssiger Sahne eisgekühlt servieren.

1 Zuerst das Obst vorbereiten: Die Johannisbeeren von den Rispen streifen. Die Sauerkirschen entsteinen. Himbeeren verlesen.

2 Zucker und Wasser in einem großen Topf aufkochen. Nach Belieben eine Vanilleschote zufügen. Die Früchte hineingeben.

3 Speisestärke in etwas kaltem Wasser anrühren, zum Obst geben und kurz mitkochen, bis der Saft andickt. Die Grütze . . .

4 . . . durch ein Sieb passiert in eine mit kaltem Wasser ausgespülte Schüssel füllen. Abkühlen. Im Kühlschrank fest werden lassen.

5 Wenn Sie lieber mit Gelatine arbeiten, die Blätter in lauwarmem Wasser einweichen, bis sie biegsam sind, und gut ausdrücken.

6 In die kochende Grütze rühren. So lange mit dem Kochlöffel umwenden, bis die Gelatine aufgelöst ist. Unter Rühren abkühlen.

Backen

Kaum eine Hausfrau hat noch nie gebacken, und so einfach wie heute ist das Backen noch nie gewesen. Mixer und Rührgeräte nehmen einem die mühsame Arbeit des Teigrührens oder -knetens ab. Geeignete Backformen, die (teflonbeschichtet) garantieren, daß nichts ansetzt, werden in großer Vielfalt angeboten. Es gibt Backpulver, Trockenhefe, sogar fix und fertige Backmischungen, die für gutes Gelingen sorgen.

Trotzdem: Backen ist stets eine Sache der Präzision, des sorgfältigen Arbeitens und – wie alles in der Küche – eine Frage der guten Zutaten. Wichtig ist immer das verläßliche Rezept. Denn so interessant es ist, beim Kochen zu improvisieren und zu variieren: Beim Backen ist genaues Abwiegen unerläßlich. Sonst bleibt der Hefeteig möglicherweise „sitzen", wird der Mürbeteig bröselig und der schaumige Biskuitteig hart wie Stein. Die Proportionen müssen genau aufeinander abgestimmt sein. Sonst wird aus den besten Zutaten ein ungenießbares Ergebnis.

Das wichtigste Utensil beim Backen ist Ihr Herd und Ihre Kenntnis über ihn. Denn nicht immer stimmt die auf der Skala eingestellte Temperatur mit der schließlich im Ofen herrschenden überein. Wie weit sie schwankt, das können Sie nur durch Probieren herausfinden. Das ist unbedingt nötig, wenn Sie nicht statt eines luftigen Biskuitbodens eine flache, dunkel verbrannte Angelegenheit aus dem Ofen holen wollen. Schieben Sie den Kuchen erst in den aufgeheizten Ofen. Die Kontrollampe muß erloschen sein; dann hat er die erforderliche Hitze erreicht. Wenn Sie die beneidenswerte Besitzerin eines Ofens sind, dessen Ober- und Unterhitze getrennt einzustellen sind (leider nur bei älteren oder bei sehr teuren Luxusmodellen möglich), achten Sie darauf, daß Sie stets mit starker Unterhitze arbeiten. Sie ist dafür verantwortlich, daß ein Hefeteig schön aufgeht und ein Mürbeteig knusprig wird. Wenn Sie mit Heiß- oder Umluftöfen arbeiten – sehr gut zum Backen geeignet –, beachten Sie bitte außerdem die veränderten Einstellungen: Diese Herde arbeiten mit geringeren Temperaturen. Wie sie umzurechnen sind, wird stets vom Hersteller angegeben.

Grundzutaten für fast jeden Teig sind Mehl, Butter, Eier und Zucker. Die Eier sollten möglichst frisch sein. Sie erkennen es daran, daß beim aufgeschlagenen Ei das Gelb von einem festen Eiweißring umgeben ist. Wenn sich das Eiweiß sofort verflüssigt, handelt es sich bereits um ein ziemlich betagtes Ei, mit dem Sie nicht mehr backen sollten.

Wenn Sie Nüsse, Mandeln, Kokosraspeln oder Mohn zum Backen verwenden, greifen Sie bitte nicht auf alte Vorräte zurück, denn sie können ranzig sein.

Hefeteig

Hefeteig gilt als diffizil. Deshalb lassen ungeübte Bäckerinnen meist die Finger davon. Dabei ist er vollkommen problemlos zuzubereiten, wenn man nur folgendes beachtet: Arbeiten Sie in einer gut geheizten Küche. Hefe braucht vor allem Wärme, um aufzugehen. Bei Zugluft stellt sie ihre treibende Arbeit ein. Deshalb müssen auch alle Zutaten die gleiche Temperatur haben. Nehmen Sie also die Eier und die Butter rechtzeitig aus dem Kühlschrank. Die Milch sollte lauwarm aufgeheizt sein. Auch das Mehl sollte, sofern Sie es kühl aufbewahren, beizeiten in die warme Küche gebracht werden. Die Hefe muß frisch sein, hellgrau und angenehm säuerlich duften. Bröckelige Hefe, die gar schon rissig geworden ist, oder angeschimmelte, schmierige Hefe hat ihre Treibkraft verloren. Ganz problemlos ist die fertige Trocken- oder Instanthefe, die sich jahrelang hält.

Hefezopf

Grundrezept

Zutaten:
500 g Mehl · 1 Würfel frische Hefe (oder ein Tütchen Trockenhefe) · 80 g Zucker · ¼ l lauwarme Milch · 80 g Butter ½ TL Salz · 1 Ei · die abgeriebene Schale einer Zitrone · 50 g Rosinen · 50 g gestiftelte Mandeln · Butter zum Einfetten des Blechs · 1 Eigelb zum Bepinseln des Zopfs · 50 g gehackte Mandeln zum Bestreuen.

Das Mehl in eine Rührschüssel füllen. In die Mitte eine Vertiefung drücken. Da hinein die frische Hefe bröckeln und mit einem Teelöffel Zucker, 2 Eßlöffeln Milch und etwas Mehl vom Rand zu einem Brei vermischen. (Falls Sie mit Trockenhefe arbeiten: den Tütcheninhalt mit dem Mehl gründlich mischen. Zucker und Milch auf einmal zufügen. Die übrigen Zutaten zugeben und alles sofort zu einem Teig kneten.) Den Hefebrei in der Teigmulde etwa 15 Minuten gehen lassen, dabei die Schüssel mit einem sauberen Tuch abdecken, um zu gewährleisten, daß die Hefebakterien

ungestört arbeiten können. Anschließend muß sich dieser „Vorteig" um sein eigenes Volumen vergrößert haben. Nunmehr die restliche Milch, den restlichen Zucker, die weiche Butter in Flöckchen, das Salz und das Ei zufügen. Den Teig mit dem Rührlöffel oder dem Knethaken des Rührgeräts kräftig schlagen, bis sich alles homogen vermischt hat und der Teig Blasen wirft.
Den Teigkloß auf die mit Mehl eingestäubte Arbeitsfläche werfen und mit den Händen nochmals 10 Minuten kräftig durchwalken. Dabei den Teig immer wieder kraftvoll auf die Arbeitsfläche werfen, daß es klatscht. Wiederum in die Schüssel geben, mit einem Tuch gut zudecken und nochmals an einem warmen Ort 30 Minuten gehen lassen. Jetzt muß sich die Teigmenge verdoppelt haben. Erst dann die abgeriebene Zitronenschale, die gewaschenen, abgetropften Rosinen und die Mandeln in den Teig arbeiten. Den Teigkloß in drei gleiche Stücke teilen. Aus jedem eine gleich lange Rolle formen. Diese auf ein mit Butter eingestrichenes Backblech legen und zu einem Zopf formen. Die Enden fest zusammendrücken und, damit es hübscher aussieht, nach unten einschlagen. Den fertigen Zopf nochmals 20 Minuten gehen lassen. Dann mit verquirltem Eigelb bepinseln und mit den gehackten Mandeln bestreuen. In dem auf 200° C vorgeheizten Ofen etwa 50 bis 60 Minuten backen. Falls sich dabei die Oberfläche zu dunkel färben sollte, mit Alufolie abdecken. Ein solcher Hefezopf schmeckt am besten noch lauwarm, in Scheiben geschnitten und mit frischer Butter und Marmelade bestrichen.

Nach diesem Grundrezept können Sie nun die vielfältigsten Kuchen zubereiten, z.B.:

Guglhupf: Den Teig in eine mit Butter ausgestrichene entsprechende Form füllen, oben kreuzweise einschneiden und wie angegeben backen.

Butterkuchen: Den Teig auf ein eingefettetes Blech ausrollen, mit 150 g Butter bestreichen und mit 150 g Zucker bestreuen. 20 Minuten im vorgeheizten Backofen backen.

1   Die Zutaten müssen dieselbe Temperatur haben. Stellen Sie deshalb Mehl, Butter, Zukker, Hefe und Milch in der Küche bereit.

2   Mehl in eine Schüssel geben, in die Mitte eine Vertiefung drücken. Hefe hineinbröckeln, mit etwas Zucker, Milch und Mehl mischen.

3   Diesen Vorteig gehen lassen, bis er sich um sein Volumen vergrößert hat. Milch, Zukker, Butter, das Ei und die Prise Salz zufügen.

4   Mit einem Rührlöffel oder dem Knethaken eines Rührgeräts so lange schlagen, bis der Teig Blasen wirft und sich vom Rand löst.

5   Den Teigkloß nun tüchtig durchwalken, ihn dabei mehrmals klatschend auf die Arbeitsfläche werfen. Zugedeckt gehen lassen.

6   Die restlichen Zutaten unterkneten. Drei gleich lange Rollen formen. Auf dem Blech zu einem Zopf flechten. Im heißen Ofen backen.

Hefe-Dukaten

Zutaten für 6 Personen:
500 g Mehl · 1 Würfel Hefe
60 g Zucker · ⅛ l lauwarme
Milch · 200 g Butter · 1 Ei
2 Eigelb · 1 Prise Salz · ab-
geriebene Schale einer Zi-
trone · Mehl zum Bestäuben
150 g Aprikosenmarmelade
Butter · 1 Eigelb.

Das Mehl in eine Schüssel schütten, in die Mitte eine Vertiefung drücken. Dort hinein die Hefe bröckeln und mit etwas Zucker, Milch und Mehl zu einem Brei verrühren. Zugedeckt 15 Minuten gehen lassen. Die restliche Milch, die weiche Butter in Flöckchen, das Ei, die Eigelb und die Prise Salz zufügen. Alles mit einem Rührlöffel oder dem Knethaken des Rührgeräts zu einem geschmeidigen Teig verarbeiten. Den Teig so lange schlagen, bis er Blasen wirft. Auf der gut bemehlten Arbeitsfläche nochmals 10 Minuten durchwalken. Zugedeckt 30 Minuten gehen lassen, bis er sich verdoppelt hat. Die Zitronenschale einarbeiten. Den Teig in 12 gleiche Stücke teilen. Ausrollen, je einen Eßlöffel Aprikosenmarmelade in die Mitte setzen. Den Teig darüber zusammenschlagen und zu Kugeln formen. Dicht nebeneinander in eine mit Butter ausgestrichene Springform schichten. Mit Eigelb bepinseln und mit Butterflöckchen besetzen. In den auf 200°C vorgeheizten Ofen schieben und 20 bis 25 Minuten goldbraun backen. Die Dukaten aus der Springform lösen und entlang der Naht auseinanderreißen.

Rosinen-schnecken

Zutaten:
500 g Mehl · 1 Würfel Hefe
80 g Zucker · ¼ l Milch
80 g Butter · 1 Prise Salz
abgeriebene Schale einer Zi-
trone · 50 g Butter zum Be-
pinseln.
Für die Füllung: 125 g Rosi-
nen · 150 g gehackte Man-
deln · 75 g Zucker · ½ TL
Zimt · 50 g Rohmarzipan
6 EL Sahne · 2 EL Cognac
Butter zum Einfetten des
Blechs · 200 g Puderzucker
8 EL Rum · 1 EL Zitronen-
saft für den Guß.

Den Hefeteig aus den angegebenen Zutaten wie im Grundrezept zubereiten. Dann auf einer bemehlten Arbeitsfläche dünn ausrollen. Mit der weichen Butter einpinseln. Für die Füllung die Rosinen mit heißem Wasser waschen und abtropfen lassen. Mit den Mandeln, dem Zucker und dem Zimt in einer Schüssel mischen. Das Marzipan mit der Sahne und dem Cognac glattrühren. Auf dem Teig gleichmäßig verstreichen. Mandeln, Rosinen, Zucker und Zimt darüberstreuen. Die Teigplatte von der breiten Seite her aufrollen. Die Rolle quer in 2 Zentimeter schmale Streifen schneiden. Diese Scheiben nebeneinander auf einem gut eingefetteten Blech verteilen und flach drücken. Nochmals 15 Minuten gehen lassen. Im auf 180°C vorgeheizten Backofen 20 bis 30 Minuten goldbraun backen. Etwas auskühlen lassen. Aus Puderzucker, Rum und Zitronensaft einen Guß rühren. Schnecken damit gleichmäßig einpinseln.

Sonntags-kuchenbrot

Zutaten:
500 g Mehl · 1 Würfel fri-
sche Hefe · 6 EL lauwarme
Milch · 80 g Zucker · 1 TL
Salz · 2 ganze Eier · 4 Ei-
gelb · 450 g Butter · Mehl
Butter · Eigelb.

Das Mehl in eine Schüssel schütten. In die Mitte eine Vertiefung drücken. Die Hefe dort hinein bröckeln und mit 2 Eßlöffeln Milch, 1 Eßlöffel Zucker und etwas Mehl zu einem Brei verrühren. Zugedeckt an einem warmen Ort gehen lassen. Dann die restliche Milch, den restlichen Zucker, das Salz, die Eier, das Eigelb und flöckchenweise die weiche Butter zufügen. Mit dem Rührlöffel oder der Rührmaschine gut vermischen. Schlagen, bis der Teig Blasen wirft. Auf die bemehlte Arbeitsfläche kippen. Zu einem Kloß formen und tüchtig mit beiden Händen durchwalken. Den sehr geschmeidigen Teig wiederum zugedeckt 30 Minuten gehen lassen, bis er sich verdoppelt hat. Nochmals durchkneten. Zu einer Kugel formen. Im Kühlschrank gut zugedeckt über Nacht ruhen lassen. Zwei Kastenformen großzügig mit Butter auspinseln. Den Teig in 12 gleich große Kugeln teilen. In jede Form dicht nebeneinander 6 dieser Kugeln plazieren. Jede Kugel oben quer mit einem Messer einschneiden. Dann bricht sie beim Backen schön auf. Die Teigkugeln in der Form eine Stunde gehen lassen. Mit Eigelb gleichmäßig bestreichen. Im auf 200°C vorgeheizten Backofen 30 Minuten backen.

Mürbeteig

Dies ist der geradezu ideale Teig, wenn Sie sich für eine ungeübte Bäckerin halten. Mit Mürbeteig, der ganz problemlos herzustellen ist, können Sie eine Menge anfangen, große Torten, kleine Kekse und nicht nur süße, sondern auch salzige Kuchen. Im Gegensatz zum wärmebedürftigen Hefeteig benötigt der Mürbeteig kalte Zutaten. Die Butter sollte frisch aus dem Kühlschrank kommen und auch Ihre Hände sollten zuvor unter kaltem Wasser gekühlt werden. Arbeiten Sie rasch, damit sich die Zutaten (und Ihre Hände) nicht zu bald erwärmen. Sonst wird der Teig klebrig und weich. Deshalb ist es auch unerläßlich, den Mürbeteig vor dem Backen im Kühlschrank ruhen zu lassen. Dadurch wird er wieder fest.

Als Grundregel können Sie sich merken: 1,2,3 – das heißt ein Teil Zucker, 2 Teile Butter und 3 Teile Mehl. Ein Mürbeteig kann, muß aber nicht mit Eiern zubereitet werden. Rechnen Sie im Schnitt zwei Eier auf ein Pfund Mehl. Zuviel Eier machen den Teig hart. Sie können statt ganzer Eier auch nur Eigelb nehmen.

Wichtiger Tip: Kneten Sie niemals noch mehr Mehl als angegeben unter den Teig, wenn er Ihnen zu weich scheint. Stellen Sie ihn statt dessen für einige Zeit in den Kühlschrank.

Mürbeteigboden

Grundrezept

Zutaten für eine Springform (26 cm ⌀):
300 g Mehl · 100 g Zucker · 1 Ei
200 g Butter · eine Prise Salz · 2 EL
eiskaltes Wasser.

Das Mehl auf die Arbeitsfläche schütten. In die Mitte eine Vertiefung drücken und den Zucker hineinkippen. Das Ei in die Mitte setzen und das Wasser darüberträufeln. Die eiskalte Butter in Stücke hacken und auf dem Mehlrand verteilen. Mit einem Rührlöffel die Zutaten in der Mitte verrühren. Dann mit einem Messer die Butter mit dem Mehl hackend vermischen. Erst wenn alles krümelig geworden ist, rasch mit kalten Händen zu einem festen Teig kneten. Dabei den Teig

immer wieder hochheben, zusammenklappen und mit dem Handballen fest drücken. Sehr rasch arbeiten, weil durch die Handwärme die Butter schmilzt und der Teig zu weich wird. Den Teig zu einer Kugel formen und im Kühlschrank mindestens eine Stunde, am besten über Nacht, ruhen und fest werden lassen.
Am nächsten Tag den Teig nach Rezept weiterverarbeiten.

Aprikosentorte

mit Baiser

Zutaten für eine Springform:
ein Grundrezept Mürbeteig, Mehl zum Bestäuben · Butter zum Einfetten der Form getrocknete weiße Bohnen zum Blindbakken · ¼ l Konditorcreme (siehe Seite 327) 500 g reife Aprikosen · 2 Eiweiß 3 gehäufte EL Puderzucker · einige Tropfen Zitronensaft · 50 g Butter · 2 EL Puderzucker zum Bestreuen.

Den Teig, wie im Grundrezept angegeben, vorbereiten und ruhen lassen. Dünn auf einer mit Mehl bestäubten Arbeitsfläche ausrollen. Eine mit Butter eingefettete Springform damit auskleiden. Den Boden einige Male mit einer Gabel einstechen. Mit den Bohnen bestreuen und im auf 200°C vorgeheizten Ofen 15 Minuten blindbacken (siehe Seite 57). Den Boden etwas auskühlen lassen. Mit der Konditorcreme dünn bestreichen. Die Aprikosen überbrühen, die Haut abziehen, die Früchte entsteinen. Die Hälften, die Wölbung nach oben, auf der Konditorcreme verteilen. Die Eiweiß mit dem Puderzucker sehr steif schlagen, dabei den Zitronensaft hinzuträufeln. Die Masse in einen Spritzbeutel füllen und zwischen den Aprikosenhälften dekorativ mit der Spritztülle verteilen. Die Früchte mit Butter einpinseln und mit Puderzucker bestreuen. Den Kuchen im auf 200°C vorgeheizten Backofen nochmals 20 Minuten backen. Am besten schmeckt er lauwarm als Dessert.
Anmerkung: Sie können die Torte auch gut ohne die Konditorcreme zubereiten. Dann brauchen Sie den Boden nicht blindzubacken.

1 Zunächst die Zutaten genau abmessen. Man rechnet für den Mürbeteig: 3 Teile Mehl, 2 Teile Butter, 1 Teil Zucker und ein Ei.

2 Das Mehl auf die Arbeitsfläche schütten und in die Mitte eine Vertiefung drücken. Den Zucker abwiegen und in die Mitte kippen.

5 Die Butter sollte jetzt erst aus dem Kühlschrank genommen werden. Sie muß richtig hart sein. Mit dem Messer grob hacken.

6 Rundum auf den Mehlrand legen. Mit der Hand die Zutaten in der Mehlmitte mischen. Alles mit einem Messer hacken.

9 Den Teig auf der mit Mehl bestäubten Arbeitsfläche messerrückendünn ausrollen. Am besten auf einer großen Marmorplatte.

10 Die vorbereitete Springform oder den Kuchenring (ihn kann man auf das eingefettete Blech setzen) mit dem Teig auskleiden.

3 Das Ei über einer Tasse aufschlagen – damit man ein schlechtes gleich aussortieren kann – und zum Zucker geben.

4 Einige Tropfen eiskaltes Wasser darüberträufeln oder gehackte Eiswürfel zufügen. So bleibt der Teig länger kalt.

7 Sobald alles krümelig geworden ist, mit den Händen rasch zu einem festen Teig kneten. Zu einer Kugel formen, kalt stellen.

8 Am besten über Nacht, mindestens aber eine Stunde ruhen lassen. Springform oder einen Kuchenring mit Butter einpinseln.

11 Dabei einen ausreichend hohen Rand formen, damit der Belag genügend Platz findet. Der Teig soll am Boden gut anliegen.

12 Nach Belieben aus den überstehenden Teigenden einen dickeren Rand formen, den man mit einem kleinen Muster versehen kann.

Tarte Tatin

Gestürzter Apfelkuchen

Zutaten: Mürbeteig (siehe Grundrezept) · 1–1½ kg säuerliche Äpfel (Boskoop) Zitronensaft zum Beträufeln 250 g Zucker.

Den Teig, wie im Grundrezept angegeben, zubereiten und ruhen lassen. Die Äpfel schälen, vierteln, dabei das Kerngehäuse herausschneiden. Sofort mit Zitronensaft beträufeln, damit sie sich nicht braun verfärben. Eine Springform bis oben an den Rand dicht mit Alufolie auskleiden. Den Zucker in einer Pfanne auf mittlerer Hitze schmelzen und hellbraun karamelisieren lassen. Die flüssige Zuckermasse sofort in die vorbereitete Springform gießen. Die Apfelviertel, mit der runden Seite nach unten, dicht nebeneinander einschichten. Die Form in den auf 220°C vorgeheizten Ofen schieben. Die Äpfel darin 20 Minuten weich dünsten. Unterdessen den Teig ½ Zentimeter dünn ausrollen. Die Form aus dem Ofen holen. Die Teigplatte über die Äpfel breiten. Die Form nochmals für 30 Minuten in den Ofen schieben, bis der Teig goldbraun gebacken ist. Etwas auskühlen lassen. Dann auf eine Platte stürzen. Den Kuchen lauwarm servieren.

Honigrolle

Zutaten: Mürbeteig (siehe Grundrezept) · Mehl zum Bestäuben · jeweils 60 g geschälte Walnüsse, Haselnüsse und Mandeln · 75 g Datteln · 75 g getrocknete Aprikosen · 50 g Rosinen · 2 EL Honig · 2 EL Cognac · Butter · 1 Eigelb.

Den Teig nach Grundrezept zubereiten und ruhen lassen. Dann auf einer mit Mehl bestäubten Arbeitsfläche messerrückendick ausrollen. Die Nüsse im Zerkleinerer oder Zerhacker nicht zu fein hacken. Datteln und Aprikosen ebenfalls zerkleinern (oder alles auf einem großen Brett mit einem Küchenbeil oder großen Messer zerkleinern). In einer Schüssel mit den gewaschenen, gut abgetropften Rosinen vermischen. Den Honig im Wasserbad erwärmen. Den Teig damit dick einpinseln. Nüsse, getrocknete Früchte und Rosinen darauf gleichmäßig verteilen. Mit dem Cognac beträufeln. Den Teig von der breiten Seite her zu einer Rolle aufwickeln. Auf ein mit Butter eingestrichenes Backblech setzen. Mit dem verquirlten Eigelb gleichmäßig einpinseln. Im auf 200°C vorgeheizten Ofen etwa 35 bis 40 Minuten backen.

Mirabellentorte

Zutaten: Mürbeteig (siehe Grundrezept) · Mehl für die Arbeitsfläche · Butter für die Springform · 4 Löffelbiskuits · 2 EL gemahlene Mandeln · 500 g reife Mirabellen · 2 Eier · 100 g Zucker · ⅛ l Sahne.

Den Teig auf der bemehlten Arbeitsfläche dünn ausrollen. Eine mit Butter eingepinselte Springform damit auskleiden. Die Biskuits zerkrümeln und mit den Mandeln mischen. Auf den Teigboden streuen. Die Mirabellen waschen, sehr gründlich abtropfen lassen. Die Früchte entsteinen. Nebeneinander auf dem Teigboden verteilen. Die Form in den auf 200°C vorgeheizten Ofen schieben und 15 Minuten backen. Unterdessen die Eier mit dem Zucker und der Sahne verrühren. Als Guß gleichmäßig über die Mirabellen schütten. Nochmals für 20 Minuten in den Ofen schieben.

Nußecken

Zutaten: Mürbeteig (siehe Grundrezept) · 100 g Butter 2 Eigelb · 100 g Zucker 1 Tütchen Vanillezucker 50 g geriebene Schokolade 100 g gemahlene Mandeln Butter · Sahne.

Den Teig auf einer bemehlten Arbeitsfläche dünn ausrollen. Quadrate von 8 Zentimeter Länge ausschneiden. Die weiche Butter mit den Eigelb und dem Zucker schaumig rühren, den Vanillezucker und die Mandeln zufügen. Zu einer geschmeidigen Füllung verarbeiten. Auf jedes Teigstück in die Mitte einen Eßlöffel Füllung setzen. Den Teig zu einem Dreieck zusammenschlagen. Die Ecken auf ein mit Butter eingepinseltes Blech setzen. Mit Sahne bestreichen. Im auf 180°C vorgeheizten Backofen 15 bis 20 Minuten backen.

Biskuitteig

Ein schaumiges, duftiges Biskuit gilt als die Meisterprüfung für jede Hobby-Bäckerin. Viele Hausfrauen schrecken davor zurück, weil sie fürchten, statt des zarten Kuchens könne ein dunkles Brett aus dem Ofen kommen. Aber keine Angst! Es ist nicht einmal halb so schwer, wie Sie annehmen.

Wichtigstes Treibmittel beim Biskuit ist nichts anderes als Luft. Diese müssen Sie mit dem Schneebesen, besser noch mit dem elektrischen Rührgerät, geduldig in die Eiermasse hineinarbeiten. Das ganze Geheimnis ist: Der Eischnee, der zum Schluß unter den Teig gezogen wird, muß so steif sein, daß er sich mit einem Messer schneiden läßt.

Es gibt auch für Biskuits eine Reihe verschiedener Rezepte. Man kann den Teig kalt und warm rühren. Ihn mit oder ohne Backpulver zubereiten. Mit oder ohne flüssige Butter anrühren. Aber nach diesem Grundrezept kann garantiert nichts schief gehen!

Biskuit schätzt man besonders mit einer zarten Creme oder Marmelade bestrichen, zur Roulade aufgerollt und in dicke Portionsscheiben geschnitten. Man kann daraus „falsche Omeletts" zubereiten, die man mit Kompott oder auch mit Eiscreme serviert, oder sie zu prächtigen Torten füllen und garnieren. In diesem Fall empfiehlt es sich, den gebackenen Tortenboden erst am nächsten Tag auseinanderzuschneiden, weil er sonst zu sehr krümelt.

Man rechnet für das Grundrezept jeweils die gleiche Menge Eiweiß und Eigelb und genausoviel Mehl wie Zucker. Wer einen besonders dichtporigen und zarten Teig wünscht, darf mehr Eigelb zufügen. Mit mehr Eiweiß wird der Kuchen schaumiger und lockerer. Das Mehl kann durch Speisestärke (macht den Teig feiner, sandiger) oder gemahlene Nüsse ersetzt werden. Das gibt dem Biskuit einen anderen Geschmack. Wenn Sie Butter (immer nur flüssig, aber abgekühlt) unter den Teig mischen, wird er schwerer und ist nicht mehr so locker. Natürlich können Sie statt des üblichen Mürbeteigbodens für Obsttorten auch einen dünn gebackenen Biskuitboden nehmen. Die Grundrezeptmenge reicht für zwei Tortenböden, für eine ganze Torte – die mit Creme gefüllt wird – oder für eine Biskuitroulade aus.

Zutaten:
5 Eigelb · 4–5 EL kaltes Wasser
150 g Zucker · die abgeriebene Schale einer Zitrone · 5 Eiweiß · 1 Prise Salz
150 g Mehl · Butter.

Die Eigelb mit dem Wasser schaumig rühren, nach und nach zwei Drittel des Zuckers hineinrieseln lassen. Unermüdlich und gleichmäßig schlagen, bis eine feste, hellgelbe Creme entstanden ist. Die Zitronenschale hineinrühren. Die Eiweiß sehr steif schlagen, dabei den restlichen Zucker zufügen. (Der Eischnee muß in glänzenden Spitzen steif vom Schneebesen abstehen.) Das Salz darüber streuen. Das Mehl über die Eicreme sieben. Vorsichtig mit einem Rührlöffel (mit Loch in der Mitte) oder einem Teigschaber locker vermischen. Nicht rühren, sondern hinein „falten". Ein Drittel des Eischnees unterziehen. Dann erst den restlichen Eischnee sehr vorsichtig, aber gleichmäßig unterheben. Ein Backblech oder eine Springform mit Backtrennpapier oder Pergament auslegen. Den Teig darauf kippen und mit dem Teigschaber glatt streichen. Unverzüglich in den auf 200°C vorgeheizten Backofen schieben und 10 bis 15 Minuten goldbraun backen. Keinesfalls den Teig vor dem Backen herumstehen lassen, weil sonst der Eischnee zusammenfällt.

Falls Sie eine Roulade herstellen wollen, backen Sie den Teig auf einem Blech. Die noch warme Teigplatte bestreuen Sie mit Zucker und decken sie mit einem sauberen Küchentuch ab. Das Backblech kopfüber kippen und den Biskuit so auf das Tuch stürzen. Das Backtrennpapier mit kaltem Wasser bestreichen, dann läßt es sich ganz einfach abziehen. Die noch warme Biskuitplatte von der breiten Seite her mit Hilfe des Küchentuchs aufrollen. Während des Auskühlens die Rolle immer wieder aufwickeln und zusammenrollen – dann läßt sie sich später besser füllen. Gefüllt wird erst nach dem vollständigen Auskühlen.

Den Biskuit, den Sie in der Springform gebacken haben, aus der Form lösen und auf ein Kuchengitter gestürzt auskühlen lassen. Erst am nächsten Tag mit einem großen scharfen Messer in der Mitte auseinanderschneiden.

1 Als erstes die Eigelb mit einigen Eßlöffeln kalten Wassers dick schaumig rühren, dabei zwei Drittel des Zuckers zufügen.

2 Das Eiweiß mit dem restlichen Zucker sehr steif schlagen, bis es in glänzenden Spitzen vom Schneebesen steif absteht.

3 Das Mehl über die Eicreme sieben und vorsichtig locker damit mischen. Dann ein Drittel des Eischnees gründlich unterziehen.

4 Jetzt läßt sich das restliche Eiweiß viel leichter unter die Teigmasse heben. Auf ein Blech streichen oder in eine Springform füllen.

5 Im Ofen backen. Die Biskuitplatte mit Zucker bestreuen. Auf ein Tuch stürzen. Während des Auskühlens auf- und zurückrollen.

6 Für Torten aus der Springform lösen und auf ein Kuchengitter stürzen. Erst am nächsten Tag zum Füllen auseinander schneiden.

Biskuitroulade

mit Zitronencreme

Zutaten: Biskuitteig (siehe Grundrezept) · 3 EL Zukker · 4 ungespritzte Zitronen · 6 Blatt weiße Gelatine 3 Eigelb · 100 g Zucker ¼ l Sahne · Puderzucker zum Bestäuben.

Das Biskuit, wie im Grundrezept beschrieben, auf einem Blech backen. Die warme Teigplatte mit Zucker bestreuen. Auf ein Tuch stürzen und unter wiederholtem Auf- und Zurollen auskühlen lassen. Unterdessen die Creme zubereiten. Dafür die Schale von 2 Zitronen abreiben. Alle Zitronen auspressen. Den Saft mit Wasser auf ⅛ l Wasser auffüllen. Die Gelatine in lauwarmem Wasser einweichen, zum Zitronensaft geben und auf milder Hitze einmal aufkochen. Dabei ständig rühren, bis sich die Gelatine völlig aufgelöst hat. Die Eigelb mit dem Zucker in einer Rührschüssel dick schaumig rühren, die Zitronenschale zufügen. Mit dem Zitronensaft vermischen und alles zurück in die Kasserolle schütten. Auf mildem Feuer unter stetem Schlagen mit dem Schneebesen die Creme heiß und dicklich werden, aber nicht kochen lassen. Den Topf in eine mit Eiswasser gefüllte Schüssel stellen und die Creme unter gelegentlichem Rühren abkühlen lassen. Sobald sie fest zu werden beginnt, die sehr steif geschlagene Sahne vorsichtig unterheben. Kurz vor dem endgültigen Festwerden auf die ausgerollte Biskuitplatte verstreichen. Diese wieder zusammenrollen. Mit Puderzucker bestäuben.

Anmerkung: Die einfachste Möglichkeit, eine Biskuitroulade zu füllen, ist, sie mit Marmelade zu bestreichen. Statt der Zitronencreme können Sie auch beliebige Fruchtcremes verwenden; statt des Zitronensafts die gleiche Menge pürierter Erd-, Him-, Heidel- oder Brombeeren unter die Eimasse ziehen.

Biskuitomeletts

Zutaten für 6 bis 8 Omeletts: 3 Eigelb · 65 g Zucker 1 Prise Salz · 3 Eiweiß 1 TL Zitronensaft · 65 g Mehl · Butter zum Bestreichen des Blechs · Puderzucker zum Bestäuben.

Die Eigelb mit 2 Drittel des Zuckers zu einer dicken Creme rühren, dabei das Salz zufügen. Die Eiweiß mit dem Zitronensaft und dem restlichen Zucker sehr steif schlagen. Das Mehl über die Eicreme sieben und vorsichtig in die Masse arbeiten. Zuerst ein Drittel des Eischnees unter den Teig heben. Dann erst den Rest unterziehen. Auf einem (oder falls Sie sehr kleine Backbleche haben, auf zweien) mit Backtrennpapier ausgeschlagenen Blech 6 bis 8 gleich große Kleckse setzen und mit einem Teigschaber flach streichen. Die Teigfladen sollen sich nicht berühren und genügend Platz zum Aufgehen haben. Sofort im auf 200°C vorgeheizten Backofen etwa 10 Minuten goldbraun backen. Die Omeletts dürfen nicht zu dunkel werden. Die fertigen Omeletts vom Blech lösen, das Backpapier abziehen und sofort auf dem Kuchengitter zur Hälfte übereinander klappen. Mit Puderzukker bestäuben und entweder sofort füllen und noch warm servieren oder auskühlen lassen und dann erst mit einer Füllung versehen.
Zum Beispiel mit:

Erdbeerfüllung: 250 g Erdbeeren pürieren (einige zum Garnieren aufbewahren) und nach Geschmack zuckern. ¼ l steif geschlagene Sahne unterheben. Mit wenig Portwein parfümieren.

Mangofüllung: Eine reife Mango schälen, das Fleisch vom Kern schneiden und pürieren. Mit 2 Eßlöffeln Crème fraîche und etwas Zucker verrühren.

Eiscremefüllung: Selbst zubereitete Eiscreme (siehe Seite 319 bis 322) oder fertig gekaufte ganz leicht antauen, mit zerkleinerten frischen Früchten verrühren.

Löffelbiskuits

Zutaten wie für Biskuitomeletts.

Den Teig, wie im vorherigen Rezept angegeben, zubereiten. In eine Spritztüte füllen. Durch eine glatte Lochtülle auf ein mit Backtrennpapier ausgelegtes Blech spritzen, dabei etwa 10 Zentimeter lange Stangen formen, deren jeweilige Enden etwas dicker sind (ähnlich wie Katzenzungen). Im auf 200°C vorgeheizten Ofen 8 Minuten hellbraun backen. Sofort vom Blech lösen und auf einem Kuchengitter auskühlen lassen.

Anmerkung: Löffelbiskuits kann man in eine luftdicht schließende Dose verpackt wunderbar einfrieren.

Biskuitcreme-torte

Zutaten: Biskuitteig (siehe Grundrezept) · 3 EL Cognac zum Beträufeln.
Für die Creme:
½ – ¾ l Sahne · 4 EL Zucker · einige Tropfen Zitronensaft · 2 EL Cognac
6 Blatt weiße Gelatine.

Den Teig nach Grundrezept vorbereiten und in einer mit Backtrennpapier ausgelegten oder mit Butter eingestrichenen Springform bei 200°C 40 bis 45 Minuten hellbraun backen. Den Boden aus der Form lösen, auf ein Kuchengitter stürzen und über Nacht auskühlen und ruhen lassen. Dann läßt sich der Biskuit besser schneiden. Den dicken Boden mit einem großen Messer quer in zwei Hälften teilen. Die Schnittflächen mit etwas Cognac beträufeln. Für die Füllung die Sahne sehr steif schlagen, dabei nach Geschmack mit dem Zucker süßen, einige Tropfen Zitronensaft untermischen und zum Schluß etwas Cognac hineinträufeln. Die Gelatine in sehr wenig heißem Wasser völlig auflösen und in die Sahne rühren. Sie darf dann jedoch nur noch knapp handwarm sein. Im Kühlschrank erstarren lassen. Ein Drittel dieser Creme auf dem unteren Boden verstreichen. Die obere Platte aufsetzen und ebenfalls mit Sahnecreme überziehen. Auch an den Rändern gut verstreichen, bis man nichts mehr vom Teig sehen kann. Die restliche Sahne in eine Spritztüte füllen. Durch eine Sterntülle die Oberfläche verzieren.

Schokoladen-biskuittorte

Zutaten: 80 g Butter · 80 g bittere Schokolade · 9 Eier 250 g Puderzucker · 1 Prise Salz · 200 g Mehl · Butter zum Einfetten der Springform · Cognac.
Für die Füllung: ½ l Sahne 2 EL Puderzucker · 2 EL Kakaopulver · 1 Päckchen Vanillezucker · 6 Blatt Gelatine · Schokoladenplätzchen zum Garnieren.

Die Butter mit der Schokolade auf sehr milder Hitze oder in einem Wasserbad ganz vorsichtig schmelzen. Dann alle neun Eier in eine metallene Rührschüssel geben und diese in ein Wasserbad stellen. Nach und nach den Puderzucker hineinrieseln lassen. Währenddessen unermüdlich mit dem Schneebesen oder Handrührgerät schlagen, bis eine dicke Creme entsteht. Die Schüssel aus dem Wasserbad nehmen und die Creme unter stetem Rühren abkühlen lassen. Das Mehl darübersieben. Vorsichtig nur lose damit vermengen. Die abgekühlte Butterschokoladenmasse unter den Teig heben. Sofort in eine mit Butter ausgestrichene Springform füllen und mit dem Teigschaber glatt streichen. Im auf 180°C vorgeheizten Ofen 50 bis 60 Minuten hellbraun backen. Den Biskuitboden aus der Form lösen und auf ein Kuchengitter gestürzt auskühlen lassen. Erst am nächsten Tag weiterarbeiten.
Mit einem großen Messer quer halbieren. Die Schnittfläche der unteren Platte mit Cognac beträufeln. Für die Füllung die Sahne sehr steif schla

gen. Dabei den Zucker, das Kakaopulver und den Vanillezucker zufügen. Die Gelatine in heißem Wasser auflösen und abgekühlt mit der Sahne mischen. Die Torte damit füllen und überziehen. Die Oberfläche glatt streichen. Mit den Plätzchen garnieren.

Käsesahnetorte

Zutaten: Biskuitteig (siehe Seite 353) · Butter · 3 EL Cognac zum Beträufeln.
Für die Käsesahnecreme:
2 Eigelb · 75 g Zucker
1 Prise Salz · Saft und Schale einer Zitrone · 500 g Sahnequark · ⅛ l Sahne 8 Blatt weiße Gelatine.

Den Teig in einer eingefetteten Springform im auf 200°C vorgeheizten Ofen 45 bis 50 Minuten hellbraun backen. Über Nacht auf einem Kuchengitter auskühlen lassen. Dann in zwei Hälften schneiden. Die Schnittflächen mit Cognac beträufeln. Für die Füllung die Eigelb mit dem Zucker dick schaumig rühren, Salz, Zitronensaft und -schale zufügen. Den Quark mit dieser Masse gut vermischen. Die Sahne steif schlagen und gleichmäßig unterziehen. Die Gelatine in wenig heißem Wasser auflösen. Etwas abkühlen lassen und mit der Quarkcreme verrühren. Im Kühlschrank fest werden lassen. Kurz bevor der Quark zu fest geworden ist, diese Masse dick auf dem unteren Boden verstreichen. Die zweite Platte obenauf legen. Mit einem großen Messer oder dem Teigschaber den Rand rundherum glattstreichen. Die Oberfläche der Torte mit Puderzucker bestäuben.

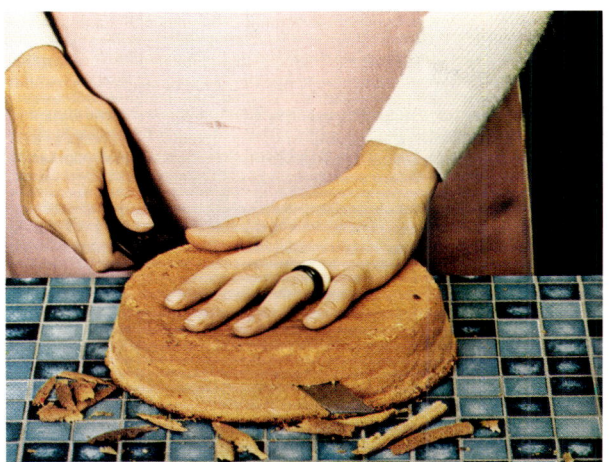

1 Den Biskuitboden bereits am Vortag backen, weil er sich dann besser schneiden läßt. Mit einem Messer quer halbieren.

2 Die Schnittflächen vorsichtig mit Cognac oder Rum beträufeln. Das gibt der Torte zusätzliches Aroma und hält sie saftig.

3 Ein Drittel der vorbereiteten Sahnecreme auf der unteren Platte gleichmäßig verstreichen. Sie darf noch nicht fest geworden sein.

4 Die obere Platte sorgfältig aufsetzen. Darauf achten, daß sie an ihre ursprüngliche Stelle zu liegen kommt. Ebenfalls bestreichen.

5 Nunmehr auch den Rand der Torte schön gleichmäßig mit einem Sahneüberzug versehen. Dabei mit einem Messer glattstreichen.

6 Die restliche Sahne in eine Spritztüte füllen. Die kleine Sterntülle aufsetzen und die Oberfläche mit einem Muster garnieren.

Register der Rezepte